Quarante Ans

DE

THÉATRE

FRANCISQUE SARCEY DANS LA COUR DU CONSERVATOIRE
(1898)

Francisque SARCEY

Quarante Ans DE THÉATRE

(Feuilletons dramatiques)

PAUL HERVIEU, E. BRIEUX, A. CAPUS,
HENRI LAVEDAN, MAURICE DONNAY, G. COURTELINE,
L. GANDILLOT, G. FEYDEAU, E. ROSTAND,
ANTOINE et le THÉATRE-LIBRE
Les AUTEURS ÉTRANGERS, etc.

BIBLIOTHÈQUE DES ANNALES
Politiques et Littéraires

PARIS — 15, RUE SAINT-GEORGES

1902

IL EST TIRÉ DE CET OUVRAGE

CINQUANTE EXEMPLAIRES NUMÉROTÉS A LA PRESSE

SUR PAPIER DE HOLLANDE

PAUL HERVIEU

LES TENAILLES

I

Robert Fergan et sa femme Irène Fergan sont des gens du meilleur monde. Leur mariage a été ce qu'on appelle un mariage de convenance. Il a été arrangé par la sœur aînée d'Irène, Mme Pauline Valanton, qui avait épousé elle-même, sans grand amour, mais parce que les situations étaient égales, un honnête homme, à qui son père, en gagnant une grosse fortune, avait épargné la nécessité du travail. Elle avait trouvé dans cette union un bonheur relatif, fait surtout de résignation.

Mais Irène n'est point une résignée. Elle a pris son mari en grippe :

— Mais que lui reproches-tu ? lui demande sa sœur, énumérant toutes les qualités qui lui semblent pouvoir rendre très supportable ce mari détesté.

— Ce que je lui reproche, s'écrie-t-elle, c'est que je ne l'aime pas.

Elle n'a point d'autre grief. J'aurais souhaité que l'auteur me donnât quelques éclaircissements. Eh ! quoi, elle n'a jamais eu pour lui, à aucun instant ou des fiançailles ou du mariage, un pauvre petit sentiment d'amour, ou de reconnaissance, ou de curiosité, ou de n'importe quoi pour le mari qu'elle hait à cette heure d'un si bon courage, sans qu'il ait rien fait que d'être lui-même pour mériter cette antipathie! Il n'y a pas eu de lune de miel, si courte et si pâle qu'on la suppose! Avouez que, s'il en est ainsi, elle a eu grand tort d'accepter un homme qui lui répugnait. Pourquoi l'auteur ne nous donne-t-il sur les commencements de ce mariage que des renseignements si brefs et si sommaires? J'ai besoin qu'on m'explique les choses pour que je m'y intéresse. Il ne suffit pourtant pas de dire d'une femme : c'est une révoltée! pour que toute sa vie soit illuminée de ce seul mot.

Oui, c'est une révoltée. Cette révoltée, je la connais bien. Elle nous a été apportée par Ibsen, qui l'avait prise aux romans de Mme Sand. Mme Sand, bien avant Ibsen et M. Paul Hervieu, avait revendiqué pour la créature humaine le droit d'aimer à sa guise, de mettre au-dessus des lois et des convenances les suggestions de son cœur; elle avait, la première, magnifiquement prêché la toute-puissance de l'instinct et de la passion et le mépris de toute règle.

Ses héroïnes nous reviennent aujourd'hui, après avoir passé par la Scandinavie, moins exubérantes et moins raisonneuses tout ensemble, plus sèches et plus tranchantes. Irène est donc une vieille connaissance à nous. Ses cris de révolte, ses fureurs contre le mari, qui est le représentant de la loi; contre le monde, qui prétend la garrotter de ses bienséances, nous les avons déjà souvent entendus. Elle part comme toutes ses congénères de cette idée fort simple : je suis née pour être heureuse; je veux être heureuse; j'ai le droit d'être heureuse : je ne le suis pas avec mon mari qui ne comprend rien à mes aspirations, qui n'est pas, qui ne sera jamais mon idéal. Je n'ai qu'à le quitter; aucune puissance humaine ni divine ne saurait me retenir; tout être est libre de courir au bonheur. Au-dessus des lois et des convenances, il y a quelque chose de sacré : l'indépendance de l'individu.

— Ma chère enfant, dit à sa sœur Mᵐᵉ Pauline Valanton, quand une femme parle de son mari avec cet emportement et cette aigreur, c'est qu'elle en aime un autre.

— Et quand cela serait? répond-elle.

Cela est; Irène a joué, enfant, avec un gamin un peu plus âgé qu'elle, Michel Davernier. Ils se plaisaient ensemble, et la petite Irène avait conçu pour son grand ami une admiration très vive. Quand elle s'est mariée ou avant qu'elle se mariât, je ne me rappelle plus au juste, Michel Davernier, qui l'aimait en secret, s'est exilé à l'école d'Athènes, où il est resté trois ans. Il en est revenu; il a revu Irène; il l'aime plus que jamais d'un amour discret, profond, mystérieux. Et elle, à le voir si beau, si mélancolique, la sympathie qu'elle avait sentie pour lui s'est changée, presque à son insu, en amour.

Ce Michel Davernier est un triste, raffiné et subtil. Il a sur toute chose des idées particulières qu'il exprime dans un langage curieux, tout plein de délicatesses mièvres. Il a, par exemple, sur ces trois grands moments de la vie : la naissance, le mariage et la mort, un de ces couplets où il est impossible de ne pas se récrier : « Ah! que c'est donc joli! On ne saurait être plus distingué! » Ce qui ajoute encore à cette distinction, c'est qu'il souffre de la poitrine. On ne nous le dit pas (car on ne nous prévient de rien dans cette pièce); nous ne le saurons que plus tard, au dernier acte. Mais il a les attitudes, les allures, le parler d'un homme qui s'achemine vers la mort.

Irène boit les paroles de cet Antony poitrinaire et correct. Ils se font leurs confidences. Ils se promettent de s'aimer d'un amour qui restera toujours chaste, éthéré et digne d'eux. Ils se jouent (comme c'est l'habitude chez les héroïnes de Mme Sand au début du roman) la comédie de l'amour platonique. Ils la jouent tout au moins de bonne foi. Ce qui retient Irène, ce n'est pas le respect dû au mariage, c'est le respect qu'elle a pour sa personne. Elle rougirait d'un partage.

— Mais, ne pouvant être à vous, dit-elle à son ami, je ne serai à personne !

Il sort et le mari entre.

Il ne se doute de rien, le mari. Comme il est tard, il prend les mains de sa femme, et galamment :

— Voulez-vous me permettre de vous reconduire à votre chambre ?

Elle tressaille d'horreur ; elle s'enfuit, criant : « Jamais ! jamais ! » et lance violemment la porte au nez de son mari, qui, furieux, la menace du poing, à travers la porte fermée :

— Tu me le payeras ! lui crie-t-il d'une voix brutale.

Car il est brutal, ce mari, tout homme du monde qu'il est, et M. Hervieu a voulu qu'il fût ainsi. Il ne connaît que son droit et sa loi, et il prétend user jusqu'au bout des privilèges que l'un et l'autre lui confèrent ; mais cela, avec une inflexible raideur d'autorité, avec une netteté de langage qui ne se mouille jamais d'aucune tendresse.

Et je reprends ma question de tout à l'heure :

Quoi ! ce mari, qui a épousé une jeune fille ; qui l'a épousée jolie, désirable, n'a jamais senti pour elle ombre d'affection vraie ? Quoi ! il n'a vu en elle que la femme qui tiendrait son ménage, qui l'aiderait à recevoir, à faire figure dans son monde ? Quoi ! il n'a point eu un moment d'oubli! il a toujours été droit, net et sec, comme une trique!

Au second acte, nous le voyons enragé d'être ainsi exclu, et depuis des semaines, de la chambre de sa femme. Il y a de quoi en vérité! Il faut qu'il ait une explication avec Irène.

Cette explication, c'est la scène à faire. Mais ce qui me chagrine, c'est la façon dont elle est faite.

Supposez un homme du monde, fût-il aussi raide, à cheval sur son droit qu'on nous a représenté Robert Fergan, s'il veut ramener une femme qu'il sait nerveuse et exaltée, il me semble qu'il s'y prendra d'abord par la gentillesse et la douceur. Il lui rappellera les souvenirs des premiers jours, il lui dira avec toutes sortes de câlineries de langage : « Tu sais bien que je t'aime... » Point du tout : Robert, d'un ton bref et cassant, sa femme lui proposant de divorcer, lui répond : « Vous voulez que je diminue de moitié ma fortune, ma considération, la façade de mon existence... » Je ne cite pas exactement, citant de mémoire. Mais c'est le sens. Y a-t-il rien de plus désobligeant, de plus brutal?

On me dit à cela : Mais c'est la vérité! C'est ce que pensera tout homme du monde en la circonstance. Soit; c'est ce qu'il pensera, et encore n'en suis-je pas sûr; mais ce n'est pas ce qu'il dira, à moins d'être un nigaud et un malotru. Il veut ramener sa femme; c'est son intérêt et son désir. Il n'est pas assez sot pour croire qu'on prend les mouches avec du vinaigre. Il ne lui assénera pas sur la tête des arguments qui sont tout à la fois contondants et tranchants. Ce n'est qu'à la fin, exaspéré par des refus, qu'il s'emportera à des excès de langage et signifiera ses volontés.

Ce ne sont pas deux créatures humaines qui discutent ensemble, ce sont deux abstractions, deux thèses, dépouillées de tout sentiment humain, l'une soutenant les droits de la passion et revendiquant la liberté de l'être, l'autre plaidant pour la loi et l'imposant de force.

A la suite de cette altercation, Irène tombe affolée aux bras de Michel Davernier :

— Fais de moi tout ce que tu voudras, lui dit-elle.

Et le rideau baisse sur ce mot.

Quand il se relève, dix ans se sont écoulés ; et nous retrouvons, à la campagne, Irène près de son mari.

Que s'est-il donc passé ?

En un tour de main, on nous apprend que Michel est mort, qu'Irène a continué de vivre avec son époux et qu'un enfant a quelque peu resserré les liens de cette union.

Comment ! Cette femme idéale qui ne pouvait souffrir le partage l'a donc subi à un certain moment ? Quoi ! cette révoltée s'est résignée à cette honte qui lui faisait tant d'horreur ! Je la croyais femme à tout quitter, s'étant donnée à son amant, et à inaugurer la vie libre de la passion ! Non, elle a été la maîtresse d'un autre, et elle a réintégré le lit conjugal ! Pourquoi ? On me dit que cela est ; je veux bien ; mais cela trouble toutes mes idées et mériterait une explication.

Nous n'en aurons point.

Irène et Robert vivent ensemble depuis dix ans, à la campagne ; elle, toujours hérissée en sa bouderie chronique, lui, s'occupant de ses terres : une existence tolérable après tout, si un nouveau brandon de discorde ne s'était jeté tout à coup dans le ménage.

Je vous ai dit qu'un enfant était survenu. Robert a toutes sortes de raisons pour croire qu'il est de lui ; car, s'il trouve sa femme extravagante en ses nervosités, il est persuadé qu'elle est honnête et incapable d'avoir failli. Mais, nous, nous avons vu, aux inquiétudes qu'Irène marque de la santé de son fils, qu'elle le croit frappé du mal héréditaire, du mal dont est mort son amant Michel Davernier.

Le mari a résolu de mettre au collège l'enfant, qui touche à sa dixième année. La mère, qui craint pour sa santé, le veut garder près d'elle. Elle sait qu'il porte les germes d'un mal mystérieux et que le soumettre à la discipline sévère du lycée, c'est l'envoyer à la mort.

La discussion s'engage entre les deux époux. La scène est vraiment belle et conduite de main de maître. Robert donne toutes sortes de raisons qui sont excellentes, qui sont celles que nous donnerions tous. La mère allègue toujours la santé de l'enfant, ses inquiétudes, ses angoisses :

— Mais enfin, dit le père, vous avez le sang bon, je suis bien bâti, moi, et solide ; pourquoi voulez-vous que notre fils soit malingre ?

Il n'y a rien à répondre à cela. Aussi s'emporte-t-elle :

— Non, je ne veux pas, je ne veux pas, c'est mon fils.

— C'est le mien aussi ; faites sa malle.

Montée à ce paroxysme, la scène évolue sur le mot que nous attendions tous :

— Non, ce n'est pas le vôtre ; il n'est pas à vous.

Étonnement du mari ; il demande des explications ; on lui conte par le menu l'histoire de l'adultère. Il n'y a plus à douter. Il a été trompé. Il est désolé. Ma foi, je le plains de tout mon cœur, ce mari. C'est lui qui a raison tout le temps dans cette affaire, et l'auteur, en dépit du ton cassant qu'il lui prête, a fini par me le rendre sympathique. Ce n'était pas son but, je crois.

— C'est bien, madame, dit-il à sa femme : nous divorcerons.

— Ah ! non, vous n'avez pas voulu divorcer quand je vous l'ai demandé ; c'est moi qui, à présent, ne veux plus. Nous resterons rivés au même boulet, serrés des mêmes tenailles.

Et le rideau tombe sur ces deux forçats, misérablement assis en face l'un de l'autre, pleurant et furieux.

Avez-vous remarqué que, dans toute cette analyse, il y a un mot qui n'a jamais été prononcé : le simple mot de *devoir*. C'est que l'idée est absente de l'ouvrage.

On parle tout le temps des droits de la passion, des rigueurs de la loi ; jamais personne, pas même Mme Valanton, la sage conseillère, ne fait allusion à l'obligation morale qui résulte du contrat librement accepté par l'homme et par la femme dans le mariage.

— Je suis née pour être heureuse, brame Irène.

Et personne ne lui répond :

— Tu es née pour faire ton devoir, qui est de donner à ton mari des enfants qui soient de ton mari et de les élever du mieux que tu pourras.

Cela est pourtant bien simple. Mais ni Mme Sand, ni Ibsen, n'y ont songé ; et M. Paul Hervieu l'oublie de même. Je le regrette un peu ; les bonnes gens le regretteront comme moi.

Telle est cette pièce, qui est plutôt une équation algébrique qu'une œuvre de théâtre. Elle en a la rigidité, la nudité, et aussi la force. Elle est écrite d'un style souvent prétentieux et tortillé, parfois brutal, mais qui ne laisse jamais indifférent. Le succès en a été éclatant, le premier soir. Je suis moins sûr des publics qui viendront après nous.

Mlle Brandès, à travers les rugosités d'une voix dont elle n'est pas maîtresse, a joué le rôle d'Irène avec beaucoup de nervosité et d'emportement ; pas assez variée à mon sens dans l'expression de ses colères et de ses révoltes, mais remarquable dans les passages qui demandent surtout de l'énergie. Elle a lancé avec une extraordinaire puissance le mot du drame :

— Il n'est pas votre fils !

Je ne puis reprocher à Duflos d'être sec dans le personnage de Robert, puisque c'est le rôle qui l'exige, mais vraiment il l'est jusqu'à l'agacement. Excellent, d'ailleurs, et digne de tous les éloges. Le Bargy est d'une impeccable correction dans le rôle du poitrinaire. Je m'étais étonné qu'il parlât d'une voix si faible et si voilée, lui qui l'a plutôt sarcastique et vibrante. C'est qu'il savait, lui, ce que l'auteur ne nous avait pas encore appris, qu'il mourait de la poitrine. Mme Pierson tient à merveille, au Théâtre-Français, l'emploi des conseillères raisonneuses et tendres. Elle avait déjà joué le même rôle dans *Francillon*; mais Dumas lui avait prêté plus d'esprit et de malice. M. Valanton, son mari, est un homme du monde, qui fait de l'esprit. « Le caractère des femmes, dit-il, est de bouder, et la preuve, c'est qu'elles ont eu des boudoirs avant que nous eussions des fumoirs ! » Si c'est là l'esprit des clubmen !

30 septembre 1895.

II

Je viens de recevoir, à propos de mon dernier feuilleton sur les *Tenailles*, de M. Paul Hervieu, une lettre, où il rectifie certaines de mes assertions, où il en discute quelques autres. La lettre m'a paru curieuse ; comme le ton en est courtois, je n'ai pas hésité à la mettre sous vos yeux, pensant qu'elle vous ferait plaisir. Je n'en retrancherai ni n'en changerai un mot ; M. Paul Hervieu est un homme trop considérable pour que je me permette d'altérer en rien sa prose.

Voici donc cette apologie :

Paris, 2 octobre.

Mon illustre confrère,

Votre compte rendu des *Tenailles* m'a montré une fois de plus que mes ouvrages n'avaient point la grâce de vous plaire; mais j'ai toutefois à vous remercier d'avoir bien voulu reconnaître à ma pièce « de la force », « une scène vraiment belle » et « un succès éclatant ».

Comme adversaire d'un théâtre que vous n'aimez pas, vous montrez trop le souci d'y être loyal pour que je ne me sente pas autorisé à vous signaler tout d'abord une erreur matérielle de votre article.

Vous avez dit que le mot « devoir » ne figurait pas dans ma pièce. Or, la première scène du premier acte est une leçon de devoir donnée par la sœur aînée à la cadette. Au deuxième acte, l'aînée reprend sa tâche et entre autres exhortations dit « c'est pourtant un devoir d'honnête femme » et plus loin, elle invoque encore les devoirs imposés par la religion. Non, l'idée de devoir n'est pas absente de la pièce, comme vous l'avez écrit, monsieur, à ma très grande surprise. Le rôle de Pauline Valanton y personnifie la notion, l'exemple et le langage du devoir.

Vous avez regretté que je n'eusse point fait connaître comment le mauvais ménage Fergan avait débuté. Or, dans une des scènes avec son mari, Irène reconnaît qu'elle ne l'a pas toujours haï. Ailleurs, avec sa sœur, Irène s'explique sur les conditions d'inconscience où se marie la jeune fille et contre lesquelles protestera plus tard la femme.

Vous me reprochez de n'avoir pas fait un mari adroit prenant sa femme « par la gentillesse et la douceur ». Mais un mari pareil, mon héroïne ne l'aurait jamais détesté. Elle l'adorerait. N'est-ce donc pas un type vrai, normal, fréquent, que le mari qui se fait détester par maladresse?

Quant à mon héroïne, que vous auriez voulu voir se faire enlever, je ne l'ai à aucun moment posée en femme qui entend rompre avec les besoins d'orgueil social, ni avec le sens de la dignité extérieure. Elle se bat et ne déteste pas le champ de bataille où elle figure ensuite comme prisonnière. Sa revendication, son espoir, était de se faire une vie permise, honorable. Précipitée de son rêve, elle tombe dans la faute et reste là, brisée, anéantie, où elle est tombée. En quoi la fuite conviendrait-elle mieux à la ruine de sa destinée?

Lorsque Irène Fergan rentre au lit conjugal, pressée, comme il est dit, par les obsessions de son mari, elle est une autre femme, que des suggestions nouvelles animent, troublent et inspirent. Elle porte le secret d'une existence future, qui est à la fois sacrée et compromise; et, pour en abriter la venue au monde, elle se sent le devoir de tout commettre.

Enfin, vous avez émis l'opinion que c'était, malgré l'auteur, si vous aviez, à la fin, pris parti pour le mari.

Si vous me faites l'honneur, monsieur, de lire un jour les *Tenailles*, vous verrez que je n'ai rien tenté, en aucun mot, pour donner raison à l'un de mes personnages contre l'autre. J'ai même veillé avec soin à faire dire à celui-ci tout ce qui me paraissait le justifier, et à celle-là tout ce qui pouvait peut-être la disculper un peu. J'ai voulu exposer un drame du mariage en y présentant le pour et le contre avec probité.

C'est sur ce terrain-là, sur le terrain de la probité littéraire que, à défaut d'une sympathie de votre part, je crois pouvoir prétendre à, du moins, me rencontrer avec vous.

Veuillez, mon illustre confrère, agréer avec ce que je vous dois de remerciements les assurances de ma très haute considération,

PAUL HERVIEU.

Il m'a semblé équitable de donner la parole à M. Paul Hervieu pour se défendre. Vous pensez bien pourtant qu'il ne m'a point converti, et que je ne passe pas condamnation, même sur la prétendue erreur matérielle qu'il me reproche. Mais j'ai l'intention de retourner voir les *Tenailles* et j'attends, pour le faire, que le public particulier, qui s'intéresse soit par goût véritable, soit par snobisme, aux ouvrages de M. Paul Hervieu se soit écoulé et ait fait place au grand, au vrai public, à ce monsieur Tout-le-Monde, dont j'aime à tâter le pouls. C'est après cette consultation que je recauserai des *Tenailles* avec l'auteur. Je lirai sa pièce quand elle aura paru, puisqu'il m'y convie. Mais j'ai pour principe qu'une œuvre de théâtre est faite, comme disaient nos pères, pour être vue aux chandelles.

7 octobre 1895.

III

Vous vous rappelez qu'au lendemain de mon article sur les *Tenailles*, article où, tout en faisant une critique assez vive, je reconnaissais très loyalement les grandes qualités de la pièce, M. Paul Hervieu m'avait fait l'honneur de m'envoyer par lettre une réponse fort jolie, et que je m'étais empressé de l'insérer, trouvant juste de donner la parole dans son affaire à un maître écrivain qui discutait avec tant de courtoisie.

M. Paul Hervieu avait commencé par relever dans mon feuilleton ce qu'il appelait une erreur matérielle : « Vous avez dit, m'écrivait-il, que le mot « devoir » ne figurait pas dans ma pièce. Or, la première scène du premier acte est une leçon de devoir donnée par la sœur aînée à sa cadette ; au deuxième acte, l'aînée reprend sa tâche et dit : « C'est pourtant un devoir d'honnête femme... »

Je ferai d'abord observer à M. Paul Hervieu qu'il me prête une erreur que je n'ai pas commise. Voici ma phrase exactement copiée : « Avez-vous remarqué que dans cette longue analyse il y a un mot qui n'a jamais été prononcé, le simple mot de devoir. C'est que l'idée en est absente de la pièce. »

C'est donc moi qui avais pu analyser la pièce sans prononcer le mot de devoir, qui d'ailleurs s'y pouvait trouver et s'y trouvait, bien que l'idée en fût absente.

Et, si j'insiste sur cette chicane, ce n'est point du tout pour me sauver par la tangente et faire semblant d'avoir raison quand j'ai tort, c'est qu'il y a de ce mince incident à tirer une leçon générale, une règle de théâtre.

M. Paul Hervieu croit qu'il suffit d'avoir dit une fois

quelque chose dans un coin de l'ouvrage, pour que ce *quelque chose*, quel qu'il soit, reste dans l'esprit du public. Mais point du tout. Les hommes de théâtre savent fort bien que le public ne voit dans une pièce que ce que l'auteur a voulu mettre et a mis en lumière; il n'entend que ce sur quoi on a surtout appelé son attention.

Le reste pour lui est non avenu, n'existe pas; il n'en tient pas compte, même alors qu'il s'en souvient vaguement.

Quelle est l'idée qui traverse la comédie des *Tenailles*, celle qui est constamment poussée en avant par l'auteur, mise dans tout son jour, imposée avec insistance, avec violence même à l'attention des spectateurs?

C'est qu'une femme, qui a signé un contrat — le contrat de mariage — a parfaitement le droit, si ce contrat vient à ne pas lui plaire, de ne pas le tenir. Elle a beau s'être engagée, elle reste libre. Il y a quelque chose qui reste au-dessus des engagements pris et signés, c'est la liberté de la créature.

J'ai entendu trois fois les *Tenailles*, je les ai lues avec beaucoup de soin; est-ce que ce n'est pas là l'idée qui se dégage de l'œuvre, l'idée que l'auteur a prétendu enfoncer dans l'esprit du public, l'idée que le public emporte et qui étouffe toutes les autres? Cette idée, mon Dieu! nous la connaissons bien, nous qui sommes assez vieux pour avoir lu, presque à leur apparition, les romans de George Sand. C'est celle qui a inspiré les Valentine et les Lélia de l'illustre romancière; quand elle a été démodée en France, elle s'en est allée en Scandinavie chercher un renouveau de jeunesse, et c'est aux Nora, d'Henrik Ibsen, que M. Paul Hervieu l'a empruntée, à moins qu'il ne s'imagine, ce qui est fort possible, l'avoir découverte lui-même; mais, où que ce soit qu'il l'ait prise, elle n'en est pas moins en contradiction formelle avec l'idée qu'exprime cet humble mot de devoir. Car le devoir consiste, quand on a donné sa parole, à la tenir, même alors qu'on y trouve quelque désagrément.

Irène Fargan a sur les héroïnes de Mme Sand et d'Ibsen un triste avantage : c'est d'être infiniment plus immorale et moins logique.

Elles, au moins, quand la prison du mariage leur déplaît, elles s'en échappent, le front haut, et plantent là hardiment leur mari, en revendiquant leur droit primordial à vivre libres. Ce qu'il y a d'abominable dans le cas d'Irène, c'est qu'elle réclame à la fois les droits de la liberté et les privilèges du mariage.

Elle court, de par son droit de femme libre, se livrer aux bras de son amant, et, quand elle sent tressaillir en elle le résultat, qui était à prévoir, je ne veux pas dire de la faute, puisque ce n'est pas une faute pour elle, mais de l'acte commis, que fait-elle ?

La voilà, cette femme, qui avait tant dit et répété que le partage était chose ignoble; qu'il était monstrueux qu'une créature libre se donnât à l'homme qu'elle n'aimait pas ; la voilà qui, dégringolant de ses magnifiques échasses, revient piteusement au lit conjugal pour faire de ce mari, qu'elle hait de si bon cœur, un paravent à sa trahison, un père à son fils.

Et si l'amant n'était pas mort? M. Paul Hervieu s'en est débarrassé en lui flanquant une maladie de poitrine. Mais tous les normaliens ne sont pas phtisiques. Supposez que Michel Davernier eût vécu, comme la chose était probable. Alors cette hautaine revendicatrice des droits de la femme aurait tout bonnement fait, comme tant d'autres, un ménage à trois.

Mais ne parlons plus de l'amant. Ce gênant animal s'en

est allé prudemment dans l'autre monde. Irène demeure seule en face de son mari, n'ayant subi de partage qu'un court espace de temps. Cette personne, si superbement juchée sur ses grands principes, qui a une idée si haute de la dignité humaine, ment à toutes les minutes de sa vie, en laissant son mari aimer un fils qui n'est pas de lui. Et, quand le mari apprend de sa bouche la vérité (qu'il était si urgent de ne pas lui dire), cette même femme, qui a déblatéré tout le temps contre le mariage et ses horribles obligations, a le front de crier à son mari, qui parle de divorce :

— Ah! mais non, je suis mariée.

Il faut pourtant être conséquent en ce monde. Si elle se moque des lois du mariage, elle est mal venue à les invoquer.

Il est vrai qu'Irène pourra me répondre :

— Je m'en moque quand elles me déplaisent; je les invoque quand elles me servent. C'est de la logique, cela !

C'est, en effet, la logique de quelques femmes. Mais on m'accordera bien que l'idée de devoir en est parfaitement absente.

Le public est-il choqué? Pas trop, à ce qu'il m'a semblé. Aux deux représentations où j'ai assisté, et une fois j'avais choisi exprès un soir de grande fête, celui de la Toussaint, j'ai trouvé le public très attentif, très sérieux, pas emballé, par exemple, ni même ému, et applaudissant peu. Mais au théâtre, à présent, on laisse volontiers ce soin à la claque.

La pièce, toute question de moralité mise à part, est plus curieuse qu'intéressante. Son grand défaut est d'être étriquée et sèche. Des cinq personnages qu'elle met en œuvre trois n'ont ni caractère, ni physionomie. L'amant surtout n'a l'air d'avoir été mis là que pour être un ressort à l'action. C'est un être pâle et neutre qui ne fait que passer, et qui disparaît quand on n'a plus besoin de lui.

Il ne reste que deux personnages qui sont toujours en présence : le mari et la femme; l'un est une forte et vigoureuse création. C'est la figure la mieux tracée de cette comédie. L'homme est agaçant; mais il fallait qu'il fût ainsi. La femme, elle, il n'y a pas deux mots : elle est insupportable à toujours geindre, à toujours revendiquer, à être toujours dans le faux, avec un emportement désordonné. C'est une névropathe, qui aurait besoin de douches plutôt que de conseils.

Je ne puis me défendre d'un certain énervement quand je les vois sans cesse aux prises et se disputant pour des riens. Cette pièce, qui est pourtant si rapide, qui manque de tout développement et de toute échappée, qui n'est que la lutte courte d'une thèse et d'une antithèse, finit vite par être fatigante. Je ne donne que mon impression, bien entendu. Il n'en reste pas moins qu'il y a, au troisième acte, une maîtresse scène, qui laisse espérer que M. Paul Hervieu, un jour, deviendra quelqu'un au théâtre.

4 novembre 1895.

LA LOI DE L'HOMME

J'arrive enfin à la *Loi de l'homme* qui a été jouée à la Comédie-Française, — il y a huit jours. Si je l'ai reléguée à la fin de ce feuilleton, bien qu'elle ait ouvert la semaine et que la Comédie-Française doive avoir le pas sur les autres théâtres, ce n'est point du tout par malice. C'est que j'attendais, pour en parler, d'y être retourné une seconde fois, et je n'ai été libre que samedi soir.

Que voulez-vous ? J'étais étonné, inquiet. A la première représentation, j'avais été horriblement agacé, en écoutant la pièce de M. Paul Hervieu. Le lendemain, j'en avais pu lire un grand éloge chez la plupart de mes confrères. J'avais rencontré nombre de gens du monde, qui m'avaient dit : Mais non, c'est très bien ; vous étiez mal disposé. Nous sommes ravis.

J'ai donc voulu revoir cette *Loi de l'homme*. Je l'ai revue, et je commence par reconnaître (ainsi que je le dois honnêtement) que je l'ai revue au milieu d'un public qui paraissait s'y plaire et qui l'applaudissait de tout son cœur. Pour moi, ce n'est pas ma faute, mais je ne peux pourtant pas écrire autrement que je ne sens ; je n'étais qu'agacé lundi dernier, je suis sorti exaspéré samedi soir.

Non, je ne m'habituerai jamais à ce théâtre sec, sans développement de caractères, où les faits tombent nets et drus comme des coups de trique sur des passions violentes et inexpliquées. Tout m'en paraît faux, voulu, concerté; et si déplaisant, avec ses allures de thèse rogue! Ce ne sont pas des personnages que nous avons sous les yeux, mais des chiffres de théorème géométrique. Si vous tirez une ligne de *A* et que vous la meniez en *C*... Mais voyons la pièce.

Le premier acte est une visible réminiscence de la *Princesse Georges*. Laure de Raguais, tout comme la princesse de Dumas, s'est convaincue, en le faisant suivre, que son mari la trompait avec M*me* d'Orcieu, une de ses amies intimes. Elle a forcé le coffret où il cachait ses lettres, pour se donner des armes contre lui. Mais les lettres étaient insignifiantes. Elle en est pour son équipée. Le comte, qui croit que le coup a été fait par un domestique, a mandé le commissaire.

Le commissaire arrive.

Vous vous rappelez la princesse Georges interrogeant sa femme de chambre et roulant dans sa tête des projets de vengeance. Quelle nervosité! quelle passion! Ah! c'est que celle-là c'était une vraie femme, amoureuse, ardente, avec des élans de passion et des retours de faiblesse. La Laure de M. Hervieu, c'est une figure algébrique.

Elle s'informe, près du commissaire, de la façon dont elle pourra pincer son mari et obtenir une séparation. L'homme de la loi la lui explique tout de travers, à ce que m'ont dit deux avocats. Mais, pour moi, ce n'est pas la question; je ne veux pas discuter ce point. Ce qui m'étonne, c'est son sang-froid dans l'ergotage.

Elle a près d'elle des amis M. et M*me* Kerbel, un monsieur et une dame quelconques; car dans les pièces de M. Hervieu, aucun personnage n'a de physionomie déterminée. Ce sont des lignes ou des chiffres. Elle leur demande de lui servir de témoin, le jour où elle fera surprendre son mari en flagrant délit d'adultère. Ils se récusent et elle s'écrie :

— Mais je suis donc abandonnée ! Oh ! la loi ! la loi faite par les hommes !

Mais, madame, vous n'avez qu'à prendre pour témoin le marchand de marrons et le commissionnaire du coin. Pour cent sous vous en verrez la farce. C'est inutile de crier comme ça pour si peu ! La loi vous prêtera son secours, si vous le demandez sous les conditions qu'elle a prescrites, et qui sont à présent, en ces sortes d'affaires, les mêmes pour les hommes que pour les femmes.

Le mari arrive.

Et alors, tout d'un coup, sans explication, sans transition, rien qu'un ou deux mots dits par lui, elle se jette en ses bras, se câline contre lui ; puis l'interroge sur ses relations avec Mme d'Orcieu. Il nie, il jure même.

— Ah ! vous mentez ! reprend-elle.

Elle se monte ; le mari répond d'un ton péremptoire et aigre.

— Il n'y a qu'à nous séparer, est la conclusion ; oh ! une conclusion qui ne traîne pas. Car en cette pièce tout se fait en un tour de main, c'est du théâtre télégraphique ; le théâtre du petit bleu.

— Mais vous savez que je suis maître de la fortune, objecte le mari. Si nous nous séparons, je puis ne pas vous donner un sou.

— Arrangez les choses comme vous voudrez ; prenez tout, mais laissez-moi ma fille.

Ce mari, on ne nous l'a pas expliqué. Il nous fait l'effet d'être le dernier des mufles. C'est elle qui a apporté la fortune ; car elle était riche et il n'avait que son titre en fait de dot. Enfin prenons les choses comme elles sont.

Au reste le premier acte n'est qu'un prologue. Il ferait presque une pièce à lui tout seul, une de ces pièces courtes et violentes comme le Théâtre-Libre en a donné la formule. Malgré les objections qu'il soulève, il s'écoute encore avec curiosité et même avec émotion. Il faut dire aussi que M°¹⁰ Bartet a été vibrante de passion ; qu'elle a su allier à la netteté coupante de ses interrogatoires une admirable largeur de style. C'est vraiment une comédienne, celle-là, et une comédienne qui porte dans ces œuvres étriquées la grande allure dont elle a contracté l'habitude en jouant le vieux répertoire. Le Bargy, qui est la correction et la sécheresse même, est fait justement pour représenter ces imperturbables et abominables clubmen dont le duc de Septmonts est le type.

Après le prologue nous avons le drame qui est divisé en deux parties. Je ne sais pourquoi. Car il n'y en a qu'un, à vrai dire, et qui marche d'un train express : 70 kilomètres à l'heure.

Nous sommes chez M. Kerbel, aux bains de mer. Laure vient les y voir. Elle sait que son mari a une villa dans les environs. Mais ce n'est pas pour lui qu'elle vient. C'est que, d'après les arrangements faits entre elle et M. de Raguais, elle doit lui donner sa fille un mois par an. Elle espère, en venant chez les Kerbel, voir quelques instants sa fille, qui voisine avec eux.

Tandis qu'elle cause avec ses vieux amis... et de quoi cause-t-elle ? de la loi qui opprime la femme. Ainsi elle était orpheline, n'entendait rien aux affaires ni au monde ; son tuteur l'a mariée à un homme qu'elle ne connaissait pas, et lui a fait signer un contrat de mariage qui a été désastreux pour elle.

Mais, madame, ça, ce n'est pas la faute de la loi ; c'est celle de votre tuteur, de votre notaire, c'est un peu la vôtre aussi qui avez accepté les yeux fermés un mari qui ne vous épousait que pour votre fortune. La loi n'est pas si mauvaise que vous dites. Seulement, c'est à chacun de la connaître et de s'en servir.

On entend les claquements du fouet d'un mail-coach. C'est le comte qui arrive avec sa fille et les d'Orcieu. Laure se sauve dans une chambre à côté, recommandant qu'on lui envoie sa fille aussitôt qu'on le pourra.

Après les premiers baisers, sa fille lui avoue qu'elle aime un jeune homme, et qu'ils se sont fiancés l'un à l'autre.

— Qui? demande-t-elle anxieuse.

Ce jeune homme, c'est un officier, André d'Orcieu, le fils de cette Mme d'Orcieu qui a pris son mari à la mère.

Laure est furieuse et indignée.

Ah! pour cela, elle a raison. Il n'y a pas à dire : ce comte de Raguais est un fier mufle, d'avoir laissé ces fiançailles se former sous ses yeux.

Elle supplie sa fille de rompre.

La pauvre fille le promet; mais, restée seule avec son André, elle se laisse toucher à ses larmes, lui renouvelle ses serments et retourne à sa mère, qui, à ce coup, laisse échapper la vérité.

Oh! que je souffrais pour Mme Bartet. Elle criait! Comment ne pas crier dans des scènes pareilles? Elle va s'abîmer la voix; elle qui vaut surtout par la distinction souveraine d'un jeu fin et discret! La voilà tombée dans des fureurs mélodramatiques qui ne touchent personne!

Le comte arrive. Isabelle court à lui comme à son refuge.

— Ah! tu l'aimes mieux que moi! s'écrie la mère. Après ce que je t'ai dit... Oui, monsieur, je lui ai tout dit...

Le comte est dans un mortel embarras. Car M. d'Orcieu, pressé par son fils, va venir intercéder pour lui près de la comtesse. Mᵐᵉ d'Orcieu accourt à son tour; elle a peur d'un éclat et, à sa vue, la colère de Laure redouble et, comme elle redouble d'imprécations, M. d'Orcieu entre.

Tout cela rapide, haletant, coup sur coup! Notez que nous ne connaissons ni M. ni Mᵐᵉ d'Orcieu. Oui, cette femme qui est cause d'un si horrible grabuge, c'est la première fois que nous la voyons, et elle ne dit qu'une demi-douzaine de mots. Quelle singulière façon d'entendre le théâtre !

Enfin, voilà M. d'Orcieu.

Il presse Laure de céder; il ne comprend rien à ces non répétés; il insiste tant et tant que Laure à bout de force :

— Mais vous ne voyez donc pas que je ne veux point donner pour mère à ma fille la femme qui m'a pris mon mari !

Le mot est lâché. Nous courons au dénouement. Il est bien extraordinaire, ce dénouement.

M. d'Orcieu dit, non en clubman sceptique et philosophe, mais avec de grands gestes et une voix de prophète : « Le monde nous condamne à nous réfugier derrière des apparences. Je vais reprendre ma femme que je déteste à présent ; vous, monsieur, vous allez vous remettre en ménage avec la vôtre, et nous allons marier ces enfants, car ce sera une réponse aux mauvais bruits qui ont dû courir sur mon honneur. »

Et, comme les intéressés esquissent un geste de révolte, le voilà qui allègue son amour pour son fils! Il fera tout pour son fils ! Oh ! comme il aime son fils !

Remarquez qu'il n'a jamais été question de cet amour-là, et que le fils, que nous avons à peine entrevu, nous

…st aussi indifférent que le père! N'importe! M. d'Orcieu l'adore.

On aperçoit les deux jeunes gens qui arrivent du fond de la scène.

M. d'Orcieu les montre d'un geste qui ne souffre pas de réplique. Tout le monde se sacrifiera donc pour qu'ils soient heureux.

Mais s'ils doivent vivre heureux, c'est donc que la loi, que M. Paul Hervieu appelle la loi de l'homme, n'est pas si mal faite?

Tout l'éloge que je puis donner à cette œuvre, c'est qu'en effet on n'a pas le temps de s'y ennuyer et qu'à de certains moments on est pris d'une angoisse qui vous serre le gosier.

22 février 1897.

EUGÈNE BRIEUX

BLANCHETTE

I

M. Brieux a un grand mérite : il s'attaque toujours à es questions sociales qui sont d'un intérêt actuel, et il s'efforce de les présenter sous forme dramatique. Vous vous appelez que, dans les *Bienfaiteurs*, il raillait avec infiniment de verve la fausse philanthropie carottée par la fausse misère ; que, dans l'*Évasion*, il essayait de réagir contre la théorie en vogue des fatalités de l'atavisme. Dans *Blanchette*, il avait touché un des points les plus douloureux de notre société contemporaine.

M. et Mme Rousset sont de pauvres petits cultivateurs, ui ont annexé à leur industrie un modeste débit de vin t de liqueurs. Ils ont grand'peine à joindre les deux outs. Une fille leur naît. Quelle serait la sagesse, l'antique gesse ? Ce serait de l'élever pour vivre heureuse dans le milieu où le sort l'a fait tomber, d'en faire une paysanne, qui épousera par la suite un brave fermier et aidera son mari à cultiver sa terre. Mais les Rousset sont ambitieux pour leur enfant. Ils se saignent aux quatre veines pour lui donner une éducation qui lui ouvre l'accès de la bourgeoisie instruite. Elle achève ses classes dans une grande pension, conquiert son brevet et rentre au logis paternel.

Elle y rentre, mais c'est une demoiselle chez des paysans. M. Brieux, et en cela il a marqué beaucoup de mesure et de tact, n'a point voulu que ce fût une mauvaise fille, arrogante, dédaigneuse et sans-cœur. Non, elle aime bien ses parents ; elle reconnaît ce qu'ils ont fait pour elle ; elle ne demanderait qu'à leur rendre service. Mais elle est comme dépaysée près d'eux ; elle se sent si différente d'idées, de sentiments, de langage ! Tout dans cette pauvre maison froisse ses délicatesses. Elle ne peut rien à cela. C'est la situation qui est plus forte que toutes les bonnes volontés.

Les parents, c'est une autre affaire. Ils sont d'abord très glorieux de leur fille. Le père montre avec une vanité naïve le diplôme qu'il a fait encadrer et appliquer au mur, en belle place. Il est persuadé (comme tant d'autres pères, hélas !) que le gouvernement, en délivrant un parchemin à sa fille, a pris l'engagement de la pourvoir d'un poste lucratif. Il est plein d'illusions. Un brave garçon qui avait aimé son Élise, alors qu'elle n'était pas si savante, vient la demander en mariage. Le brave homme hausse les épaules.

— Ma fille n'est pas pour ton nez... tu ne voudrais pas...

Et il le met à la porte ; il est encore dans la lune de miel du brevet conquis.

Mais le dissentiment fatal, inévitable, ne tarde pas à éclater.

Élise, qui attend toujours sa nomination (il n'y en a plus que 250 à pourvoir avant elle), vit chez ses parents à ne rien faire, et le père Rousset commence à trouver qu'une fille oisive est une lourde charge. Cette fille est quelque peu romanesque. Elle s'est liée à la pension avec la fille d'un riche propriétaire, conseiller général, Mlle Lucie Galloux.

elles ont ensemble formé de beaux projets. Lucie a un frère, Georges, qui a fait un bout de cour à Élise :

— Nous serions sœurs ! dit Lucie en embrassant Élise.

Et tandis qu'elles causent ainsi de bonne amitié, assises gaiement au comptoir, entre un client, un pauvre vieux cantonnier qui demande une tasse de café. Élise rougit ; elle est mal à l'aise ; elle le renvoie sans le servir.

Prenez garde que cette situation pourrait aisément se transporter dans un autre milieu : une famille bourgeoise, ne possédant qu'une très modeste aisance, qui a poussé un fils au baccalauréat et une fille au brevet supérieur, et qui les voit ensuite lui retomber sur les bras, inutiles, mécontents, méprisants. C'est ce qui fait que l'étude de M. Brieux a un caractère de généralité qui a frappé tous les bons esprits en même temps qu'il séduisait la foule.

Au second acte, la situation s'est violemment tendue. Élise n'est toujours pas nommée, et l'on ne peut prévoir quand elle le sera. Le père Rousset jour à jour s'aigrit. Élise, qui croit tout savoir, ayant tout appris dans les livres, lui a conseillé de fumer ses champs avec des engrais chimiques, et ces engrais ont brûlé son blé. Elle s'ingère de tout réformer au logis, car elle prend en pitié l'esprit de routine de ses parents ; elle parle de changer l'humble débit de son père en un café étincelant, où l'on viendra prendre des boissons glacées. Elle a commandé une machine à faire de la glace.

— Mais personne ici ne prend de glace, lui fait doucement observer sa mère.

— Parce qu'il n'y en a pas, répond la jeune fille.

— A quoi sert qu'il y en ait, si personne n'en doit prendre ?

Élise parle de progrès, d'esprit d'initiative. Elle répète les phrases dont on a à la pension chargé sa mémoire. Le père Rousset se rebiffe. Il en a assez de toutes ces coûteuses billevesées. Il entend que tout rentre dans l'ordre, ou sinon, gare les gifles ! C'est lui le maître, après tout. Il rabroue durement sa femme, qui intercède pour Élise. Il profite de l'instant où M. le conseiller général Galloux est là avec sa fille Lucie, pour forcer Élise à ceindre un tablier, à faire ses excuses au vieux cantonnier qu'elle avait malmené la veille et à lui servir le café. M. Galloux propose de prendre Élise chez lui, en attendant qu'elle soit placée et de la donner à sa fille pour demoiselle de compagnie. Mais le vieux paysan n'entend pas de cette oreille. Élise restera à la maison pour servir les consommateurs et aider la mère aux gros ouvrages.

C'en est trop ; Élise n'y peut plus tenir ; elle se révolte ; c'était la scène à faire, et elle est faite de main de maître : « Pourquoi, dit-elle à son père, pourquoi m'avoir donné cette éducation, si vous vouliez faire de moi une servante d'auberge ? Pourquoi m'avoir inspiré le désir d'une vie plus élégante et plus noble si vous teniez à me garder chez vous ? » Elle a raison, la pauvre fille, et son père n'a pas tort. C'est une déclassée.

Elle se sauve de la maison paternelle en faisant claquer la porte, et le père Rousset lui déclare solennellement qu'une fois le seuil franchi, elle ne rentrera plus jamais en grâce.

Ces deux premiers actes avaient jadis fait un plaisir extrême. Le troisième avait gâté cette excellente impression. Le père Rousset avait fait de mauvaises affaires ; il allait être saisi ; Élise revenait en brillante toilette. Elle avait un amant riche, le frère de Lucie, je crois. Son père la maudissait d'abord ; elle lui offrait de l'argent, et le bonhomme, se ravisant, acceptait.

C'était, si vous vous en souvenez, le temps où la comédie rosse battait son plein. Il était convenu qu'un dénouement heureux sentait le scribouillage. M. Brieux, pour être loué de la coterie très bruyante qui sonnait sa fanfare autour l'Antoine, avait poussé sa comédie au noir et l'avait terminée par cette malpropreté inutile et grossière : le père mangeant le pain de la fille entretenue.

— Comme c'est nature ! s'étaient écriés les fidèles.

Mais le public n'avait pas été de cet avis. Il en avait été si peu qu'en province Antoine, pour ne pas choquer ses susceptibilités, avait tout simplement retranché le troisième acte. Il terminait la pièce au moment où Élise s'enfuyait de la maison paternelle, où elle ne pouvait plus vivre. La comédie restait en l'air.

Et moi qui, dès le premier jour, avais été affligé de ce troisième acte, je n'avais cessé de dire à l'auteur, que j'aime beaucoup :

— Refaites-le-moi donc, et refaites-le-moi sans tenir compte des vaines criailleries de la jeune école. Après votre second acte, l'idée première de votre pièce a été mise en pleine lumière ; la démonstration est faite, et bien faite : on s'expose, quand on donne aux enfants une éducation trop au-dessus de leur condition, à n'en faire que des déclassés. Eh! bien, vous êtes maître ensuite de votre dénouement. Vous pouvez à votre gré le faire heureux ou triste. Ça n'a pas d'importance, littérairement parlant.

Ça en a une grande au point de vue dramatique. Le public aime à voir heureux les personnages auxquels il s'est intéressé. Ramenez-moi au troisième acte votre Élise traînant l'aile et tirant le pied, mais assagie par le malheur, mais corrigée de sa présomption, et mariez-la-moi avec le brave garçon qui, au premier acte, l'a demandée en mariage.

Brieux hésitait.

— Mais la vérité ? objectait-il.

La vérité !... la vérité !... Pourquoi, diantre ! la vérité ne serait-elle pas que votre Élise rentrât en elle-même et s'amendât? Vous lui avez justement donné une nature honnête; vous ne nous l'avez pas montrée foncièrement vicieuse. Elle était la victime d'une situation fausse. L'expérience de la vie lui ouvre les yeux et lui fait toucher son erreur du doigt; elle la reconnaît loyalement; quoi de plus naturel? Toutes les déclassées ne deviennent pas nécessairement des cocottes.

Je l'ai connue, votre Élise. Elle était horriblement malheureuse chez ses parents qui l'adoraient, mais dont le contact faisait souffrir son orgueil et sa délicatesse. Peu s'en est fallu qu'elle ne tournât mal. Au moment psychologique, elle a rencontré un ouvrier à qui elle a plu; elle s'est résignée, et elle vit contente, bien que battue de temps à autre.

M. Brieux s'est décidé. Il a refait son troisième acte. Élise revient en effet solliciter le pardon de son père. Dans un couplet très animé, très douloureux et qui a profondément ému l'auditoire, elle a conté les misères qu'elle avait subies, institutrice, demoiselle de compagnie, femme de chambre, domestique, partout obligée de se défendre contre des tentatives de séduction, les unes demi-polies, les autres franchement brutales, descendant de degré en degré une pente fatale, et comme sa mère s'en étonne:

— Ah! vous ne savez pas, s'écrie-t-elle, combien il y a d'institutrices qui pourraient envelopper leur carte de filles soumises dans le parchemin de leur brevet supérieur!

Elle a été préservée de tout accident irrémédiable par son honnêteté native; elle revient misérable, mais pure. L'auteur lui ménage, avec son soupirant du premier acte, une jolie scène d'amour rétrospectif; ils s'entendent et tout le monde s'embrasse.

Et nous, public, qui ne voulons la mort de personne, nous nous retirons satisfaits. Je serais bien étonné si *Blanchette*, sous cette forme nouvelle, ne demeurait pas longtemps au répertoire. La pièce deviendra en quelque sorte classique.

4 octobre 1897.

II

Je vous ai conté qu'Antoine donne trois fois par semaine à l'Éden-Théâtre des représentations qu'il intitule : *Représentations publiques du Théâtre-Libre*. Du moment qu'Antoine s'adresse au grand public, il va être forcé de ne prendre dans son répertoire que les pièces qui lui peuvent agréer, les pièces qui sont des pièces. Il a débuté par la *Puissance des ténèbres*; il a fait trois cents francs le premier soir. Il ne s'est pas obstiné; il a choisi la *Blanchette* de M. Brieux, qui aurait pu tout aussi bien se jouer au Gymnase ou au Vaudeville; *Blanchette* a obtenu un grand succès, devant une salle comble.

Car la salle était comble. Est-ce le bon marché des places qui avait séduit le public, ami des petits trous pas chers? Avait-on donné beaucoup de billets? Je n'en sais rien. Je ne puis que constater un fait indéniable : cet immense vaisseau de l'Éden-Théâtre était rempli du haut en bas. Antoine et ses camarades ont bien été forcés de rompre avec leurs traditions, de faire faux bond à leurs principes. Les voilà qui élargissent la diction, prennent des temps, parlant de face, et très haut; pas encore assez, à mon avis; mais il y a du mieux; dans quinze jours, ces terribles novateurs feront comme tout le monde, par la simple raison qu'il n'y a pas moyen de faire autrement. Je serai ravi de suivre les progrès de cette épreuve.

Et dans cette *Blanchette* qu'ils nous ont jouée, savez-vous ce qui a beaucoup, mais beaucoup réussi : les deux premiers actes, qui sont de jolie comédie de genre, la comédie telle qu'on la pratique couramment au Gymnase; le troisième acte, qui est « de comédie rosse », qui a été écrit pour faire plaisir à Antoine et à ses amis, a été écouté dans un silence d'universelle désapprobation.

Je rencontrai l'auteur à la sortie.

— Quel succès vous auriez eu, lui disais-je, si vous aviez consenti à refaire votre dernier acte! C'est une pièce qui serait entrée naturellement dans le répertoire d'un théâtre de genre. Elle aurait eu ses cent représentations et durerait dix années au moins.

— Mais que vouliez-vous que je fisse?

— Eh! mais, ce qu'auraient fait vos devanciers. Vous mettiez en scène une jeune fille à qui son père et sa mère, gens de campagne et cabaretiers de profession, ont fait par gloriole donner une éducation au-dessus de sa condition. Elle conquiert son brevet, ils en sont très vains et attendent une nomination d'institutrice qui ne vient pas. Cependant elle reste dans sa famille; elle y est très malheureuse et rend ses parents très malheureux. Car ils ne la comprennent pas et elle les prend en pitié, se croyant au-dessus d'eux. Vous avez très bien montré tout ce qu'il y avait de piquant tout ensemble et de douloureux dans cette situation. C'est un petit, mais excellent tableau de mœurs. Au bout du deuxième acte, vous n'aviez plus rien à ajouter à la peinture. Vous aviez dit sur le sujet, qui est intéressant et neuf, tout ce que vous aviez à dire. Il ne s'agissait plus que de trouver un dénouement. Mais le dénouement, c'est l'accessoire, en ces sortes de pièce. Pourquoi ne pas le faire agréable aux spectateurs? Votre Élise Roussel est au fond une bonne fille; elle avait été, au premier acte, demandée en mariage par un brave fils de paysan, qui l'aime bien, et qu'on avait refusé par vanité. Eh! bien, donnez.

ce qui n'est pas invraisemblable, à votre Élise, un petit grain d'envie de se marier, un léger retour de bon sens, faites-moi une gentille scène d'amour et concluez vite. Tout le monde est content.

— Mais ce sera faux, archifaux ; c'est de la convention.

— Avec ça que votre troisième acte n'est pas faux et archifaux aussi. C'est de la convention également ; mais c'est de la convention « rosse » qui déplaît à tout le monde et compromet le succès. L'essentiel de votre thèse, c'est le premier acte et le second. Le dénouement, qu'importe ! n'en faites pas, si vous le préférez ; mais si vous en faites un, ne le faites pas qui désoblige tous les spectateurs, qui les force, quand ils revêtent leurs paletots à la sortie, de s'écrier tous : « Ah ! quel dommage ! »

Voulez-vous que je vous dise : Vous avez eu peur d'être blagué par quelques centaines de soi-disant réformateurs, qui n'aiment pas le théâtre, qui y vont comme des chiens qu'on fouette et n'y payent pas leur place. Eh ! bien, il faut, si l'on veut réussir, prendre résolument son parti d'être blagué par ces fumistes.

4 décembre 1893.

L'ENGRENAGE

L'*Engrenage* est une comédie dont la politique a fourni le sujet et les développements. C'est ce qui explique pourquoi les directeurs, à qui elle a été proposée, ont hésité à la recevoir ou plutôt n'ont pas hésité à la refuser. Ils ont craint la censure; ils ont craint plus encore que la censure, les révoltes d'une partie de leur public et les désordres qui s'en pourraient suivre dans la salle. Aucun tumulte n'était à craindre au théâtre « des Escholiers ». Les abonnés qui se rendent à ses représentations savent qu'on leur y doit servir ce qui serait impossible ailleurs, et qu'on le leur y sert justement parce qu'ailleurs ce serait impossible. Ils arrivent préparés à toutes les excentricités, de quelque nature qu'elles soient; ils ne se fâchent, ni ne s'émeuvent de rien.

La censure pouvait tabler sur cette disposition d'esprit; elle n'a pourtant point osé prendre sur elle d'autoriser la représentation de la pièce. Elle a cru devoir renvoyer l'auteur et son manuscrit au ministre. Il s'est trouvé par bonne fortune que le ministre est un esprit très libéral et très ouvert; M. Spuller n'a demandé que quelques légères et insignifiantes corrections. Il a vu que la pièce était une œuvre de bonne foi, que l'auteur était un honnête homme

un homme de mérite ; il a levé les scrupules de la censure
autorisé la représentation.

M. Rémoussin est un brave homme d'industriel à qui sa
lature rapporte des bénéfices assez importants. Il n'avait
as personnellement d'autre ambition que d'accroître la
rospérité de sa maison et l'honorabilité de son nom ; mais
a femme, sa fille et son gendre l'ont pressé de se mettre
ur les rangs pour la députation. Son voisin le sénateur,
I. de Morin, s'est joint à eux. Ce sénateur est un grand
igneur sceptique et sans scrupules, qui, ayant une ven-
eance à exercer contre l'ancien député de la circonscrip-
ion, lui a suscité un concurrent redoutable dans la personne
e Rémoussin, enfant du pays, estimé de tous pour sa pro-
ité, son goût d'économie et sa haute situation.

Au moment où la pièce s'ouvre, le scrutin vient d'être
ermé. Rémoussin est en ballottage avec son concurrent. Il
'y a plus qu'un coup de collier à donner, et la victoire est
ûre au second tour. Mais déjà Rémoussin est las, écœuré
le son métier de candidat ; toute cette cuisine est peu pro-
re et elle révolte ses sentiments d'honneur. Il préfère se
lésister. Ce n'est pas le compte des siens ; ce n'est pas non
lus celui de Morin, qui, dans une scène extrêmement bien
aite, d'un tour aisé et spirituel, ramène son homme, en lui
aisant valoir avec chaleur toutes les raisons qu'il a de con-
inuer le combat. La seule qui touche Rémoussin, c'est
u'il faut, à la Chambre, des députés honnêtes et fermes,
ui ne respirent que le bien public. Il sera un de ceux-là :
l dira la vérité aux ministres et au pays ; il poursuivra les
bus, ils les écrasera. Morin sourit à le voir si plein d'illu-
ions ; mais il en profite ; c'est un Scapin de haute volée.

Rémoussin cède ; il maintiendra sa candidature. Mais, au
noins, ne veut-il pas qu'on la soutienne par des procédés
ui lui semblent malhonnêtes. Il ne veut payer à ses électeurs

ni bière ni eau-de-vie ; il entend ne rien promettre de ce qu'il croira ne pouvoir tenir ; il a une circonscription qui, étant agricole, réclame des droits sur les blés étrangers ; mais le droit sur les blés exotiques, c'est le pain plus cher. Il ne s'engagera donc pas sur la question.

Le marquis le laisse exhaler sa vertu ; mais, voyant que ses remontrances sont inutiles, il ne lui demande que la neutralité.

— Faites, lui dit le candidat, mais au moins que je ne le sache pas.

C'est le premier doigt mis dans l'engrenage.

Tout ce premier acte est lestement enlevé. Les résistances de l'honnête homme, les ironies spirituelles du sénateur Scapin, les avidités intéressées des électeurs qui étalent naïvement leur cynisme de quémandeurs, les manèges de la femme et du gendre pour engager le pauvre Rémoussin et réparer les bévues où l'entraîne son excès de probité farouche, tout cela forme un tableau animé et curieux : c'est d'une observation quelque peu superficielle ; le mot n'est pas en général assez profondément enfoncé. Mais il y a de la vérité et du mouvement. Il réussit beaucoup, ce premier acte ; il faut ajouter qu'il est joué à ravir. Dieudonné est d'une finesse et d'un mordant admirable dans le personnage du sénateur ; Mayer est impayable d'honnêteté timorée prudhomesque dans celui de Rémoussin.

Le second acte nous amène à Paris. Rémoussin a pris position à la Chambre. Son premier début n'avait pas été heureux. Il ne s'était affilié à aucun des partis qui la divisent, en sorte que, lorsqu'il était venu dire d'un ton pompeux :

— Et la France ? messieurs, personne de vous ne songe donc à la France ?

Tout le monde était parti de rire et on l'avait blagué

dans tous les journaux. Mais, depuis lors, il a senti qu'on ne pouvait s'isoler ainsi ; il a tout doucement retranché de ses opinions ce qu'elles avaient d'excessif ; il en a même changé sur quelques points ; ainsi il a voté les droits sur les blés étrangers. Au moins les a-t-il votés après s'être convaincu lui-même qu'il avait raison de le faire. Il n'est pas obstiné : quand on lui montre le vrai, il s'y rend.

Il a pris sa revanche de son premier échec. Il vient, sur je ne sais plus quelle question, de prononcer un de ces discours qui classent un homme ; il a eu un succès étourdissant. Il n'en est pas plus fier ; mais il est enchanté que ce succès lui donne plus de force pour tenir tête aux ministres et leur imposer la volonté de la France. Ah! l'on verra ce qu'il va faire ! Ce n'est pas de lui qu'on aura aisément raison !

Son intransigeance va être soumise à de rudes épreuves. Sa femme, à la suite d'une altercation avec un sergent de ville, l'a giflé ; d'où procès-verbal et plainte du commissaire. Le scandale sera abominable. Il faut que Rémoussin aille chez le ministre arranger l'affaire. Vous pensez qu'il ne s'y résout pas sans peine.

Nous le voyons revenir de l'audience.

— Eh! bien? lui demande sa femme.

— Charmant, le ministre a été charmant !...

Un fou rire a couru toute la salle à ce mot, qui est d'un homme de théâtre ; car c'est un mot de situation. Le ministre a jeté le procès-verbal au feu ; il a causé de bonne amitié avec Rémoussin son cher collègue.

— On ne le connaît pas, dit Rémoussin, dans la naïveté de son cœur. Il n'est rien de tel que de connaître les gens pour les apprécier.

Allons! voilà un second doigt dans l'engrenage. La main y va passer tout entière. Le sénateur Morin a présenté à Rémoussin un certain marquis, faiseur d'affaires, M. de Storn, qui est à la tête d'une grande compagnie pour le percement du Simplon. Les travaux sont achevés ; il n'y a plus qu'un règlement de comptes à faire approuver à la Chambre, une bagatelle : cent millions !

M. de Storn expose la situation, justifie les chiffres et au moment de partir laisse négligemment un chèque sur la table. Rémoussin l'aperçoit en ramassant les papiers et le rappelle :

— Reprenez-moi cela, lui dit-il révolté et fier. Je ne me vends pas.

M. de Storn (encore une scène parfaitement construite, d'une main discrète et sûre) fait observer que vingt-cinq mille francs, une si misérable somme, ce n'est pas là de la corruption, c'est une façon de reconnaître un travail supplémentaire, ce sont des honoraires payés à un avocat.

Au bruit de l'altercation, Mme Rémoussin entre.

— Venez à mon secours, madame, lui dit M. de Storn ; M. Rémoussin refuse de m'associer à vos bonnes œuvres.

Mme Rémoussin n'a pas les mêmes scrupules que son mari : le ménage se trouve dans une passe fâcheuse ; la vie de Paris coûte cher, l'usine abandonnée par son maître ne donne plus de bénéfice ; les créanciers s'impatientent. Ces vingt-cinq mille francs viennent bien à point. Ah ! que j'aurais souhaité, je le dis tout de suite à M. Brieux, pour n'y plus revenir, que tout ce côté de la comédie eût été marqué de traits plus nombreux et plus forts. Il est indiqué, je le sais bien, mais ce ne sont que des indications sommaires, des têtes de chapitre, des points d'attache. M. Brieux a passé là à côté d'une belle comédie de mœurs, qui lui eût fait un honneur infini. Tout ce qu'il dit est juste et vrai ; c'est un peu mince, un peu étriqué ; Mme Rémoussin, ni la fille, ni le gendre, n'ont de personnalité distincte ; ce sont des ombres qui passent. Mais n'insistons pas sur ces regrets; M. Brieux est jeune encore, et ce n'est pas une petite affaire que d'emplir une grande comédie en trois actes, d'y faire remuer des personnages vivants. Goûtons ce qu'il a donné, cette fois, en espérant qu'il fera un jour plus large et plus étoffé.

M. de Storn insiste également :

— Quoi de plus simple ? dit-il, cela se fait; vos collègues ont accepté.

Et il cite quelques noms, celui de Morin entre autres.

— Du moment que cela se fait !

La main a passé dans l'engrenage et le reste. Morin entre et frappant sur l'épaule de son copain :

— Je viens de rencontrer Storn; il m'a dit que vous étiez favorable au rachat du Simplon. Allons! mon cher, vous êtes dans le mouvement!

Le succès du troisième acte a été étourdissant. La catastrophe a eu lieu; Storn a été arrêté; les noms des chéquards ont été livrés au juge d'instruction. Le gouvernement pourra-t-il arrêter l'affaire? Rien de plus comique que la scène entre Morin et Rémoussin, l'un atterré, l'autre furieux. « C'est vous, s'écrie Rémoussin, qui m'avez fourré là dedans! Sans vous, je serais resté ce que j'étais : un honnête homme. »

— Un honnête homme! réplique Morin, allons donc! plus hypocrite que nous, voilà tout! Est-ce que c'est moi qui vous ai envoyé chez le ministre en solliciteur, est-ce que c'est moi qui ai fait votre discours sur les blés, est-ce que c'est moi qui ai touché votre chèque ?

Tout cela est vrai, Rémoussin est obligé de le reconnaître; il s'attendrit sur son sort, il repasse sa vie; ah! quelle sottise il a faite d'entrer dans la politique. Le voilà marqué pour la cour d'assises!

Et il sanglote, et ce qu'il y a de charmant (ça, c'est une

trouvaille!) c'est que ce raccorni de Morin se laisse toucher à cette douleur si vraie.

— Voyons! Ne vous désolez pas comme cela! Vous allez vous rendre malade. Vous serez bien avancé après; du courage, tout n'est peut-être pas perdu. Je vais vous envoyer Mme Rémoussin.

La scène entre les deux époux, puis celle des deux époux avec leur fille sont très touchantes en leur sobriété. Rémoussin demande pardon aux siens; ils se sentent aussi coupables que lui. Il n'y a qu'un moyen de rentrer dans l'estime de soi-même et du monde :

— Je vais le prendre, dit-il.

Et il sort sans expliquer son moyen.

Il n'est pas plutôt parti que tout change de face. On apprend par un télégramme que le gouvernement a supprimé l'affaire; il n'y aura pas de poursuites; Morin exulte; il embrasserait tout le monde; il invite Mme Rémoussin, sa fille, tout le monde à dîner au cabaret du chef-lieu, à boire du champagne.

C'est au milieu de ces éclats de joie que Rémoussin rentre avec une figure extraordinaire :

— Je parie cent sous, dit Morin, que vous venez de faire une bêtise?

Non, il a réparé... Réparé, quoi? lui crie-t-on, il n'y avait rien à réparer, puisque personne ne saura rien.

— J'ai fait mon devoir, répond Rémoussin.

— Sûr, c'est une gaffe, observe Morin inquiet.

Une terrible gaffe! il a écrit au *Réveil* pour avouer le chèque touché, au président de la Chambre pour lui envoyer sa démission, au procureur de la République pour restituer les vingt-cinq mille francs. Il ne doit plus rien à personne, il peut désormais marcher tête haute; tous les honnêtes gens lui vont revenir.

Morin s'esquive à l'anglaise. Il ne peut plus se compromettre en donnant la main à ce pestiféré ; Mme Rémoussin et sa fille accablent l'imbécile de récriminations ; sous la fenêtre, la foule vient hurler : « Le chéquard ! le chéquard ! » Il veut les haranguer, leur expliquer sa conduite ; on le hue, on lui jette des pierres, et il entend dans le lointain la voix de Morin qui, d'un ton déclamatoire, crie à la foule :

— Ce que je veux, c'est le bonheur du peuple, de ce peuple intelligent et fier...

— Vive Morin ! vive Morin !

Ce dénouement est d'une ironie bien amusante.

Telle est cette pièce, qui témoigne chez son auteur d'un véritable sens dramatique. Elle n'est pas complète, il s'en faut. Mais c'est un essai très heureux de comédie politique. Je crois qu'on a l'intention d'en donner quelques représentations à la Comédie-Parisienne. Allez-y ; elle vaut la peine d'être vue. Si on ne la rejoue plus, il vous sera loisible de la lire, l'auteur l'a publiée.

J'ai déjà parlé de Dieudonné et de Henri Mayer qui conduisent la pièce ; ils sont de permier ordre tous les deux ; Dauvillers a joué, avec un élégant scepticisme d'ailleurs, la scène où M. de Storn fait accepter un chèque à Rémoussin ; Depas a fait d'un électeur quémandeur et plaignard une spirituelle caricature. Les femmes sont quelconques ; mais leurs rôles ne sont pas des meilleurs.

21 mai 1894.

L'ÉVASION

C'est l'honneur de M. Brieux de ne porter sur la scène que des sujets qui soulèvent des discussions philosophiques. Dans *Blanchette* il avait mis en cause l'éducation que l'on donne aujourd'hui aux jeunes filles ; dans *Bienfaiteurs*, il s'était attaqué à ce redoutable problème du paupérisme. Il a pris cette fois pour thème cette question, qui divise en ce moment tous les savants et fait couler des flots d'encre : L'hérédité est-elle, comme la fatalité antique, une puissance contre laquelle il soit impossible de réagir ? Le fils d'un alcoolique, par exemple, est-il nécessairement, dans l'ordre physiologique, un dégénéré ? La fille d'une femme que ses instincts pervers ont traînée au métier de courtisane est-elle fatalement, dans l'ordre psychologique, condamnée à tourner mal ? lui est-il impossible d'expulser de ses veines le sang vicié, de son cœur les tendances morbides de sa mère ?

Voilà la question.

Remarquez, je vous prie, qu'au théâtre la solution importe peu. Dans un livre de médecine, le savant est obligé de conclure dans le sens où l'ont poussé ses observations et ses recherches. Il doit la vérité au public.

L'homme de théâtre ne lui doit que de la logique. Son

devoir est d'exposer nettement la thèse : il est ensuite libre de conclure (à ses risques et périls, bien entendu) pour ou contre la fatalité héréditaire. Mais, quelle que soit des deux solutions celle qu'il a choisie, il est obligé, de par les lois mêmes du théâtre, de m'y conduire logiquement, c'est-à-dire de choisir des faits et des personnages qui me traînent par une pente invisible à la solution qu'il a jugée la meilleure.

C'est ce que fait Dumas, le maître de la pièce à thèse. Il veut, dans les *Idées de M*^{me} *Aubray*, qu'un jeune homme de bonne famille épouse une fille qui a failli avec un autre, parce que tous les hommes sont solidaires et que l'un doit réparer les erreurs ou les torts de l'autre. La thèse est fort discutable, et, à l'époque, on l'a discutée très vivement. Pas moi ; étant donnés la fille et le jeune homme en cause, étant donnés Mme Aubray, son caractère, les conseils qu'elle reçoit, l'atmosphère de mysticisme dont elle est enveloppée, est-il possible qu'elle ne consente pas au mariage de son fils avec Janie ? En art dramatique, toute la question est là. Le théâtre, c'est une géométrie vivante.

Voyons d'abord comment M. Brieux a exposé le sujet.

Nous sommes au premier acte, chez le docteur Bertry, un savant médecin, membre de toutes les académies, chamarré de toutes les décorations, important et solennel ; au fond un vieux roublard, affamé d'argent et d'honneurs, et qui est arrivé à tout, sans autre mérite transcendant que beaucoup de savoir-faire et un maniement très adroit de la réclame. Il s'est très habilement, depuis vingt années, canonné dans un petit coin de la science, et il a écrit des montagnes de mémoires, brochures et gros livres où il trouve qu'il n'y a pas moyen d'échapper aux fatalités héréditaires.

Il a près de lui sa nièce Lucienne, une jeune fille instruite, qui lui recopie et lui met au net ses manuscrits. Elle s'est lentement imprégnée des théories de son oncle et ces théories lui sont un perpétuel tourment. C'est qu'elle aussi, elle a été marquée en naissant d'une tare indélébile. Elle est fille naturelle ; son père, M. Bertry, le frère du docteur, l'a reconnue ; mais sa mère, qui est morte à cette heure, était une femme de mauvaise vie. Elle l'a appris par une cruelle indiscrétion ; un jeune homme, qui l'avait distinguée et qui lui plaisait, Paul Baucour, avait demandé sa main, et plus tard, renseignements pris, s'était dérobé pour en épouser une autre. Quel trait de lumière pour la pauvre fille ! C'était donc vrai ; elle ne se relèverait jamais de cette déchéance ; le souvenir de sa mère pèserait toute la vie sur elle, qui était pourtant innocente et pure !

Le docteur n'a pas eu d'enfant ; mais il avait épousé une veuve qui lui avait apporté un fils, né d'un premier mariage. Ce fils, Jean Belmont, est né d'un père qui était phtisique et qui est mort jeune de la terrible maladie. Jean est irrémissiblement condamné à finir comme son père. Le docteur le sait ; avec l'inconscience du savant, sûr de ses théories et heureux de les voir confirmées par les faits, il n'a point caché à son beau-fils le destin dont il est menacé. Ce jeune homme est inquiet, nerveux. On le serait à moins. Il étouffe dans ce cabinet de consultation, d'où ne se dégagent que des pronostics de mort. Ah ! s'il osait se révolter !

Il voit souvent Lucienne, qui est quelque peu sa cousine : tous deux se sentent attirés l'un vers l'autre par un malheur commun.

— On dirait que ces deux jeunes gens s'aiment, dit Bertry au docteur son frère.

— Parbleu ! répond le savant, les dégénérés se recherchent !

Eh ! oui, ils se recherchent ; ils n'osaient pas songer au

mariage, car à un phtisique et à une névrosée le mariage est interdit. Mais voilà qu'un jour, en présence l'un de l'autre, leur cœur a crevé; ils se sont dit leur misère mutuelle. Ah! quelle charmante scène! quel délicieux duo, et comme le rythme en est harmonieux! Tous deux, après s'être avoué leurs tristesses, se demandent si la condamnation est irrémissible. Pourquoi, confiants l'un dans l'autre, se soutenant l'un l'autre, ne s'évaderaient-ils pas de cette prison où la science prétend les enfermer? Et la scène, commencée dans les larmes et le désespoir, s'achève en un hymne d'espérance et d'allégresse.

Vous ne sauriez croire le succès qu'elle a obtenu : il a été prodigieux. Ce n'est pas seulement parce qu'elle est très bien faite; c'est qu'elle a cet avantage de faire exposer le sujet non par un raisonneur qui, dans une conversation plus ou moins spirituelle, tourne et retourne la thèse, mais par les acteurs mêmes du drame à venir, dans une effusion de sentiments et de pleurs qui nous touchent.

L'*Évasion*, c'est celle que méditent ces deux jeunes gens, honnêtes et beaux, hors de la geôle où le préjugé scientifique les tient rivés. Tous deux vont demander au docteur son consentement; ils ont déjà celui de M. Bertry, qui est l'homme sage de la pièce.

— Jamais! répond l'homme de science.

— Eh! bien, mon oncle, reprend Jean d'une voix vibrante, vous êtes persuadé que je finirai fou et que je me suiciderai. Si vous me refusez, vous avancerez l'effet de votre prédiction. Je me brûle la cervelle sous vos yeux.

Il le ferait comme il le dit; le docteur cède.

— Nous verrons bien ce qui en arrivera.

Rien de plus net : d'un côté la science, qui affirme l'influence de l'hérédité fatale, de l'autre l'effort humain pour combattre et vaincre cette divinité aveugle et implacable.

Mais, le rideau tombé, je me disais, selon mon habitude de chercher d'avance, une fois le point de départ connu, ce qu'en pourra faire l'auteur : comment va-t-il marquer les moments de l'évasion, et par quels signes caractéristiques lui sera-t-il possible au dénouement de faire voir clairement au public que l'évasion est consommée ?

Car au théâtre, il me faut des signes apparents, visibles, qui forcent la conviction. Il ne suffira pas de me dire au dénouement : l'hérédité est vaincue. Il faut que l'auteur, en dehors de son affirmation propre, ait trouvé dans les circonstances dont son drame est accompagné, de quoi me persuader que véritablement c'est fini ; que le libre vouloir a triomphé de la fatalité.

Ces circonstances, ces signes, les soupçonnez-vous, vous qui me lisez ?

C'est un drame qui se passe, je ne dirai pas dans l'âme, mais dans le sang des personnages. Il faut qu'au dénouement, je voie, je constate, je touche du doigt, que la dernière goutte du sang vicié est enfin expulsée des veines. Par quel moyen rendre ce phénomène sensible ? car il faut (c'est la loi du théâtre) qu'il soit sensible.

Je vous avoue que je n'en voyais point. De là mon inquiétude et ma curiosité. « Attendons ! me disais-je, après tout je n'ai pas la prétention de découvrir, en dix minutes d'entr'acte, ce qui a coûté un an de méditations à l'auteur. Le mieux est d'écouter la suite, sans ombre de parti pris ! »

Les deux jeunes époux se sont installés en Normandie, dans une ferme, qu'ils font valoir. L'atmosphère morale qui les avait entourés à Paris se trouve donc changée du tout au tout. Les voilà qui vivent l'un et l'autre de la vie saine de la campagne, loin des papillons noirs dont ils étaient hantés à Paris, réconfortés, ragaillardis par le travail.

Anomalie bizarre ! ce nouveau régime a retapé Jean Belmont. Il est frais, vermeil, et, comme disent les ouvriers, d'attaque. Il aspire l'air à pleins poumons, et s'est renouvelé par le travail. La cure est en bon train. Pour sa femme, Lucienne, c'est une autre affaire. Elle s'ennuie à la campagne. Le sang de sa mère lui bouillonne toujours aux veines ; elle serait prête aux pires folies, si la solitude où ils vivent (et qui lui pèse) ne la préservait pas des tentations.

Je suis un peu étonné. Qu'a voulu dire l'auteur ? Est-ce que cette médication serait bonne pour les hommes, mauvaise pour les femmes, comme le remède qui guérissait les cordonniers et envoyait les maçons dans l'autre monde. Ce n'est pas évidemment ce qu'a voulu démontrer l'auteur.

Mais alors, quoi ?

Je cherche, effaré, dans ma mémoire, les données de l'équation posées par le premier acte et, tandis que le second passe, je m'aperçois que je me suis trompé sur ces données et que je me suis lancé sur une fausse piste.

J'ai pris le docteur pour un homme de haute science et la thèse qu'il soutenait pour celle de l'auteur lui-même. Mais voilà qu'en ramassant, tout effaré, mes souvenirs, je me rappelle que le docteur Bertry est un faux savant, d'esprit très étroit, qui, comme toutes les intelligences médiocres soutenues d'un caractère souple, poussent jusqu'à l'extrême une théorie fausse pour s'en faire un tremplin de réputation. Tous les médecins qui l'entourent sont, comme lui, des faiseurs, sauf un brave praticien de province, le docteur Richon, qui n'a que du bon sens joint à beaucoup de modestie. Tous s'attachent à lui pour se pousser dans le monde. Le docteur La Belleuse, son secrétaire, est un de ces médecins qui papillonnent près des femmes et se font une réputation en usant d'elles.

Oh ! qu'il y a une jolie scène, et typique, et topique. M. Longuyon est venu avec sa femme en visite chez le docteur Bertry. Il s'y trouve beaucoup de monde, et l'on cause en groupes séparés. M. Longuyon tire à part le jeune et fringant La Belleuse :

— Docteur, lui dit-il, je ne sais pas ce qu'a ma femme. Elle est toute chose. Soyez donc assez bon pour l'interroger sans en avoir l'air.

La Belleuse (c'est Truffier qui est d'une spirituelle et aimable légèreté dans ce rôle) traverse la scène et s'approche de Mme Longuyon qui cause chiffons et potins avec des caillettes :

— Hélène, lui dit-il, tout bas...

A ce mot d'Hélène dit d'une certaine façon, toute la salle a éclaté de rire.

— Hélène, ne serez-vous donc jamais à moi ?
— Je ne veux pas de partage, lui dit-elle.
— Oh ! si ce n'est que cela !

Et La Belleuse retourne au mari :

— Votre femme, lui dit-il, a besoin de beaucoup de ménagements.

— Quels ménagements ?

La Belleuse se penche à son oreille, lui glisse tout bas une phrase que nous ne pouvons entendre.

— Ah ! dit le mari un peu ennuyé.

Et le médecin remontant la scène, à l'oreille de Mme Longuyon :

— C'est fait, lui dit-il.

Toute cette scène a été jouée à ravir, par Truffier, par Dupont-Vernon et par Mlle Nancy-Martel, qui n'y a pas seulement fait preuve de l'élégance d'ajustements et de l'agrément de visage dont elle est coutumière, mais qui a indiqué avec une discrétion spirituelle tout ce côté scabreux de nos mœurs mondaines.

En me remémorant tous ces détails et d'autres encore

qu'il serait trop long d'énumérer, je me suis demandé :

— Ah çà ! est-ce que je me serais lancé sur une fausse piste ? qui sait ? J'ai cru que l'auteur avait pour sujet l'É-*vasion*, c'est-à-dire la révolte de la volonté contre le préjugé scientifique. Peut-être n'est-ce pas là son sujet. Peut-être le sujet est-il plus complexe que je n'avais cru sur les données, établies pourtant, à ce qu'il semblait, par lui-même.

Si, par hasard, le sujet était celui-ci :

Un faux savant, grâce à sa réputation, impose à deux jeunes gens, soumis à sa domination, des théories étroites, que corrobore encore le milieu où il les professe. Ces jeunes gens, pour une raison ou pour une autre, lui échappent et plongés dans une atmosphère différente, reprennent la liberté de leurs mouvements ; mais chacun d'eux ne la reprend que dans la mesure où les circonstances le secondent. L'un est un homme ; il se jette à corps perdu dans le travail et renaît à la vie comme à l'espérance. L'autre est une femme ; elle n'aime pas les travaux de la ferme, elle s'ennuie : vienne un incident qui, pesant sur elle, la reporte à la vie parisienne, elle retombera en plein sous le coup du préjugé scientifique, elle rentrera dans la prison.

En sorte que le sujet ne serait pas : la lutte du libre arbitre contre la fatalité héréditaire, mais... comprenez bien ceci, je vous prie... mais la détestable influence qu'un faux savant, avec des théories non prouvées mais audacieusement affirmées par lui, peut exercer sur de jeunes intelligences, qu'il dévoierait si elles étaient très saines, qu'il enfonce dans leur vice originel si elles sont marquées de quelque tare. Cette influence, l'homme y échappe vite, aussitôt que le milieu a changé. La femme, il suffira d'un incident pour la lui rejeter en proie ; elle souffrira horriblement de se voir ainsi entraînée loin de l'île escarpée et sans bords.

C'est un autre sujet.

Je ne dis pas : un tout autre sujet, car ce sujet-là a des rapports très étroits avec le premier. Mais il n'y a pas à dire : le thème a été modifié sans que nous en ayons été prévenus. Ou plutôt, l'auteur, qui a cru nous prévenir, ne l'a pas fait. Le théâtre est l'art des préparations, et ces préparations n'ont pas été suffisantes.

Tandis que moi, péniblement, et sans savoir si je ne me trompe pas, je me dépêtre du sujet annoncé, tout le public y reste en plein enfoncé, en sorte qu'il ne va plus rien comprendre à la scène qui emplit le second acte et qui, pour l'auteur, était la scène à faire.

Une petite escouade de mondaines est venue à Briqueville en partie de promenade. Elles se sont mises à jacasser avec cette pauvre petite Lucienne, qu'elles plaignent de tout leur cœur. Comment peut-elle vivre loin de Paris, dans ce désert! Elles lui content les potins de Paris ; et si je vous dis que c'est Mlle Reichemberg qui tient le dé de la conversation, vous comprendrez aisément quels ravages fait dans cette âme ennuyée et agitée toutes ces malices parisiennes dites d'une langue si aiguë.

Les papillons noirs ont recommencé à voltiger autour de Lucienne. Voici pour surcroît que Paul de Baucour, son ancien amoureux, arrive en bicyclette. Il trouve plaisant de reprendre l'entretien interrompu jadis, par son mariage d'abord, par celui de Lucienne ensuite. La bicyclette lui est un moyen aisé de renouveler connaissance. Il lui propose de lui en donner une première leçon. Elle enfourche le cheval d'acier, il la soutient, il la guide, elle chancelle, elle tombe dans ses bras, il lui pose un baiser sur les yeux.

A ce moment, l'époux surgit.

Jean a toujours été horriblement jaloux de sa femme, dont il redoute les instincts pervers. Il les surprend tous deux embarrassés, confus, rouges ; et, resté seul avec Lucienne, il lui demande une explication, il l'exige.

Lucienne est honnête femme au fond ; elle a horreur d'elle-même ; elle confesse sa faute à son mari :

— Ah ! je devais bien m'y attendre ! s'écrie-t-il.

C'est le mot irréparable. Eh ! bien, oui, elle a failli, elle ne pouvait faire autrement ; sa destinée était marquée, irrévocable. Est-ce sa faute à elle ? En vain, Jean, désolé, se jette à ses genoux, et s'excuse d'avoir lâché une parole imprudente. La malheureuse sent bien qu'elle est perdue, qu'elle ira jusqu'au bout de la fatalité qui la traîne.

Et comme à ce moment son oncle arrive joyeux, un papier à la main, un papier qui lui annonce qu'il est nommé commandeur de la Légion d'honneur :

— Ah ! oui, s'écrie-t-elle, navrée et rageuse, vous triomphez sur toute la ligne !

La scène est violente. Elle ne fait pas l'effet qu'en avait évidemment attendu l'auteur. Pourquoi ? C'est que tout le public est sous l'impression du sujet annoncé : la lutte des forçats contre la fatalité héréditaire. Il ne comprend pas pourquoi un des deux forçats a rompu sa chaîne et pourquoi l'autre vient de la river à nouveau autour de ses bras.

Il a raison, le public, de ne pas comprendre. Car c'est à l'auteur à éclairer sa lanterne. Moi, qui ai réussi à jeter quelques lueurs dans cette obscurité, je m'explique à peu près cette scène énigmatique.

C'est, me dis-je, la faute de cet imbécile docteur. Il a farci le cerveau de cette jeune fille d'idées fausses et de théories, sinon mensongères, du moins très douteuses. Elle n'a plus confiance en elle. Tandis que son mari, qui est un homme, a recouvré l'indépendance de sa personnalité, elle, qui est toujours au fond travaillée de cette pensée que l'ombre de sa mère pèse sur sa vie, se trouve par cela même ouverte à toutes les séductions, et quand elle y a cédé, comme elle est honnête, elle ne tarde pas à reprendre possession d'elle-même, mais elle se hait d'avoir cédé, elle se dit qu'elle cédera encore : à quoi bon lutter en ce cas ! elle s'abandonne elle-même, elle crie à son mari : Tu m'as rappelé que ma mère était une femme perdue ; je serai une femme perdue comme elle !...

L'auteur n'a voulu montrer qu'une chose, c'est l'influence néfaste exercée sur des intelligences médiocres et sur des volontés incertaines, par de faux savants, qui ont l'autorité d'un grand nom. Un homme y résiste, une femme y cède. Le sujet n'est pas, je le répète, la lutte de la liberté humaine contre la fatalité héréditaire, c'est l'étude du pouvoir que prennent les Lombroso sur des âmes faibles, qui se sentent autorisées par eux à s'abandonner à leurs penchants et qui s'excusent en disant : Je suis victime de la fatalité.

Mais tout le public est lancé sur une autre piste. Et j'avoue que moi-même, cet autre sujet que j'expose ici le plus clairement que je peux, je ne l'ai pas aperçu du premier coup. Je n'en avais que l'intuition obscure. Est-ce que M. Brieux s'imagine que je vais m'en prendre à moi de cette incertitude ? Pas du tout. C'est lui, et lui seul que je rends responsable de mon peu d'intelligence. S'il avait été plus net et plus précis, je ne me serais pas égaré sur une fausse voie. Il est dans son tort.

Au troisième acte, Lucienne a ramené son époux à Paris. Nous sommes chez le docteur Bertry, qui donne une grande fête, pour célébrer sa promotion au grade de commandeur. Lucienne a pris son parti de suivre sa destinée, de faire la fête ; elle blague avec une cynique hardiesse le tiers et le quart, en compagnie de Mlle Reichemberg qui, sous le nom de Mme de Cattenière, fait sur ses propres amours des révélations qu'on ne se permet généralement, entre femmes, que sur le compte de ses amies. Il faut, pour faire passer ces énormités, la diction acérée de la petite doyenne !

En vain M. Bertry, le père de Lucienne, un peu effrayé des dispositions où il la voit, lui dit, pour la rassurer, que sa mère n'a point été ce que l'a faite la légende ; qu'elle était animée des meilleurs sentiments, qu'elle a aimé sa fille, qu'elle est morte en la bénissant, Lucienne s'obstine dans son idée de se livrer aux Erinnyes de la fatalité.

Elle envoie chercher son amoureux Paul de Baucour.

Là se trouve une scène qui a enlevé le succès. Elle est, à mon avis, moins neuve, moins pathétique que celle du premier acte entre Jean et Lucienne ; mais elle flattait les goûts secrets du public, et elle a été dite avec un emportement extraordinaire par Mlle Lara. Lucienne propose à Baucour de fuir avec lui et de lui consacrer toute sa vie. Baucour, ainsi acculé, hésite, recule, se dérobe...

Vous voyez que la scène n'est pas originale ; nous l'avons vue bien souvent au théâtre. Ce qui la distingue de toutes les scènes similaires, c'est la façon dont elle se termine. Lucienne, comme toutes les femmes en pareilles circonstances, prend en pitié et en mépris l'amant timoré qui préfère un partage déshonorant à une faute ouvertement avouée ; jusqu'ici elle est dans la tradition ; mais, tout à coup, rassérénée par l'effort qu'elle vient de faire en chassant cet amant indigne :

— Ah ! s'écrie-t-elle, je suis donc une honnête femme ! Qu'est-ce qu'on me disait, que je n'étais capable que de vice !

Si, en effet, la pièce n'est, comme nous l'avons tous cru le premier jour, qu'une revendication du libre arbitre contre les théories de la fatalité héréditaire, le dénouement ne prouve rien, car il n'y a pas de raison pour que demain cette femme au sang vicié ne trouve un chevalier qui courra les aventures avec elle. Mais si le sujet est ce que j'ai dit en second, si l'auteur n'a voulu montrer que l'influence néfaste des savants qui désarment de tout courage les névrosées,

> En les poussant au vice où leur cœur est enclin,

cette fin est excellente. Car Lucienne était une brave fille, qui n'avait pour reprendre possession d'elle-même qu'à chasser un préjugé ridicule ; elle l'a fait, elle sera très heureuse.

Mais M. Brieux apprendra, par ce nouvel exemple, combien il est nécessaire de tout expliquer au théâtre et plutôt dix fois qu'une : le théâtre, c'est Dumas qui l'a dit, et je le répète sans cesse, est l'art des préparations.

M. Brieux excelle à jeter dans son action principale des scènes épisodiques, qui sont toutes d'une observation juste et spirituelle. J'ai déjà dit un mot de celles qui égaient le premier acte. Les médecins y écopent fortement ; mais depuis Molière, ils y sont habitués à la Comédie-Française. Au second acte, le savant officiel, le docteur Bertry, se trouve aux prises avec un berger, que les gens du pays tiennent pour sorcier et qui se dit rebouteux. Le docteur souffre d'une maladie de cœur qu'il sait incurable. Il sera emporté un jour ou l'autre dans une crise définitive. Il ne l'ignore pas ; mais le hasard est si grand ! Il cause avec ce rebouteux qu'il méprise ; on voit qu'à tout instant il est sur le point de lui demander conseil, et que la honte seule le retient. Coquelin cadet joue cette scène avec une finesse incomparable. Il est très pittoresque sous son manteau de berger ; mais surtout il a un œil malin et une diction spirituelle qui ont provoqué un fou rire dans la salle.

La pièce est admirablement jouée dans son ensemble. J'ai déjà, chemin faisant, cité quelques artistes. Tous méritent l'être mis à l'ordre du jour. Savez-vous bien que Prudhon, dans le faux savant, a été exquis. Ce que c'est pourtant que la Comédie-Française ! et comme elle arrive toujours à trouver, à un moment donné, pour les talents moyens des rôles où ils sont de premier ordre ! Voilà Prudhon ; il aura rencontré dans sa vie d'artiste trois personnages qu'il a marqués de son empreinte : le Bellac du *Monde où l'on s'ennuie*, le clerc de *Francillon* et le docteur Bertry. Et s'il veut se confiner maintenant dans l'emploi qu'on désignait autrefois sous le nom de « les manteaux », il tiendra une des premières places dans son théâtre. Voilà Joliet : il n'avait jamais brillé que dans les utilités. Le hasard fait que M. Brieux lui donne dans sa pièce un rôle de médecin de province, le docteur Richon, qui dit tout le temps des choses justes, sensées, et qui les dit simplement avec bonhomie et gravité ; Joliet a été applaudi comme un ténor *di primo cartello*.

La triomphatrice de la soirée, c'est Mlle Lara, qui a dit avec une nervosité très vibrante les deux grandes scènes du premier et du troisième acte. Je l'ai moins aimée à celle du second, dont elle n'a pas montré les dessous. Mlle Lara est une jeune actrice, encore inexpérimentée, mais séduisante, qui a déjà l'aplomb d'une vieille comédienne. Elle a empaumé son public, qui lui a fait une longue et enthousiaste ovation.

14 décembre 1896.

LES TROIS FILLES DE M. DUPONT

Laissez-moi vous conter ingénument les impressions par lesquelles nous avons passé à la première représentation.

M. Dupont a eu trois filles : deux d'un premier mariage, Angèle et Caroline, et la troisième d'une femme encore vivante, Julie, qui est maintenant en âge d'être mariée. Les deux premières ne l'ont pas été : Angèle, à la suite d'une faute, dont les conséquences devenaient visibles, a été chassée par son père, il y a déjà dix-huit ans. Qu'est-elle devenue? Il ne s'en est point soucié. On ne prononce plus son nom dans la maison. Caroline est montée en graine ; c'est une pauvre fille disgraciée de la nature et morose. Son père l'appelle toujours : « Cette grande bête de Caro ». Elle s'est sauvée de ses tristesses dans une dévotion étroite et méticuleuse, qui a le don d'exaspérer M. Dupont. Il passe sa mauvaise humeur en railleries, que la béguine subit tête basse et résignée.

De toute autre humeur est la cadette, Julie. Celle-là est vive, romanesque, dévorant tous les romans qui lui tombent sous la main et s'imaginant que la vie doit être un roman. Elle a rêvé pour mari le prince Charmant ; puis elle a rabattu de ses prétentions ; elle en est à ce point où le héron de la fable se contente d'un colimaçon.

Son père s'inquiète de lui chercher un mari. C'est un petit imprimeur de province, dont les affaires ne vont pas trop bien. Il voudrait caser sa fille au plus juste prix. Il a jeté son dévolu sur un jeune homme, Antonin Mairaut, dont le père est banquier. Ce n'est pas que la banque Mairaut fasse de brillantes affaires, mais M. Dupont sait qu'Antonin a un oncle de 200.000 francs, dont il est héritier. Ce qu'il ignore, c'est que cet oncle vient de perdre sa fortune dans une fausse spéculation et qu'il va retomber à la charge des Mairaut.

Les négociations s'engagent entre les deux familles. Les Dupont n'ont qu'une idée, c'est de tromper les Mairaut sur leur véritable situation de fortune; les Mairaut, de leur côté, ne songent qu'à rouler les Dupont. Chez les Dupont, c'est le mari qui mène la danse, car Mme Dupont est une honnête bourgeoise, qui a des sentiments à peu près délicats. Mais quoi! elle aime sa fille. Chez les Mairaut, c'est Mme Mairaut, qui porte les culottes : elle a pris en main la direction de l'affaire, et M. Mairaut n'élève la voix que pour dire *amen* à sa terrible femme.

Rien de plus amusant que ces deux familles de bourgeois retors aux prises et cherchant à se duper l'une l'autre. M. Dupont promet 50.000 francs de dot, dont 25.000 francs seront payés comptant. Les 25.000 autres, il les promet ; mais de la façon qu'il a tourné le contrat, il ne pourra être obligé à les verser le jour venu. De leur côté, les Mairaut n'ont eu garde d'avouer la déconfiture de leur oncle. Ils en ont joué, de ce bon oncle; ils ont fait miroiter ses 200.000 francs aux yeux des Dupont, tandis qu'eux-mêmes ont besoin des 25.000 francs de la dot pour sauver leur maison de banque.

Dans les deux premiers actes, l'observation toujours juste et le dialogue toujours piquant rappelleraient la manière de Labiche, si à la joyeuse humeur du maître vaudevilliste, M. Brieux ne mêlait la saveur plus amère du pessimisme contemporain.

Tandis que les parents cherchent à se mettre dedans, les deux jeunes gens ne sont pas plus francs vis-à-vis l'un de l'autre. Antonin Mairaut n'aime point Julie, qu'il a vue à peine; Julie, elle, a eu quelque peine à accepter qu'on lui présentât cet Antonin, qui n'est pas son idéal. Elle a été vaincue par les instances aigres de son père et par les conseils affectueux de sa mère. Mais du moment qu'elle est décidée, il faut réussir. Elle a revêtu, sous prétexte d'un bal pour le soir, une toilette suggestive, laissant voir un bout d'épaule et de beaux bras blancs.

On s'arrange pour qu'ils restent seuls ensemble. La jeune fille est coquette sous son air de sainte Nitouche. Elle se pare de toutes sortes de qualités, tout en montrant, sans y prendre garde, un bras qui sort de la manche. Antonin est un garçon peu sentimental, mais passionné. Ce bras l'attire, il y pose ses lèvres; elle feint la pudeur froissée, et comme il s'excuse, elle lui met gentiment la main sur les lèvres. La tête lui en tourne, et il demande la main de la jeune fille.

Vous n'imaginez pas le succès prodigieux de ces deux premiers actes. Cette exposition est toute en détails, dont un récit succinct ne saurait donner aucune idée. Ils sont tous bien choisis et probants; ils sont tous mis en scène d'une façon piquante, et quoique le fond de la pièce soit horriblement triste, ils sont gais et tiennent constamment le rire en éveil. C'est là le vrai comique; c'est de bon, c'est d'excellent théâtre.

Ici, les nécessités de l'analyse me forcent, pour être clair, à conter séparément des histoires qui au théâtre se mêlent dans la trame de la comédie.

Vous vous rappelez cette première fille de M. Dupont, qui a mal tourné, Angèle. On en a naturellement parlé le moins possible lors du contrat. Mais voici qu'une circonstance force la famille à se souvenir qu'elle existe. Une sœur de la première femme de M. Dupont a laissé soixante mille francs à ses deux nièces, Angèle et cette grande bête de Caro. Il faut qu'elle vienne signer chez le notaire. On lui a écrit; on l'attend.

La scène où M. Dupont consulte sa femme sur la façon dont il faudra l'accueillir; celle où, demeuré seul, il repasse à lui-même tout ce qu'il dira; celle où il s'explique avec elle sont des morceaux exquis, d'une psychologie profonde et charmante tout ensemble. C'est un coin de douceur dans cette comédie si amère. Elle n'arrive point tapageuse et turbulente. Non, c'est une cocotte assagie. Il est probable qu'elle vit maintenant d'une vie régulière dans l'irrégularité. Elle a connu les misères d'une existence de hasard; elle en a le dégoût. Elle est humble et repentante à sa toilette sévère. Sa sœur, la dévote, lui fait grise mine; on a même trouvé (tout au moins le premier soir, car l'impression a été moins vive à la seconde) qu'elle était vraiment trop rêche et trop dure, même pour une dévote; c'est sa belle-mère qui est douce et consolante avec elle; c'est sa demi-sœur Julie qui est la plus expansive. La romanesque Julie est moins effarouchée que les autres membres de la famille de la réputation qui s'est attachée au nom de sa sœur, et puis... et puis... elle est malheureuse.

Le ménage va très mal.

D'abord les affaires d'argent. Les mensonges dont les Dupont et les Mairaut se sont réciproquement leurrés ont éclaté au grand jour. M. Dupont n'a pas payé les 25.000 fr. à l'échéance. Les Mairaut ont été obligés d'avouer la déconfiture de l'oncle aux 200.000 francs.

Duponts et Mairauts ont besoin d'argent, et ils ont spéculé sur les 30.000 francs qui allaient échoir à cette grande bête de Caro. Antonin a cherché à la circonvenir ; mais il s'est rencontré nez à nez sur cette piste avec M. Dupont, qui, dans une scène faite de main de maître, cherche à embobeliner sa fille et à lui soutirer la somme.

La pauvre fille en a déjà sournoisement donné moitié à un certain Courthezon, ami de la famille et inventeur de son état. Elle espérait que, par reconnaissance, il jetterait les yeux sur elle. Car elle l'aime en secret et elle a tant besoin d'affection ! et voilà que tout à coup elle apprend qu'il a une liaison et qu'il est père de deux enfants. Elle est frappée au cœur. Il lui faudra donc vieillir inutile, méprisée, n'ayant plus d'autre consolation qu'une foi qui, hélas ! commence à lui échapper.

Les quinze mille autres, elle les a donnés à son père, dont l'imprimerie, sans ce réconfort, serait mise en faillite. Antonin est furieux, Mme Mairaut est furieuse ; Dupont est furieux aussi de l'histoire de l'oncle ; on s'explique, et c'est encore une scène bien amusante, parce que M. Mairaut, qui jusque-là n'avait fait que répéter les dernières syllabes des phrases de sa femme, se montre tout à coup. Il est écœuré de tant de vilenies ; il impose silence à sa femme, il éclate : « Nous sommes des cochons, s'écrie-t-il ; tout ça, c'est des cochonneries. » C'était si bien le sentiment de tout le public, qu'il y eut comme un soulagement de conscience chez nous tous, une détente de l'âme, et ce fut un éclat de rire universel.

Eh ! bien, et nos jeunes mariés, que deviennent-ils au milieu de tout cela ?

Ah ! dame ! c'est là qu'est le cheveu.

Il n'avait pas été jusqu'à présent question des revendications féminines, rien n'indiquait que nous dussions avoir une nouvelle édition de la *Vassale*, de la *Loi de l'homme*, des *Tenailles* ou des *Menottes*. On nous avait bien fait pressentir que Julie était romanesque, un peu à la façon de Francillon. Mais féministe ! je n'en savais rien.

C'est pourtant la vérité.

Julie et Antonin ont ensemble une explication.

Julie reproche à son mari de l'avoir prise sans amour ; elle le hait, et le hait d'autant plus qu'une fois dans ses bras elle sent un plaisir dont elle a horreur ; ce n'est qu'un abominable plaisir physique, dont elle sent la rancœur le lendemain. Peut-on soumettre une créature libre à ce supplice, en faire l'esclave d'un homme ?

La scène est très éloquente, et ce qui la distingue des scènes similaires qui sont à la mode en ce moment, c'est que le mari, aux récriminations de sa femme, fait des réponses qui sont très sensées, et il les fait d'un style tout aussi animé, tout aussi net. Ils ont raison tous deux l'un contre l'autre, mais avec une verve, un emportement, une furie que rien n'égale.

Un dernier détail porte au comble l'exaspération de la femme. On nous a toujours montré Julie comme adorant les enfants, et elle ne s'est mariée que pour en avoir. Or, elle apprend de la bouche de son mari (comment, depuis six mois de mariage, n'est-elle pas renseignée sur ce détail d'alcôve ?) que son mari n'en veut point, qu'elle n'en aura jamais. Il le lui dit avec une brutalité rare.

— Ah ! c'est ainsi ; je divorcerai.

— Je vous tiens et je vous garde, riposte le mari.

Ce sont les *Tenailles*, avec plus de passion ; mais ce sont les *Tenailles* et je ne m'y attendais pas. Le public était curieux à observer ; il était pris sans doute par l'éloquence des deux avocats, emporté par le mouvement de la scène, inquiet néanmoins, et il flottait par-dessus comme une sourde rumeur de déception.

Telle est au théâtre la puissance du *mouvement* que l'acte s'est terminé par de longs et unanimes applaudissements, mais nous ne savions pas bon gré à l'auteur de nous avoir fait violence.

Le quatrième acte est d'un pessimisme désolant.

Les trois sœurs sont en présence. La dévote, qui a perdu toutes ses illusions, renie Dieu qui l'a abandonnée et conseille à Julie de vivre la vie commune. Autant en fait Angèle, qui conte avec émotion les misères de la femme déclassée et cherchant à lutter seule contre le monde. « Tu seras moins malheureuse sous le joug et la protection de ton mari. » La mère arrive par là-dessus : « Elles ont raison, ma fille. » Julie baisse lugubrement la tête et reprend la chaîne. Ah! fichtre! ce n'est pas gai! Schopenhauer à côté serait un joyeux fumiste.

Cette fin nous a attristés. La pièce n'en est pas moins très intéressante, très curieuse, et elle tient d'un bout à l'autre son public haletant.

11 octobre 1897.

LE BERCEAU

La Comédie-Française nous a donné cette semaine le *Berceau*, drame en trois actes de M. Brieux. Je ne sais guère de pièce où j'aie senti une émotion plus vive, où j'aie pleuré de meilleur cœur ; je me suis assuré le lendemain que je n'avais pas été victime d'une surprise d'interprétation, car j'ai pu lire l'ouvrage sur épreuves et j'ai retrouvé tout aussi poignantes et tout aussi douces les mêmes impressions.

J'ose dire que le premier acte pris en soi est un chef-d'œuvre. Jamais, depuis Dumas, on n'avait exposé avec plus de maîtrise le sujet d'une pièce à thèse, jamais on n'avait mise en moins de mots sous une forme plus dramatique, jamais on n'avait campé plus nettement et plus vivement les personnages qui doivent prendre part à l'action. Dumas sans doute aurait eu plus d'éclat dans le dialogue, plus de pittoresque dans le détail. Dumas, que voulez-vous ? c'est le maître du genre. Mais il n'eût fait ni plus court, ni plus clair, ni plus puissant. C'est une merveille d'exposition que ce premier acte.

Mlle Laurence Marsanne, au moment où il avait fallu se marier, avait eu à choisir entre deux prétendants : l'un, né d'une famille de magistrats, dans une grande situation, de vingt ans plus âgé qu'elle environ, M. Georges de Girieu, qui l'aimait d'un de ces puissants et définitifs amours d'arrière-saison; l'autre, M. Raymond Chantrel, plus jeune, plus fringant, plus aimable, moins bien posé dans le monde, très amoureux, lui aussi, mais d'un amour moins profond.

M. de Girieu avait pour lui M. et Mme Marsanne. M. Marsanne, ancien avoué, vieilli dans la basoche, était convaincu qu'un fils de magistrat devait nécessairement faire le bonheur et l'orgueil de sa femme. Mme Marsanne avait pour principe que son mari était l'être raisonnable par excellence. Tous deux pressaient leur fille de donner son consentement.

Elle le donna; mais à l'autre, à M. Raymond Chantrel; elle le donna malgré ses parents, qui lui prédirent que cette union, à laquelle ils se résignaient ne serait point heureuse.

Leurs fâcheux pronostics parurent d'abord démentis par l'événement. Un fils naquit de cette union, et Mme Chantrel l'aima éperdument, comme aiment les mères, surtout quand elles retrouvent dans l'enfant le mari aimé. Ce bonheur ne dura guère. Un beau matin, M. et Mme Marsanne la virent arriver chez eux, toute en larmes et folle de douleur. Elle avait surpris son mari en flagrant délit de trahison. Elle ne voyait, dans l'excès de son indignation première, d'autre recours que le divorce. Ses parents auraient dû la calmer, lui dire que son cas n'était pas des plus extraordinaires et que le mieux était en pareille affaire de pardonner, ne fût-ce que pour l'enfant. Mais M. Marsanne était ravi de voir sa prophétie justifiée. Il ne trouva qu'un mot de consolation : « Je te l'avais bien dit! » et le vieil avoué se mit tout de suite en campagne pour faire rompre un mariage qu'il avait toujours désapprouvé.

Le divorce était de droit. Mme Chantrel l'obtint ; le jugement lui attribua la garde de l'enfant, qui devrait être donné un jour par semaine au père, tous les vendredis.

Une fois les deux époux désunis et devenus étrangers l'un à l'autre, M. Marsanne, l'homme sage et pondéré par excellence, entreprit sa fille et lui remontra qu'une femme ne suffirait pas à élever seule un garçon, qu'il fallait donner à ce pauvre petit un protecteur et un nouveau père. M. de Girieu était toujours amoureux de Laurence. Elle lui fit jurer d'aimer cet enfant comme si c'était le sien. Il jura tout ce qu'on voulut et le jura dans toute la sincérité de son cœur, car c'était un galant homme. Laurence, pressée par son père et sa mère, céda enfin ; sans grand amour, par raison plutôt. Mais les mariages de raison, c'était l'avis de M. Marsanne, sont les plus heureux.

Celui-là l'eût été sans doute, car Laurence était une très honnête femme, résolument attachée à ses devoirs d'épouse, et elle eût fini par aimer son second mari d'un de ces amours sérieux, nés de l'estime et de l'habitude, s'il n'y avait pas eu l'enfant, le *Berceau*.

Quand le rideau se lève, sur le premier acte, l'enfant est malade. Nous sommes chez M. Marsanne, où sa mère l'envoie toutes les fois qu'il doit être, de par l'arrêt du tribunal, remis à Raymond Chantrel. Il a pris froid, il a eu des frissons. Voilà toute la maison en l'air ; Laurence est affolée de crainte ; le médecin cherche à la rassurer, mais il n'y a pas moyen de lui cacher la vérité ; le mal s'aggrave. C'est une pneumonie qui va se déclarer. Nous voyons les allées et venues des femmes de chambre, du médecin, des parents, de la mère qui sort de la chambre où dort le petit malade, tire doucement la porte et marche à pas suspendus. La vie de toute la famille se concentre autour de ce berceau qu'on ne voit pas.

4.

M. de Girieu est naturellement celui qui a gardé le plus de sang-froid. Il trouve quelque peu exagérées les inquiétudes de sa femme. Il lui reproche d'être trop nerveuse; elle lui reproche d'être trop calme et trop froid.

Ah! l'admirable scène! Avec quel art elle est conduite! et comme chacun des deux interlocuteurs y dit juste ce qu'il doit dire, étant donnés et la situation et son caractère. Non, vous n'aimez pas cet enfant, lui dit la mère. Il a besoin de plus de soins et de plus d'affection qu'un autre; il n'est pas comme les autres. M. de Girieu se défend; mais si, il l'aime, d'une tendresse raisonnable. Et, peu à peu, il se laisse aller : cet enfant lui pèse... Vous lui faites trop aimer son père... il lui ressemble trop... il a ses yeux... et de là, passant à lui-même, par une pente insensible et bien naturelle : il me rappelle sans cesse cet homme qui a des souvenirs et des secrets qui sont les mêmes que les miens.

Et de quelle voix profonde Worms, qui jouait ce rôle, a proféré ses plaintes! Comme on sentait là un cœur déchiré, une plaie saignante! il avait raison de pleurer et de se plaindre! et elle... elle aussi, elle avait raison dans ses récriminations. Car enfin il avait juré d'être un père et il ne l'était pas, et, loin de l'être, il haïssait tout bas l'enfant d'être le fils d'un autre; quand on pense qu'à lui, le mari, la loi refusait l'autorité paternelle; qu'un autre, le vrai père, était le maître de ce fils qu'il avait promis d'élever! Oui, il voulait l'écarter de la maison, le mettre en pension, au lycée, que sais-je? et pour cela, il ne lui fallait pas seulement vaincre l'obstinée résistance de la mère, mais s'entendre avec cet inconnu, ce passant qui avait gardé des droits si cruels.

La voilà la thèse sous sa forme la plus aiguë.

« Entre deux époux, avait dit dans la première scène, au cours d'une conversation avec M. Marsanne, le docteur appelé au chevet de l'enfant, entre deux époux l'enfant est un lien que la loi ne devrait pas pouvoir briser et que d'ailleurs elle ne brise pas. Mon opinion, c'est qu'à la rigueur on peut rompre un mariage ; on ne devrait pas pouvoir désunir une famille ; laisser aller le père ici, la mère là, et abandonner l'enfant au milieu des ruines. »

Vous pouvez assurément ne pas admettre la thèse. Je la trouve, pour ma part, des plus acceptables et des plus morales. Mais enfin, elle est discutable. Toute idée est matière à controverse. Ce qu'il est impossible de nier, c'est la sûreté de main, c'est la force dramatique avec laquelle cette thèse est posée par l'auteur, avec laquelle il va nous la développer. J'ai souvent parlé avec admiration de la merveilleuse logique de Dumas. Brieux en a hérité. C'est sans aucun doute de tous nos jeunes auteurs dramatiques celui qui a le sens le plus droit et le plus certain du théâtre.

L'enfant est malade ; il n'y a pas moyen de ne pas prévenir le vrai père. C'était son jour ; il est en bas, dans la voiture du docteur, son ami ; car il a fait lui-même des études médicales. Il attend des nouvelles.

Le docteur demande pour lui à M. de Girieu la permission de monter près du berceau, de voir l'enfant. Les symptômes se sont aggravés ; une crise de suffocation et tout est perdu.

M. de Girieu hésite ; il est jaloux ; mais il est honnête homme ; il se sent en faute envers cet enfant ; et puis ce qu'on lui demande relève des lois naturelles ; Raymond arrive à la rescousse ; il est tremblant, il pleure, il supplie ; M. de Girieu résiste, mais Laurence sort de la chambre du malade, grave et triste.

Elle voit le père ; elle va à lui :

— Eh ! bien ? lui demande Raymond.

— Il vient de s'endormir, répond Laurence.

Et tous deux, emportés par la situation, sans plus songer au vrai mari qui est là, mais qui n'est pas le vrai père, ils lisent ensemble l'ordonnance du médecin :

— Qu'est-ce qu'il faudra lui donner, s'il a soif, Laurence ?
— De la mauve.
— Il ne l'aime pas, je crois.
— Si, si, rappelez-vous lorsqu'il a eu la rougeole !

Il est exquis, ce détail, exquis et dramatique ! car il est le trait d'union par où se rejoignent tout à coup au lit de l'enfant ces deux êtres que la loi a séparés, et qui, tout de suite, recommencent à s'entendre sur le terrain qui leur est commun : le berceau !

Le rideau baisse, tandis qu'ils examinent ensemble l'ordonnance du médecin et que le second mari, qui les écoute, se trouve par la force de la situation hors de ce petit débat qui ne le regarde plus, lui, le mari, en face du vrai père.

Il est admirable, ce premier acte, admirable de tout point; je n'y vois pas un mot à retrancher. Tout coup porte, et si j'y insiste, c'est qu'à la répétition générale il avait été fort mal accueilli, c'est qu'à la première même il a rencontré quelque résistance. A cette réplique :

— De la mauve.
— Il ne l'aime pas, je crois !

qui avaient excité, m'a-t-on dit, de grands éclats de rire à la répétition générale, on a essayé de lancer de même la gaieté à la première représentation. Les rieurs en ont été pour leur ironie et leur malice. Rien de plus vrai, de plus touchant, de plus logique que la scène. Le second mari (le vrai selon la loi) est là ; mais l'autre est le père ; l'enfant est malade, c'est avec le vrai père que la mère discute l'ordonnance du médecin, et tous deux, entraînés par la situation, se rappellent les souvenirs communs des jours où l'enfant a déjà été malade.

Cela est ingénieux ! cela est pathétique ! cela est excellent ! et si je ne m'emporte pas contre ceux qui affectent de ne le point sentir, c'est que, même en art dramatique, je suis tolérant par principe plus encore que par tempérament et que je tiens toutes les opinions pour sincères, même celles qui me semblent le moins justifiées.

Au second acte, la maison est encore en désarroi. L'enfant n'est pas guéri ; il va sans dire que Raymond Chantrel l'est venu voir et s'est rencontré chaque jour avec Laurence ; car une première visite a autorisé toutes les autres ; mais tous deux, fidèles à la foi jurée, se sont tenus dans une extrême réserve ; ils n'ont échangé à travers le berceau que les mots nécessaires appelés par la maladie et les soins à donner.

M. de Girieu a préféré ne point paraître ; il a envoyé trois ou quatre fois par jour prendre des nouvelles. Mais Mme Marsanne a toujours été là, et de même la religieuse qui veille au lit du petit malade. Nous apprenons ces détails dans une scène délicieuse, délicieusement jouée par Mlle Leconte. Mlle Leconte, qui fait la bonne sœur, vient annoncer à Mme Marsanne qu'il y a un mieux sensible ; elle s'extasie sur l'affection que porte « monsieur » à l'enfant et sur les soins attentifs qu'il lui donne.

— Et la mère ? interrompt Mme Marsanne.

— Oh ! les mères, on n'en dit rien... elles sont toutes pareilles... mais monsieur...

Et Mme Marsanne prie la sœur de ne plus dire monsieur tout court en parlant de Raymond Chantrel. Mme de Girieu est divorcée. M. Chantrel ne lui est plus rien.

— Plus rien !... le père... Oh ! madame, quand on est le père et la mère du même enfant, est-ce qu'on peut jamais n'être plus rien l'un à l'autre. Je ne comprends pas.

Ainsi reparaît à tous les coins du drame la thèse de

l'auteur; c'est l'enfant qui rend le mariage indissoluble.

Le malade s'est endormi; il est sauvé; le médecin l'affirme; Laurence, éperdue de bonheur, prend la main du docteur et la baise :

— Voulez-vous bien, lui dit-il gaiement, finir ces manières-là; c'est vous qui l'avez guéri.

Il s'en va, et Raymond entre, le visage rayonnant. Tous deux, lui et elle, se regardent longuement.

— C'est bien vrai, n'est-ce pas, il est sauvé?
— Oui, sauvé.

Et, d'un mouvement instinctif, sanglotant tous deux, ils tombent dans les bras l'un de l'autre. Il paraît qu'à la répétition générale on avait beaucoup ricané; tout ce que je puis dire, c'est qu'à la première nous sommes quelques-uns qui avons fondu en larmes.

Mais Laurence se défie de cette émotion, qui lui est commune avec un autre homme que son mari :

— Adieu! lui dit-elle d'une voix étouffée.
— Adieu! répond-il.

Et comme il s'en va, c'est M. de Girieu, le mari, qui entre. On le met au courant de la bonne nouvelle. Il ne partage qu'à demi cette joie. Il s'inquiète de ces tête-à-tête que la maladie de l'enfant a ménagés au père et à la mère; de ces frôlements de mains par-dessus le berceau. En vain Mme Marsanne lui a parlé de l'extrême réserve gardée par tous deux; il interroge anxieusement sa femme. Elle est loyale; elle lui avoue qu'elle a eu une seconde d'entraînement. Il n'en prend que plus d'ombrage; il lui déclare qu'il n'entend pas garder à son foyer un enfant qui évoque des souvenirs si cruels pour lui; elle prendra son temps; mais elle éloignera ce fils qui a le tort de trop rappeler son père.

Elle se cabre; elle annonce à son père et à sa mère, qui

a chapitrent en vain, qu'elle ne retournera sans doute plus chez M. de Girieu; il ne veut plus de son fils, et elle entend ne rentrer qu'avec ce fils. M. Marsanne, du haut de sa supériorité d'homme de bon sens et d'ex-avoué, tâche de la ramener à des sentiments plus doux; elle est butée et l'autant mieux que, tout en croyant n'obéir qu'aux suggestions de la tendresse maternelle, elle se laisse obscurément emporter à un autre amour.

Nous nous rappelons ces mots prophétiques qu'a laissé tomber le docteur, au premier acte :

« Un jugement de divorce peut dire : le mariage est dissous. Ce ne sont que des mots. On enlève bien à la femme le nom de son mari, mais on ne lui enlèvera pas l'impérissable souvenir des premières révélations. Quoi qu'ait fait le mari divorcé, quoi que dise le juge, quoi qu'écrive le notaire, cela, c'est ce qui ne s'efface pas. »

Cela se serait peut-être effacé, s'il n'y avait pas eu l'enfant. Mme de Girieu n'aurait jamais revu son premier mari, ou, si le hasard le lui avait fait rencontrer, sa vertu aurait aisément triomphé d'une velléité passagère qu'aurait éveillée le souvenir. Mais l'enfant était là, l'enfant qui a été l'innocent entremetteur du nouvel amour renoué à l'ancien.

Raymond Chantrel arrive pour demander des nouvelles de l'enfant. Il trouve Laurence seule. La scène est un peu longue peut-être; mais elle est admirablement faite. Ils retrouvent au cours de cette conversation, qui devient de plus en plus intime, qui glisse vite à l'ancien tutoiement réciproque, tous les souvenirs communs d'autrefois. Ils reviennent sur les motifs de leur séparation. Ils regrettent chacun ce qu'ils ont fait. Ils s'attendrissent; Laurence se débat contre elle-même :

— Non, Raymond, non, je ne vous aime plus.

— Si, tu m'aimes encore. Veux-tu que je t'en donne des preuves?

Et il lui fait un récit enflammé de toutes les marques de tendresse qu'elle vient de lui donner inconsciemment.

— Oui, tu as raison, lui dit Laurence, je t'aime toujours; mais en découvrant cela, nous n'avons fait que nous rendre plus malheureux encore.

— Hélas! oui, répond Raymond, en découvrant cela, nous n'avons fait que nous rendre plus malheureux encore!

Et le rideau tombe sur deux désespérés.

Voyons! Est-ce que, même à travers cette sèche et froide analyse, vous ne sentez pas la force des sentiments qui agitent les personnages? est-ce que vous ne voyez pas surtout avec quelle implacable logique l'auteur suit son idée? Voilà deux êtres qui ont fait la sottise de divorcer ayant un lien commun qui est indissoluble, l'enfant. La loi leur a prêté son aide. Et toute leur existence est irrémédiablement perdue!

Eh! me dit-on, que ne s'en vont-ils tout bonnement ensemble? Ils ont envie l'un de l'autre; qu'ils se satisfassent! Quoi de plus simple? Mais, prenez garde! ce sont d'honnêtes gens! Ils ne veulent pas de plaisirs illégitimes! et puis ce n'est pas de cela qu'il est question dans la pièce. Il ne s'agit pas de savoir si Raymond Chantrel et son ex-femme auront plus ou moins de plaisir à se retrouver dans un hôtel garni. C'est le sort de l'enfant qui préoccupe le moraliste. L'enfant en sera-t-il plus heureux, quand plus tard il se saura le fils d'une mère déshonorée.

Au reste, Brieux a lui-même répondu à cette objection, comme il a été au-devant de toutes les autres, et si j'avais une critique grave à adresser à sa pièce, c'est justement la probité par trop minutieuse avec laquelle il a fouillé son sujet, prenant à cœur de le retourner en tout sens, et revenant jusqu'à trois ou quatre fois, avec une insistance fatigante, sur une idée qu'il ne croit jamais avoir assez mise en lumière.

A l'acte suivant, Raymond et Laurence se retrouvent ensemble. Raymond a promis à Laurence de s'exiler et il vient lui faire ses adieux :

— Regardez-moi en face, lui dit Laurence. Laissons à d'autres les mesquines combinaisons des amours honteuses et clandestines. Tous les deux, Raymond, nous valons mieux que cela. Nous sommes plus fiers ; nous sommes meilleurs. Entre la souffrance et la bassesse, c'est la souffrance que nous devons choisir. Notre amour n'est pas de ceux que satisfait la possession heureuse et furtive. Oh! gardons-le très pur, élevons-le très haut et montons jusqu'à lui. Si je vous cédais, vous rougiriez de moi et c'est parce que je veux toute votre estime que je me défends contre vous et contre moi. Aussi... partez...

Vous le voyez! c'est une honnête femme. Et tandis que Raymond va faire ses adieux à l'enfant, Laurence annonce à son mari, à son père, à sa mère son irrévocable résolution de ne plus rentrer au logis conjugal :

— Il n'y a entre nous, dit-elle à son mari, que les liens fragiles noués par le notaire et par le maire. Rien de plus. Pas de famille. De même que l'amour seul fait le mariage, c'est l'enfant qui crée la famille. Nous avons essayé d'en constituer une avec l'enfant d'un autre. Cela ne pouvait pas réussir ; on ne décrète pas la paternité.

— Tu as été coupable, dit-elle à son père, de me mal conseiller ; j'ai été coupable de ne pas te résister.

Et dans un extraordinaire mouvement de passion :

— Ah! s'écrie-t-elle, si mon malheur pouvait au moins être profitable aux autres! Je voudrais pouvoir crier à toutes celles qui sont aujourd'hui ce que j'étais alors : « Faites ce que vous voudrez, si votre union a été stérile ; mariez-vous, démariez-vous, vous êtes libres et ne pouvez faire de mal qu'à vous-mêmes. Mais si vous avez un enfant, si de vos baisers est né un petit être chétif et affamé de caresses, vous n'aurez pas le droit de détruire la famille fondée pour lui. Vous n'en avez pas le droit! Vous serez malheureuses, tant pis! L'avenir d'un enfant vaut bien le bonheur d'une mère! »

La voilà, la thèse! mais vibrante de quelle émotion! de quelles larmes trempées! Oh! combien se trompent et sur l'idée de l'auteur et sur le drame ceux qui n'y ont vu qu'un revenez-y d'amour d'une femme démariée pour son premier mari! C'est le berceau qui est le centre de la pièce comme il en est le titre. C'est autour de lui que toute l'action tourne.

J'aurais souhaité qu'après cette grande explosion de sentiment, M. Brieux se hâtât de conclure. Il a voulu mettre aux prises les deux hommes qui sont l'un vis-à-vis de l'autre dans une situation horriblement fausse et qui, s'ils parlent de la vraie question, l'enfant, ne peuvent que répéter ce qui a déjà été dit. C'est ce que fait Raymond qui reprend, en philosophe, en raisonneur, le thème qu'avait lancé Laurence dans un emportement de passion. La scène est longue et, à mon sens, inutile. Elle refroidit cette fin, qui devrait se précipiter, puisque le sujet est épuisé.

Il fallait arriver tout de suite au mot de Laurence qui termine la pièce :

— Il y a de l'irréparable entre chacun de vous et moi. Partez, monsieur Chantrel; partez, monsieur de Girieu. Laissez-moi seule ici avec mon père et ma mère et toute à mon enfant.

Dénouement triste, mais logique et vrai. On a dit là-dessus : Ah! bah! dans six semaines, elle ira retrouver M. Raymond et se remettra avec lui.

Mon Dieu! cela est possible. Mais cela ne prouve qu'une chose : c'est qu'on raisonne juste, quand il ne s'agit que de raisonner, mais qu'on déraisonne, quand il est question d'agir : c'est qu'on est une créature à la fois logique et passionnée.

Mais l'auteur n'a jamais à prévoir le lendemain de son premier acte. Son affaire est de donner aux prévisions posées par lui une conclusion qui soit logique.

Je me suis peut-être étendu trop longuement sur cette pièce, surtout dans une semaine si chargée. Mais il me semble qu'on a été si injuste pour elle! J'y avais pleuré de si bon appétit! J'y avais pris un intérêt si passionné! et puis, j'aime, même alors qu'il se trompe, et il me paraissait là qu'il ne s'était pas trompé, le talent si loyal et si sobre de Brieux. Il pense et fait penser ; ici, de plus, il touche.

26 décembre 1898.

ALFRED CAPUS

BRIGNOL ET SA FILLE

Je tiens l'ouvrage de M. Capus pour intéressant, curieux, original même ; oui, sans doute, il y a là dedans un coin d'originalité, et bien que je ne croie pouvoir prédire à la pièce un plus long succès, je puis tout au moins assurer à l'auteur qu'il y a en lui des parties d'écrivain dramatique. Sa comédie a été écoutée avec une sympathie visible, par un public qui regrettait de ne pas s'y amuser davantage, car il en sentait le mérite singulier.

Je vais tout de suite dire à M. Alfred Capus pourquoi il n'y a pas apparence que sa pièce s'impose jamais au grand public ; pourquoi même nous, qui l'avons écoutée avec une curiosité en éveil, nous y avons éprouvé par-ci par-là une fatigue, un malaise, qui confinait à l'ennui. C'est qu'il a essayé de transporter au théâtre les procédés à l'aide desquels M. Flaubert a écrit l'*Éducation sentimentale :* prendre les gens de condition moyenne, de passion médiocre, de caractère faible et hésitant comme le sont la plupart des hommes, et les regarder agir. Dans la vie réelle, il ne se passe rien ; elle se compose de mille détails insignifiants, qui reviennent constamment les mêmes. Eh! bien, il n'y a, pour imiter la vie et la reproduire, que de jeter dans le roman ou sur la scène des gens qui soient les premiers venus à travers cette absence d'événements qui la constitue. L'intérêt naîtra de l'observation exacte de la vérité ; chacun se dira, en voyant les personnages aller et venir et tracasser dans leurs occupations journalières : c'est tout comme chez nous.

Oui, mais cette vie réelle est le plus souvent bien plate et elle est presque toujours incolore. Le théâtre a horreur de la monotonie et de la platitude. Il ne me suffit pas à moi, public, qu'on me présente une suite de faits vrais et de conversations prises sur nature. Il faut que ces conversations m'intéressent, que ces faits m'émeuvent ; il faut que, conversations et faits, tous se rattachent à une même idée, à un même centre d'action. C'est un besoin pour moi, un besoin invincible.

Le grand défaut de *Brignol et sa fille*, c'est que la même scène recommence et se répète avec une fatigante uniformité. L'auteur aura beau m'objecter que c'est comme cela que les choses se passent ; que, lorsqu'on est dans une situation, elle ramène sans cesse les mêmes paroles et les mêmes gestes. Je lui dirai que la nature ne se préoccupe pas plus de faire des pièces ou des romans que des paysages ; elle n'a aucun souci d'art, l'indifférente nature. Ce n'est pas tout : les personnages de M. Alfred Capus parlent une langue, qui est celle de la vérité, mais qui ne passe point la rampe. Les phrases ne font point balle ; les mots ne sont ni reluisants ni sonores. Il y en a beaucoup de charmants ; mais il faut que le spectateur se donne la peine de les découvrir et de les ouvrir. Il est certes récompensé de sa peine. Mais au théâtre, je n'en veux prendre aucune. Nous sommes tous ainsi faits.

Ces défauts viennent plutôt d'un faux système que du tempérament même de l'écrivain. Voilà pourquoi j'ai, après avoir entendu cette première œuvre de M. Alfred Capus, une grande confiance en lui et que je l'engage fortement à se tourner vers le théâtre, où nous manquons d'auteurs jeunes qui aient un grain d'originalité dans l'esprit.

M. Alfred Capus est né observateur ; il a le don de voir. Son Brignol est vrai et vivant. Il a été avocat à Angoulême ; mais, le métier ne rapportant rien, il est venu fonder à Paris un cabinet d'affaires, au grand désespoir de son beau-frère, M. Valpierre, un digne magistrat de province qui n'estime rien tant que la robe. Brignol n'a point réussi dans ses entreprises ; c'est un de ces hommes d'imagination, à qui manquent toutes les qualités solides : le goût du travail, l'exactitude, l'énergie de caractère. Ils sont toujours dans le rêve et croient que les alouettes leur tomberont toutes rôties dans la bouche. Quelques-uns de mes confrères ont, à son propos, rappelé Mercadet. Il est le contraire de Mercadet. Mercadet est toujours en lutte ; il est fécond en ressources et, aussitôt son parti bien pris, il va de l'avant avec une furie allègre. Brignol parle toujours de la grande affaire qu'il a en train, et il n'en a d'aucune sorte, des millions qu'il va empocher, et ces millions fantastiques sont hypothéqués sur les brouillards de la Seine ; mais il s'en remet au hasard qui doit les lui apporter ; il parle toujours et n'agit point. C'est à peine si, pour se délivrer d'un créancier qui l'assiège, d'une réclamation qui surgit, il s'avise d'un expédient ingénieux. Il se tire des difficultés présentes par de belles phrases dont il éblouit ceux qui ne le connaissent pas ; mais il ne prend aucune précaution pour l'avenir : il se dit que dans la vie tout finit toujours par s'arranger ; ça s'arrangera donc. Et il va, tête levée, perdu dans son rêve, content et serein, à travers d'effroyables complications : trois termes de loyer non payés, la saisie en perspective, un remboursement à faire, sans le premier sou pour y parer.

Est-ce un honnête homme ? est-ce un fripon ? La plupart des hommes ne sont franchement ni l'un ni l'autre. Il n'est pas honnête homme, puisqu'il joue avec les fonds qu'on lui confie; mais ce n'est pas un fripon, car il ne joue qu'avec l'intention de mettre son commettant en part de gain; il a, en effet, la certitude de gagner. C'est un rêveur.

Eh! bien, ce caractère qui n'est pas rare est bien curieusement observé et rendu. Mlle Brignol est d'une psychologie plus raffinée et plus délicate. C'est une très aimable fille, foncièrement honnête et chaste, car elle a été élevée par sa mère, qui est une Valpierre, c'est-à-dire une fille de magistrat et qui voit avec épouvante se creuser chaque jour le gouffre de la dette où dégringole son mari. Mais elle a du sang de son père dans les veines; elle s'est, depuis son enfance, habituée à distinguer le coup de sonnette d'un créancier, à voir croître sur le bureau de son père les liasses de papier timbré. Quand son père est aux prises avec un fournisseur ou un client qui élève la voix trop fort, elle entre, sans faire semblant de rien ; elle leur en impose, les désarme par sa seule présence et rit tout bas du bon tour qu'elle a joué; je ne suis pas bien sûr qu'elle croit aux millions de son père; mais elle l'admire pour sa fertilité d'imagination. Elle en tient bien un peu elle-même; mais cela chez elle est corrigé par un fond de bon sens, que l'expérience a aiguisé. C'est une fille très moderne, et pourtant très réservée, très pudique, une fille délicieuse, et qui a été délicieusement jouée par Mlle Leconte. Mlle Leconte, cette jolie laide, comme nous disions autrefois de Mlle Delaporte avec qui elle a des analogies de talent, est, à cette heure, la plus aimable ingénue de Paris. C'est une vraie artiste, celle-là, une artiste authentique.

C'est encore un type pris sur le vif de la réalité que celui du commandant. Il est joueur comme les cartes. Il lui reste une somme ronde de 30.000 francs; s'il les garde, il les perdra. Il les remet aux mains de Brignol, qui les fera valoir. Mais un jour il est pris de la nostalgie du jeu; il vient réclamer ses 30.000 francs. Brignol, qui ne les a plus, lui démontre la grandeur de la sottise qu'il va commettre. Le commandant s'entête : il donne vingt-quatre heures, pas plus, pour qu'on lui rende la somme ; et rien n'est plus comique que ses lamentations sur ces vingt-quatre heures perdues, juste en un jour où il se sent en veine. Ce brave homme, qui connaît son vice, qui se le reproche, qui s'y abandonne, qui s'en va répétant sans cesse : « Je sais bien que je les perdrai, ces 30.000 francs ; c'est comme s'ils étaient perdus! » est un personnage très vrai, que Dieudonné a personnifié de la façon la plus amusante.

Les deux autres types d'hommes d'affaires, l'un grossier et brutal, l'autre coureur de femmes, m'ont paru d'une observation moins exacte et moins aiguë. Ils n'ont pourtant rien de banal, mais ils se détachent avec moins d'intensité. Je ne crois pas utile de vous exposer par le menu la fable imaginée par M. Alfred Capus ; il n'y tient guère, j'imagine, et ce n'est pas par là que vaut sa pièce.

26 novembre 1894.

ROSINE

Rosine n'est pas une pièce très bien faite. Elle languit par endroits, et les scènes ne se rattachent pas aisément les unes aux autres... Mais elle est d'une philosophie supérieure ; et sans prétention à la thèse, sans grande tirade, sans déclamation, sans mots cruels, en restant toujours dans le ton de la comédie, elle nous oblige à rentrer en nous-même et à réfléchir sur la misérable condition de la femme dans la société actuelle, sur l'évolution prochaine que va nécessairement subir le mariage et la famille. *Rosine* est, au fond, infiniment plus révolutionnaire que la *Loi de l'homme;* et comme elle est plus humaine aussi ! comme elle est plus intéressante ! Il est plein de talent, cet Alfred Capus, de talent dramatique, bien entendu ; nous comptons sur lui autant que sur Brieux pour nous rendre la comédie de mœurs.

Rosine est une jeune femme qui vit en province, dans une petite ville, avec son mari, un des meilleurs employés de M. Hélion, chef d'usine.

Avec son mari ? j'ai tort de parler ainsi. Elle n'est pas mariée. C'était une jeune fille d'assez bonne famille bourgeoise. Le père est mort, la mère aussi. Elle s'est trouvée réduite à la misère. Elle a rencontré un jeune gars, fils de paysan, riche en terres. Il s'est épris d'elle ; car elle était pour lui d'une condition supérieure ; il est venu à son secours ; il l'aurait épousée, s'il n'avait pas eu derrière lui sa mère et sa sœur, terribles paysannes, qui ne comprennent pas qu'un paysan prenne pour femme une fille qui ne sait rien des choses de la ferme et qui porte avec élégance des affutiaux élégants. Il était mineur encore, et elle a cédé, convaincu que sa liaison serait légitimée un jour. Son pseudo-mari a quitté le travail de la terre et est entré dans les bureaux de M. Héliou. Ils n'ont rien dit aux gens de l'endroit de leur situation irrégulière. Tout le monde les croit mariés, sauf le notaire, Me Pagelet, qui aime beaucoup Rosine, la voyant si modeste, si bonne, si vaillante, et qui n'a pas trahi leur secret. Rosine vit confiante dans l'amour et la loyauté de celui qu'elle appelle son mari ; il s'est absenté quelques jours, pour aller, disait-il, chercher ses papiers. Elle l'attend ; c'est Lucie Bertaut qui arrive, Lucie la paysanne, Lucie la sœur, dont elle se sait détestée.

Lucie vient apprendre à Rosine que son amant la lâche pour une bonne paysanne qui a de la bonne terre et de bons écus. La scène est excellente, une maîtresse scène, où l'auteur met à nu, d'une main sûre, la rapacité du paysan, sa haine du bourgeois, sa défiance du progrès, ses superstitions. Mme Daynes-Grassot a joué à merveille cette scène épisodique qui clôt le prologue. Car le premier acte n'est qu'un prologue, à vrai dire.

Voilà Rosine seule et sans ressources. Car elle a repoussé fièrement la somme que lui apportait Lucie Bertaut en dédommagement de son honneur perdu. Elle n'a plus d'autre appui que l'honnête notaire, Me Pagelet, qui lui donne d'abord le bon conseil de quitter le pays après ce scandale, et ensuite, sur son refus, lui offre de lui trouver de l'ouvrage chez les dames de la ville. Elle est couturière et ne demande qu'à gagner honorablement sa vie.

Me Pagelet ramène, en effet, ces dames à sa protégée.

Toutes font partie de quelque œuvre de bienfaisance.

— Est-ce qu'elle n'a pas eu d'enfants? demande l'une d'elles, qui préside à l'œuvre des enfants assistés.

— Pas que je sache, répond Pagelet.

— C'est dommage! notre œuvre aurait pu lui donner un secours.

— Si elle avait pu prévoir! reprend le notaire d'un ton d'ironie sarcastique.

La pièce est toute pleine de ces mots qui sont d'un grand sens et d'un comique profond.

Ces dames donnent en effet de l'ouvrage à Rosine, qui l'accepte, sérieuse et digne ; mais elles se plaisent à lui faire sentir, chacune à sa façon, l'infamie de sa conduite et combien elles sont généreuses d'aider à ne pas mourir de faim une personne, qui prétend vivre de son travail, quand elle a de l'éducation, de bonnes manières et des robes qui ne sont pas de sa condition. Il semble que l'argent qu'on lui donne en échange de son travail soit une aumône qu'on lui jette. On lui en veut de n'être pas plus platement reconnaissante.

Les femmes la haïssent; c'est le contraire chez les hommes, ils l'aiment trop. M. Hélion, le grand usinier, est un viveur de province, marié à une très jolie femme, qu'il trompe de son mieux. Comme il ne peut pas faire de frasques dans ce pays de commérages, il va deux fois par mois passer cinq ou six jours à Paris, où il a une maîtresse :

— Ce n'est pas de l'adultère, dit-il en badinant; c'est de la villégiature.

Sa maîtresse vient de le quitter. Il jette les yeux sur Rosine, qu'il avait déjà remarquée, quand il la croyait mariée. A présent, elle est sans défenseur. Il serait fort impertinent à une fille pauvre de refuser un protecteur riche, qui lui promet l'indépendance et les plaisirs de la vie parisienne. Rosine n'est pas précisément une vertu, puisqu'elle a failli ; mais elle est fière. Elle repousse ces marchés, qui lui semblent honteux. L'autre se pique au jeu et revient à la charge. Ce n'était d'abord pour lui qu'une agréable passade ; cette résistance l'aguiche. Le voilà amoureux.

Mme Hélion s'en aperçoit. C'est une maîtresse femme que Mme Hélion. Elle n'est pas jalouse de son mari. Elle est au courant de ses fredaines et elle les lui passe volontiers, pour avoir la paix chez elle. Mais elle ne veut pas d'une liaison qui pourrait affecter un caractère sérieux. Cette Rosine, avec ses allures modestes, son caractère hautain, sa supériorité de sentiments et d'esprit pourrait mener loin un mari :

— Mon ami, dit Mme Hélion au sien, je sais que vous m'avez trompée, vous ayant fait suivre à Paris. Je n'ai rien dit ; je vous ai laissé tranquille. Mais j'entends qu'il ne se passe rien ici ; je ne veux pas être ridicule.

Hélion file doux ; mais il continue de tourner autour de Rosine :

— Mettons, lui dit sa femme, que je sois jalouse de celle-là et non des autres. Elle m'ennuie, cette vertu qui vous tient rigueur !

Elle abuse de la supériorité que donne l'argent pour accabler Rosine de duretés ; elle la chasse et donne le mot à toutes les dames de la ville, qui s'engagent à lui refuser de l'ouvrage.

En même temps qu'Hélion, nous avons vu rôder près de Rosine un jeune médecin, Georges Desclos, qui après avoir passé son doctorat, est venu s'établir dans sa ville natale, près de ses parents. Il y a déjà six docteurs dans la ville ; il n'a pas de clients, et ceux qu'il a ne payent guère. Il vit râpé, gueux, mélancolique, enragé contre son impuissance et sa pauvreté, mais amoureux. Lui aussi, il avait adressé quelques compliments à Rosine, quand il l'avait crue mariée. Elle est libre à cette heure. Il l'aime profondément, mais en dedans ; car il la sait courtisée par Hélion, et il ne se croit pas en état de lutter contre un rival qui peut pousser jusqu'au petit hôtel.

Sa tante, Mme Granger (la sœur de son père), le veut marier et lui a déniché un parti plus que sortable, pour lui, pauvre hère. Elle lui parle de la jeune fille. Georges qui se tient sur la réserve :

— Elle m'a paru insignifiante, dit-il.

— Parce que tu ne l'as jamais regardée avec l'idée de l'épouser. La prochaine fois, tu la trouveras charmante.

— Ça m'étonnerait.

— C'est une fille qui deviendra très jolie, quand elle sera mariée.

— Eh ! bien, j'attendrai qu'elle en soit là !

Il se dérobe, sans que ni sa tante ni ce brave homme de notaire se doutent qu'il y a de l'amour sous jeu. Mais le père de Georges, le vieux Desclos, est plus perspicace. Ce père Desclos, que Boisselot, un comédien de premier ordre et qui n'a pas la réputation qu'il mérite, a joué à ravir, a été la joie de cette comédie. C'est un vieux philosophe, un peu bougon, un peu taquin, mais foncièrement bon et exempt de préjugés, dont le grand plaisir est de faire enrager sa sœur, une provinciale forcenée, et de lui bousculer toutes ses idées sur les convenances sociales.

Ainsi, le jour où il apprend que Rosine a été abandonnée par son amant qu'on croyait son mari :

— Madame, lui dit-il, nous vous attendions tous les deux ce soir à dîner ; j'espère bien que vous consentirez à venir seule. Ma sœur et moi en serons charmés.

La sœur lève au ciel des bras effarouchés et roule des yeux furibonds. Desclos rit dans sa barbe.

Desclos a suivi d'un œil indulgent le flirtage de son fils avec Rosine. Aussi n'est-il qu'à demi-étonné quand il reçoit un mot de son fils, qui le prie de venir le retrouver chez elle.

Voici ce qui s'est passé :

Rosine à bout de ressources, conseillée par une cousine sans préjugés, allait écrire à Hélion une lettre d'acceptation résignée, quand Georges était entré ; et la conversation, une conversation que tous deux croient la dernière, s'étant engagée entre eux, ils en sont venus tout naturellement à parler de leur amour. Tous deux sont également pauvres ; mais tous deux en ont assez, de cette ville où l'on crève de misère. Si nous partions ensemble. Je suis docteur, je ferai n'importe quoi, je travaillerai, je gagnerai notre vie. Rosine est ébranlée ; elle se décide enfin, elle se jette dans ses bras.

Le vieux Desclos entre. On le met au courant de la situation.

— Mon enfant, dit à son fils le vieux philosophe, tu fais une énorme bêtise. Mais il y a beaucoup de bêtises qui réussissent, et il y a des heures dans la vie où l'on n'a le choix qu'entre plusieurs bêtises. Vous vous aimez, partez, mes enfants !

Georges avoue à son père qu'il n'a pas le sou.

Le bonhomme s'attendrit :

— J'avais économisé cinquante louis pour faire à la ferme des réparations urgentes, je vous les donnerai ; soyez heureux.

Et, tout à coup, se frappant la cuisse et partant d'un joyeux éclat de rire :

— Je ris, c'est de penser au nez de ta tante, quand je lui dirai ça. Je ne lui dirai pas tout d'un coup, tout de suite, mais par petits paquets. Ça me promet quelques bonnes soirées cet hiver.

La scène est délicieuse ; elle a été jouée de façon merveilleuse par Boisselot ; mais, entre nous, je n'en sais pas de plus révolutionnaire, je n'en sais pas qui marque mieux le pas énorme que nous avons fait depuis vingt ans vers l'union libre. Je m'imagine Émile Augier écoutant ce dénouement inouï. Il a passé comme une lettre à la poste.

Il est vrai qu'il a été admirablement préparé par l'auteur. S'il me restait assez de place, j'aurais plaisir à vous montrer avec quelle adresse il l'a aménagé, et nous a conduits à désirer nous-mêmes la pilule qu'il confectionnait pour nous.

Cette pièce, qui est très hardie sous sa forme discrète, nous a charmés. Elle est écrite d'un style net et incisif qui est proprement celui du théâtre. Elle pétille de mots, qui sont des mots de situation et de caractère.

7 juin 1897.

HENRI LAVEDAN

LE PRINCE D'AUREC

Il faut louer M. Albert Carré, le directeur du Vaudeville, d'avoir, au refus de la Comédie-Française, accueilli l'œuvre nouvelle, parce qu'elle était pleine d'esprit et de talent; mais l'auteur doit se féliciter qu'on ne l'ait pas reçue rue Richelieu. Elle n'y aurait pas obtenu le succès qu'elle a emporté à la Chaussée-d'Antin.

Le *Prince d'Aurec* est une suite de conversations pétillantes d'esprit, étincelantes de mots, où il n'y a pas d'action, ce dont je prendrais encore assez aisément mon parti, puisque c'est le nouveau système, mais où il n'y a pas non plus d'études de caractères. Les personnages en scène s'analysent eux-mêmes; ils n'agissent point, ce ne sont pas des êtres de chair et d'os, ce sont de pures abstractions de l'esprit, qui représentent des moments d'une certaine civilisation.

A l'heure où la pièce s'ouvre, le prince d'Aurec est à la côte. C'est un Gaston de Presles qui a descendu un cran plus bas; car le Gaston d'Émile Augier avait gardé le respect de ses aïeux, la foi de l'aristocratie; le prince d'Aurec, qui joue, qui aime, qui fait des folies, tout comme Gaston, et même avec plus de laisser-aller et de dégingandage, ne croit plus à rien, même à ce prestige qui lui vient de sa race. Il blague la société moderne, ce gentilhomme : ce dont on ne saurait s'étonner ; mais il blague également les hauts faits de ses ancêtres, et l'épée de ses pères ; une épée de connétable, qu'il ne ceint qu'aux grands jours, j'entends, aux jours où il danse la pavane aux fêtes du *high life*. Cette épée, comme on le lui dit à lui-même, sans qu'il s'en fâche, on ne la porte plus qu'au Mont-de-Piété. Elle vaut cent trente mille francs, comme un liard, et il y a marchand à ce prix.

La princesse ne vaut guère mieux. C'est une tête à l'évent, qui, elle aussi, sans compter, a jeté l'argent par les fenêtres, et quand la toile se lève sur le premier acte, le mari s'est flanqué au baccara une culotte de quatre cent mille francs (*alias* vingt mille louis), tandis que madame est harcelée pour des notes de couturière qui montent à deux cent mille francs. Tous deux sont au fond assez moroses ; mais ils n'en laissent rien paraître. Le mari a conduit le matin, avec sa dextérité ordinaire, son *mail-coach*. On se doit, n'est-ce pas ? à son rang ; il compte, pour boucher le trou de la culotte, sur sa mère, la duchesse de Talais, qui a déjà trois fois payé ses dettes. Il plaisante avec agrément et cynisme sur sa situation qui n'est pas des plus reluisantes.

Madame a d'autres ressources.

Tous deux ont accueilli dans leur intimité le baron de Horn, un banquier israélite, vingt fois millionnaire, qui a voulu décrasser ses écus en se frottant à la noblesse. Qui est ce baron de Horn ? Comment a-t-il fait sa fortune ? Quel est son caractère propre ? Nous n'en savons rien et nous n'en saurons jamais rien. C'est un sac d'écus juif, et voilà tout. C'est une entité, une abstraction. Sur lui, sur ses antécédents, sur son esprit, sur son tempérament, l'auteur ne nous apprendra rien. Il est riche, et il veut, en dépit de son origine, entrer au Jockey et avoir une maîtresse titrée. Il n'a pas d'autres signes caractéristiques. C'est lui qui signera à la princesse un chèque de deux cent mille francs, qui en prêtera quatre cent mille au prince.

Ce qu'il y a de plus étrange, c'est qu'avec la fureur de s'analyser, qui tient tous les personnages de M. Henri Lavedan, il s'ouvre à un journaliste de sa bassesse et de son infamie. J'avais toujours cru que les hommes d'argent, quand ils étaient admis à frayer avec la noblesse, en étaient très fiers et se targuaient de leur bonne fortune en relevant ceux de qui ils la tenaient. Tout ce que dit le baron de Horn peut se résumer en ces simples mots : Je suis le dernier des pignoufs ; les gens chez qui je veux entrer sont les pires des canailles ; mais je tiens à être vu chez eux.

C'est évidemment l'auteur qui parle pour son compte derrière ces personnages. Et l'homme de lettres à qui s'adressent ces belles confidences n'est pas en reste. Il y aurait eu (la remarque est de M. Henri Bauer, qui l'a ingénieusement développée) il y aurait eu un joli portrait à faire du journaliste ou du romancier qui va dans ces milieux aristocratiques, d'abord pour y chercher des impressions, puis par vanité, par goût, et qui en a la tête tournée, qui finit par se croire de ce monde, qui en prend toutes les morgues et en subit tous les camouflets.

Mais non ; l'écrivain de M. Henri Lavedan est un être de raison comme son banquier juif, un porte-paroles, un fil de transmission électrique. Électrique, oh ! pour cela, oui ! ce ne sont à coups pressés que décharges de mots qui pétillent dans ces sortes de pièces, où il n'y a ni action ni caractères, mais qui sont écrites par un homme de beaucoup d'esprit. Le premier acte est toujours charmant : d'où vient? c'est que le public n'est pas encore en humeur de chicaner; il accepte tout ce qu'on lui donne, ne sachant point si ce qu'on lui donne ne le conduira pas quelque part. Il tressaille à tous les mots d'esprit du dialogue, et le dialogue en ce premier acte est éblouissant de fusées qui partent de tous côtés, à l'improviste.

Vous ne sauriez croire le succès de ce premier acte, où il n'y a ni action engagée, ni caractères dessinés, ni scènes annoncées. On a ri, on a battu des mains ; et j'ai pris moi-même ma part de la joie générale, non sans quelque sentiment d'inquiétude sur ce qu'il allait advenir.

Nos appréhensions n'étaient que trop fondées.

Au premier acte, il avait été tout le temps question d'un bal costumé que le prince donnait le soir même. Au second, les salons sont illuminés; mais le monde n'est pas encore arrivé, et l'on doit répéter une pavane qui sera le clou de la fête. Celui qui mène cette pavane, c'est le vicomte de Montrejeau, qui est peut-être la figure la mieux étudiée, la plus vraie et la plus comique de cette pièce. Le vicomte de Montrejeau est de bonne noblesse, mais provinciale. Il outre tous les ridicules de l'aristocratie du faubourg Saint-Germain. C'est le dernier des ignorants et des sots ; mais il fait figure de gentilhomme, quand il s'agit de conduire un cotillon ou un *four in hand*. C'est lui qui dit, voyant un portrait de Louis XIV : « Louis XIV... grand roi... *five o'clock* avec Molière!... très chic!... » C'est tout ce qu'il sait d'histoire, et ses idées ne vont pas plus loin. Galipaux a joué ce rôle de la façon la plus comique, bien qu'à mon avis un peu caricaturale. Il eût fallu en faire une figure digne de la Comédie-Française ; il en a fait une charge du Palais-Royal, mais il a été bien amusant tout de même.

Si cette pavane n'était qu'un divertissement propre à

combler un vide de l'action, il faudrait la louer encore pour l'ingéniosité et la grâce de son arrangement ; mais elle a cet extrême mérite de donner aux scènes sérieuses qui vont suivre le cadre frivole qui leur est le mieux approprié dans ce milieu de vaine et légère aristocratie. Tout ce monde s'est déguisé ; tout ce monde chante, danse, s'amuse à des riens, feint d'y attacher et vraiment y attache la plus grande importance, si bien que les noirs soucis dont les maîtres de la maison sont rongés revêtent, pour ainsi parler, la forme de ces amusements et de ces badinages. Le geste fait contraste avec l'idée, et de ce contraste jaillit le rire. Tenez, un exemple entre vingt :

Le prince d'Aurec a pour cette fête endossé la cuirasse et coiffé le casque de son aïeul le connétable. Toute cette ferraille le gêne, et il a, un moment, pour reposer ses cheveux, déposé son casque sur la console. Voilà qu'il apprend que son intendant l'a trahi, révélant à sa mère la perte qu'il a faite au jeu ; il sonne, le domestique paraît, et le prince, d'un geste héroïque, reprenant son casque et l'enfonçant sur sa tête, chasse le domestique. Ça, c'est du vrai théâtre, et du théâtre excellent, parce que le jeu de scène traduit aux yeux, sous une forme visible, l'idée même de la pièce, une idée juste, c'est que ces gens-là n'appliquent qu'à des niaiseries les reliques d'honneur et de fortune qu'ils tiennent de leurs aïeux.

Voyez encore la scène entre la princesse et le banquier juif. Le banquier, que nous avons vu au premier acte signer un chèque de 200.000 francs à la princesse, et ce n'était pas le premier, veut naturellement rentrer dans ses petits débours et profiter d'un moment où il est seul avec elle pour lui faire la cour.

Quel ragoût de nouveauté piquante donnent à la scène les costumes qu'ils portent ! La princesse est déguisée en

Marion Delorme; lui, en rajah, et il est grêlé de diamants :

— Il y en a au moins pour un million ? demande-t-elle.

— Pour trois, répond-il modestement.

Tous deux, sous le couvert des personnages qu'ils représentent, se renvoient des propos, fort sérieux dans le fond, mais de forme badine, lui osant davantage, parce qu'il parle à Marion Delorme; elle se dérobant devant le rajah. La scène est charmante.

Mais voici que toutes ces élégances mondaines et frivoles sont mises en déroute. La gravité de la situation surgit brusquement. C'est la duchesse de Talais, la mère du prince, qui entre en coup de vent, prie les invités de passer dans un autre salon et demande à rester seule avec son fils. La duchesse de Talais, elle, est d'origine plébéienne. Elle était née Piédoux, et, quoi qu'elle n'eût pas de sang bleu dans les veines, elle avait été épousée pour ses millions par le duc, qui l'avait laissée, après deux ans de mariage, veuve, à demi ruinée, avec un fils à élever.

Par une ironique contradiction, cette fille de la bourgeoisie est, dans la pièce de M. Henri Lavedan, la seule personne qui croie encore de tout son cœur à la race, qui ait le respect du nom, qui professe des sentiments dignes de cette aristocratie où elle n'est entrée que par mésalliance. Elle a eu le courage de se séquestrer du monde à la mort de son mari et de reconstituer patiemment, à force d'économie, la fortune qu'il avait écornée, afin de la mettre aux pieds de son fils, quand le prince d'Aurec serait en âge de tenir son rang.

Le prince, qui n'a pas même pu décrocher son baccalauréat, est devenu ce que vous savez. Elle a déjà trois fois payé ses dettes. Mais ce qu'elle vient d'apprendre a comblé la mesure : quatre cent mille francs perdus au jeu dans une nuit, le papier timbré tombant par masse à l'hôtel des d'Aureo, le scandale de l'effondrement proche ; elle n'y a pu tenir : son sang plébéien n'a fait qu'un tour, et la voilà qui, en costume de Maintenon, entreprend son fils, déguisé en chevalier du moyen âge.

La scène est fort longue, très vive et toute pétillante de mots plaisants et parfois cyniques. Elle a été beaucoup applaudie le premier soir ; je m'y suis amusé, sans doute, mais elle n'a point satisfait ce goût de logique que je porte toujours au théâtre.

Qu'est-ce que doit (selon toute vraisemblance) chercher à obtenir de sa mère ce niais de prince d'Aureo ? C'est qu'elle casque encore de cinq ou six cent mille, c'est qu'elle le tire de ce cruel embarras. Car à ce moment-là il n'a pas encore songé au banquier juif. On s'attend donc qu'il va flatter quelque peu les manies de sa mère afin de l'amadouer. On s'y attend d'autant mieux qu'au premier acte, comme il taquinait sa mère sur ses préjugés de noblesse féodale, un de ses amis lui a dit à l'oreille :

— Prends garde, tu as besoin d'elle !

Et il a répondu :

— C'est exprès ; pour me ramener à des idées meilleures et pour m'arracher de bonnes promesses, elle payera mes dettes.

De faire payer ses dettes par sa mère, c'est donc sa pensée, sa préoccupation. Eh ! bien, dans cette scène, où tous deux s'expliquent vertement, le prince dit juste tout ce qui peut être le plus désagréable à la duchesse, tout ce qui doit amener une rupture. Il la pousse à bout, sans raison ni merci, si bien qu'elle le menace d'un conseil judiciaire, et cette menace, elle la mettra à exécution dans l'entr'acte.

Je ne comprends pas cet imbécile de prince. Qu'il soit vain, sot, ridicule, à la bonne heure ! Mais quel est, en cette affaire, le secret de son inexplicable conduite ? Le voilà bien avancé! Il est obligé d'accepter l'offre obligeante du banquier juif, qui propose d'acheter, moyennant quatre cent mille francs, un parrain au Jockey-Club. Marché conclu. De plus, le prince serait réduit à vendre hôtel, chevaux et jusqu'à l'épée du connétable ; il lui faudra aller vivre chez la duchesse, à la campagne, pourvu d'un conseil judiciaire.

A sa place, j'aurais mieux aimé, ce me semble, être moins cassant avec ma mère, et, comme disent les bonnes gens, faire des petits pains.

Au troisième acte, nous le retrouvons triste et navré au château de sa mère. Il s'ennuie et sa femme bâille. « Travaillez, » lui dit sa mère. Mais, que faire? On passe en revue, dans une scène où abondent les mots de satire, qui sont tous, malheureusement, des mots d'auteur, toutes les professions où se porte l'activité des hommes de notre temps. Le prince n'est bon à rien ; il ne peut, il ne veut faire œuvre de son cerveau ni de ses dix doigts. Il est incurablement frivole. C'est la fin de l'aristocratie.

Au château, le banquier s'est fait recevoir.

Il suit son idée ; le temps est venu pour lui de toucher ses dividendes. Il pousse sa pointe près de la princesse ; il la serre de si près qu'elle se révolte, et la voilà qui monte sur ses grands chevaux, qui le traite de haut en bas... Nous sommes un peu étonnés ; quand une femme emprunte à un monsieur, qui n'est pas son parent, 200.000 francs d'un coup, sans parler d'autres sommes moins importantes, elle sait généralement à quoi elle s'expose et elle est mal venue à se fâcher quand on vient lui *brésender la bedide note*. Il paraît que la princesse est d'un monde où l'on croit qu'on fait trop d'honneur aux banquiers en leur demandant de l'argent et qu'ils sont trop payés du service par le plaisir de l'avoir rendu à des personnes titrées ; on ne nous avait pas avertis de cette particularité. C'est un tort au théâtre de ne pas prévenir le public.

J'écoute avec stupeur la princesse traiter avec cette hauteur et cette insolence l'homme à qui elle doit cent mille écus et le jeter à la porte en l'appelant sale juif, ou quelque chose d'approchant.

Le prince entre sur ces entrefaites :

— Qu'y a-t-il ?

— Il y a que monsieur, qui vous a prêté quatre cent mille francs, veut que je les paye de ma personne. Arrangez-vous avec lui.

Et elle sort.

Le banquier (c'est parmi toute cette canaille, le seul homme que j'estime et qui m'intéresse, ce juif) se met d'abord à la disposition du prince, mais un prince ne se bat pas avec ces espèces ! Nous avons sursauté à cette déclaration. Alors, il faut payer. Au « Sortez ! » du prince, le banquier répond avec une fureur froide : « Je sortirai, quand je serai payé non seulement des quatre cent mille francs que vous me devez, mais des trois cent mille francs de la princesse. » Et il étale le compte sous les yeux du prince déconcerté et penaud.

La duchesse de Talais arrive comme un *deus ex machinâ*. Elle rendra les sept cent mille francs et son fils s'engagera dans l'armée. Il ira se faire tuer.

— Comme tout le monde, observe l'incorrigible comte de Montrejeau.

— Il y a la manière ! répond le prince.

La comédie est jouée à merveille : Candé est un superbe et mystérieux israélite avec sa barbe noire aux reflets bleus ; Mayer, chargé du prince d'Aurec, avait un rôle qui n'est en rapport ni avec sa prestance, ni avec son visage, ni avec sa voix ; il s'est imposé à force de talent et d'étude. C'est un des meilleurs et des plus sûrs comédiens de ce temps. Dieudonné est excellent à son ordinaire dans un personnage sarcastique, le marquis de Chambersac, qui, dans la pièce, au lieu d'agir, dit de lui-même : « Je suis gentilhomme, mais ruiné, et je vis aux dépens de ceux de ma race, faisant pour eux des affaires, m'entremettant, » etc. Un portrait à La Bruyère! Mais diantre! on ne dit généralement pas ces choses-là de soi-même! Michel a beaucoup de dignité et de bonhomie dans une scène épisodique, qui a disparu de cette analyse. Elle est pourtant bien jolie; mais on ne peut pas tout dire; l'œuvre est si dispersée!

Mme Hading a rencontré dans la princesse d'Aurec le meilleur rôle de sa carrière. Elle y est vraiment belle, hautaine et féline tout ensemble, et portant le costume!... Oh! c'est un ravissement! Mme Samary a joué avec infiniment d'autorité et même de grâce le personnage de la duchesse de Talais. Elle finira, après avoir si longtemps lutté, par devenir une de nos bonnes comédiennes.

juin 1892.

CATHERINE

Parmi les innombrables saynètes que M. Henri Lavedan éparpille avec une prodigalité merveilleuse dans les journaux, il y en avait une qui m'avait beaucoup frappé lorsqu'elle parut, il y a quelques années. C'était, comme on dit, fait avec rien, et c'était délicieux, exquis. Un jeune viveur, le duc de Coutras, était affalé sur une chaise longue dans le salon de sa mère; il regardait mélancoliquement la pluie tomber; il s'ennuyait. La maîtresse de piano de sa sœur entrait pour donner sa leçon, à l'heure accoutumée... Le jeune duc se levait poliment et lui disait que sa sœur était absente et l'avait chargé de présenter ses excuses. La jeune fille voulait se retirer tout de suite; mais elle était mouillée, elle avait froid; il la priait de prendre un air de feu et se mettait à causer avec elle, lui sur un ton de badinage courtois et légèrement ironique, elle triste et fière. Elle contait sa vie de travail, comme quoi, sa mère étant morte, elle, la sœur aînée, était devenue la providence de la famille; elle ne gagnait pas seulement le pain de la maison; elle soignait tout ce petit monde de frères et de sœurs, raccommodant le linge en ses heures de loisir et surveillant le pot-au-feu.

Elle avait eu d'autres aspirations, car elle était sortie

du Conservatoire avec un premier prix. Mais elle avait simplement et vaillamment accepté la vie que le hasard lui avait faite. Tout cela dit d'un ton uni, modeste, nuancé de tristesse. Le duc se sentait touché et ravi. Il la priait de se mettre au piano et de lui jouer le morceau qu'elle préférait.

— Vous n'aimez pas la musique, lui disait-elle en riant.

— Si, jouée par vous, elle me plaira.

Elle se rendait à ce désir et, comme le duc commençait à marquer un empressement qui sentait la galanterie, elle prenait discrètement congé et, lui, la regardant s'en aller, se disait :

« Et quand je pense que je m'en vais un de ces jours épouser une de ces jeunes poupées, frivoles et prétentieuses, qui papillonnent dans le salon de ma mère! Qui sait si ce n'est pas là le bonheur qui vient de passer devant moi ? »

Rien de joli et d'attendrissant comme cette courte scène. C'est par elle que M. Henri Lavedan a ouvert sa nouvelle comédie. Il ne l'a pas terminée de la même façon. Le duc, au lieu de se dire : « Qui sait si ce n'est pas là le bonheur qui vient de passer devant moi ? » se donne sa parole de mettre la main sur ce bonheur-là. Vous pensez bien que dans la comédie cette idée non plus ne lui vient pas comme cela, tout de suite, sans dire gare. Il y a longtemps qu'il assiste aux leçons de piano données à sa sœur; il a pu étudier jour par jour le caractère de la jeune fille et se prendre d'admiration et de tendresse pour elle. Il ne lui a jamais adressé de vaines galanteries; il n'a jamais même laissé rien paraître de son amour; elle l'a deviné; mais elle a chassé ce rêve. Et pourtant, ce jour-là, il a été bien ému ! il y avait dans le son de sa voix, dans la façon dont il avait dit adieu, un respect plus attendri, un imperceptible frémissement de désir.

Elle s'est retirée, sans rien témoigner de son inquiétude, aimable et réservée, comme à son ordinaire. Le duc ne reste pas longtemps seul en proie à ses réflexions. Il a pour cousine une jeune femme, qui a été dans son enfance sa bonne petite camarade, qui a joué avec lui aux jeux innocents, et qu'il s'est habitué à regarder comme sa sœur, au grand déplaisir de la petite fille devenue jeune fille. Hélène, voyant que son cousin ne se souciait pas d'elle, s'était de dépit mariée à un certain M. de Grisolles, lequel, après quelques années de mariage, avait été interné après nombre de frasques dans un asile d'aliénés. Elle avait obtenu sa séparation et se proposait d'aller à Rome pour y obtenir la nullité de son mariage. C'est le seul divorce qui soit permis aux catholiques. En attendant, Hélène était venue loger chez la duchesse de Coutras, sa tante.

Hélène est une femme passionnée, ardente; elle a été reprise d'un violent amour pour son beau cousin et comme elle voit qu'il ne s'occupe point d'elle, qu'elle lui est toujours indifférente, elle vient à lui avec l'idée bien arrêtée de lui ouvrir les yeux.

La scène est charmante. Hélène, qui est sur un pied de bonne camaraderie avec le duc feint de le consulter sur la conduite qu'elle doit tenir avec un homme qu'elle aime et qui ne veut pas s'en apercevoir.

— Et quel est l'imbécile, lui demande le duc, qui, aimé de vous, ne s'en aperçoit pas?

On n'est pas plus décourageant que le duc. Ce qu'il y a de plus piquant pour l'amour-propre d'Hélène, c'est qu'à vrai dire il ne se dérobe point. Non, il ne comprend pas. Elle a beau le presser, lui mettre gentiment les points sur les *i* et ardemment les yeux dans les yeux, il a l'esprit occupé ailleurs.

Hélène fait allusion à cet amour qui le possède et le duc ne s'en défend pas. Elle voit bien qu'il n'y a rien à faire avec lui et bat en retraite. Elle a raison. Le duc est tout entier à sa passion pour Catherine. Il est résolu à l'épouser. Mais il lui faut le consentement de sa mère et il prévoit de terribles objections.

La duchesse est heureusement une bonne femme, qui a vu jouer les *Idées de M*^{me} *Aubray*, et dont l'âme s'est élevée au-dessus des préjugés de sa caste. Elle avait lu depuis longtemps dans le cœur de son fils et attendait sa confidence, sans la provoquer. Elle commença par lui présenter toutes les objections qui se dressent devant ce mariage qui paraîtra si extraordinaire à leur monde. Elle lui en signale les dangers possibles; mais quand elle le voit bien affermi dans son projet.

— Vous avez raison, mon fils, lui dit-elle, d'épouser la femme que vous aimez; je m'en vais faire pour vous la demande.

Au second acte, nous sommes dans le petit ménage que gouverne l'aimable Catherine. Le père, M. Vallon, est un vieux musicien, organiste dans une église; maigre emploi et peu rétribué. C'est un brave homme, un peu étranger aux choses de ce monde, mais qui a un fond de bonne humeur et se console de tout en se jouant une mélodie sur son harmonium. Il y a dans la maison trois enfants dont Catherine est la vraie mère : Blanche, une jeune fille de seize ans, anémiée, souffreteuse et triste comme la petite Chèbe, de *Fromont jeune et Risler aîné*, et qui, comme elle, travaille de ses mains pour gagner quelques sous. Elle fabrique des abat-jour et subit les insolentes rebuffades du négociant qui l'emploie. Des deux garçons, l'un a quatorze ans et l'autre dix. Ils sont bien gentils, mais ils coûtent cher, et l'on est en retard avec le boulanger. M. Henri Lavedan n'a point poussé au noir la peinture de cet intérieur bourgeois. Il l'a éclairé du sourire gai de Catherine. C'est elle qui prévoit tout, ordonne tout, inspire à tous un courage qu'elle n'a pas toujours elle-même, car le propriétaire vient de signifier qu'il augmenterait le loyer au prochain terme. Comment fera-t-on? Il faut bien compter sur la Providence.

— S'il était vrai pourtant qu'il m'aimât! se dit-elle, songeuse.

Mais elle écarte cette pensée et se met allégrement à la besogne. Cette besogne, c'est un pensum qu'on a donné à son frère et qu'elle fait pour qu'il puisse s'en aller jouer à l'air libre.

Elle est tout entière à cette occupation, lorsque entre un homme d'une quarantaine d'années, qui a une tournure de contremaître. C'est un ami de la maison, Paul Mantel. Depuis des années, il a pu apprécier les solides et charmantes qualités de Catherine, il rêve d'en faire sa femme.

— Je sais bien, lui dit-il, que vous ne m'aimez pas, que vous ne pouvez pas m'aimer. Mais vous vous tuez de travail, sans venir à bout de soutenir la maisonnée. Je ne suis pas riche, mais j'ai un emploi de 500 francs par mois; ce n'est pas la fortune, mais c'est de quoi vivre. Et je vous aimerai tant, quand vous serez ma femme, que vous finirez peut-être par m'aimer aussi. Voulez-vous?

Il parle avec tant de sincérité et de chaleur que Catherine vaincue laisse tomber sa main dans celle qu'on lui tend.

— Vous avez ma parole.

Il s'en va tout joyeux.

Et nous? Mon Dieu! nous, depuis vingt minutes nous attendons l'arrivée de la duchesse. C'est un artifice de l'auteur de l'avoir retardée afin d'exciter notre impatience. Si pourtant elle était venue un quart d'heure plus tôt ! La voilà enfin, mais trop tard.

Vous imaginez l'inquiétude de cet excellent Vallon, quand il voit entrer chez lui la duchesse de Coutras. Il se dit que, si elle a pris la peine de monter ses cinq étages, c'est pour lui adoucir la rudesse du coup qu'elle va lui porter en lui annonçant qu'elle renonce aux leçons de piano. La duchesse a beaucoup de peine à le détromper. Il ne peut croire à tant de bonheur; il se confond en excuses et en remerciements. La scène est des plus piquantes. S'il donne son consentement ! Parbleu, oui, qu'il le donne ! Mais encore faut-il consulter Catherine.

Catherine est frappée au cœur. Elle refuse. Bien entendu, qu'elle tait le véritable motif de son refus, qui est sa parole donnée à un autre. Mais elle laisse entendre qu'il est irrévocable. La duchesse n'en croit rien. Elle donne à la jeune fille vingt-quatre heures pour réfléchir. Elle répondra par lettre; et, dans la lettre, il n'y aura qu'un mot : *oui* ou *non*.

Une fois seule avec son père, elle s'ouvre à lui du fatal secret. Le bonhomme comprend qu'une honnête fille n'ait qu'une parole; mais si Paul Mantel pouvait la lui rendre ! C'est bien aussi ce que pense tout bas, sans oser se l'avouer à elle-même, la sévère Catherine.

Et voilà Paul Mantel qui entre, exubérant, heureux, tout fumeux de la noce prochaine. Il trouve des visages consternés. Qu'y a-t-il ? On lui apprend, goutte à goutte, la funeste vérité. Son premier moment est de colère et de désespoir; puis il rentre en lui-même. Après tout, c'est le duc qui est aimé. Comment entrer en lutte avec ce rival qui a tout pour plaire; jeunesse, beauté, fortune. En vain Catherine s'obstine à déclarer qu'elle tiendra sa parole, il l'en dégage, il la force à écrire le *oui* définitif et déclare que c'est lui-même qui le portera à l'hôtel Coutras.

Vous ne sauriez croire le succès prodigieux de ces deux premiers actes. Ce n'était pas seulement qu'ils fussent très adroitement coupés et que le dialogue en fût aimable et spirituel, c'est surtout parce que la pièce semblait marquer un revirement de goût vers le théâtre honnête et romanesque. C'était une revanche sur la comédie rosse. Nous avions déjà constaté avec joie que *Cyrano de Bergerac* allait chasser les brumes de l'ibsénisme. Voici que *Catherine* nous délivrait des malpropretés du Théâtre-Libre. La réaction paraissait bien un peu trop prompte et trop complète à quelques beaux esprits. C'est du sous-Feuillet, disait l'un; c'est du Berquin, disait l'autre; c'est cynique de vertu, ajoutait un troisième. Au fond, on était enchanté. Il est délicieux, ce prologue en deux actes; il est, d'un bout à l'autre, animé d'un souffle de gaieté douce, et il y a dans le dialogue une grâce exquise.

Quelle serait la pièce maintenant?

Il n'y a rien de plus amusant, une fois la donnée de l'auteur bien exposée, que d'imaginer soi-même par avance la comédie qui va suivre. C'est un exercice que je vous recommande, car il garde de l'ennui au théâtre.

Je voyais deux routes à suivre.

Catherine est transportée dans un milieu qu'elle ne connaît pas; elle était dans son petit logement du quatrième étage une jeune fille charmante; elle ne pourra s'acclimater au monde où elle va entrer; elle y fera gaffes sur gaffes, elle perdra l'amour de son mari et se désespérera. Elle finira par s'étioler dans cet air irrespirable pour elle, à moins qu'elle n'en soit évincée.

C'était la première hypothèse. Il y en avait une autre qui, à vue de pays, m'avait séduit bien davantage. Catherine arrivait dans ce monde frivole, gâté et corrompu; elle y apportait sa nature droite, ses hauts sentiments, sa noblesse d'âme. Elle faisait, sans se l'être proposé, sans se donner pour cela aucun mal, comprendre au duc qu'il y a quelque chose qui vaut mieux que les bonnes manières du monde aristocratique, c'est la vertu aimable et fière, c'est la noblesse des sentiments, c'est la grandeur du caractère. Ce sujet, Augier n'a fait que l'indiquer dans le *Gendre de M. Poirier*. Il pouvait avoir tenté M. Henri Lavedan. C'était un sujet de haute comédie. Il eût fallu en ce cas que l'auteur mît aux prises sa Catherine avec les caillettes du noble faubourg et lui donnât l'avantage avec l'assentiment du public.

M. Henri Lavedan n'a pris — et je le regrette — aucune de ces deux voies. Il a réduit sa pièce aux proportions d'une comédie anecdotique, fort agréable encore, mais qui est, hélas! de moindre volée.

Quand le rideau se lève sur le troisième acte, nous sommes au château de Coutras, et il y a six mois que Catherine est duchesse. Elle a fait une sottise grave; une sottise qui est peu dans son caractère; car on nous l'a représentée comme une femme à l'esprit souple et fin; une sottise en tout cas que sa belle-mère, la duchesse, qui la prise et l'adore, n'aurait pas dû lui laisser commettre; elle a installé sa famille au château, père, frères et sœur. Le père, qui est un horticulteur enragé oublie son sécateur au salon, sur la table d'apparat; la petite Chèbe, geint de sentir sur elle la main de la mort lorsque enfin la fortune lui a souri pour la première fois; des deux frères, l'un qui a passé gommeux tape de temps à autre sa sœur de cinq louis, l'autre se roule sur les tapis et bouscule tout; le duc est énervé, il retrouve la maîtresse de piano sous la grande dame, il se plaint à sa mère.

Tous ces détails de vie intime fournissent un prétexte à quelques jolies scènes, amusantes encore, mais d'une observation superficielle et qui ne prouvent pas grand'chose. Car le duc n'aurait qu'à dire à sa femme : « Ma chère amie, soyez assez bonne pour mettre vos frères au lycée et pour assigner à votre père un pavillon au milieu des fleurs qu'il aime. » Catherine se rendrait tout de suite à ces sages avis, et il n'aurait plus de récriminations à faire. Ce serait à lui ensuite de la mener dans le monde, dont on ne nous présente aucun échantillon, et où elle ne serait nullement déplacée.

La comédie s'amoindrit à ces bagatelles, que nous sentons peu sérieuses. Elle tourne ensuite au drame. Mais ce drame résulte d'un fait qui aurait pu tout aussi bien ne pas avoir lieu, qui n'est pas essentiel à la donnée de la pièce.

Hélène de Grizolles, la cousine du premier acte, est revenue de Rome où son procès est en bon train. On lui a donné l'hospitalité dans le château de la duchesse. Là, elle voit tous les jours son cousin ; c'est elle qui prend la haute main dans la maison, qui est l'âme des plaisirs qu'on y goûte. On nous le dit tout au moins ; car nous ne le voyons guère, et c'est un tort. Il eût fallu nous montrer, par des exemples sensibles, comment une personne, fût-elle une pimbêche, si elle a été élevée dans ce milieu, en sait mieux les usages et y plaît bien plus qu'une jeune femme intelligente et noble de cœur, qui a vécu dans une autre sphère.

Tant il y a qu'Hélène est redevenue amoureuse folle du duc, qui est en train de se désaffectionner de sa femme. Elle le trouve seul, qui paraît d'humeur assez maussade et revêche. Elle lui découvre, mais cette fois sans ménagement, l'amour dont elle brûle ; elle s'offre, comme Mme Putiphar à Joseph.

— Donne-moi, lui dit-elle, une heure de ta vie. Je n'en veux pas davantage ; je mourrai heureuse.

Joseph s'émeut, la serre sur sa poitrine et l'embrasse.

Catherine était déjà fort jalouse de cette insupportable cousine qui accaparait son mari, qui le tutoyait, montant à cheval avec lui le matin, dansant le soir avec lui ; elle surgit à l'entrée du salon, et les surprend tous les deux en flagrant délit de conversation, qui n'avait qu'un dernier pas à franchir pour devenir criminelle.

— Vous avez voulu mon mari, crie-t-elle à sa rivale, gardez-le, je vous le donne !...

— Je le prends ! répond Hélène d'un ton hautain.

Mais le duc tombe affaissé sur un fauteuil :

— Je ne puis pas, dit-il.

Et le rideau tombe. La scène est à effet sans doute. Mais qui ne voit que ce n'est plus là la comédie de mœurs que nous avions espérée? C'est du pur mélodrame, qui tire tout son pathétique d'un fait arrangé par l'auteur pour former situation.

Il est encore intéressant, ce troisième acte, malgré la déception qu'il nous apporte. Le quatrième est franchement médiocre, et s'il n'avait été sauvé par le jeu des acteurs, je ne sais s'il n'aurait pas compromis le succès définitif de l'ouvrage.

Catherine est offensée dans sa dignité, outragée dans son amour ; elle veut se séparer ; elle ne pardonnera point. Je dois tout de suite vous dire qu'en dépit des affirmations réitérées de l'auteur, nous ne pouvons prendre beaucoup au sérieux cette colère de Catherine. Le duc, après tout, n'est pas si coupable ; nous pressentons qu'il ne demandera pas mieux que de faire les premiers pas vers la réconciliation. Tout cela ne nous paraît être qu'une bouderie exprès prolongée. Les amoureux n'y font pas tant de façons pour se pardonner et se reprendre dans les pièces de Marivaux, de Meilhac ou d'Augier.

Catherine, bien décidée à fuir la maison conjugale, a écrit à ce Paul Mantel, qui, autrefois, s'est sacrifié à son bonheur et lui a juré une amitié éternelle. Mantel arrive, il est mis au courant de la situation et demande à parler au duc.

Entre nous, je vous le dis tout de suite, la scène n'a pas l'ombre de sens commun. Car Mantel va reprocher au duc sa conduite, et le duc n'aurait qu'une chose à faire : ce serait de le flanquer à la porte en lui demandant de quoi il se mêle. Oui, mais Mantel, c'est Worms.

— Jamais, m'a dit un de ceux qui ont présidé à la mise en scène de *Catherine*, jamais nous n'aurions osé hasarder ce quatrième acte, s'il n'eût dû être joué par Worms.

Songez donc! Paul Mantel vient dire au duc :

— Mon droit de vous parler de Catherine, c'est que je l'ai aimée, c'est que j'avais sa parole, c'est que je la lui ai rendue, pour qu'elle fût à vous. C'est de ma main que vous la tenez; je puis donc vous demander des comptes. Je veux qu'elle soit heureuse, vous me devez de la rendre heureuse.

Tout ce discours est d'une absurdité rare. Mais quand vous entendez Worms, quelle autorité dans son geste! quelle voix profonde et mouillée! De quelle conviction sincère et commandante tout ce discours est animé dans sa bouche! On trouve tout naturel que le duc courbe la tête :

— Comment donc, monsieur, mais comment donc?

Le voilà persuadé; la réconciliation que tout le monde désire se fait en un tour de main, et moi, je me dis tout bas : « C'est égal! Hélène fera bien tout de même de retourner à Rome. »

Je n'ai dissimulé aucun des défauts de la pièce. Elle nous a charmés par l'honnêteté de la conception, par la

7

grâce du détail, par l'agrément du dialogue. Nous avons été ravis de ce retour à Feuillet et à Sedaine. Il y avait si longtemps qu'on nous avait mis au régime du vitriol. Nous avons bu ce petit lait avec délice.

Catherine est jouée à merveille. Le Bargy, que l'on voit plus volontiers dans les rôles sarcastiques, est léger, aimable et de grand air dans celui du duc de Coutras ; Féraudy est d'une bonhomie charmante dans le papa Vallon, et Paul Veyret est amusant en gamin, qui tape sa sœur de cinq louis.

C'est Mlle Brandès qui jouait Hélène de Grisolles. Elle y a obtenu un succès éclatant. Elle a dit avec beaucoup de finesse la scène du premier acte, où elle tâche d'éveiller sur elle l'attention de son cousin, et elle a emporté celle du troisième dans un grand mouvement de passion. Le rôle très long, très complexe et très difficile de Catherine, était peut-être un peu lourd pour les jeunes épaules de Mlle Lara. Elle y a été fort goûtée ; elle y a déployé une grâce triste et fière dans les premiers actes ; elle a été pleine de sensibilité aux derniers. Je n'aurais qu'une observation à lui adresser : elle parle beaucoup trop vite et va parfois jusqu'au bredouillement. Peut-être était-elle un peu nerveuse le soir où nous l'avons vue. Son débit se règlera mieux aux autres représentations.

Mme Pierson est tout à son avantage dans le rôle d'une duchesse qui ne se pique que de bonté, à qui il suffit d'être une aimable bourgeoise de beaucoup de distinction.

31 janvier 1898.

LE NOUVEAU JEU

Le *Nouveau Jeu* a obtenu, le premier soir, un succès étourdissant. Nous avons follement ri, et les premiers publics qui nous ont suivi se sont amusés de même. J'ignore ce qu'il adviendra de la pièce, quand le cours des représentations amènera des spectateurs venus de couches plus profondes.

En causant avec vous de la pièce, nous verrons aisément quelle sorte de plaisir nous avons goûtée et d'où viennent mes inquiétudes.

Paul Costard est un fêtard nouveau jeu. Je vous arrête là, tout de suite, mon cher Lavedan. Autrefois, dans les comédies dites bien faites, dans les comédies ancien jeu (mais l'ancien jeu était le bon, je crois), l'auteur eût commencé par nous dire au premier acte ce qu'il entendait par cette expression insolite : fêtard nouveau jeu. Il nous eût dit que cela consistait tout simplement à prendre le contre-pied de toutes les idées reçues, de tous les usages, de toutes les convenances, et d'aiguiser d'une blague amusante le perpétuel paradoxe de ses pensées et de ses actes. Il eût choisi un personnage qui eût exprimé ou qui eût laissé entendre ce qu'il pensait lui-même de ces façons de parler et d'agir, qui nous eût avertis que ces fêtards nouveau jeu, une fois cette gourme jetée, redeviendraient tout uniment de braves garçons, peut-être pas très utiles à leur pays, mais peut-être aussi plus encroûtés que les autres dans les préjugés sociaux, si hasardeusement bousculés jadis et piétinés par eux.

Et alors, ami Lavedan, nous aurions suivi avec un certain intérêt l'évolution que vous auriez ménagée d'acte en acte. Vous y auriez gagné que nous eussions accepté toutes les excentricités de manières et de langage des premiers actes, nous disant :

— Toi, tu seras repincé par la morale bourgeoise.

Nous nous serions sentis entraînés d'un point certain à un autre à demi entrevu. Il y aurait eu mouvement et action.

Au lieu de cela, que faites-vous ? Vous rejetez les explications au dernier acte. Vous le passez, ce dernier acte, à nous dire :

— Voilà ce que j'ai voulu prouver ! Voilà comment les fêtards nouveau jeu se changent en badernes vieux jeu !

— Savez-vous qu'il n'est pas amusant du tout, votre dernier acte ? C'est un bouquet d'homélies que vous nous offrez en guise d'épilogue. Et nous pensons à part nous :

— Pourquoi diable nous dit-il tout cela maintenant ? Il aurait dû nous avertir au premier acte.

Voilà ce que c'est, mon cher Lavedan, que de vouloir être nouveau jeu dans la façon de construire ou plutôt de ne pas construire une pièce. Mais patience ! Vous profiterez pour vous-même un jour de la leçon que vous donnez à votre fêtard, et vous remettrez, comme lui, les bœufs devant la charrue.

Au premier acte, nous sommes dans la garçonnière de Paul Costard. Un souper froid attend. C'est Duranty, le peintre, qui arrive, flanqué de la gentille Riquiqui, son modèle, une petite bécasse qu'il a élevée à la dignité de maîtresse. Paul Costard entre à son tour, revenant des Folies-Bergère, avec Bobette, une horizontale qui lui a déjà mangé 400.000 francs, mais qu'il garde parce qu'elle a du chic. Il serait ravi de passer pour entretenu par elle : c'est ça qui serait nouveau jeu. Car il est nouveau jeu en tout ! Il ne songe guère qu'à épater la galerie. Bobette lui fait une scène, parce que, aux Folies-Bergère, il a regardé une jeune fille qui était dans une loge en face, avec sa mère.

— Je parie que je l'épouse.

— Je t'en défie bien, dit Bobette.

— J'irai demain la demander en mariage. C'est ça qui sera nouveau jeu, se marier sans prendre de renseignements, à la volée !

Duranty les a laissés achevant leur querelle, quand on sonne. Qui peut sonner à cette heure ?

— Ce ne peut être que maman.

Et comme Bobette fait mine de se retirer :

— Reste, lui dit-il, maman est nouveau jeu comme moi.

Mais Bobette déclare qu'elle doit des égards reconnaissants à Mme Costard, qui, lorsqu'elle a été si malade, lui a envoyé douze bouteilles de vin vieux.

— Ces choses-là ne s'oublient pas.

Elle se cache et Mme Costard entre en coup de vent ; elle est en toilette de bal et a l'air très évaporée. Entre deux soirées, elle est venue embrasser son fils, qui lui annonce tranquillement qu'il va se marier et dans quelles conditions il va se marier. La dame, si nouveau jeu qu'elle soit, est un peu suffoquée.

— Et tu me demandes mon consentement ?

— Non, je te préviens. Le mariage se fera dans trois semaines. Oh ! tu seras invitée.

Elle s'amuse de l'aventure et s'échappe comme elle était venue, en riant, avec un grand frou-frou de robes.

Si vous avez lu le volume de Lavedan qui a paru sous ce titre : le *Nouveau Jeu*, vous pouvez vous faire une idée du dialogue de ce premier acte. On a reproché à l'auteur d'avoir fait un emploi excessif de l'argot. Mais on n'a pas pris garde que cet argot ne consiste pas uniquement à substituer au mot de la langue ordinaire un terme de la langue verte, de dire par exemple la profonde pour la poche, et la toquante pour la montre. C'est une invention perpétuelle de métaphores inattendues et plaisantes. Ainsi Bobette dit à Paul, en le raillant sur son mariage :

— Et quand lui passes-tu l'anneau dans la tringle ?

La métaphore est triviale, soit ; mais elle est si imprévue et si drôle. Eh bien ! le dialogue de Lavedan abonde en trouvailles de ce genre. Il a fait pour notre argot boulevardier ce que Molière avait fait pour le langage des précieuses. Il ne l'a pas pris tel quel ; il l'a créé et surtout recréé, j'entends par là qu'il a pris des expressions nées à l'hôtel de Rambouillet (comme Lavedan en prend qui ont jailli des ateliers, des clubs, ou même de l'asphalte des boulevards) et qu'il les a poussées jusqu'au ridicule en leur ajoutant un tour de fantaisie outrancière :

— Voilà un fauteuil qui vous tend les bras, avait dit Julie d'Argennes à l'un de ses fidèles.

— Contentez l'envie que ce fauteuil a de vous embrasser, dit Cathos à Mascarille.

— Je vais demander conseil à mon miroir, avait dit Julie d'Argennes à M. Montansier.

— Ce sera le conseiller des grâces, avait répondu le bel esprit amoureux.

Molière s'empare du mot et Cathos dit à son domestique :

— Passez-moi le conseiller des grâces.

Ça, c'est invention chez Molière. L'invention est de même ordre chez Lavedan. Le langage qu'il prête à ses personnages n'est pas, à proprement parler, de l'argot. C'est, comment dirai-je? une sublimation de l'argot. C'est quelque chose de très nouveau, de très piquant, qui éveille à chaque instant la curiosité et fait éclater le rire. Il faut beaucoup, entendez bien, beaucoup d'imagination pour soutenir, durant cinq actes, la gageure de cette langue imagée, pittoresque, j'allais dire funambulesque en sa trivialité. Savez-vous bien que, pour un linguiste, pour un élève de l'École des chartes, c'est un enchantement que cette langue, et je suis sûr que, si M. Gaston Paris, qui est le plus docte des mondains ou le plus mondain des doctes, est allé entendre le *Nouveau Jeu*, il en est revenu tout rêveur et charmé.

Au second acte, nous sommes chez les Labosse, dans la famille où croit cette fleur d'innocence que Paul Costard a entr'aperçue aux Folies-Bergère.

Nouveau jeu également, les Labosse. Le père, un vieux fêtard qui s'obstine à faire la noce. Il n'est pas rentré à deux heures de l'après-midi.

— Oh! que madame ne se tourmente pas, dit le vieux domestique. Monsieur ne rentre jamais, mais il rentre toujours.

La mère est une femme quelconque à qui l'auteur n'a pas donné de physionomie particulière. La fille est (Lavedan, par peur d'être vieux jeu, a négligé de nous en prévenir) une aspirante fêtarde, une demi-vierge. Paul Costard tombe dans ce milieu comme un aérolithe. Il fait sa demande. Le père, qui l'a rencontré dans les endroits où l'on s'amuse, est ravi de la demande. La mère, un peu étonnée tout de même, répond :

— C'est à ma fille de voir ce qu'elle veut; causez avec elle.

On laisse les deux jeunes gens ensemble. Tous deux se confessent de leurs goûts et de leurs aspirations. La scène, même le premier soir, a paru un peu vive. C'est la faute de Lavedan qui ne nous avait pas présenté et expliqué la jeune fille. Tous deux se sont, en substance, déclaré qu'ils se laisseraient libres de faire chacun ce qui lui plairait. Ça ne traîne pas; le mariage est conclu. La jeune fille y consent, Mme Labosse y donne les mains, le vieux marcheur qui est dégrisé exulte. De Mme Costard, il n'est pas plus question que si elle n'existait pas.

L'acte, quoique très plaisant, réussit moins que le premier. J'en ai indiqué les raisons; je n'y reviens pas.

Au troisième tableau, Paul, de retour à sa garçonnière, annonce à Bobette que c'est chose faite. Elle n'en veut rien croire d'abord; mais il insiste : Au reste, il fait grandement les choses : il lui collera cent mille balles.

Les cent mille balles, mon Dieu, elle les acceptera. Mais ce n'est pas fini tout de même.

— Tu sais, lui dit-elle, je ne te donne pas huit jours pour revenir, après le petit voyage à Venise, te pendre à ma sonnette. Et je n'ouvrirai pas.

— Et tu ouvriras.

— Jamais de la vie.

Ils se disputent; mais Bobette est bonne fille. Elle ne fera pas d'esclandre, surtout par déférence pour la mère de Paul, en souvenir des douze bouteilles. Il y a mieux. Elle se penche à l'oreille de son amant :

— Dis donc, pour notre dernier jour...?

— C'est ça qui serait nouveau jeu ! s'écrie Paul.

Et le rideau tombe.

Vous pensez bien qu'à l'acte suivant (retour de Venise), nous sommes chez Bobette, où Paul a repris ses habitudes. Ce garçon aime la vie de famille; seulement, il l'aime chez sa maîtresse. Bobette l'attend ; car il vient tous les jours. Mais, en attendant, elle cause avec Riquiqui, que Duranty a *plaquée*, et qui cherche à faire son trou dans le monde galant. Elle a une admiration profonde pour Bobette, qui est une fille arrivée.

— Oh ! moi, je sais bien que je ne suis qu'une grue, dit Riquiqui.

— Une grande ! interrompt Bobette avec dévotion.

Riquiqui conte à Bobette que la jeune femme de Costard lui fait déjà des traits avec Duranty, qui l'a quittée, elle, Riquiqui, pour ce nouvel amour. Ah ! les hommes sont bien canailles !

Bobette se gondole. Bobette se tord. Comme elle n'a pas de ressentiment pour un sou, elle ne dirait rien à Paul. Mais Paul parle avec tant de désinvolture des maris trompés, il affirme avec une si parfaite bonne foi que, quant à lui, il est trop nouveau jeu pour se chagriner de cette mésaventure...

— Ah ! ce serait trop drôle, s'écrie-t-il.

— Vraiment ! ça serait si drôle que ça ! Eh bien ! mon ami, sois content, ça y est.

Il reste tout étourdi du coup.

— Eh ! mais, tu ne ris pas...

— Attends que ça vienne.

Le fait est que le monsieur nouveau jeu, sous ce coup imprévu, redevient subitement vieux jeu. Ah ! que ce revirement eût été plus comique, si nous l'avions espéré, si l'auteur nous l'eût laissé entrevoir ! Mais je prêche un auteur qui ne demande qu'à se laisser convertir : on l'a bien vu, la semaine dernière, à la Comédie-Française.

M. Paul Costard s'en va, comme un simple bourgeois, chez le commissaire de police, pour faire constater le flagrant délit.

Au tableau suivant, nous sommes dans un de ces hôtels où se louent des chambres meublées pour adultère. La scène est osée, mais délicieuse. C'est la femme qui est délibérée et tranquille ; c'est l'homme qui a une frousse abominable. Il a peur d'être pincé en flagrant délit. Il a pris tant de précautions que Mᵐᵉ Costard s'en amuse et le blague. Il se rassure, il lui enlève son chapeau et l'aide à se déchausser, quand on frappe trois petits coups à la porte. Il pâlit, il parlemente ; bruit de voix à l'extérieur :

— Ouvrez, au nom de la loi !

Tous deux perdent la tête ; impossible de retrouver les chaussures, qu'ils cherchent à quatre pattes. Elle veut remettre son chapeau ; mais son corsage l'empêche de lever les bras ; elle l'enlève...

— Que faites-vous là ? vous êtes folle ! s'écrie Duranty.

On va enfoncer la porte. Duranty l'ouvre et Mᵐᵉ Costard se réfugie, les épaules nues, dans les couvertures du lit.

Le commissaire fait ses constatations. Il les fait, poli et souriant. Il est plein de déférence pour Duranty, ce grand peintre, qui a fait le portrait de son chef hiérarchique. Mais Duranty, à la première éclaircie, a filé à l'anglaise. C'est le mari qui aide galamment sa femme à réparer le désordre de sa toilette ; et le rideau tombe.

Nous voilà revenus chez Bobette. C'est dix heures du matin. Bobette est tout de son long, en peignoir rose, étendue dans son grand lit. Elle a appris les événements de la veille, si bien que, quand Paul arrive, elle le laisse entrer, quoiqu'elle tombe de sommeil...

— Conte-moi donc, lui demande-t-elle, comment les choses se sont passées.

Et comme il veut arriver tout de suite à la scène du constat :

— Non, prends les choses dès le début, lui dit-elle.

Il entame son récit, et, à mesure qu'il relate les circonstances, elle fait sauter les couvertures, elle tape en pouffant de rire sur les oreillers :

— Non, s'écrie-t-elle, je ne donnerais pas ma matinée pour dix mille francs, continue, continue...

Paul poursuit et voilà que son récit le mène jusqu'à la scène dont nous avons été témoins à l'acte précédent. Et je me disais tout bas :

— Comment Lavedan va-t-il faire pour interrompre sa narration. Car, enfin, il ne peut pas nous conter ce que nous venons de voir.

Attendez! il y a là un revirement qui a été la joie de la soirée.

Voilà que, tout à coup, à la porte de la chambre à coucher frappent trois : toc, toc, toc.

— Qui est-ce qui peut venir à cette heure? demande Bobette.

Oh! le public n'a pas hésité, lui. Une demi-seconde d'incertitude peut-être, et soudain un universel éclat de rire. C'était la revanche de M⁻ᵉ Costard qui venait, à son tour, prendre son mari en flagrant délit; c'était le commissaire qui frappait à la porte.

Eh! bien, ami Lavedan, crierez-vous toujours contre le vieux jeu au théâtre! Ça, c'est le vieux jeu; c'est le revirement des vaudevillistes. Et quel succès! quel rire! quels battements de main. Les deux scènes s'opposent l'une à l'autre et se font contre-partie de la façon la plus comique.

A l'acte précédent, nous avions vu les deux amants tout déconcertés, effarés d'abord et penauds ensuite. Ici, ils sont à leur aise. Paul reconnaît le commissaire qui lui a, la veille, prêté son ministère :

— Tiens! c'est vous? lui dit-il d'un ton de bonne humeur.

Quant à Bobette, elle cabriole sous les couvertures. Jamais on ne vit constat si gai. Cette aventure ne peut que lui faire une réclame et lui permettre de hausser ses prix.

Je vous ai dit que le dernier acte est insignifiant et ennuyeux. Il se passe dans le cabinet du juge d'instruction, qui interroge les délinquants l'un après l'autre, leur adresse de paternelles remontrances, jusqu'à ce qu'il arrive à la terrible Bobette, qui dérange et chiffonne quelque peu sa gravité de magistrat. C'est elle qui lui fait la théorie du nouveau jeu et qui lui prédit que Paul deviendra un bourgeois racorni, et qu'elle finira dans un château de province, où elle rendra le pain bénit et jouera avec le curé un cent de piquet.

Le *Nouveau Jeu* est admirablement joué aux Variétés. Le rôle de Bobette semble avoir été taillé sur la mesure de Mme Jeanne Granier. Elle y est admirablement bonne enfant et perverse, digne et gamine; la diction chez elle est d'une netteté et d'une justesse extraordinaires. Nulle part on ne sent l'effort : c'est la nature prise sur le fait.

Enfin, Brasseur a mis la main sur un rôle où il lui est loisible de prouver qu'il n'est pas seulement un pitre de beaucoup de fantaisie, qu'il a des qualités de comédien. Il a été d'un naturel exquis et d'une verve étonnante dans le rôle du jeune homme nouveau jeu; il a laissé avec beaucoup d'art sentir que ses « ohé! ohé! » n'étaient que de surface, que le bourgeois sommeillait sous le masque. Je ne lui ferai qu'une observation : il parle souvent trop vite, et l'on perd une partie de ses répliques.

Dieudonné est d'une vérité très amusante dans ce vieux marcheur de père Labosse. Cette vérité a paru excessive à quelques-uns. Je ne suis pas de cet avis. L'outrance ne me déplaît pas dans cette comédie qui serait répugnante si elle n'était vivement poussée à la fantaisie vaudevillesque.

Voilà deux succès qu'en quinze jours M. Lavedan obtient sur deux scènes. Il me rappelle Jean-Baptiste Rousseau qui passait du psaume à l'épigramme. L'Académie ne sera pas embarrassée de ses choix, quand le temps viendra de renouveler son personnel.

14 février 1893.

MAURICE DONNAY

AMANTS

Le succès du premier soir a été éclatant ; c'est un succès de bon aloi, car les deux premiers actes sont délicieux, et il y a encore bien de l'esprit dans les deux derniers, quoique nous ne les ayons pas applaudis sans réserve.

Le rideau se lève sur une matinée pour enfants dans un salon. La représentation qu'a donnée le guignol vient de finir : mères et institutrices emmènent les bambins dans la salle voisine pour un goûter qui les attend. Tous ces enfants sont joliment attifés; les mères ont un gentil petit air de jeunes mamans ravies; les institutrices sont Anglaises; les domestiques circulent, enlevant le guignol; ils sont parfaitement corrects. Dans quel monde sommes-nous ? Dans le meilleur sans doute et le plus aristocratique, d'une bourgeoisie cossue tout au moins ? Pas du tout; M. Maurice Donnay nous offre un échantillon du demi-monde, mais d'un demi-monde qui n'est déjà plus celui de Dumas.

C'est un demi-monde où toutes les femmes sont — comment dirai-je cela? — des maîtresses légitimes. Elles ont toutes une liaison, mais une liaison solide, durable, que la venue d'un enfant et quelquefois de deux ou trois a cimentée. Ces amants sont, à vrai dire, des maris, et ils en possèdent tous les privilèges, dont le premier est de subvenir honnêtement aux besoins du ménage, dont le second est d'être trompés. Ces dames vivent avec une régularité exemplaire dans l'irrégularité. Elles ne souhaitent pas, comme la baronne d'Ange, le mariage qui les tirerait de leur milieu. Qu'y gagneraient-elles? La considération? Elles savent bien que le monde où elles entreraient ne manquerait pas de les tenir à distance. Elles ont toutes la considération dont elles sentent le besoin, puisqu'elles en ont les unes pour les autres et que leurs amants sont pleins d'égards pour elles. Tout se passe avec une merveilleuse décence, dans ces faux ménages, qui sont moins bruyants, moins tumultueux que les vrais, plus heureux souvent. On n'y fait point la fête, cela est vieux jeu, et, si l'on y donne une fête, c'est une fête d'enfants, comme celle que nous avons sous les yeux. Car toutes ces dames ont des enfants, dont elles sont fières.

Ai-je besoin d'ajouter que c'est là un monde d'exception? Mais il est permis aux auteurs dramatiques de nous peindre des mondes exceptionnels, à cette seule condition qu'ils les marquent de leurs traits distinctifs, qu'ils nous les montrent vivants, qu'ils sachent nous les rendre à la fois vraisemblables et intéressants.

Claudine Rozay est, depuis longtemps, la maîtresse du comte de Puyseux. Elle était actrice, mais elle n'avait pas le feu sacré; elle s'est fatiguée de cette vie hasardeuse, et elle a renoncé aux cascades, le jour où elle a rencontré M. de Puyseux. M. de Puyseux est un gentilhomme fort riche, qui se porte beau encore malgré ses soixante ans; il est distingué de manières et il a de l'esprit. Au reste, ils en ont tous dans la pièce de M. Donnay; ils ont tous — est-ce une qualité ou un défaut? — celui de M. Donnay.

M. de Puyseux s'est attaché à l'ex-comédienne, qui est une brave fille. Il s'est fait chez elle un autre ménage, où il est plus à son aise que dans le sien. On y mange mieux, et il tient à la table; on y voit de plus aimables visages, et puis,.. et puis... il n'y voit pas les amants de sa femme. Il est le mari le plus trompé de France; il le sait; il n'en tire point vanité, mais il en prend son parti avec une philosophie douce.

— Il paraît, dit-il à Claudine, que j'étais né pour être cocu.

Il énumère les maîtresses qu'il a eues, et les raisons qu'il avait d'être aimé d'elles; toutes l'ont trompé l'une après l'autre; sa femme plus que toutes les autres, et, à chaque expérience par laquelle il a passé, revient le mot qui la termine, et dont la répétition est d'un comique irrésistible.

Et il en sera toujours ainsi! Claudine esquisse un geste d'aimable révolte.

— Oh! je ne parle pas pour vous. Je sais que vous observerez toujours les bienséances et me garderez du ridicule.

Le fait est qu'il n'a pas encore été trompé; car Claudine a le goût de la vie régulière : le soin de sa maison et l'éducation de sa fillette suffisent à remplir sa vie. Elle n'a pas, pour le moment, d'autre idéal que cet honnête et quasi légitime pot-au-feu. Mais l'instinct du comte ne l'a pas trompé. Il va emplir, une fois de plus, l'horoscope de sa destinée.

A travers les papotages de ces dames qui causent de leurs enfants, de leurs liaisons, de leurs ménages, des potins du jour, tout comme dans le vrai monde, on annonce à la maîtresse de la maison M. Georges Vetheuil.

Ce Georges Vetheuil est un Parisien parisiennant, très correct d'allures et de langage, mais d'un esprit incisif, pratiquant avec un art infini la blague à froid, abondant de paradoxes singuliers, qu'il ne développe pas en longues tirades, mais qu'il frappe en un mot tout neuf et qui reluit. C'est un homme à femmes, il a été beaucoup aimé et il ne s'en targue pas. Il n'a aucune fatuité. La cour qu'il fait est discrète, insinuante, enveloppante. Claudine avait souvent entendu parler de lui; elle l'avait rencontré par-ci par-là dans les endroits où l'on se retrouve, mais ils ne s'étaient point accrochés. Elle avait une grande curiosité de le mieux connaître. Elle est enchantée qu'il vienne lui faire visite.

La scène est une merveille. Georges ne dit pas une seule fois à Claudine qu'il l'aime ou qu'il a envie d'elle; il ne lui fait pas, ce qu'on appelle en style de théâtre, une déclaration; et de même Claudine ne laisse pas une seule fois entendre qu'elle ne demanderait pas mieux que d'être à lui; c'est une suite de badinages mondains, d'où se dégage, pour l'un comme pour l'autre, cette idée confuse encore et non exprimée qu'ils se plaisent, et le public qui l'écoute se dit, à voir toute cette escrime préliminaire, où les fleurets voltigent et se froissent avec de si jolis bruissements :

— Voilà des gens qui, dans huit jours, seront amant et maîtresse.

Claudine présente Georges Vetheuil au comte, qui reconnaît tout de suite en lui un Parisien et un clubman. La causerie reprend, légère, animée, spirituelle. On touche à la politique; le comte est, par tradition de famille, royaliste, mais sans intransigeance.

— Et vous? demande-t-il à Georges.

— Moi, je serais plutôt anarchiste.

— Alors, nous pourrons nous entendre, réplique le comte.

Georges prend congé; le comte le trouve charmant, en fait compliment à Claudine et se retire à son tour. Il n'est pas plutôt sorti qu'une lettre arrive signée de Georges : Claudine lui avait parlé de la représentation du soir à l'Opéra, où elle aurait voulu assister. Il lui envoie deux places, lui demandant la permission de l'y conduire.

— Il va tout de même un peu vite, dit-elle en souriant.
Et le rideau tombe.

Il est, comme on dit, fait avec rien, ce premier acte. C'est un charme, c'est un éblouissement. Les mots tombent dru comme grêle, l'un n'attendant pas l'autre; et ce qui est délicieux, c'est que ce ne sont pas des mots d'auteur, des mots plaqués; non, tous servent à nous faire mieux connaître et le monde où M. Maurice Donnay nous introduit, et les personnages qu'il met en scène.

Quelques mois se sont écoulés entre le premier et le second actes.

Nous sommes dans la chambre à coucher de Claudine. Au fond, un grand lit, et, près de ce lit, un berceau, où dort l'enfant qui est souffrant et que l'on a transporté dans la chambre de sa mère, une bonne mère. Il est minuit passé, et M. de Puyseux s'attarde à causer avec sa maîtresse, chez qui il a dîné et fort bien dîné, en bonne et nombreuse compagnie; Georges Vetheuil était naturellement de la fête. Claudine, qui se dit fatiguée, sonne sa camériste, pour l'aider à sa toilette de nuit.

— Permettez-moi, lui dit galamment le comte, de vous servir de femme de chambre.

Elle le laisse faire; mais il est maladroit, et on la sent impatiente, nerveuse. Les épaules nues de sa maîtresse l'ont émoustillé; il veut prolonger sa visite; elle a toutes les peines du monde à se dégager, en badinant avec grâce, de cette obsession, à le mettre à la porte, par un temps de chien, car la neige fait rage au dehors. Ce pauvre comte, je le plains. Il n'en a pas pour son argent.

Le voilà sorti ; Claudine fait un signal à la fenêtre, puis court à la porte dérobée. C'est Georges qui entre, la tête enfoncée dans son collet rabattu ; il est gelé et d'assez maussade humeur. Claudine, elle, est gaie comme pinson. Elle le fait chauffer, s'empresse autour de lui et le met sur la sellette.

— Qu'avez-vous fait, monsieur, de votre journée ?

Elle l'interroge comme un juge d'instruction. Il faut qu'il rende compte de ses moindres propos à ce dîner ; qu'il explique un geste, un sourire surpris. Elle est jalouse, et très jalouse, si jalouse que Georges en est quelque peu agacé, et nous commençons, nous, à nous dire tout bas :

— Oh ! ça n'ira pas loin, cette liaison. Cette Claudine est trop exigeante ; elle va fatiguer le Parisien.

Mais tous deux s'avouent qu'à ce dîner ils étaient si occupés l'un de l'autre qu'ils n'ont pas mangé ; ils meurent de faim. Claudine va elle-même en catimini chercher des restes ; elle ne trouve pas grand'chose, il n'y a plus de pain. Ils se mettent à table tout de même, c'est une dînette d'étudiants.

— Ah ! qu'on s'amuse chez ces étudiants ! dit Claudine, tendant son verre avec un petit air de parodie blagueuse.

Le souper fini, Georges montre du coin de l'œil le lit qui les invite au fond de l'alcôve. Mais non, elle ne veut pas ; ce soir...

— Ah ! je sais bien pourquoi ! s'écrie Georges, pensant à l'heure tardive où le marquis s'est retiré.

— Prenez garde ! vous allez réveiller la petite.

Et tous deux, baissant la voix, se disputent jusqu'à ce que, s'oubliant à nouveau, ils reprennent leur ton naturel.

Ce détail n'est-il pas bien significatif ? Ainsi, ces deux

scènes, qui se font pendant l'une à l'autre, et qui sont si osées, se sont passées près du berceau de l'enfant! Est-il possible de marquer d'un trait plus caractéristique ce mélange extraordinaire d'immoralité réelle et de goût de régularité, qui distingue cette nouvelle forme de l'antique demi-monde?

Georges finit par céder; et, comme quatre heures sonnent:

— Si l'on savait pourtant, lui dit-il moitié boudeur, moitié riant, que nous sommes restés ensemble jusqu'à quatre heures du matin, et que je m'en vais comme cela!...

Claudine rit à belles dents, le reconduit jusqu'à la porte, et, au moment où elle va se coucher, enchantée de sa soirée, le rideau tombe.

Le premier acte avait paru charmant, le second est exquis. Ne vous offusquez pas trop de certaines audaces de situation que le récit est obligé de préciser; elles s'atténuent à la scène par la désinvolture ironique du langage, par la grâce du détail, qui garde toujours une certaine mesure de réserve. Ne me dites pas non plus que l'action ne marche guère. Qu'importe, si l'auteur remplit exactement le programme qu'il s'est proposé, s'il nous renseigne sur les habitudes et les mœurs de ce monde qu'il connaît de façon particulière, sur le caractère des personnages qui le composent? Est-ce que (sans comparaison, d'ailleurs) il y a de l'action dans le *Misanthrope* qui n'est qu'une peinture de milieu et une étude de types?

C'est au troisième acte que nous allons voir s'éveiller nos scrupules.

Nous sommes chez Georges Vetheuil, et, dès les premiers mots, nous apprenons qu'il y a brouille entre Claudine et lui, et qu'il ne l'a pas revue depuis quelques jours. Une amie de Claudine, la confidente de ses amours, Henriette

Jamine, vient lui demander des explications et lui conte le chagrin de Claudine.

— Que voulez-vous? dit en substance Georges Vetheuil, elle m'assomme avec ses jalousies; elle me fait des scènes tout le temps; je ne suis plus à moi, je n'ai plus un moment de libre.

Ah! comme nous le comprenons, nous rappelant l'interrogatoire du second acte. Henriette intercède pour son amie. Elle conte, à ce propos, l'histoire de ses démêlés à elle-même avec son amant. Un jour, elle était furieuse contre lui; il était tout nu dans son tub; elle lui a flanqué un coup de cravache à travers la figure.

— Et qu'est-ce qu'il a dit? demande Georges.

— Il est devenu tout blanc, blanc comme ça, et, allongeant le bras, il m'a dit : « F... le camp ! » Ce que j'ai détalé!...

Elle se retire, sans avoir rien obtenu, car Georges veut s'en aller passer quelques jours à la campagne, pour se ressaisir et voir clair dans son cœur. La vérité est, ou du moins c'est ce qu'il nous semble, qu'il veut se tirer les pattes et ménager sa rupture.

Il n'y a pas deux minutes qu'Henriette est partie que Claudine entre. Elle attendait en bas le résultat de l'entrevue. Quand elle l'a connu, elle n'a pu se tenir de monter.

Jusque-là, tout va bien. Les personnages sont restés conséquents avec eux-mêmes. Mais voici qui nous déconcerte et qui nous démonte. Vous ne devineriez jamais ce que dit Georges à Claudine :

— Je suis jaloux du comte; je ne puis me faire à l'idée que vous lui apparteniez comme à moi. Si vous voulez que je reste votre amant, quittez-le, et soyez toute mienne et pour toujours.

Nous tombons de notre haut. Quoi! ce Parisien! ce sceptique! cet ironique Don Juan qui a tant vu de liaisons et de ruptures, qui ne doit redouter qu'une chose au monde : la chaîne d'un amour irrégulier! c'est lui qui parle comme un sentimental échappé de collège!

J'ai à côté de moi notre confrère Catulle Mendès, qui me dit :

— C'est un lapin qu'il lui pose! Tous les deux jouent vis-à-vis l'un de l'autre la comédie de la grande passion. Peut-être se laissent-ils prendre à leurs rôles ! Au fond, ils ne sont pas sincères...

Cela est possible ; mais M. Maurice Donnay a eu, dans ce cas, le grave tort de ne pas m'avertir. Je n'aime pas, moi, public, à être dupe, et ces complications, où je n'entre pas, m'étonnent et m'ennuient.

Ce qu'il y a de pis, c'est que je crois et reste convaincu que Catulle Mendès se trompe. Georges, quand il parle de la sorte, a l'air d'être de très bonne foi. Il semble animé d'une passion véritable. Et l'écart entre ce que nous promettaient les deux premiers actes et ce que nous apporte le troisième est tel que nous restons comme effarés et perplexes. Ce n'est plus notre Georges Vetheuil de tout à l'heure.

Je veux bien qu'entre le second et le troisième actes il se soit opéré un grand changement en lui. Car l'amour explique et justifie tout. Mais encore faudrait-il qu'on nous rendît compte des circonstances qui ont amené ce changement. Il y a là une solution de continuité qui m'inquiète. Je me rappelle le vieil adage latin : *Natura non facit saltus*. La nature ne marche que par progressions insensibles. L'art doit, en cela, imiter la nature.

Aux emportements farouches de ce Georges, qui s'est tout à coup lâché dans le romantisme d'Antony, Claudine oppose des raisons de bon sens : elle ne peut pas, comme cela, de but en blanc, quitter une position assurée, causer un chagrin mortel à un homme qui a toujours été pour elle bon et prévenant, de qui elle a une fille : cette fille, elle doit songer à son avenir. Est-ce que c'est Georges qui s'en chargera ?

Cette argumentation tombe comme une goutte d'eau froide sur la soupe au lait de Georges. Sa valise était déjà prête, car il a chez lui une valise toujours bouclée, qu'il appelle la valise des ruptures. Il faut qu'elle serve à quelque chose. Claudine a obtenu de son protecteur un congé d'un mois. On ira ensemble le passer en Italie, et c'est ainsi que se raccommode cet amour déjà cruellement fêlé.

Nous voilà au quatrième acte. Nous sommes à Pallanza, sur une terrasse d'où l'on aperçoit, par une belle nuit scintillante d'étoiles, le lac de Côme qui les reflète dans ses eaux. C'est là que les deux amants sont venus passer leur mois de vacances. Le dernier jour en est arrivé, et, dans une heure, Georges, qui a obtenu du gouvernement une mission pour visiter les pays les plus extravagants, va quitter sa maîtresse et partir pour deux ou trois années, disons mieux, pour toujours.

A l'acte précédent, nous avons eu une forte déception en voyant ce blagueur de Georges proposer à Claudine de l'enlever et de la garder à son compte; nous allons recevoir encore un nouveau coup.

C'est Claudine, cette fois, qui, éperdue, désolée, se jette dans les bras de son Georges et lui dit :

— Prends-moi; allons-nous-en ; j'abandonnerai, pour vivre avec toi seul, et le comte, et ma position, et ma fille.

— Comédie ! me souffle Mendès à l'oreille.

Soit, mais j'en reviens à ce que je disais tout à l'heure. Ces gens-là ne sont pas assez simples pour nous. Je ne puis admettre qu'on joue ainsi à cache-cache avec ma bonne foi. Quand un personnage sur la scène pleure, se tord les bras, se désespère et se pâme, j'y crois, à moins d'avertissement contraire qui me mette en garde, et je pleure avec lui. Cet avertissement, M. Maurice Donnay a oublié de me le donner, si tant est que ce fût son idée de nous montrer ces Parisiens jouant la comédie de l'amour.

Et, si c'était son idée, je me demande :

— A quoi bon et où cela nous mène-t-il?

Il est vrai que, si ses deux amants sont sincères, je puis me poser la même question, sans pouvoir la résoudre davantage. Où allons-nous? Je ne me le demandais pas durant les deux premiers actes, parce qu'on me présentait un tableau très curieux de mœurs exotiques. Mais ici nous n'avons plus que deux personnages en scène, et je ne puis me rendre compte logiquement des sentiments qui les animent et des mobiles qui les poussent.

Vous ne sauriez croire combien cette incertitude me gêne. On entend au loin le bruit des grelots de la chaise de poste qui vient chercher Georges. Ce bruit de grelots qui est d'abord à peine perceptible et qui grossit progressivement jusqu'à ce qu'il s'arrête sur la terrasse, a fait pâmer d'enthousiasme les amateurs des mises en scène réalistes. Je réserve mon admiration pour d'autres mérites, sans méconnaître celui d'une phrase de grelots filée avec adresse.

Claudine Rozay tombe dans les bras de son Georges et s'y attache désespérément. Il les dénoue et se sauve.

Il faut à ce drame un épilogue et une morale.

Le dernier tableau nous représente une grande fête donnée par Henriette Jamine dans le décor du premier acte. Car elle a acheté la maison de Claudine, qui va se marier avec le comte devenu veuf, et qui assiste à cette crémaillère avant de partir définitivement pour être châtelaine en province, où elle édifiera par sa piété les hobereaux du voisinage. On soupe par petites tables ; dans le fond, des tziganes jouent des czardas et des valses. Cette musique tient lieu de conversation, et c'est dommage.

Georges, qui est de retour de ses longs voyages, a été invité. Il arrive ; il se retrouve avec Claudine.

Tous deux philosophent avec une paisible indifférence sur leur cas :

— Vous rappelez-vous ?... dit l'un.

— Vous rappelez-vous ?... répond l'autre.

Comme tout cela est loin ! Il y a, dans leur sourire, une petite pointe de mélancolie douce. Elle lui fait part de son mariage avec le comte, et lui, il lui annonce qu'il va épouser la sœur d'un de ceux qui furent ses camarades dans le voyage d'exploration qu'il vient d'achever. Ils seront peut-être très heureux. Qu'est-ce donc que le bonheur ?

Et, au moment où Georges va en exposer la théorie à Claudine, la farandole des invités traverse le théâtre ; tous deux se joignent à la bande qui tournoie et le rideau tombe.

On a pu voir, par cette analyse, quelles sont, à notre avis, les qualités et les défauts de l'ouvrage. Ce qu'elle ne met pas en relief, c'est l'esprit de ce dialogue ; c'est un délicieux extrait de parisianisme. Il y a là dedans du Meilhac, du Lavedan et du Gyp, ou plutôt c'est du Maurice Donnay, car l'auteur de *Lysistrata*, de *Maison de famille* et de *Complices* a sa manière bien à lui. Et ce qui me charme, c'est que cet esprit passe souvent la rampe ; c'est que j'y sens la main d'un homme qui deviendra un auteur comique le jour où il voudra bien admettre qu'une œuvre de théâtre, comme toutes les œuvres d'art quelles qu'elles soient, depuis que le monde est monde, doit avoir un commencement, un milieu et une fin, et que ce commencement, ce milieu et cette fin doivent tourner autour d'un point unique. Ce jour-là, nous aurons conquis un maître écrivain dramatique.

La pièce, outre qu'elle a été mise en scène avec un soin très curieux, très intelligent et très artistique, a été merveilleusement jouée.

C'est Mlle Jeanne Granier qui jouait Claudine Rozay. Elle m'a étonné; je la savais spirituellement gamine et capable, dans l'opérette, d'enlever son public, avec qui elle causait et riait, lui faisant de l'œil. Aucun de nous ne se doutait qu'elle fût comédienne. Avais-je si tort, lorsque, autrefois, faisant campagne contre l'opérette qui avait tout envahi, je soutenais qu'elle nous dévorerait deux ou trois générations d'acteurs et d'actrices? En voici une qui, si l'opérette eût duré, n'aurait jamais eu l'occasion de révéler, ni à elle-même ni à nous, son talent de diseuse et d'artiste. Elle a joué avec une étonnante sûreté et une finesse singulière, elle a dit avec une rare variété de nuances ce rôle complexe et difficile, où il suffirait d'une fausse note ou d'un trait un peu chargé pour déconcerter le spectateur. Elle a même, au quatrième acte, pleuré des larmes si vraies et poussé des sanglots si touchants qu'elle a rendu inadmissible l'hypothèse de Catulle Mendès.

Guitry a été parfait de tenue et de diction dans le rôle du Parisien Georges Vetheuil, et Louis Delaunay, le fils de l'ex-sociétaire de la Comédie-Française, a donné une grande tournure au comte de Puyseux.

11 novembre 1889.

LA DOULOUREUSE

Le Vaudeville nous a donné la *Douloureuse*, comédie en quatre actes de M. Maurice Donnay. Le succès a été éclatant ; je crois bien que nous tenons un auteur dramatique. Mais procédons par ordre.

Je n'aime qu'à demi le premier acte. Il nous représente une grande fête chez M. Ardan, un de ces financiers véreux, dont le luxe éblouit le Paris des rastaquouères, mais que guette le président de la sixième chambre. L'auteur nous y présente, pêle-mêle, une foule d'hommes et de femmes, dont le drame n'aura pas besoin plus tard ; ce sont des bouts de dialogue, qui se croisent, sans apporter rien de bien net à l'esprit. On ne sait à qui de ces personnages attacher son attention ; on ne sait ce qu'il faut retenir de ces conversations sans cesse nouées, dénouées, renouées. Et puis, tous ces gens-là ont trop d'esprit ! On dirait qu'ils sont venus à cette soirée les poches bourrées de mots de la fin : il y en a de charmants, il y en a qui sont gras ; quelques-uns frappés du jour reluisent comme un louis d'or neuf ; d'autres sont usés comme de vieux sous. Mais, surtout, il y en a trop. Cette poussière de diamants, soufflée au hasard sur l'œuvre, empêche d'en saisir le dessin. L'auteur s'excuse en alléguant qu'il veut ainsi peindre le tohu-bohu et le débraillé de ce monde de la finance. Je crains d'abord qu'il ne nous en donne une idée qui, par son exagération, devient fausse; si ce monde était tel qu'il nous le dépeint, ce serait tout à la fois une caverne de brigands et un mauvais lieu. Mais cette peinture était-elle utile? Est-ce que c'est dans ce monde que l'aventure, qui est le fond de la pièce, va se passer? Est-ce que le souvenir de ce monde pèsera sur le développement et sur la conclusion du drame? Je crois plutôt que M. Maurice Donnay obéit à une des nécessités les plus fâcheuses du théâtre contemporain : il faut, à présent, un acte où le couturier puisse faire une large exhibition de toilettes et lancer les modes de la saison. Chaque robe coûte quinze ou dix-huit cents francs, et comme les femmes qui étudient leur art ne tiennent pas à jouer à si gros prix les mannequins, voilà comme nous n'avons plus d'actrices; dans chaque théâtre une étoile, et puis plus rien, moins que rien : des figurantes de soirée ou de bal.

Dans ce frou-frou d'entretiens, je distingue un joli coin de scène. La maîtresse de la maison, Hélène Ardan, a trouvé moyen de se dérober un moment à ses invités, et ce moment elle le donne à Philippe Lambert, un sculpteur de talent, dont elle est la maîtresse. Ils causent ensemble à demi-voix et remontent vers la fenêtre, qu'ils ouvrent pour respirer l'air du matin. Car le jour commence à poindre et la fête tire à sa fin. Ils voient le Paris des travailleurs qui s'éveille; des ouvriers passent et regardent sans doute avec envie ces fenêtres éclairées. On s'amuse là-haut! une idée sérieuse et mélancolique troue la cervelle de ces deux évaporés. Cela est délicieux.

Une amie d'Hélène, Mme Gotte des Trembles, arrive effarée :

— Ton mari te demande, lui dit-elle, il s'est retiré dans sa chambre; il est souffrant.

8.

Ce n'est pas cela du tout. Un commissaire est venu à petit bruit l'arrêter, et le boursier s'est brûlé la cervelle. La nouvelle s'en répand dans les salons, comme on allait se mettre à table pour souper. M. Maurice Donnay a voulu que ses soupeurs et ses soupeuses ne tinssent pas compte de ce léger incident :

— Ah bah! dit l'une d'elles. Nous sommes censés ne pas le savoir; j'ai faim; mangeons.

Et ils mangent. Cela est peut-être excessif.

Ce premier acte avait laissé le public indécis. On le trouvait éparpillé; on avait été inquiet de l'outrance dans le langage, de l'exagération dans la peinture des mauvaises mœurs. On admirait le pétillement d'esprit du dialogue, tout en faisant des réserves. On attendait.

Au second acte, nous sommes à la campagne, chez Mme Gotte des Trembles, l'intime amie d'Hélène et la confidente de ses amours avec son beau sculpteur Philippe Lambert. Gotte a invité Philippe à venir passer chez elle un mois de villégiature. Hélène fait tous les jours visite à son amie, chez qui elle retrouve Philippe. Elle est en grand deuil; car il n'y a que cinq mois qu'Ardan est mort. Elle attend, pour se marier, le délai réglementaire; Gotte les regarde s'aimer et soupire. C'est une peste que cette Gotte. A voir Philippe et Hélène se prodiguer des tendresses, son sang s'est allumé, et, dans son âme de caillette envieuse, il a poussé un désir mauvais de prendre à sa meilleure amie l'homme qu'elle adore et dont elle est adorée.

Oh! que la scène était risquée et scabreuse! mais comme elle a été faite de main de maître! C'est le soir; Hélène vient de prendre congé; M. des Trembles est remonté dans sa chambre; Gotte et Philippe sont restés seuls au jardin. Dans la conversation qui a précédé (et qui, par malheur, a tourné quelque peu à la conférence), il n'avait guère été question que d'amour; on avait parlé des droits imprescriptibles de la femme à aimer qui lui plaisait et à lui prouver qu'elle l'aimait. C'est à la suite de cet entretien qu'ils sont là, enveloppés d'ombre, sous un beau ciel étoilé, tandis que montent du jardin les senteurs de la nuit.

Gotte tourne autour de Philippe. Elle est énervée :

— Venez donc là, près de moi... Que vous êtes insupportable !

Philippe résiste ; il est grave et inquiet, elle est agitée et pressante. Il faudrait un rien pour que la scène fût intolérable. Elle est conduite de main de maître, avec une finesse, avec une délicatesse de touche incomparables. Philippe, quand le rideau baisse, a laissé son manteau aux mains de Mme Putiphar. Mais on pressent qu'elle le lui rapportera et qu'il le prendra.

Au troisième acte, en effet, nous sommes chez lui, dans un petit salon attenant à son atelier. Il a l'air fort ennuyé, quand Gotte entre, familièrement, en femme qui est chez elle. Philippe, qui s'en veut de lui avoir donné des droits en trahissant Hélène, la reçoit fort mal ; elle se rebiffe, et, comme après une scène fort vive, il la met presque à la porte :

— Mais je vaux autant qu'elle, s'écrie-t-elle furieuse, mieux qu'elle ! Car moi, je n'ai eu qu'un amant, et c'est vous. Et, avant vous, elle a eu un autre amant, et son fils, ce fils que vous aimiez tant, le croyant de son mari, c'est le fils de l'adultère...

Hélène entre là-dessus, et leur trouve à tous deux un air singulier. Gotte trouve tout de suite, pour expliquer sa présence, une de ces raisons que les femmes ont toujours toutes prêtes ; elle embrasse Hélène, car elle n'est pas rosse à demi, et lui dit adieu. Hélène va à Philippe qui reste morne, tête baissée...

— Qu'est-ce que tu as?

Ici, commence une maîtresse scène, une des plus belles du théâtre contemporain. Voilà enfin du théâtre, du vrai théâtre et du meilleur ! Elle est toute pleine des sentiments les plus violents, et elle est construite avec une solidité merveilleuse. Le dessin en est visible et net. C'est Philippe qui, enragé de jalousie et de colère, lance les premières imprécations contre sa maîtresse, la force à l'aveu, la tient désolée et gémissante sous ses reproches.

— Tu as eu un amant! pourquoi ne me l'avais-tu pas dit?

Et elle, pleurant, s'excuse, s'humilie : elle n'a pas osé. La scène continue ainsi, montant d'un flot qui gronde et s'exaspère, jusqu'au moment où Philippe lâche le dernier coup :

— Et cet enfant ? Il est de lui ? je le sais.

Hélène commence par être atterrée de la révélation; puis, tout à coup :

— Tu le sais; qui te l'a dit? C'est Gotte! il n'y avait qu'elle qui possédât ce secret, et comment et pourquoi te l'a-t-elle dit ?...

Et frémissante, elle se retourne contre Philippe :

— Ah ! misérable ! lui crie-t-elle.

Est-ce assez trouvé, est-ce assez beau comme revirement ? Et voyez comme il partage en deux cette admirable scène ! Et comme elle est sobre dans ses emportements ! Pas un mot qui ne soit juste, vrai, douloureux, terrible.

Philippe, vaincu, se jette aux genoux de sa maîtresse !

— Pardonne-moi! pardonne-moi!

— Je ne veux pas... Qu'est-ce que nous allons faire maintenant?

— Je l'ignore!

Et ils pleurent.

La scène se termine d'une façon imprévue et charmante.

— Quelle heure est-il? demande Hélène rappelée aux devoirs de la vie ordinaire.

— Sept heures.

— Et il faut que je dîne en ville! J'aurai un joli visage ce soir.

Et elle se met de la poudre de riz, et, d'un geste las, elle revêt sa pelisse, et Philippe, machinalement, l'aide dans ces soins, dont le monde donne l'habitude.

Cela est exquis.

Le dernier acte ne dure que quelques minutes.

Philippe est allé faire une retraite dans une villa de la Côte d'Azur. Trois mois après, Hélène vient l'y voir, rassérénée et presque gaie. Elle tente, pour s'assurer du cœur de son amant, une épreuve que l'on croirait empruntée au répertoire de Scribe, et tous deux, à jamais réunis, tombent dans les bras l'un de l'autre.

Et la *Douloureuse?* Pourquoi ce titre?

La douloureuse, c'est l'addition qu'il faut qu'on paye au restaurant. Eh! bien, dans la vie, il faut de même qu'on paye toutes les fautes que l'on a commises, tous les plaisirs illicites que l'on a goûtés. Ils ont payé, ils seront heureux.

15 février 1897.

GEORGES COURTELINE

BOUBOUROCHE

Le *Boubouroche* de M. Georges Courteline a bénéficié du désir que l'on avait de se détendre les nerfs et de s'étirer l'esprit. J'ai rarement vu succès pareil à celui de ce léger vaudeville.

J'imagine que vous connaissez tous Georges Courteline. C'est un écrivain foncièrement gai. Il continue la tradition des Pigault-Lebrun, des Paul de Kock et des Chavette, en la rajeunissant par le choix des sujets et par un goût de vérité dont ses prédécesseurs ne faisaient pas profession. Je ne sais rien de plus plaisant que les *Gaietés de l'Escadron* et le *Train de huit heures quarante-sept*, deux volumes que j'ai lus peut-être dix fois, et que je n'ai jamais lus sans être secoué de larges accès de fou rire.

Boubouroche vaut surtout par ce don inestimable de la gaieté. C'est un simple vaudeville, et je sais un gré infini à l'auteur d'avoir bravé tous les préjugés du Théâtre-Libre, en exigeant que son ouvrage fût annoncé au public sous ce nom abhorré et conspué des fidèles de cette petite église.

— Mesdames et messieurs, est venu nous dire le protagoniste à la chute du rideau, le vaudeville que nous avons eu l'honneur de représenter devant vous, est de M. Georges Courteline.

Un vaudeville! chez Antoine! et les murailles ne se sont pas écroulées d'horreur!

Eh! oui, ce n'est qu'un vaudeville, mais un vaudeville gai, où l'observation, une bonne grosse observation, tourne aussitôt au comique; où les mots, des mots bon enfant (il y en a, pourtant, d'amers dans le nombre) jaillissent tous de la situation; un vaudeville du genre de ceux qu'écrivait Lambert Thiboust, l'auteur de l'*Homme n'est pas parfait*; un vaudeville sans prétentions moralisatrices, ni sociales, ni aristophanesques; un vaudeville qui n'en a d'autres que d'amuser son public, sans le secours du quiproquo, et qui, chose rare! y réussit parfaitement.

Ce Boubouroche est un brave homme, grand, gros, poilu, la face rubiconde, la barbe en broussaille, d'une jovialité énorme. Il est au café quand la pièce s'ouvre et joue à la manille. Il gagne, et c'est lui qui paye les consommations. Car il ne joue que pour son plaisir, la manille n'est pour lui qu'une distraction, en attendant l'heure d'aller voir Adèle. Il y a huit ans qu'il connaît Adèle et qu'il va chez elle tous les soirs passer une heure. Il cause avec un de ses compagnons de manille et lui explique, en riant d'un bon gros rire attendri, qu'Adèle est un trésor; il ne l'entretient pas; seulement, il lui paye son loyer et lui fait, par mois, une petite pension. Il n'a pas la clé de son appartement, parce qu'avoir cette clé, ce serait être son amant, et qu'une honnête femme n'a pas d'amant. Adèle est une honnête femme. Aussi Boubouroche est-il un homme parfaitement heureux :

— Que me manquerait-il pour l'être? dit-il à son ami.

Je suis un homme sans appétits; je puis me lever à mon heure et me coucher quand ça me convient; mes moyens me permettent de manger à ma faim, de me désaltérer à ma soif, de fumer à ma suffisance et de prêter cent sous, quand l'occasion s'en présente, à un camarade gêné. J'ai, en plus, la liaison bourgeoise qui convenait à un homme comme moi : une petite compagne sensée, économe, que j'aime, qui me le rend bien, et dont la fidélité ne saurait faire question une seule minute...

Tandis qu'il conte ainsi ses petites affaires, à haute voix, en homme qui n'a rien à cacher, il y a tout près, à une autre table, un petit vieux qui a l'air d'être absorbé dans la lecture du *Temps*, mais qui l'écoute. Ce petit vieux, quand il voit Boubouroche seul, va à lui :

— Monsieur, lui dit-il d'un ton posé et doux, j'ai regret à vous l'apprendre; mais vous êtes trompé, outrageusement trompé. J'habite, sur le palier de votre Adèle, une chambre attenant à la sienne. Les murs ne sont pas épais; j'entends tous les bruits, et je puis vous affirmer que tous les jours, quand vous venez, on fait cacher un amant, qui reparaît, vous parti. Les hommes doivent se soutenir entre eux, et voilà pourquoi je vous avertis. J'ai bien l'honneur de vous saluer.

Au second acte, nous sommes chez Adèle. Elle coud sous la lampe, tandis qu'André, son amant, est vautré sur un canapé, fredonnant un refrain, le refrain favori de Boubouroche, qu'il a appris durant ses longues stations dans la cachette où il a l'habitude de se blottir tous les soirs. Un coup de sonnette; Adèle se lève vivement, ouvre toutes grandes les portes d'un vaste bahut, qui fait face au public, et où l'on aperçoit une chaise, une planchette et, sur cette planchette, une bougie allumée. C'est là qu'André se jette et peut occuper son temps à lire. Non, ce n'était qu'une fausse alerte. André reprend sa place sur le canapé; il recherche querelle à sa maîtresse; ça l'ennuie d'être obligé de se cacher tout le temps comme ça...

— Est-ce que tu n'y es pas bien? lui demande-t-elle. Tu as une chaise, de l'air, de la lumière. Tu voudrais peut-être une pièce d'eau!...

Nouveau coup de sonnette. Ah! cette fois, c'est lui!

C'est bien lui, en effet! c'est Boubouroche, mais furieux, mais congestionné, mais les yeux hors de la tête. Il entre comme un coup de vent, fouille du regard toute la chambre, écarte les rideaux, regarde sous la table.

— Qu'y a-t-il? demande Adèle, étonnée.

— Il y a que tu me trompes. Je sais tout.

Adèle se remet vite, et nous allons avoir l'immortelle scène d'Alceste et de Célimène, mais transportée dans un autre milieu et refaite de la façon la plus plaisante. Adèle le prend de très haut avec Boubouroche; elle lui met une lampe dans la main :

— Cherche, lui dit-elle, scrute... Tiens, voilà la clé de la cave, regarde entre les tonneaux et les murs. Il y a un homme caché, trouve-le; je te dis qu'il y a un homme caché...

Et, montrant du doigt le bahut :

— Tiens! il est là... parole d'honneur!...

Boubouroche voit bien qu'elle plaisante; il hausse les épaules; il rit si fort que la lampe lui tremble dans la main. Il ne veut pas pousser plus loin l'épreuve, mais elle exige qu'il cherche; elle ne veut plus de ces soupçons; elle le pousse, la lampe à la main, dans l'autre chambre; mais, au moment où elle ouvre la porte, un coup de vent éteint la lampe; Boubouroche rentre pour demander une allumette, et, dans l'obscurité soudainement faite, il aperçoit une longue raie de lumière qui filtre à travers les vantaux mal clos du bahut.

Il demeure un instant en arrêt, puis court au bahut, l'ouvre brusquement et nous voyons André assis et gardant à la main le livre qu'il est en train de lire.

Le coup de théâtre était si imprévu tout ensemble et si ingénieusement amené que toute la salle est partie de rire. C'est du vaudeville, mais de l'excellent vaudeville.

André sort de sa cachette et, d'un air souriant, dit à Adèle :

— Ça devait arriver... je vous l'avais bien dit... Enfin, un peu plus tôt, un peu plus tard...

Ce gentilhomme est très chic ; il tend noblement sa carte à Boubouroche qui se retient pour ne pas l'étrangler, qui lui crie d'une voix suffoquée :

— Allez-vous-en ! allez-vous-en !

— Un galant homme, répond l'autre, est toujours un galant homme. Donnez-moi votre parole qu'il ne sera pas touché un cheveu de madame.

Ce pauvre Boubouroche répond à peine, et lorsque, enfin, l'autre est parti, d'une voix éclatante :

— Qui est cet homme ?

— Est-ce que je sais, moi ? répond Adèle avec hauteur.

Et c'est un nouveau fou rire dans la salle.

Adèle a un moment de vraie terreur, quand Boubouroche, qui est sanguin et violent, la saisit au cou, en lui criant :

— Tu vas mourir !

Mais, du moment qu'il ne l'a pas étranglée et que de vraies larmes coulent sur ses bonnes grosses joues bouffies, elle reprend barre sur ### la scène est d'une vérité charmante et d'une drôlerie ### concevable.

Elle lui jure qu'elle ne l'a pas trompé !

— Mais cet homme ? demande Boubouroche.

— Je ne puis te répondre.

— Pourquoi ?

— C'est un secret de famille et je ne puis pas le révéler.

À ce mot, on s'est pâmé, mais M. Courteline, qui a le sens du vaudeville, en a tiré les effets les plus comiques. Comme Boubouroche s'obstine à faire remarquer que cacher un homme chez soi n'est pas le fait d'une honnête femme :

— Si je n'étais pas une honnête femme, lui répond Adèle avec dignité, je ne ferais pas ce que je suis en train de faire ; je ne sacrifierais pas ma vie au respect de la parole donnée, à un secret d'où dépend l'honneur d'un maître. Inutile de discuter ; nous ne nous entendrons jamais.

Et plus tard, quand Boubouroche, vaincu et convaincu, confesse, en pleurant, son erreur :

— Je ne veux plus maintenant, lui dit Adèle, qu'il y ait de toi à moi la moindre équivoque ; je suis disposée à tout, même à te livrer, si tu l'exiges, un secret qui n'est pas le mien. Dois-je commettre cette infamie? Un mot, c'est fait.

— Pour qui me prends-tu ? répond Boubouroche. Je suis un honnête homme.

Voilà des mots de situation, des mots trouvés, qui font jaillir invinciblement le rire ! Il y en a un dont le public s'est pâmé, que tout le monde se répétait en sortant. Adèle est en train de rappeler à Boubouroche les bonnes heures qu'ils ont passées ensemble :

— ...Et, lui dit-elle, de tout cela il ne subsisterait rien en ta mémoire, parce qu'une fatalité imbécile te fait trouver... dans un bahut... un homme... que tu ne connais même pas !

Le vaudeville se termine de la façon la plus désopilante.

— Conviens que tu as été bien bête ! dit Adèle à Boubouroche.

— Que veux-tu ? les hommes sont des naïfs ; ils croient tout ce qu'on leur raconte...

Et, aussitôt, le souvenir du petit vieux lui remonte à la mémoire. Il court à la porte :

— Où vas-tu ? lui demande Adèle, intriguée. Que vas-tu faire ?

Ce qu'il va faire, nous l'avons deviné, et déjà le rire commence à circuler dans la salle. Il éclate quand Boubouroche, qui allait sonner chez le petit vieux, le voit qui surgit sur le palier, l'empoigne à la cravate et l'amène rudement en scène :

— Si je vous cassais la figure, maintenant !... Ah ! Adèle est une petite gueuse... Vous êtes un vieil imbécile.

Et il le secoue comme un prunier, et le rideau tombe.

C'était une joie folle dans la salle.

Cette petite pièce a été jouée à ravir. M. Pons-Arlès a, dans la douleur et dans la colère, une naïveté d'un comique irrésistible. Il m'a rappelé le brave Pradeau, avec sa large figure, qui pleurait de façon si touchante dans *Nos bons Villageois*. Le petit vieux, c'est Antoine, qui est exquis dans ces sortes de rôles. Gémier a été d'un chic étonnant dans le joli monsieur du bahut, et, enfin, il n'y a que des éloges à donner à Mme Irma Perrot pour la sincérité et la vivacité de son jeu.

1er mai 1894.

UN CLIENT SÉRIEUX

Courteline m'amuse toujours. Il a reçu de la nature ce merveilleux don de la gaieté. Je suis toujours fâché qu'il l'éparpille en courtes saynètes et que *Boubouroche*, après tant d'années d'essai, soit encore son chef-d'œuvre. Après cela, peut-être serait-il moins aisément et moins franchement comique, s'il voulait forcer son talent et composer quelque grande machine. On m'a conté, à ce propos, une anecdote bien plaisante.

Catulle Mendès, qui est tout à la fois grand admirateur et grand ami de Courteline, avait prié Jules Claretie de lui demander, pour l'anniversaire de Molière, une de ces piécettes que l'on joue, ces jours-là, entre deux œuvres du maître. Jules Claretie y consentit volontiers.

— Courteline, se disait-il, trouvera sans doute moyen de renouveler ce genre usé de l'à-propos, de lui rendre le piquant qu'il n'a plus depuis longtemps.

Courteline est ravi de cette heureuse aubaine. C'était pour lui une entrée dans la maison. Il se met à la besogne, et il apporte son à-propos à l'administrateur de la Comédie-Française.

— Enfin, pense Jules Claretie, nous allons donc avoir un à-propos qui sera gai ! On y rira du franc rire qu'aimait Molière.

Il ouvre le manuscrit. La scène représente la chambre où Molière se meurt. Deux sœurs veillent à son chevet. Molière, touché de la grâce et saisi de repentir, s'épanche en regrets sur la vie qu'il a menée et demande pardon à Dieu d'avoir écrit *Tartufe*. Après quoi, il expire et entre dans l'immortalité.

Jules Claretie regarde Courteline avec effarement.

— Comment voulez-vous, lui dit-il, que je fasse dire à Molière, dans sa maison, où l'on joue encore le *Tartufe* dix fois par an, qu'il se repent de l'avoir composé ? C'est le contraire de la vérité ; et puis, entre nous, Molière dans son lit et mourant, ça n'est pas d'une gaieté folle.

Courteline fit un geste d'étonnement.

Courteline, en cette affaire, me rappelait un mot de M. Mouton, l'écrivain humoristique à qui nous devons l'*Invalide à la tête de bois* et tant d'autres petits chefs-d'œuvre, sans parler du célèbre *Cougourdan*. M. Mouton a reçu de la nature un visage morose ; il parle peu et d'un ton bas. Il me faisait quelquefois l'amitié de s'asseoir à ma table, où l'on se lâchait volontiers en propos gaillards. Il écoutait, rentré et triste. Un jour que nous causions boutique, on s'était mis à passer en revue les qualités particulières qui ont contribué le plus au succès de nos écrivains en renom. M. Mouton n'avait rien dit, à son ordinaire. Il demeurait le regard noyé dans l'espace et semblait être à cent lieues de la conversation. Tout à coup, il prit la parole, et aussitôt nous fîmes tous silence.

— Moi, dit-il, je ne me connais qu'un mérite ; mais personne ne me le contestera.

Il y eut une pause. Nous regardions cette figure sévère d'ancien magistrat, toute sillonnée de rides lugubres, et nous tendions l'oreille, anxieux. Il ajouta d'une voix profonde, caverneuse, qui sonna comme un glas funèbre :

— Je suis gai !

Je ne crois pas de ma vie avoir vu pareille explosion de fou rire. Le mot est chez moi resté légendaire. Quand la conversation languit, quand on n'est pas en train, un des convives n'a qu'à lancer, avec l'intonation traditionnelle, le « Je suis gai ! » de M. Mouton, pour allumer une fusée de rire.

Au fond, M. Mouton disait vrai : il est gai. L'*Invalide à la tête de bois*, le *Bœuf dans une pharmacie*, *Cougourdan*, sont des œuvres d'une gaieté charmante. Il n'est dur à lire que lorsqu'il se guinde à la haute philosophie, quand il songe à l'Institut. Le malheur de Courteline, c'était de s'être dit, avant de mettre la main à la plume :

— Songeons qu'on va nous lire à la Comédie-Française. La maison de Molière, peste ! ce ne sont pas des prunes que cela !

Il rentre dans son naturel quand il écrit, pour le Carillon, *Un Client sérieux*. L'idée est originale. Le procureur de la République est sur son siège et il attend, d'un moment à l'autre, sa révocation ; car il sait qu'un avocat, justement celui qui va plaider dans la première affaire au rôle, l'a travaillé par-dessous main au ministère pour se faire nommer à sa place.

L'audience est ouverte.

L'avocat prend la parole. Il a pour client un bourgeois malappris et grincheux qui, tous les soirs, allait dans un café de son voisinage. Là, il accaparait tous les journaux, fatiguait tout le monde de ses observations, et avait si bien rendu l'établissement intenable à la clientèle, qu'il l'avait mise en fuite. Le cafetier l'avait voulu jeter à la porte ; il y avait eu rixe, coups échangés de part et d'autre. Le cafetier demandait des dommages-intérêts pour le préjudice à lui causé, et aussi pour un coup de poing — un « marron ! »

— reçu dans la bagarre. L'avocat, qui s'est fait donner une provision de dix francs par son client, entame son éloge : c'est un bon père de famille, il a cinq enfants... oui, cinq enfants, qu'il nourrit de son travail; il s'est battu comme un héros en 1870. Et le client, au comble de la stupeur, s'écrie, à chacune de ces assertions :

— Mais qu'est-ce qu'il dit là ? qu'est-ce qu'il dit là ?

De son client, l'avocat passe au cafetier, dont il fait un portrait hideux. C'est un homme sans mœurs, sans conscience. Si les habitués de son établissement l'ont quitté, c'est qu'il les empoisonnait. Et il se plaint !...

Au moment où l'avocat termine sa plaidoirie, un huissier apporte le *Temps* au procureur de la République, qui fait un geste de violente colère après l'avoir déplié. Il est révoqué.

— Et c'est monsieur, dit-il en montrant l'avocat, qui est nommé à ma place...

— Ne pourriez-vous, lui dit le juge, terminer l'affaire qui nous occupe.

— Je ne resterai pas un instant de plus au service de ce gouvernement.

Et il sort.

Le président va renvoyer l'affaire, faute de ministère public.

— Pardon ! dit l'avocat, mais je suis à vos ordres. Je connais le dossier. Je puis parfaitement plaider.

— C'est bien, alors, dit le président ; prenez le siège du ministère public.

L'avocat passe de droite à gauche, et, prenant la parole :

— On vous a dit, messieurs, pour capter votre intérêt, que l'inculpé avait cinq enfants ; mais c'est un mensonge. Il est célibataire et court les petites filles...

A chaque assertion, l'autre bondit de fureur :

9.

— Et je lui ai donné dix francs! s'écrie-t-il douloureusement.

Ce qu'il y a de charmant, dans ce comique à outrance, c'est qu'il repose sur une observation juste. Ce n'est pas de la fantaisie en l'air; il y a, dans tout ce qu'écrit Courteline, un fond de vérité et de critique sérieux. C'est le procédé de Molière quand il écrivait ses farces : le *Médecin malgré lui* ou les *Fourberies de Scapin*; c'est le procédé de Labiche. Je souhaiterais que Courteline le transportât dans une pièce qui serait *faite* et pût se jouer sur un véritable théâtre. Pourquoi se contenterait-il toujours de ces légers croquis où il dépense presque vainement des trésors d'observation, d'esprit et de gaieté ?

31 août 1896.

LÉON GANDILLOT

LES FEMMES COLLANTES

L'événement a passé mes espérances. Je m'étais si franchement amusé le premier soir que je suis retourné voir la pièce... Oh! par plaisir uniquement, car je la savais assez pour en parler tout à mon aise. J'ai trouvé une salle comble et un public qui se pâmait de rire. Ah! c'était bien autre chose qu'à la première représentation! Et moi-même j'ai pouffé d'un bout à l'autre du spectacle.

Ce n'est pas que la pièce eût été sensiblement retouchée ; on s'était contenté de retrancher quelques longueurs et de supprimer deux ou trois mots à scandale. Mais les acteurs étaient déjà plus sûrs de leurs rôles; ils n'étaient plus affligés de cette peur qui les paralyse, quand elle ne les surexcite pas outre mesure devant la critique ; et puis, c'était un public différent, un public qui ne venait que pour s'amuser et qui s'amusait en conscience.

Mon Dieu! que ce vaudeville est gai! Est-ce que vraiment le vaudeville, si longtemps abandonné et languissant, va renaître? On le dirait. Voilà trois théâtres, en quinze jours, qui obtiennent de grands succès avec des pièces de ce genre signées de noms nouveaux ou peu connus. Les *Trois Noces*, des frères Clerc, à la Renaissance ; les *Petites Manœuvres*, de M. Champvert, aux Menus-Plaisirs, et enfin, à Déjazet, les *Femmes collantes*, de M. Gandillot.

Mais, de ces trois débuts, celui qui est sans comparaison le plus brillant, celui qui donne le plus d'espérances, c'est celui de M. Gandillot. Je serais bien surpris si nous n'avions pas cette fois mis la main sur un homme de théâtre, sur un auteur dramatique.

Il n'a guère plus de vingt ans ; on m'assure qu'il n'a eu de collaborateur d'aucune sorte, qu'il n'avait pas même donné sa pièce à lire à Hector Crémieux, son oncle, qui est un vieux routier du théâtre ; qu'enfin il a écrit seul, absolument seul, les *Femmes collantes*. Et songez que ce vaudeville a cinq actes ! Et ce n'est pas une petite affaire que de soutenir le rire sur une donnée fantaisiste durant trois heures de spectacle. Bien peu, chez nous, y ont réussi : quand nous aurons cité Labiche, le maître des maîtres, et Lambert Thiboust et Meilhac, nous serons à peu près au bout de notre rouleau. Des cinq actes qui composent les *Femmes collantes*, c'est peut-être le dernier qui est le plus gai ; et il n'y en a pas un où l'action languisse sérieusement, où le rire s'arrête.

Ce jeune homme possède le don du théâtre à un degré singulier, et, ce qui est plus étrange encore, c'est qu'il a une dextérité de main, une sûreté d'exécution que les plus habiles n'ont acquise le plus souvent qu'à force de forger. Je suis tout à fait surpris et charmé.

Vous savez que la grande, la merveilleuse qualité de Labiche dans ces bouffonneries dont la *Cagnotte* est le type immortel, c'est de partir d'une observation juste des mœurs humaines. Il y a toujours chez lui un fond solide sur lequel voltige la fantaisie la plus étincelante. A travers les inventions les plus extravagamment drolatiques éclate, tout à coup, un mot qui est un mot de caractère ou de mœurs, et qui nous avertit que nous n'avons pas encore perdu pied.

Le premier acte de la *Cagnotte* est, si vous vous le rappelez, un chef-d'œuvre d'observation fine et comique des habitudes de vie du petit bourgeois provincial. De même, au premier acte des *Femmes collantes*, M. Gandillot nous peint, avec un grossissement énorme, cela va sans dire, les mœurs jeunes des notaires parisiens. Maître Badinois a quarante ans; à cet âge-là, on est encore jeune à Paris dans le monde où l'on amuse, et maître Badinois mène de front les affaires et les plaisirs.

Nous le voyons qui entre dans son cabinet, moulu, harassé d'une nuit de veille; il n'a pas dormi, il a pris à peine le temps de se rafraîchir le visage et de changer de toilette, et vite à la besogne. C'est un drôle de corps que Badinois. Il passe sa vie à se faire de la morale : il ne pourra pas durer à cette chienne de vie; il ferait mieux de se marier. Mais, que voulez-vous? au premier minois un peu frais qui entre dans son cabinet il ne peut plus se tenir; les galants propos, les offres aimables lui partent des lèvres sans qu'il s'en aperçoive; on accepte : Allons, bon ! le voilà encore empêtré d'une liaison nouvelle.

C'est ainsi qu'il a connu Irma de Sainte-Manilla, sa maîtresse, une cocotte, qui vient le relancer à son cabinet dès le matin. Il ne veut pas la recevoir; il n'a pas le temps. C'est pour affaires; elle entre, elle lui remet deux mille francs pour les placer. Badinois fait la grimace; d'où viennent ces deux mille francs? C'est une rentrée. Il doit se contenter de cette explication. Il serre les deux mille francs, dont il délivre reçu.

— Dis donc, mon petit, je n'ai plus le sou, prête-moi donc cinq cents francs !

Et la pièce est pleine de ces mots-là. Irma lui arrache encore la promesse d'aller au bal de l'Opéra le soir même. C'est une bêtise; mais quoi! il ne peut rien refuser à une femme.

Ah! qu'il ferait bien mieux de se marier! Justement, M. Mourillon arrive pour faire dresser le contrat de sa fille avec M. Paul Dumont. Mlle Mourillon! ce serait joliment son affaire. Dans une scène qui est d'un comique achevé, il manœuvre pour mettre aux prises le gendre, qui exige 150.000 francs de dot, et le beau-père qui les a promis, mais qui chicane, soutenu par le notaire. Voilà le beau-père et le gendre en dispute réglée; voilà le mariage rompu et l'ex-gendre qui sort furieux.

Bon débarras! Le diable est que M. Mourillon doit marier sa fille pour le terme; car il a loué un amour d'appartement où il n'y a point de chambre pour Marguerite. Il n'a plus de gendre sous la main.

— Je vous en ai trouvé un! dit Badinois.

Et il se propose. Il prendra la fille sans dot au besoin, lui; car il n'est pas un homme d'argent. Mourillon y consent; mais peu à peu le notaire, avec une adresse machiavélique, l'amène à lui proposer 50.000 francs, puis 100, puis les 150 refusés à Dumont; il pousse enfin jusqu'à 200.000, et quand ce chiffre, que nous voyons venir avec un malin plaisir, a été atteint, un fou rire a couru la salle.

Tout va bien. Badinois ira, le jour même, dîner chez Mourillon. Plus de fêtes, plus de soupers, plus de petites femmes. Oui, mais Mme Héloïse Plumard veut parler au notaire. Il n'a pas le temps; elle est jolie, il se ravise. Mme Plumard est une jeune veuve qui vient demander conseil pour une affaire de succession. Elle est charmante, Mme Plumard; elle a les yeux langoureux et un ton de voix d'un timbre engageant. Badinois n'y peut tenir; le naturel revient au galop; il débite des fadeurs à la veuve; elle se trouve mal, il en profite pour l'embrasser, il lui promet de l'aller voir chez elle.

Et ce sont de nouveaux reproches qu'il s'adresse!

— Suis-je bête de me laisser prendre comme ça! mais c'est plus fort que moi.

Et voilà qu'une femme de chambre se présente pour entrer chez lui. Son premier mouvement est de la refuser; mais elle a le nez si fripon, la bouche si perverse, la figure si drôlette! Encore une qu'il se met sur les bras! C'est à se casser la tête contre les murs.

Et ce qu'aucune analyse ne peut rendre, c'est le mouvement endiablé de ce premier acte : les clercs entrent et sortent affairés, le patron est toujours en l'air, la porte s'ouvre malgré lui :

— Je n'y suis pas! je ne peux pas!

Et l'on entre. Et des mots! et des mots! comme s'il en pleuvait.

Vous voyez la pièce, dès lors; nous aurons un acte chez Mourillon, un acte chez Irma, un acte chez Mme Plumard, et le dernier, ah! dame! le dernier *ad libitum*... Le procédé est connu.

Oui, il est connu, mais M. Gandillot l'a renouvelé par une invention d'une ingéniosité charmante, où se reconnaît tout de suite l'homme né vaudevilliste.

A travers tous ces incidents, nous avons vu errer, comme une âme en peine, un certain Campluchard, qu'une lettre du notaire a averti de passer à l'étude pour affaires qui le concernent : *Succession Passavent*. Ce brave homme, bureaucrate de son métier, est accouru, la bouche enfarinée. Une succession, quelle aubaine! Mais qu'est-ce que cette succession? Il va d'un clerc à l'autre, mais ne peut obtenir un renseignement.

— Voyez le patron !

Mais le patron est invisible. Il le guette et le saisit entre deux portes :

— Je n'ai pas le temps... revenez...

Et le rideau tombe sans qu'il ait pu obtenir les renseignements dont il a besoin. Mais il ne lâche pas prise; il sait que le notaire dîne chez les Mourillon. Il ira le relancer chez eux. Il le forcera bien à parler.

Partout où ira le notaire nous sommes sûrs de voir poindre la figure bonasse et ahurie de Campluchard, en quête de son héritage. Le pauvre garçon finira bien par l'arrêter au passage, et alors...

C'est là qu'est l'invention. Campluchard hérite de 3 millions; il n'a pas connu la vie encore : il est tout disposé à la faire. Ma foi ! c'est sur lui que maître Badinois se déchargera et d'Irma, et de Mme Pluchard, et de la femme de chambre, et chaque fois par un nouveau truc.

En sorte que Campluchard va être le pivot de la pièce, qui évoluera sur lui au troisième acte. Jusque-là, il courra après un mot du notaire, qui, empêtré de toutes les histoires où il s'est fourré comme en un fagot d'épines, ne lui répondra que par des monosyllabes : et ce sera ensuite lui, la bonne bête, qui endossera toutes les fredaines de ce même notaire. Et ce personnage, mêlé à toutes ces aventures, suffira à les varier en cent façons, à en faire jaillir les incidents les plus comiques. C'est une trouvaille.

— Eh! quoi, n'est-ce que cela ? m'allez-vous dire. Ce n'était pas bien malin à trouver.

Une fois que la chose est trouvée, cela paraît ainsi. Mais il n'y a que les gens qui ont le don pour trouver de ces choses-là; et j'ajouterai qu'il n'y a, pour s'en servir, que ceux qui savent le métier ou qui l'ont deviné d'instinct.

Les Mourillon sont de bons bourgeois de Paris : la femme,

grondeuse, jalouse et acariâtre; la fille, un fruit de l'éducation nouvelle, et, pour le dire en passant, cette silhouette est tout à fait manquée et peu digne de ce joli ouvrage; le père, un bon vivant, qui comprend les faiblesses humaines, qui en aurait pour son propre compte, mais qui tremble devant sa femme.

Me Badinois arrive chez eux, et, derrière lui, l'inévitable Campluchard. Mme Mourillon attendait justement un nouveau domestique. Elle ne manque pas de prendre Campluchard, qui bredouille, pour ce domestique engagé par son mari. Elle lui indique ce qu'il aura à faire, et Campluchard, étonné :

— On m'avait bien dit qu'il y avait toutes sortes de formalités à remplir pour une affaire de succession, mais je ne croyais pas que c'était ces formalités-là.

Au moment où l'on va servir le café, il aperçoit le notaire et se précipite vers lui :

— Monsieur le notaire, c'est pour la succession.

— Eh bien! que faites-vous là? demande Mme Mourillon. Allez chercher le sucre.

— J'y vais. Ne bougez pas, monsieur le notaire, je reviens.

On se tord dans la salle. Mais à ces plaisanteries, d'un comique pourtant si jaillissant, je préfère des coins de dialogues exquis où l'auteur raille, sans avoir l'air d'y toucher, la hâte avec laquelle se concluent les mariages entre gens qui se connaissent à peine.

Ainsi, Mme Mourillon veut présenter son gendre à sa fille, et, tout bas, elle demande à son mari :

— Comment s'appelle-t-il? J'ai oublié son nom.

En dix minutes, le projet de mariage est bâclé, sans que la jeune fille ait eu même le temps de demander à son futur s'il aime le bal et le théâtre. Ce sont les deux seules préoccupations qui l'inquiètent.

M. Mourillon prend son gendre à part et lui demande s'il n'a pas une liaison.

— J'entends, en ce cas, que vous rompiez, lui dit-il.

Badinois avoue Irma; mais il doit, le soir même, lui annoncer qu'il la quitte.

— J'irai avec vous, dit Mourillon : je vous sais par cœur, vous ne trancheriez pas dans le vif.

Ce n'est pas le compte de Badinois. Il avait caressé le projet d'enterrer sa vie de garçon au bal de l'Opéra et de ne rompre que le lendemain matin. Mais il faut se résigner.

Ai-je besoin de vous prévenir que Mme Mourillon, en voyant partir son mari, a flairé quelque escapade. Un bout de carte oublié lui révèle que son mari et son gendre vont chez une cocotte et lui apprend son adresse.

Elle s'y rendra de son côté; Campluchard également.

Vous imaginez les quiproquos et les surprises que l'acte suivant nous ménage. Celui-là rappelle, en effet, les *Dominos roses*. Mais en dehors de ces jeux de scène connus, et qui d'ailleurs font rire là comme autre part, que de détails pris dans la vérité et d'une fantaisie amusante. Irma a distingué, quand elle est venue à l'étude de maître Badinois, un clerc qui lui a fait des vers. Des vers! elle a trouvé ça gentil, et elle a dit au poète de venir la voir. Il est venu, mais il ne lui fait plus le même effet dans son salon, qu'au milieu de ses dossiers.

— C'est drôle, pense-t-elle, il ne me dit plus rien! C'est bête, comme on se figure...

Et elle le met à la porte, avec de bonnes paroles.

C'est à cet acte que se fait le revirement dont je vous ai parlé. Un papier tombé de la poche du clerc apprend à Campluchard comme au notaire que Passavent était archimillionnaire. Campluchard est riche, très riche.

Voilà le moment de lui coller Irma. Badinois, après avoir

stylé Campluchard, le présente à Irma comme un boyard russe, et alors s'engage entre eux un dialogue étourdissant.

— Vous êtes riche, monsieur? demande Irma.

— Je ne sais pas le chiffre de ma fortune, répond ingénument Campluchard.

— Vous avez de grandes propriétés?

— Elles doivent être grandes.

— Étonnants, ces boyards!

Irma, naturellement, prend le bras de Campluchard pour aller au bal de l'Opéra. Badinois la suit des yeux avec un air de regret; mais, comme dit Mourillon d'un ton convaincu, il a agi en galant homme.

Au quatrième acte, nous sommes chez la veuve, Mme Héloïse Plumard. Il est charmant, ce quatrième acte, charmant d'un bout à l'autre. Quand la toile se lève, nous voyons ce pauvre Badinois se désoler.

— C'est trop bête! s'écrie-t-il; non, c'est trop bête! Ah! les femmes! les femmes!

Il était venu, selon sa promesse, voir Mme Plumard, mais uniquement pour parler de ses affaires; il s'était juré d'être froid, et puis... et puis... Ah! que c'est bête!

Et voilà qu'Héloïse entre.

— Ah! vous devez bien me mépriser, s'écrie-t-elle! Émile! Émile! qu'êtes-vous venu faire ici?

— Je me le demande.

— Je me fais honte à moi-même, je veux mourir.

— Non, c'est trop.

— Mais nous ne nous reverrons jamais. Fuyez! oh! fuyez!

C'est ce que désire, au fond, Badinois; il prend la balle au bond.

— Et vous me quittez? s'écrie-t-elle.

— C'est vous qui me l'ordonnez.

— Émile, vous êtes un héros!

— Vous exagérez !

— Non, vous êtes un héros ! vous seriez resté, j'aurais douté de la sincérité de votre amour ; vous vouliez partir à ma prière, c'est que vous m'aimez vraiment.

Que dites-vous de ce dialogue ? Est-ce qu'il n'est pas d'un comique achevé ? Et ce qui suit est plaisant encore.

Héloïse, qui est une phraseuse, lève les yeux au ciel et lui dit :

— Singulière chose que l'amour ! Je vous ai pris un peu au hasard ! Vous n'êtes plus jeune.

— Si ; ça s'appelle : encore jeune.

— Vous n'êtes pas beau.

— J'ai une certaine distinction.

— De l'esprit ? je ne sais pas.

— Il ne m'appartient pas de discuter cette question ; mais je ne crois pas avoir la réputation d'un imbécile.

— Eh bien ! c'est tout cela qui m'a décidée. Étrange, n'est-ce pas ? Mais, si peu de temps après le chagrin que je venais d'éprouver, je me disais : « Oh ! comme il serait mal de me livrer fougueusement à la joie, au plaisir. » J'avais bien besoin d'être consolée. Mais je voulais que cette consolation même fût tempérée d'une certaine retenue. Un homme beau, spirituel, séduisant, oui, c'eût été criminel. Vous, vous répondiez aux conditions demandées ; enfin, vous étiez notaire ; un notaire, c'est deuil.

Est-ce qu'il n'y a pas là comme un écho de Meilhac ? Et le dialogue se poursuit, semé de mots d'un comique irrésistible. Héloïse s'enroule autour de lui, lui trace le plan de la vie qu'ils mèneront quand ils seront mariés, et Badinois, épouvanté, s'écrie :

— Pour une fois que je me dérange moi-même pour un client, ça me réussit joliment !

Ah ! comme il la lâcherait de bon cœur ! Mais Héloïse,

à la moindre ouverture, déclare qu'elle va se tuer ; cette menace revient comme un refrain, et, à chaque fois, sous des formes si drôles que toute la salle éclate. Il ne reste plus qu'un moyen de se tirer de là. Mourillon, l'homme sage, l'a trouvé. Ce qu'Héloïse aime dans Badinois, c'est son titre et sa fortune de notaire ; Badinois n'en croit rien, mais Mourillon en est sûr. Eh bien ! il faut lancer Mme Plumard sur une autre piste : il faut la colloquer à cet excellent Campluchard.

Et Mourillon opère ce second sauvetage. Il compte bien que, pour le coup, c'est fini. Deux liaisons brisées entre dix heures du matin et minuit. Titus se serait félicité de n'avoir pas perdu sa journée.

J'étais bien curieux de savoir comment l'auteur allait finir. Je craignais qu'après quatre actes, la même situation revenant encore, la femme de chambre à renvoyer, il ne fût épuisé. Ce cinquième acte est sinon le plus fin et le plus spirituel, du moins le plus turbulent et le plus gai de toute la pièce.

Nous sommes à la mairie, où Badinois va célébrer son mariage avec Mlle Mourillon. Il se frotte les mains, car il en a fini avec tous les ennuis, quand Rose, la petite femme de chambre futée et perverse du premier acte, arrive, furieuse. On s'était caché d'elle pour cette cérémonie. Mais elle a découvert le pot aux roses et elle déclare que si Badinois achève ce mariage, il recevra du vitriol à travers la figure.

C'est qu'elle le ferait comme elle le dit. Ce pauvre Badinois est désespéré. Où est son sauveur, où est Campluchard pour le tirer de là ? Il arrive, et voilà Badinois qui lui persuade qu'un homme comme lui ne saurait se passer d'une femme de chambre, jolie, accorte, prévenante, la joie de la maison...

— C'est que j'ai déjà ma femme et une maîtresse.

— Il faut mettre les morceaux doubles.

— Ils y sont.

— Triples alors.

Il détaille si bien tous les charmes de Rose, que Campluchard court à la maison. Mais Badinois n'osera pas se marier avant qu'il soit revenu et qu'il ait annoncé le succès de l'entreprise. Songez donc ! le vitriol !

Et déjà le maire a pris place. Il lit les articles du Code et, se tournant vers le marié :

— Badinois, prenez-vous pour femme M{ lle} Mourillon, ici présente ?

Badinois est tout entier à ses réflexions sombres, et il s'écrie, d'un geste désolé, se parlant à lui-même :

— Non, ce n'est pas possible !

Émoi de toute la noce :

— Est-ce oui ou non ? interroge le maire.

— Je ne sais pas, répond Badinois. Je demande cinq minutes.

Permettez-moi de vous faire remarquer ici une adresse de vaudevilliste. Si le maire qui préside à ce mariage était un maire comme un autre, la scène et celle qui suit crieraient d'invraisemblance, et peut-être la censure les eût-elle coupées. M. Gandillot s'est avisé d'un artifice très curieux. Le maire est un jeune homme qui n'a encore jamais exercé, et il a, près de lui, un vieux routier de maire qui lui souffle ce qu'il a à faire et le prend en pitié quand il se trompe, et le malheureux se trompe tout le temps.

En sorte que, quand le tumulte éclate, le vieux rond de cuir se jette à travers l'émeute :

— Messieurs, excusez M. le maire... il est jeune... il ne sait pas...

Il augmente la confusion, le maire perd la tête, et l'on se pâme dans la salle.

Badinois, resté seul avec Mourillon, lui confie qu'il a une liaison.

— Encore! s'écrie Mourillon ; mais c'est la troisième !

Badinois lui parle du vitriol dont il est menacé.

— Bah! vous fermerez les yeux; allons! nous sommes pressés; recommençons.

On ramène la noce ; M. le maire revient ; la cérémonie recommence par la lecture des articles du Code. Toute la noce se récrie : on a déjà lu ça. Le maire se trouble, mais le vieux rond de cuir insiste, et le maire arrive enfin à la question sacramentelle :

— Monsieur Badinois, prenez-vous pour épouse Mlle Mourillon ?

— Ce Campluchard! répond Badinois, il n'arrive pas !

Toute la noce pousse un : *oh !* de révolte.

— Je demande encore cinq minutes, dit Badinois.

Pour le coup, c'est de la fureur ! Le maire ne sait plus à qui entendre ; le vieux rond de cuir parcourt les groupes en criant :

— Excusez M. le maire, il est si jeune !

J'aurais pleuré de rire. Campluchard entre ; il se glisse près de Badinois et lui conte que c'est une affaire arrangée. Il s'en fourrera jusque-là.

— Allons! dit Badinois, recommençons.

Cette fois, le maire passe la lecture des articles du Code, au grand contentement de la noce, qui pousse un soupir de satisfaction. Et Badinois est enfin marié, car, quand on lui a fait la question légale, il a répondu trois fois, d'une voix éclatante :

— Oui, oui, oui !

Il était temps ; nous n'en pouvions plus de rire.

25 octobre 1886.

FERDINAND LE NOCEUR

Nous nous sommes vraiment bien amusés, vendredi, au théâtre Déjazet, où l'on nous donnait un vaudeville en quatre actes de M. Léon Gandillot : *Ferdinand le Noceur*. *Ferdinand le Noceur* n'est, malgré l'affiche qui qualifie la pièce de comédie, qu'un vaudeville où le quiproquo joue un grand rôle. Mais il s'y trouve des coins charmants de comédie, et M. Léon Gandillot excelle à dessiner des personnages vivants, qu'il se plaît ensuite à pousser jusqu'à la charge.

La donnée est des plus ingénieuses et repose sur une remarque vraie : celle que Meilhac avait déjà mise en œuvre dans les *Brebis de Panurge*, c'est qu'un homme qui passe pour être aimé des femmes les a toutes : il y a, dans la réputation de Don Juan, un prestige qui les fascine.

M. Fourageot est un grand négociant en denrées pharmaceutiques. Il gagne quatre-vingt mille francs par an à ce commerce ; il en dépense soixante-dix mille avec les femmes. C'est un vieux beau, qui a rendu sa femme très malheureuse et qui l'a peu regrettée quand elle est morte, morte de chagrin, lui laissant une fille. Il a fourré sa fille en pension à Beaugency, chez la respectable Mme Paturin, sa cousine, et il a continué de faire la fête à Paris. Il adore pour le moment Amandine, qui le gruge. Il a pour système de ne point payer ses maîtresses.

— Ça coûte plus cher, dit-il, je le sais bien. Mais c'est plus amusant.

Il a pour secrétaire (son associé qui s'occupait de tout l'ayant quitté) un pauvre hère, Ferdinand, d'épaisse tournure, de visage ingrat, rongé d'envie, qui fulmine tout bas contre la démoralisation du patron : car lui, il est sage, il est réservé, il ne connaîtra de femme que sa femme ! il s'est fait de son impuissance à plaire une vertu fielleuse. Tout l'irrite ; le valet de chambre, qui est bien avec le maître, étant au courant de ses fredaines, traite ce plumitif de haut en bas, et l'autre n'ose répondre ; il avale rageusement ces couleuvres. Le type est joliment posé en quelques scènes d'introduction.

Une tuile est tombée dans la vie de Fourageot. La respectable Mme Paturin est venue de Beaugency pour lui dire qu'elle ne peut plus garder sa fille chez elle. Paulette a dix-neuf ans, et l'imagination très éveillée. Elle chasse de race. Il faut la marier.

Voilà Fourageot dans un grand embarras : que fera-t-il d'une jeune fille dans cette maison livrée aux maîtresses ? Il n'a pas de mari sous la main, car il ne connaît que des fêtards, et les fêtards, il n'en veut pas. Il a trop fait souffrir sa femme ; il n'entend pas que sa fille soit aussi malheureuse.

Et Amandine qui va venir ! Comment arranger tout cela ? Et Amandine arrive, en effet. Elle ne trouve que le secrétaire qu'elle s'amuse à railler et qui sort furieux. Un camarade de Fourageot vient le voir, la voit installée, badine avec elle, la poursuit riant et criant, la jette sur un canapé ; deux portes s'ouvrent : c'est, d'un côté, le domestique, de l'autre le secrétaire, qui sont accourus au bruit.

A tout hasard, Amandine prend l'avance près de Fourageot ; elle lui conte que son secrétaire a voulu l'embrasser et elle se sauve. Fourageot mande Ferdinand et lui lave la tête.

— Oh ! s'écrie Ferdinand suffoqué ; je n'en voulais rien dire ; mais c'est Mlle Amandine, au contraire, qui...

Et il conte la scène dont le domestique a été témoin comme lui. On sonne le domestique qui n'a rien vu. Fourageot, indigné, chasse son secrétaire.

— Ah ! c'est ainsi, dit l'autre se relevant, eh bien ! puisque je n'ai plus rien à perdre, il faut que je décharge mon cœur.

Et il reproche à son patron sa vie dégingandée, ses maîtresses, son égoïsme. Il oppose à ce désordre son existence de travail et de vertu ; il a vécu, lui, laborieux et chaste...

Fourageot l'écoute, furieux d'abord, puis étonné, puis intéressé :

— Ah ! vous n'aimez pas les femmes, vous ? Vous n'avez jamais fait de bêtises pour elles ?

— Et je n'en ferai jamais. Je n'aimerai que la mienne.

Le visage de Fourageot s'éclaire ; la scène était si bien faite que le public devinait le revirement d'idées qui se faisait dans son esprit, le suivait sur son visage et en épiait l'explosion.

Tout à coup, le domestique annonce le coiffeur.

— Qu'il entre, dit Fourageot.

Et, se tournant vers Ferdinand :

— Asseyez-vous là ; on va vous friser un peu.

Un fou rire a couru toute la salle. Fourageot a trouvé dans Ferdinand le gendre de son choix. Il l'associera à sa maison.

— Allez, lui dit-il, à Beaugency ; tâchez de plaire à ma fille ; elle vous trouvera fort laid, le premier jour ; elle vous aimera au bout de la semaine. Je vous donne huit jours et allez vous faire habiller chez mon tailleur.

Ferdinand est aux anges, il n'a plus qu'un désir à satisfaire :

— Dites, mon ami, mon gendre, dites...

Ferdinand presse le bouton d'appel. Le domestique entre la bouche en cœur.

— Tournez-vous, lui dit Ferdinand d'une voix impérieuse.

Et il allonge un grand coup de pied où les Pasquins de l'ancien répertoire recevaient les leurs.

— Ah! j'avais besoin de ça! Ça soulage.

— Tiens! fait le domestique, il y a quelque chose de changé dans la maison.

M. Gandillot n'a fait encore que poser ses personnages dans le premier acte; c'est au second qu'il nous découvre le sujet de sa pièce.

Ferdinand est à Beaugency. Il n'a vu que deux fois Paulette, sous l'œil sévère de Mme Paturin, grande observatrice des convenances. Il passe le meilleur de son temps chez Bertinet, le pharmacien de l'endroit, qui est en correspondance d'affaires avec Fourageot sur le pavé de Paris : c'est un homme à femmes! Et il regarde avec admiration Ferdinand qui, étant plus jeune, doit mener la même vie avec plus d'aventures encore! Et le bruit se répand, dans Beaugency, que le jeune Parisien est un Don Juan, qu'il ne voit pas une femme qu'il ne mette à mal. Il a beau protester et se débattre : Bertinet lui tape gaiement sur le ventre :

— Ah! mon gaillard, en faites-vous de ces farces!

Mme Bertinet, qui a le cœur sensible, le regarde avec des yeux pleins d'admiration et de tendresse; elle prend pour déclaration tout ce qu'il lui dit :

— Ah! comme vous savez bien, vous autres Don Juans

parisiens, le côté faible des femmes! Comme vous êtes irrésistibles!

Et elle lui tombe pâmée dans les bras! Il y a, dans la maison, une petite bonne, fille de campagne rougeaude, à l'air égrillard ; elle passe mystérieusement près de Ferdinand :

— Il paraît que vous êtes un rude lapin, vous, lui dit-elle.

Ferdinand sursaute, effaré. Et elle continue d'un air finaud :

— C'est bon à savoir, parce qu'une supposition qu'on voudrait se mettre cocotte à Paris...

Ce pauvre Ferdinand s'arracherait les cheveux que le coiffeur lui a frisés; mais cette réputation qu'on lui a faite malgré lui a eu un contre-coup tout à fait imprévu. Paulette, qui l'avait trouvé au premier abord mal bâti et commun, le regarde avec d'autres yeux. En vain, Mme Paturin lui représente qu'il ne faut pas se laisser séduire à ces hommes pervers; c'est cette perversité même qui l'attire. Elle prononce le oui attendu. Ferdinand retourne à Paris, emportant la promesse et le cœur de la petite; emportant aussi, hélas! la vertu de Mme Bertinet. Car il n'a pu jouer jusqu'au bout avec elle le rôle de Joseph.

L'exposition est achevée. Il s'y trouve quelques longueurs, surtout au commencement du second acte. Mais tous ces personnages sont si vrais, avec une légère pointe de caricature, le dialogue est si vif, encore que le trait soit parfois trop appuyé, les mots de situation abondent et pétillent avec un si joyeux entrain, qu'on est comme emporté dans un tourbillon de rires. C'est une joie que ce vaudeville.

Le troisième acte est d'une drôlerie inconcevable. Nous sommes dans l'appartement que Ferdinand est en train d'approprier pour y loger sa jeune femme, qu'il doit épouser dans deux jours. Il presse les tapissiers, il songe aux mille devoirs qu'impose le jour des noces, quand Mme Bertinet arrive. Elle sait le mariage prochain de Ferdinand; mais elle veut qu'il lui donne une dernière journée; vingt-quatre heures à elle, tout à elle, où il lui fera goûter toute l'ivresse des plaisirs parisiens. Puis, elle s'en retournera dans sa sous-préfecture et vivra sur ce délirant souvenir.

Vous imaginez l'embarras et le désespoir du malheureux Ferdinand :

— Mais, madame, ce n'est pas possible, ma fiancée peut arriver à tout instant.

Elle arrive en effet, flanquée de Mme Paturin et de son père. Elle vient visiter l'appartement qu'on lui destine. Il y a une porte dont Ferdinand lui défend l'accès sous de faux prétextes. Elle cligne de l'œil ; il y a, dans cette chambre, une femme cachée ; il liquide sa vie de garçon. Les maîtresses le poursuivent donc jusqu'ici ! Elle en aime encore davantage son Ferdinand.

Mais M. Fourageot n'a pas, sur le mariage, les idées de sa fille. S'il la donne à Ferdinand, c'est qu'il le croit vertueux. Une maîtresse, et tout serait rompu, mon gendre. Or, Fourageot rencontre Mme Bertinet ; et Ferdinand, tout troublé, la présente comme une cousine à lui, sous le nom de Mme Durand. Fourageot la trouve jolie, l'invite à dîner pour le soir.

Autre tuile. Bertinet a voulu profiter de ce que sa femme était partie en voyage chez sa tante pour faire en cachette un tour à Paris ; il est venu droit chez son ami Ferdinand, qui le présentera chez un tas de petites femmes : il n'a que deux jours, mais il entend s'en fourrer jusque-là.

Ferdinand, entre le mari et la femme qui s'obstinent à le venir voir et ne doivent pas le rencontrer, talonné de plus par son beau-père, qui est toujours fourré chez lui, ne sait où donner de la tête. Il lui faut, de temps à autre, cacher

Bertinet dans un placard, ou le faire évader par l'escalier de service. Et Bertinet, à chaque fois, se sent transporté d'aise : un placard ! l'escalier de service ! Mon Dieu ! qu'on s'amuse donc, à Paris ! Jamais il n'a été à pareille fête. Bien entendu qu'on le présente comme le cousin Durand, le mari de Mme Durand, à Fourageot, qui ne manque pas de l'inviter au dîner du soir.

— Et il y aura des femmes ? demande le faux Durand dont les yeux brillent.

— Dame ! il y en aura trois, en comptant la vôtre.

— En comptant la mienne ! Ah ! c'est admirable ! Trois femmes et trois hommes ! ça sera une partie carrée ? Est-on gai, dans ce Paris ?

Et il tape sur le ventre de Fourageot qui le trouve commun.

Nouvelle complication. La petite bonne du second acte, Brigitte, arrive un paquet à la main ; son parti est pris, elle a lancé son bonnet par-dessus les moulins ; elle s'établira cocotte. Elle a pensé tout de suite à Ferdinand, qui est un rude lapin, et lui explique, avec une ingénuité campagnarde, ses projets d'avenir. Ferdinand refuse, il va se marier :

— Mais vous avez des amis ! Tenez, ce vieux-là !

Et elle désigne Fourageot, qui vient d'entrer.

— Qu'est-ce que c'est encore que celle-là ? demande Fourageot.

Ferdinand explique que c'est une petite bonne qu'il attendait.

— Justement ! dit Fourageot, elle servira ce soir à la maison.

Et alors commence, entre le beau-père et la paysanne, une des scènes les plus désopilantes que j'aie entendues au théâtre.

— Qu'est-ce que vous savez faire? demande Fourageot à Brigitte.

Vous voyez la note! La scène, qui est d'un osé rare, est sauvée du reproche de cynisme par une gaieté toujours en mouvement. Un mot n'attend pas l'autre, et ce sont des mots qu'on ne saurait détacher, comme les mots d'esprit piqués dans un dialogue par un auteur qui s'est donné la peine de les poursuivre et de les attraper. Ils jaillissent, tous, ou de la situation même ou du caractère.

Au quatrième acte, c'est une succession de scènes impayables. Il y en a une, entre autres, qui est d'excellente comédie. Mme Bertinet, invitée à dîner par Fourageot, est venue, croyant que c'était un dîner arrangé pour elle par Ferdinand. Elle lui en veut un peu de la laisser si longtemps aux mains de ce vieux galantin, qui lui débite de fades compliments et se croit irrésistible. Elle le trouve insupportable, tandis qu'il fait la roue autour d'elle, déployant ses grâces. Mais que devient-elle quand elle voit entrer M. et Mme Paturin, qui la reconnaissent et la saluent de son vrai nom, ce qui étonne énormément M. Fourageot qui croit avoir invité Mme Durand. La belle est enragée contre ce scélérat de Ferdinand qui l'a attirée dans ce traquenard. L'auteur s'arrange pour qu'ils restent seuls ensemble, et tous deux s'expliquent.

Elle est d'un comique achevé, cette explication. Mme Bertinet reproche à Ferdinand de l'avoir séduite. Mais l'autre se défend, rappelle les faits, les circonstances ; il a été bien forcé de céder.

— Ah! oui, c'est ainsi que font les Don Juans! Ils veulent que les femmes courent après eux!

— Moi, un Don Juan! s'écrie Ferdinand exaspéré, mais je n'ai jamais eu qu'une bonne fortune en ma vie, et encore n'a-t-elle pas été bonne le moins du monde, et c'est vous.

— Quoi ! Vous n'aviez jamais eu de maîtresse ?

— Jamais.

— Mais alors, monsieur, vous m'avez trompée ! C'est une indignité !

Et elle le trouve laid, vulgaire, disgracieux ; elle le traite de lâche. Nous nous pâmions de rire.

Il y a encore une scène amusante de la petite Brigitte, qui est venue chez le vieux Fourageot avec l'idée d'être sa cocotte et que l'on met tout bonnement au service.

On veut qu'elle mette un tablier, qu'elle serve à table :

— Ah ! décidément, dit-elle, le métier de cocotte est trop difficile. J'ai eu tort de quitter Beaugency.

Elle y retournera avec M. Bertinet, son ancien maître, avec qui elle sera plus complaisante. Car tout finit par s'arranger, comme dans tous les vaudevilles. M. Fourageot, quand il a appris les déportements de son gendre, a cassé net le mariage ; mais Paulette s'est butée à l'idée d'épouser son lovelace ; le père, qui, au fond, ne demandait pas mieux, finit par céder. M. et Mme Bertinet retournent à Beaugency, après une explication sur leur présence réciproque à Paris qui les a satisfaits tous les deux : Mme Bertinet y retrouvera un jeune potard, qui lui faisait des yeux en boules de loto et qu'elle a dédaigné, quand elle était sous le charme du Parisien ; M. Bertinet ramènera Brigitte ; Fourageot paye un coupé à Amandine qui lui pardonne, et tout le monde est content.

C'est le plus joli vaudeville que nous ait encore donné M. Gandillot. Il est tout plein de surprises amusantes et conduit avec une dextérité rare. Mais, ce qui m'en charme le plus, c'est un goût d'observation vraie qui perce à travers ces inventions drolatiques. M. Léon Gandillot, le jour où les directeurs des grands théâtres, vaincus par tant de succès, voudront bien accepter ses pièces sans lui imposer des collaborations qu'il croit inutiles, sans lui demander des compromissions qu'il refuse, comptera sans aucun doute parmi les premiers auteurs dramatiques de ce temps. Songez qu'il n'a pas encore atteint sa trentième année!

22 décembre 1890.

GEORGES FEYDEAU

L'HOTEL DU LIBRE-ÉCHANGE

L'*Hôtel du Libre-Échange* est une des pièces les plus désopilantes que nous ayons vues depuis bien des années. Le succès en a été étourdissant le premier soir ; et, au deuxième acte, il s'est produit un phénomène dont je n'avais encore vu qu'un exemple au théâtre, le jour de la première des *Surprises du divorce :* le fou rire qui avait saisi et qui secouait toute la salle était si bruyant qu'on n'a plus entendu un mot de ce que disaient les acteurs en scène; l'acte s'est achevé en pantomime.

La donnée de la pièce n'est pas des plus originales et le procédé n'est pas des plus neufs. Tout le monde a constaté je ne sais quel air de famille entre l'*Hôtel du Libre-Échange* et *Monsieur chasse*. C'est toujours d'un mari ou d'une femme en faute qu'il s'agit, et l'art consiste toujours à ramener au second acte dans un même endroit les personnages qui ne devraient pas s'y rencontrer et qui, en se fuyant les uns les autres, tombent éperdus les uns sur les autres.

Mais ce thème sans prétention — vous le jetteriez dans

le creuset de Schopenhauer, il est certain que vous n'en tireriez pas une goutte de philosophie — ce thème peut se diversifier à l'infini. Ce qu'il y a de merveilleux chez MM. Feydeau et Desvallières, c'est une extraordinaire fertilité d'inventions dramatiques; ils ont en ce genre une singulière puissance d'imagination et cette imagination est toujours en mouvement. Ils trouvent à tout moment des détails imprévus sur lesquels rebondit la situation. Autrefois M. Georges Feydeau, quand il était à ses débuts, se laissait emporter à cette folle du logis, il s'abandonnait à sa verve, perdait son sujet de vue et s'égarait dans des fantaisies qui finissaient par fatiguer. Il avait l'air de jouer au propos interrompus. Soit qu'il ait appris son métier, soit que son collaborateur lui rende le service que rendait jadis Lausanne à Duvert, de le maintenir dans la voie droite, il a aujourd'hui une sûreté de main et une certitude d'effets vraiment incroyables.

Toutes ces fantaisies dont la pièce abonde, et qui semblent jaillir à l'improviste d'un à-coup d'imagination, sont préparées et amenées de loin; elles surprennent, mais elles n'affolent point, car on aurait pu les prévoir; on les attendait presque. Elles sont réglées par un infaillible géomètre, qui en a marqué le point de départ et calculé la courbe. Rien de plus étonnant que l'*Hôtel du Libre-Échange* à ce point de vue technique.

M. Paillardin est architecte expert. Ne croyez pas qu'on lui ait au hasard choisi cette profession. Il n'y a pas dans la pièce un détail, si indifférent qu'il paraisse, qui n'ait sa raison d'être, qui, à un moment donné, ne serve à la situation. Il a été délégué par le tribunal pour faire son rapport sur une chambre de l'hôtel du Libre-Échange qu'on dit hantée par les esprits. Il y passera une nuit, pour se rendre compte.

Mais Mme Paillardin ? Elle restera donc seule toute la nuit ? Elle est jeune, Mme Paillardin ; elle est fringante. Oh bien ! M. Paillardin ne s'en soucie guère. Il s'est marié pour goûter enfin le repos. Il en a assez des femmes en général et de la sienne en particulier, en qui il a toute confiance, qu'il croit trop froide et trop sotte pour le tromper jamais. Mais Mme Paillardin n'entend pas de cette oreille-là. Ah ! on la néglige ! On verra bien : Pinglet est là.

Pinglet est l'ami de Paillardin. Il est marié à une vieille femme acariâtre, qui le mène à la baguette. Lui aussi, il a assez et trop de sa femme ; mais la femme des autres ! Ah ! si Paillardin n'était pas son ami ! Mais il n'y a amitié qui tienne ! elle est si malheureuse cette pauvre petite Mme Paillardin et si en colère. Elle en veut tant à son mari ! il faut qu'elle se venge ! Pinglet se propose.

Justement, Mme Pinglet doit aller passer la soirée et la nuit chez sa sœur, qui est malade. L'occasion est bonne ; Pinglet mènera dîner au restaurant sa nouvelle conquête, et de là, on ira…

Où ira-t-on ?

A ce moment, la domestique apporte à Mme Pinglet le courrier du matin. C'est l'austère vieille qui le dépouille. Elle trouve, dans le tas, une lettre avec le mot « confidentiel » sur l'enveloppe. C'est le prospectus d'un hôtel — l'hôtel du Libre-Échange — où l'on promet aux clients célérité et discrétion.

— Oh ! c'est à moi, Mme Pinglet, qu'on envoie ces horreurs !

Elle jette le papier à terre. Pinglet a lu l'adresse ; la bonne, mandée par Mme Pinglet, ramasse les papiers à terre, et nous la voyons qui, après avoir déplié le prospectus, s'en va songeuse.

Vous voyez ? la situation se prépare ; elle mijote à un

feu intelligent et doux, la situation. Voici qu'arrive M. Mathieu. C'est un avocat de Valenciennes, chez qui les Pinglet ont été reçus lors d'un voyage et à qui ils ont dit obligeamment : « Quand vous viendrez à Paris... » Mme Pinglet fait la grimace : on dit ces choses-là, n'est-ce pas ?... Enfin il faut faire contre fortune bon cœur. Mais, ô surprise ! M. Mathieu bégaie à faire frémir la nature. Il ne bégayait pas quand les Pinglet l'ont vu à Valenciennes. C'est qu'à cette époque-là, il faisait beau : M. Mathieu ne bégaie que quand il pleut :

— Ça doit bien vous gêner pour être avocat? demande M. Pinglet.

— Oui, ça m'en... m'en... m'en...

— Ça m'embête, finit Pinglet.

— Non, ça m'en... m'en...

— Oh ! fait Pinglet scandalisé.

— Non... non... ça m'entrave ma carrière.

Vous imaginez peut-être que ce bégaiement n'est qu'une fantaisie de vaudevilliste pour rendre une scène plus amusante. Vous auriez raison s'il s'agissait d'un vaudeville de Valabrègue. Mais avec Feydeau, vous pouvez être sûr que si M. Mathieu bégaie, il y a une raison à ce bégaiement. Nous le retrouverons au moment psychologique.

M. Mathieu n'est pas venu seul : il a amené ses quatre filles. Vous vous dites là-dessus : Quatre filles ! tiens ! tiens ! pas bête, l'auteur : il a voulu égayer sa pièce de quatre jolis visages.

Allons ! bon, voilà qu'à présent vous raisonnez comme si la pièce était de Raoul Toché. Mais non, malheureux, elle est de Georges Feydeau. Si Georges Feydeau nous montre quatre jeunes filles, c'est qu'à un endroit de son vaudeville il aura absolument besoin de ces quatre jeunes filles. Sachez-le : dans une pièce de Feydeau, on ne pose pas, en entrant, son chapeau sur une chaise, que je ne me dise : Bon ! ce chapeau n'est pas mis là pour des prunes.

Vous m'interrompez là-dessus : ça doit être bien fatigant de suivre un vaudeville où toutes les circonstances, même les plus futiles, ont une importance propre.

Eh bien ! c'est ce qui vous trompe. Pas du tout. Chacun de ces détails entre, sans que vous sachiez comment, dans votre mémoire, s'y enfouit et en remonte juste au moment précis où la situation exige que vous vous en souveniez.

Ça, c'est le don du vaudeville. Tel écrivain répète trois fois, quatre fois un détail qu'il veut enfoncer dans votre souvenir. Vous n'y prenez pas garde. Feydeau l'indique d'un trait, d'une main rapide et sans avoir l'air d'y toucher, c'est fait ; vous ne l'oublierez plus... A quoi cela tient-il ? A rien, puisque c'est le don.

Mme Pinglet fait sentir au terrible bègue que les maisons à Paris ne sont pas des caravansérails. Il lui faudra donc loger à l'hôtel, à quel hôtel ? eh ! mais, l'hôtel dont il a surpris et retenu le nom : l'hôtel du Libre-Échange.

Les Pinglet ont pour neveu un grand dadais de potache, qui pioche son examen de philosophie. La bonne, Mlle Victoire, l'a remarqué, a cherché à le déniaiser, et elle bondit de joie, quand la revêche Mme Pinglet lui dit qu'elle ramènera le soir Maurice au lycée. Elle a son idée ; elle aussi, elle a lu le prospectus.

Mme Pinglet n'a aucun soupçon de ces atrocités. Avant de partir, elle a enfermé à double tour son mari en tête à tête avec un morceau de filet froid et une bouteille de vin. Elle s'en va le cœur tranquille. A peine a-t-elle filé que Pinglet se met en devoir de fuir ; il attache à la fenêtre une échelle de corde et s'échappe.

Au second acte nous sommes à l'hôtel du Libre-Échange.

La scène, qui est très compliquée, représente un palier

d'hôtel garni. Au fond, l'escalier qui s'enfonce vers la porte de la rue et monte aux étages supérieurs. A gauche, une chambre à un lit ; à droite, une vaste chambre (la chambre hantée) où couchaient jadis tous les domestiques de la maison, ce qui explique qu'on en avait fait un dortoir. Les esprits les en ont chassés ; elle est vide et les cinq lits en restent inoccupés. D'autres chambres s'ouvrent à mi-côte sur l'escalier qui monte.

Justement, comme le rideau se lève, l'un des deux garçons (il faut qu'il y en ait deux, vous verrez tout à l'heure pourquoi, oh ! rien d'inutile dans une pièce de Feydeau), l'un des deux garçons flanque à la porte le locataire d'une de ses chambres, qui n'a pas payé sa semaine. Le locataire furieux crie que c'est une indignité, qu'il se passe de jolies choses dans cet hôtel, qu'il va prévenir la police. Soyez tranquilles ! s'il parle de la police, c'est que tout à l'heure nous aurons besoin du commissaire. Rien d'inutile, vous dis-je, rien d'inutile.

Pinglet arrive avec Mme Paillardin ; lui, chaud du bon dîner qu'il a fait, elle, tremblante. On leur donne la chambre de gauche. Oh ! la bonne, l'excellente scène de vaudeville ! Ce pauvre Pinglet est un peu étourdi du vin qu'il a bu ; la nouveauté de la situation lui tracasse aussi l'estomac.

— Je suis malade, soupire-t-il, je suis malade.

Et comme Mme Paillardin lui offre de lui faire du thé :

— Je suis malade, s'écrie-t-il, et ma femme qui n'est pas là !

Il sort, il grimpe les escaliers quatre à quatre.

— Quelle nuit ! quelle nuit ! commence à dire Mme Paillardin.

Et cependant, Victoire et le potache sont introduits dans la chambre à mi-côte, dont on a chassé le locataire qui ne payait pas. Dans la chambre à droite, c'est une autre affaire. Un des deux garçons y a casé M. Paillardin, l'architecte expert, qui s'est couché tout habillé dans le lit du fond, en disant avec un sourire sceptique :

— Nous verrons bien si les esprits viendront m'y réveiller.

Il referme sur lui les rideaux et s'endort.

M. Mathieu, qui ne bégaie plus, arrive à son tour flanqué de ses quatre filles. On ne sait où le loger ; toutes les chambres sont pleines. Le second garçon de service, qui ne sait pas que la chambre hantée a été dévolue et est déjà occupée par M. l'architecte, la propose à M. Mathieu. Il y a deux cabinets de toilette où le père et les filles pourront se déshabiller à part.

Les quatre filles s'engouffrent en riant dans le leur. Nous les voyons reparaître en cornette de nuit. Elles s'asseyent chacune sur un lit, retirent leurs bas en jacassant ; puis l'idée leur vient de se friser avant de se coucher. Elles allument chacune un réchaud à esprit-de-vin, et battant des mains, s'amusant elles-mêmes de la situation, elles chantent par gaminerie : « Nonnes qui reposez. »

L'architecte s'éveille, ouvre les rideaux, pousse un cri de terreur : les esprits ! Un homme, crient à leur tour les petites filles. M. Mathieu s'élance de son cabinet de toilette ; l'architecte se sauve épouvanté ; au moment où il sort, il voit ouverte la porte d'en face ; c'est la porte de la chambre où sa femme (Mme Paillardin) soigne Pinglet ; il s'y précipite. Pinglet se réfugie dans la cheminée ; Mme Paillardin s'enveloppe de voiles et se recroqueville. « Un fantôme ! » crie l'architecte qui l'a prise dans ses bras. A ce moment, Pinglet, noir de suie, jaillit de la cheminée.

— Le diable !

Au bruit, Victoire et son potache sont sortis de leur chambre. C'est un tohu-bohu inexprimable, quand un garçon accourt effaré : La police ! la police !

C'est la police qui monte. Ah ! dame ! il y a eu là dix minutes pendant lesquelles je défie qui que ce soit de savoir ce qui s'est passé. On se pâmait de rire ; et oncques ne vis salle si emballée. Le calme pourtant se rétablit un peu. Le commissaire interroge ceux qu'il a pris dans un coup de filet. Il relâche naturellement l'architecte expert. Mais Pinglet et Mme Paillardin sont interrogés à part ; tous deux ont l'idée de soutenir qu'ils sont mari et femme :

— Je suis Mme Pinglet, a dit Mme Paillardin, pensant que Pinglet a donné son véritable nom.

Mais Pinglet, qui a voulu user du même artifice, avait déclaré se nommer Paillardin.

— J'en étais sûr, murmure le commissaire. Ils ne sont pas mariés. Allons ! tout le monde au poste !

Et l'acte se termine dans un prodigieux brouhaha.

Et ce qu'il est impossible de conter, c'est, durant tout cet acte, d'un mouvement tout à la fois si fantaisiste et si mathématiquement concerté, ce sont les portes qui s'ouvrent à chaque instant sur des gens qui se reconnaissent et s'embarrassent, pour expliquer leur présence, en des explications d'une inconcevable drôlerie. On n'a pas le temps de respirer tant les coups de théâtre se succèdent avec prestesse ; et il n'y en a pas un qui ne soit clairement motivé, qui ne puisse s'admettre, si l'on y met la complaisance qui est de rigueur dans ces sortes de conventions ; et toujours ce mot qui revient comme un refrain exhilarant :

— Quelle nuit ! mon Dieu, quelle nuit !

Au troisième acte, nous sommes chez les Pinglet.

Pinglet, qui s'est échappé de chez lui par la fenêtre, y rentre par le même chemin. Car il a dans la bagarre perdu le paletot où se trouvaient ses clefs. Heureusement, sa femme n'est pas revenue. Par quel revirement l'astucieux Pinglet arrive-t-il à pouvoir, devant le commissaire qui veut faire une enquête, accuser Mᵐᵉ Pinglet d'avoir découché à l'hôtel du Libre-Échange et d'y avoir oublié ses devoirs avec Paillardin ; je ne vous le dirai pas, car ce serait trop long à vous expliquer. Qu'il vous suffise de savoir que l'affaire s'embrouille de plus en plus. Il n'y a qu'un homme qui pourrait l'éclaircir, car, lui, il a tout vu, dans cette nuit mémorable : c'est M. Mathieu.

Il entre. Au diable l'importun ! Pinglet, qui se croyait tiré d'embarras, frémit d'épouvante. Ce diable d'avocat va découvrir le pot aux roses, car il parle avec une déplorable facilité. Ah ! s'il pouvait tomber une bonne pluie ! Justement voilà un coup de tonnerre, suivi d'une effroyable averse. Mᵉ Mathieu veut parler ; tout le monde finit ses mots et les finit de travers. Il montre d'un geste exaspéré ceux qu'il accuse, et tous se récrient.

— Il ne peut pas parler, insinue le commissaire bienveillant. Mais il sait écrire. Qu'il écrive !

On le conduit à un pupitre. Tandis qu'il écrit, l'explication se continue. C'est le potache qui va tout endosser ; et à chaque fois que le bègue passe une feuille au commissaire, Pinglet l'intercepte et la déchire :

— Puisque tout est expliqué ! crie-t-il.

Le bègue proteste avec fureur ; mais l'orage est dans toute sa violence, la pluie tombe à torrents, et il ne s'échappe de ses lèvres que d'inintelligibles commencements de mots.

Je ne vous décrirai pas le public ; il était épuisé, il était mort de rire, il n'en pouvait plus. Il va sans dire, n'est-ce pas ? que je n'estime ce rire que ce qu'il vaut ; qu'à ce rire sans lendemain je préfère ou les émotions de la grande poésie d'un drame historique, ou les réflexions que provoque une comédie de mœurs. Mais enfin, nous sommes aux Nouveautés, et n'est-ce donc rien, comme disait Molière, que d'exciter le rire des honnêtes gens! Cela est-il si aisé? Je voudrais bien les y voir, ceux qui traitent ces réjouissantes folies de sottises et de turlupinades.

10 décembre 1894.

LA DAME DE CHEZ MAXIM

Il me semble que pour la fertilité d'inventions drolatiques, pour le perpétuel jaillissement des quiproquos imprévus, pour l'intarissable gaieté du dialogue, la nouvelle pièce de Feydeau est supérieure à toutes celles qu'il avait écrites jusqu'à ce jour.

Ce qui m'étonne le plus, c'est la certitude avec laquelle tout est réglé, expliqué, justifié, dans la plus extravagante bouffonnerie. Les quiproquos rebondissent sans cesse les uns sur les autres, et il n'y en a pas un qui ne soit amené, pas un dont on ne se dise, quand il se produit : Oui, c'est vrai, ça ne pouvait pas se passer autrement. Il n'y a pas un détail oiseux ; pas un qui n'ait son utilité dans l'action, il n'y a pas un mot qui ne doive avoir, à un moment donné, sa répercussion dans la comédie, et ce mot, je ne sais comment cela se fait — c'est le don de l'auteur dramatique — s'enfonce dans la mémoire, et il reparaît juste au moment où il doit jeter une vive lumière sur un incident, que nous n'attendions pas, mais qui nous paraît tout naturel, qui nous charme à la fois et par son imprévu et par l'impression que nous aurions dû le prévoir.

Quand le rideau se lève, nous sommes dans l'appartement de M. Petypon, médecin célèbre. La chambre est toute en désordre; il y fait nuit, bien que midi ait sonné. Mongicourt, un des amis du docteur, vient prendre de ses nouvelles. C'est que tous deux, la veille, sont allés, après une opération chirurgicale, se rafraîchir chez Maxim. On a bu du vin de Champagne; Petypon s'est laissé aller; Mongicourt l'a quitté comme il commençait à se griser, et il vient prendre de ses nouvelles. Il le trouve qui dort en bras de chemise, sous le canapé renversé. Il le relève. Petypon ne sait plus rien de ce qui s'est passé. Aurait-il, comme le héros de Labiche, assassiné une charbonnière? Il a tout oublié.

Derrière les rideaux de l'alcôve, il entend des bâillements. Il ouvre les rideaux. C'est la môme Crevette qu'il a ramenée de chez Maxim, et qui s'est couchée dans son lit, tandis qu'il cuvait son vin sous le canapé. Le voilà dans un bel embarras; il est marié, et sa femme n'est pas commode. Elle entre, et la Môme se refourre sous les couvertures. On lui explique tant bien que mal et le désordre de la chambre et l'absence de la nuit. Elle aperçoit sur une chaise une robe de femme; elle croit que c'est la robe qu'elle avait commandée à sa couturière : elle l'emporte.

La Môme ne demanderait pas mieux que de s'en aller; elle est bonne fille; elle ne peut pourtant pas sortir toute nue. Tandis qu'on délibère, un oncle de Petypon arrive; c'est un vieux général qui passe par Paris pour se rendre à son château où il doit marier sa nièce. Il est venu dire bonjour à son neveu Petypon et l'inviter. Il découvre la Môme dans le lit :

Ah çà, qu'est-ce qu'on lui avait dit, que Petypon avait épousé une femme mûre et austère.

— Elle est charmante, ta femme!

Petypon n'ose pas dire non. Le mensonge n'aura pas de conséquence, puisque le général repart dans une heure pour son château. Mais de voir une si gentille femme, une idée pousse dans la cervelle du général.

— Je t'emmène toi et ta femme au château ; elle fera les honneurs de mon salon.

La Môme bat des mains. Tout ça lui semble du domaine comique. Mais la vraie Mᵐᵉ Petypon va revenir ; comment filer sans qu'elle en sache rien ?

Il y a là une de ces imaginations fantasques familières à Feydeau. Il nous a indiqué en deux mots que Mᵐᵉ Petypon croyait aux apparitions, qu'elle était une fervente de Mˡˡᵉ Couesdon.

Tout à coup part, de derrière les rideaux, une voix angélique :

— Écoute ! je suis sainte Eulalie...

On tire les rideaux ; c'est la Môme debout sur son lit, enveloppée d'un drap, tenant à la main une boule électrique allumée, qui continue :

— Va-t'en, tu feras quatre fois le tour de la place de la Concorde ; le premier homme que tu verras près de l'obélisque te dira le grand secret, d'où il te naîtra un fils... Allons, sors !

Et la Môme ajoute prudemment :

— Emmène le domestique, et qu'il ne revienne pas !

Nous pouffions de rire à ses folies, qui avaient le mérite d'être claires, de s'expliquer d'elles-mêmes. On a le temps d'aller acheter de quoi habiller la Môme. C'est Mongicourt qui se charge de cette besogne.

Mais voici du nouveau : Deux militaires se présentent : ils viennent demander raison à Petypon de l'insulte qu'il a faite à M. Corignon, qui, jaloux de la Môme, n'avait pas voulu la laisser partir à son bras. Petypon n'a aucune souvenance de cet incident. Il est tout effaré. L'un des témoins est très sec, et de temps à autre il se tourne vers son co-témoin, qui n'a pas l'air d'écouter.

— N'est-ce pas votre avis, monsieur ?
— Je m'en f..., répond tranquillement l'autre.

Heureusement il se trouve que Corignon est le prétendu de la nièce du général ; il vient chez Petypon serrer la main de son futur cousin qu'il n'a pas encore vu. Il reconnaît son rival de la veille, s'excuse galamment ; il paraît enchanté quand on lui dit qu'ils se retrouveront tous au château. La Môme est ravie, elle aussi, de voir la tête que fera Corignon, quand il la verra faisant les honneurs du château.

Et cependant tout n'est pas fini. Mme Petypon, la vraie, est revenue de la place de la Concorde. Oh ! le récit qu'elle fait de son aventure ! c'est une drôlerie inconcevable ! nous en pleurions de rire. Elle a trouvé un mot du général qui lui indique les heures du train, lui renouvelant son invitation.

Elle veut partir ; comment l'en empêcher !

Petypon a inventé un fauteuil électrique ; toute personne qui s'y assied, si l'on tourne un bouton derrière elle, s'y endort dans la posture et avec l'expression de physionomie qu'elle avait au moment où le sommeil l'a instantanément pris. Petypon y assied sa femme, tourne le bouton et ouvre la porte pour s'esquiver.

— Sapristi ! se dit-il, qui la réveillera ?

A ce moment, entre un balayeur, et comme on lui demande ce qu'il vient faire :

— Tiens ! vous m'avez invité à déjeuner en m'embrassant, hier soir. Je viens déjeuner.

L'incident était si imprévu et si drôle qu'un fou rire a couru dans toute la salle.

Mais je vous l'ai dit : dans une pièce de Feydeau, il faut que tout serve.

— Mon ami, dit Petypon au balayeur, on va te servir à déjeuner ; mais, dans cinq minutes, tu tourneras ce bouton pour réveiller la dame qui dort là. Allons ! bon appétit.

Et il se sauve.

L'acte ne dure pas moins d'une heure, et il n'y a pas un instant de fatigue ; ce sont des folies qui éclatent coup sur coup avec une abondance et une intensité merveilleuses. Je n'ai rien vu de pareil.

Le second acte est un peu moins long que le premier ; il a paru plus long. J'en retrancherais quelques détails par trop répétés ; mais peut-être ces suppressions ont-elles déjà été faites à l'heure où j'écris ; je n'insiste pas. Il y a dans le second acte une idée de comédie charmante. Toutes les caillettes de la province attendent la Parisienne que leur a annoncée le général, toutes disposées à admirer ses toilettes, ses manières, ses façons de parler. Elles sont ravies de pouvoir se moquer à l'aise d'une prétendue Parisienne, qui les accable de sa supériorité, bien qu'il soit avéré qu'elle est de Versailles. Voici venir une Parisienne authentique, qui va lui clouer le bec.

C'est la Môme qui arrive. Elle se livre à toutes les excentricités de gaminerie dont elle a pris l'habitude chez Maxim. Elle lève la jambe à la hauteur de l'œil et toutes les dames s'essayent à en faire autant ; c'est le snobisme provincial poussé à la farce outrancière. Elle demande : « Qui que c'est-y que vous prenez ? » et toutes ces dames répètent à qui mieux mieux : « Qui que c'est-y, qui que c'est-y. » La Môme a un mot qui revient comme un refrain : « Et allez donc ! c'est pas mon père ! » et toute la compagnie met la locution à toutes les sauces : « Et allez donc, c'est pas mon père ! »

On prie la Môme de chanter; elle chante une chanson de café-concert : *Ma marmite à Saint-Lazare*. Personne ne comprend rien à cet argot, tout le monde applaudit; le bon curé est touché jusqu'aux larmes. Il pleure sur cet honnête homme qui offre sa marmite au grand saint Lazare. Une faute de français le tracasse. Il y a dans la chanson qu'il troquera sa marmite contre une peau. C'est contre un pot qu'il aurait fallu dire.

Petypon suit pas à pas la Môme pour l'empêcher de hasarder de trop fortes extravagances. Le général à chaque instant l'arrête et le sermonne :

— On n'est pas jaloux comme ça !

Il n'est pas au bout de ses peines, le pauvre Petypon. Mme Petypon, descendue du fauteuil extatique, a pris le train; elle tombe chez son oncle le général pour y faire les honneurs de la fête. Elle est en costume de voyage; elle entre hardiment et court serrer les mains du général.

Le général la connaît, car au premier acte, comme elle était survenue au moment où il causait avec Petypon, qui avait déjà présenté la Môme comme sa femme, ce dernier avait répondu à son interrogatoire :

— Qui est cette vieille toupie !

— C'est Mme Mongicourt.

Le général est stupéfait du sans-gêne de cette vieille toupie, dont le nom lui échappe; Petypon passe son temps à empêcher que les deux femmes ne se rencontrent. Mais la Môme continue de faire des siennes; on lui a parlé d'un petit duc, jeune et innocent coquebin, qui sera riche à millions. Elle le prend sur ses genoux, l'embrasse malgré lui :

— Embrasse-moi donc aussi, grand bébé ! Et allez donc, c'est pas mon père.

Il l'embrasse. Le voilà amoureux fou. Elle a retrouvé dans Corignon son ex-amant de chez Maxim. Ça l'amuse de le reconquérir. Elle lui propose de planter tout là et de se sauver avec elle. Un domestique a surpris cette fugue et avertit le général :

— Mme Petypon est une drôlesse ! s'écrie-t-il.

Sur quoi la vraie Mme Petypon, qui a entendu le propos, lui lance une gifle ; le général, suffoqué, aperçoit Mongicourt, qu'il croit le mari responsable de la vieille toupie ; il lui rend la gifle qu'il vient de recevoir.

Et le rideau tombe au milieu des éclats de rire.

Il semblait qu'on fût épuisé ; le troisième acte est plus comique que les deux autres. C'est un tourbillon de quiproquos, tous découlant de la donnée première, tous logiques et extravagants. On croit avoir fini et ça recommence. Permettez-moi d'en rester là de cette analyse. Toutes ces farces se figent en passant de la scène dans un froid récit. Je n'ai voulu que vous donner une idée de la merveilleuse prestesse de l'auteur et de sa certitude de main. Tout chez lui est réglé avec la précision mathématique d'un rouage d'horlogerie et tout prend l'allure de la bouffonnerie la plus débridée.

La pièce a été jouée, comme il convenait, dans un mouvement endiablé. Il faut mettre en première ligne Mlle Cassive qui est d'une verve étourdissante et qui a gardé une mesure de bon goût dans un rôle où la charge est des plus faciles, celui de la Môme. Tarride est excellent dans celui du général, il le rend comique sans en faire une invraisemblable ganache. Germain, cette fois, n'a pas le premier rôle de la pièce. Il joue Petypon. Il a des ahurissements d'un comique achevé. Colombey est fort plaisant dans Mongicourt. Ce que c'est que la situation au théâtre ! Il a un mot de rien du tout qui a fait pâmer toute la salle de rire. C'est au second acte. Mme Petypon depuis une demi-heure bouscule tout chez le général et nous avons vu ce pauvre Petypon tout le temps aux aguets pour l'empêcher de se rencontrer avec la Môme, voilà qu'entre pressé, haletant, son collègue Mongicourt :

— J'arrive par train express de Paris pour te prévenir, dit Mongicourt à Petypon.

— Me prévenir de quoi ?

— Ta femme est partie ! elle va venir !

Toute la salle est partie d'un rire homérique.

13 janvier 1899.

EDMOND ROSTAND

LE GANT ROUGE

Le théâtre Cluny nous a, cette semaine, donné la première représentation d'un vaudeville en quatre actes de MM. Henri Lee et Edmond Rostand. Ces deux messieurs sont fort jeunes, et l'on a eu soin de nous dire que c'était leur premier ouvrage. Ils seraient bien coupables si c'était le second.

Ce gant rouge joue dans leur pièce le même rôle que le chapeau de paille d'Italie dans la pièce de Labiche. On court après d'un bout à l'autre du vaudeville, et l'on ne le trouve qu'à la fin. Mais, chez Labiche, la donnée est des plus simples : il ne s'agit que d'un chapeau de paille dévoré par un cheval, tandis que la propriétaire dudit chapeau s'était oubliée à causer sur l'herbe avec un jeune officier de cavalerie. Il faut à la dame un autre chapeau, tout semblable, pour rentrer chez elle. Où trouver ce chapeau ? A chaque acte, on croit mettre la main sur le chapeau sauveur qui fuit de plus belle, et on finit, au cinquième, par le trouver sur un réverbère, où l'a malicieusement accroché le hasard.

Le *Gant rouge* est d'une complication subtile redoutable. Ce gant rouge est un de ces gants énormes, en tôle, que les marchands de nouveautés, en province, laissent pendre comme enseigne au-dessus de leur boutique. Dans ce gant, ou plutôt dans le pouce de ce gant, la sensible Frédégonde, devenue gantière à Paris sous le nom de Mme Tourniquet, a caché tous les papiers qui établissent que le capitaine Esquirol est le père d'un enfant né de leurs amours printanières.

Pourquoi a-t-elle choisi cette cachette, quand il lui était si facile de garder ces papiers dans le tiroir de son secrétaire? C'est un mystère qui ne sera jamais éclairci.

Mais ce n'est pas tout : Mlle Ernestine, qui est une des demoiselles de magasin de la brûlante Frédégonde, a eu, elle aussi, sa petite aventure : elle a été mise à mal par M. Toulousac, qui a eu l'imprudence de lui écrire trois lettres d'un lyrisme échevelé. Ces trois lettres, la prudente Ernestine les garde, bien résolue à les envoyer à Mme Toulouzac, si M. Toulouzac refuse de financer, et, pour être sûre qu'on ne les lui volera point, elle a l'idée de les fourrer dans l'index du gant rouge.

Ce n'est pas tout encore... Ah! je vous y prends : vous croyez déjà qu'il y aura des lettres dans chaque doigt... Mon Dieu! je ne dis pas que la chose fût impossible. Les auteurs ne l'ont pas voulu. Une histoire de buste se superpose à celle du gant rouge. Comme ils sont deux, j'imagine que l'un avait dit : Si nous prenions un gant pour point de départ? et que l'autre avait répondu : Je préférerais un buste, ce serait plus comique.

— Pourquoi le buste serait-il plus comique que le gant?
— Pourquoi le gant serait-il plus comique que le buste?

Ils ont transigé : il y a eu un gant et un buste; ce qui abonde ne vicie pas.

Ah! dame! le buste, je ne peux pas vous exposer de façon bien claire comment il se mêle à l'action. J'étais si occupé du gant, que l'entrée en scène du buste m'a quelque peu échappé. J'ai cru comprendre que Bédarrieux avait décidé d'ériger un buste à la mémoire de Parmentier, qu'un des Bédarrieusois, venu à Paris pour se procurer un Parmentier authentique, à prix réduit, avait chargé son domestique, qui est Belge (parce que l'accent belge est, comme on sait, d'une drôlerie inconcevable) d'en acheter un ; or, Mme Tourniquet... vous savez bien, la sensible Frédégonde... possédait un buste qui pouvait, à la rigueur, passer pour Parmentier, le nez en étant gros comme une pomme de terre. Ce domestique s'était mis en devoir, tout en baragouinant le belge, de le voler.

Vous ne comprenez pas bien, peut-être? Si vous croyez que je comprends davantage! Tant il y a, n'est-ce pas? que c'est tantôt le gant rouge et tantôt le buste qui passera de mains en mains ; ceux qui courront après le buste attraperont le gant rouge, et ceux qui ont besoin du gant rouge tomberont sur le buste ; et l'on ne saura jamais pourquoi les uns ont besoin du buste et les autres du gant rouge.

Dans ce steeple-chase de combinaisons, c'est le gant rouge qui tient la corde, car il a deux doigts pleins, et de chacun de ces doigts s'échappent d'énormes quiproquos. Ajoutez que, pour conquérir les uns le buste, les autres le pouce ou l'index du gant, tous les personnages — et il y en a une bonne douzaine — se déguisent, celui-ci en lancier polonais, cet autre en Tzigane, un troisième en femme sauvage, et que les autres s'affublent de n'importe quelle défroque ; ils s'enferment dans des placards et des alcôves et des couloirs, on les prend les uns pour les autres, et il est impossible de deviner l'ombre d'une raison ou d'un prétexte à toutes ces incohérences. Au troisième acte, un des personnages en scène vient à s'écrier : « Mais nous sommes ici à Charenton ! » C'était bien l'avis du public.

L'insanité voulue, l'insanité exaspérée, est un genre à cette heure, et l'on trouverait dans le répertoire contemporain nombre de pièces construites sur cette même absence de modèle. Ce qui distingue d'une façon toute particulière celle de MM. Lee et Rostand, c'est qu'il ne s'y rencontre pas un seul mot spirituel. Pas un trait en quatre actes, cela est fort rare et tout à fait remarquable.

Il n'y a qu'une scène où perce une intention comique. La sensible Frédégonde a cru reconnaître, chez un des personnages (Rastouanet, Castoulet ou Balladaze; peu importe, au reste!) l'ingrat qui l'a trompée jadis, et qui s'est lâchement enfui, lui laissant un fils dont il parle dans ses lettres. Elle se jette à son cou !

— C'est peut-être une ancienne, se dit Castoulet, Balladaze ou Rastouanet.

Et le voilà troublé. Il apprend qu'il a eu un fils; que ce fils, il est aisé de le lui mettre sur les bras, car ses lettres font preuve. Son émotion redouble.

— Et ces lettres, où sont-elles? demande-t-il.

La sensible Frédégonde va décrocher le gant rouge :

— Elles sont là, dans le pouce.

— Toutes?

— Toutes.

— Il n'en manque pas une? C'est que, pour embrasser l'enfant, je veux être sûr, parfaitement sûr...

— Il n'en manque pas une.

— Voilà qui va bien, alors; j'emporte le gant rouge et m'en vais de ce pas le jeter au fin fond de la Seine.

Et il file d'un pas rapide.

La scène est jolie; mais je serais fort en peine d'en citer une autre. Il y en a, en revanche, qui ont paru bien incon-

venantes, et les mots crus abondent. C'est le goût du jour.
Il est fort vilain. La troupe de Cluny se meut à l'aise au
milieu de ces folies, qui ne semblent pas l'étonner. Elle en
a vu bien d'autres! Ils ont tous la verve un peu grosse,
mais amusante. Je dois dire que derrière nous une partie du
public riait de bon cœur à ces prodigieuses et incompréhensibles inepties. C'est peut-être elle qui avait raison. Mais
que voulez-vous? J'ai horreur de ne pas comprendre.

27 août 1888.

LES ROMANESQUES

Le succès en a été des plus vifs.

Le premier acte, qui est à lui seul une pièce entière, a été aux nues. C'est un ressouvenir charmant de la jolie comédie d'Alfred de Musset : *A quoi rêvent les jeunes filles?* Pasquinot et Bergamin (rien qu'à lire ces noms, vous voyez que nous nageons en pleine fantaisie, dans le pays du bleu) sont de riches bourgeois qui ont projeté de marier leurs enfants, quand ils reviendront l'une du couvent, l'autre de l'Université. Mais ils se sont dit que, s'ils proposaient tout uniment ce mariage aux deux jeunes gens, ils risquaient de les voir bouder contre cette réalité plate. Ils ont donc feint d'être animés l'un contre l'autre d'une haine farouche; Bergamin, c'est Capulet; Pasquinot, c'est Montaigu. Ils comptent bien que Percinet voudra être Roméo et que Sylvette ne demandera pas mieux que d'être la Juliette de ce Roméo.

Ils ne sont pas trompés dans leur attente. Quand le rideau se lève, nous voyons un parc, peuplé de vieux arbres, qui sont d'un très bel effet. Ce décor est charmant. Au milieu du parc s'élève un vieux mur, de roses brodé. De chaque côté du mur, les deux amoureux, Percinet en veste bleue, et le toquet sur l'oreille, et Sylvette en bergère de Watteau, l'un monté sur un banc, l'autre sur un tabis, causent ensemble par-dessus la crête et se jurent d'être toujours, malgré les haines qui divisent leurs familles, l'un à l'autre, comme les héros de Shakespeare, dont ils se récitent les vers.

Ils sont surpris par leurs pères et s'envolent effarouchés, et un fou rire a couru toute la salle, quand on a vu les deux pères, à leur tour, se hissant contre le mur mitoyen, se mettre à causer, eux aussi, de bonne amitié, par-dessus le mur. Mais, voici que les enfants reviennent.

— Alerte! dit Pasquinot.

— Alerte! répond Bergamin.

Et tous les deux, pour continuer la comédie, se gourment à coups de poing, sur la crête, tandis que les deux jeunes gens éperdus s'accrochent, chacun de son côté, à leurs basques pour les séparer.

Les deux papas se frottent les mains; le stratagème réussit parfaitement. Ils entendent le pousser à bout. Ils imaginent d'arranger une aventure où Roméo sauvera Juliette d'un grand danger, ce qui les forcera à se réconcilier, et à donner leur consentement. On fait venir un certain Straforel, de son métier spadassin et entrepreneur d'enlèvements de jeunes filles au plus juste prix. On convient de tout avec lui : il aura quatre acolytes sous ses ordres; il enlèvera Sylvette; Percinet, aux cris jetés par la belle, ne manquera pas d'accourir; il mettra en fuite les quatre drôles; Straforel seul tiendra bon, et après un terrible combat tombera à terre, transpercé de part en part. Il n'y aura plus moyen de ne pas laisser aux mains de Percinet la Sylvette qu'il aura reconquise sur les malandrins.

Tout s'exécute de point en point selon le programme; Percinet fait des prodiges de valeur; il met les quatre spadassins en fuite, frappe Straforel qui recule et tombe; les deux pères accourent, tout le monde s'embrasse, tandis que Straforel se relève et s'esquive lestement.

Ce premier acte est d'une verve et d'une gaieté merveilleuses. L'auteur manie le vers d'une main preste et aisée ; il parle une langue franche et alerte, qui tient de Scarron, de Regnard et de Banville, la langue que Vacquerie avait retrouvée pour *Tragaldabas*. Les rimes y sonnent des fanfares imprévues et joyeuses ; c'est un enchantement. Je suis convaincu que plus tard on gardera le premier acte, qui forme une pièce complète, et qu'il sera un des joyaux du répertoire.

Ce n'est pas que les deux autres actes soient indifférents ou mal venus. Ils ont plu encore par les mêmes qualités de belle humeur, de poésie large et truculente, par d'amusantes trouvailles de dialogue, par un air de jeunesse conquérante. Mais enfin ils n'étaient pas nécessaires.

Les deux pères une fois réconciliés, on a abattu le mur mitoyen qui séparait les deux parcs. Pasquinot peut à son aise voisiner chez Bergamin, et Bergamin rendre visite à Pasquinot ; mais, chose bizarre, ils ne trouvent plus le même plaisir à se voir ; ils regrettent le mur. A vivre ensemble, ils s'aigrissent l'un contre l'autre, si bien qu'un jour, fatigué d'entendre toujours Percinet parler de sa mémorable aventure, et Sylvette s'extasier sur le courage de Percinet, ils leur révèlent le secret de la mystification.

— Eh quoi ! Percinet n'a pas été un héros !
— Eh quoi ! Sylvette n'a pas été enlevée !

Et ils allaient se marier, comme cela, bourgeoisement, platement, victime d'une désolante illusion. Sylvette ne veut plus de Percinet ; Percinet fuit les lieux où Sylvette se moque de lui, et quand le rideau se relève, au troisième acte, nous voyons un ouvrier en train de relever le mur qui coupera de nouveau le parc en deux.

Cet ouvrier n'est autre que Straforel. Il n'a pas été payé ; il tient à l'être, et, pour cela, il tentera de remettre ensemble les deux amants que son intervention a désunis. Je n'entre pas dans le détail des moyens qu'il emploie. L'extravagance en est fort plaisante, c'est tout ce que j'en veux dire. La dernière scène est ravissante, Percinet et Sylvette se retrouvent enfin, et, sans se soucier du romanesque, ils laissent parler leur bon petit cœur; ils s'aiment, ils sont jeunes, ils s'épouseront; ils auront, comme dans les contes de fée, beaucoup d'enfants, et le mur brodé de roses qui les séparait ne sera décidément pas relevé. La pièce se termine par un rondeau au public qui est d'un inexprimable agrément.

Il y a dans tout cela, vous vous en doutez bien à lire cette analyse, des parties qui traînent un peu. C'est à peine si l'on s'en est aperçu le premier soir : on était sous le charme, on riait, on battait des mains. Les artistes ont eu leur grande part dans ce succès. Mlle Reichemberg est délicieuse d'ingénuité et de jeunesse dans Sylvette; Le Bargy est plein de tendresse romanesque dans Percinet; Féraudy déploie dans le rôle du spadassin un panache extraordinaire. Pierre Laugier et Leloir ont fait des deux pères fantoches deux caricatures très dissemblables, mais fort réjouissantes l'une et l'autre. C'est un charmant spectacle à voir, et que l'on peut — chose rare! — voir en famille.

28 mai 1894.

LA PRINCESSE LOINTAINE

I

M. Rostand est l'auteur des *Romanesques*, dont le succès fut si éclatant à la Comédie-Française, le soir de la première représentation. Ce succès ne se prolongea guère ; c'est que la pièce, qui avait trois actes, était trop longue de deux, mais le premier acte, qui formait à lui tout seul une pièce complète, était une merveille de grâce légère, de verve mousseuse et d'esprit pétillant. Il nous avait semblé que M. Rostand avait retrouvé pour nous la langue et le vers de Regnard ; c'était un Regnard qui avait lu Banville. Jamais triomphe au théâtre ne fut si vif, si imprévu, si charmant. Aussi tressaillîmes-nous d'aise, quand nous apprîmes que Mᵐᵉ Sarah Bernhardt allait nous donner une nouvelle œuvre de l'auteur des *Romanesques* et que cette œuvre était, comme la première, une fantaisie : la *Princesse lointaine*, rien que ce titre suggérait l'idée d'un conte bleu, et c'est en effet un conte bleu que M. Rostand a tiré cette fois des légendes du moyen âge.

Je m'en vais vous la conter à mon tour, en me servant, autant qu'il me sera possible, du texte même de l'ouvrage. Vous pourrez ainsi, tout en voyant se dérouler la pièce, voir si vous aimez cette poésie.

Le rideau se lève : un pont de vaisseau... pardon ! j'aurais dû écrire un pont de nef; n'oublions pas, comme disait Hervé, que nous sommes des gens du moyen âge; le mât est à demi rompu, les voiles sont déchirées, les matelots dorment couchés au hasard; des armes brisées, du sang; on s'est battu toute la nuit; l'aurore va poindre.

C'est la nef de Joffroy Rudel, prince de Blaye et troubadour, qui est tombé amoureux de la princesse Mélissinde sur le récit que des pèlerins, revenant d'Antioche, lui ont fait de sa beauté :

> Ils en parlèrent tant que, soudain se levant,
> Le prince, le poète épris d'ombre et de vent,
> La proclama sa dame et, depuis lors fidèle,
> Ne rêva plus que d'elle et ne rima que d'elle,
> Et s'exalta si bien pendant deux ans qu'enfin,
> De plus en plus malade et pressentant sa fin,
> Vers sa chère inconnue il tenta le voyage,
> Ne voulant pas ne pas avoir vu son visage.

Il s'en va donc, les yeux perdus, vers son idéal; et il y entraîne ses compagnons de route, qui tous, même les matelots dont se compose son équipage, sont devenus amoureux de la princesse et oublient faim et fatigue en écoutant les louanges de la belle inconnue, en rêvant de ses cheveux d'or; et cela est délicieux, car

> La galère
> S'élance vers un but plus noble qu'un salaire.
> Tous rêvent la princesse, aspirant à la voir,
> Et leurs férocités se laissent émouvoir.
> La dame du poète, ils en ont fait leur dame.
> On finit par aimer tout ce vers quoi l'on rame;
> Ils voudraient que le prince atteignît aux chers yeux!
> Son amour leur a plu, vague, mystérieux,
> Parce que les petits aiment les grandes choses,
> Et surtout les beautés poétiques sans gloses!
> Cette noble folie et que nul ne comprit
> Apparaît toute claire à ces simples d'esprit.

Ah! dame, ce n'est plus du Regnard! oh! non, ce n'est plus du Regnard! et pourtant, nous pouvons dire avec l'auteur :

> Elle est lyriquement épique, cette nef
> Qui vole au bruit des vers, un poëte pour chef,
> Pleine d'anciens bandits dont nul ne se rebelle,
> Vers une douce femme étrange, pure et belle,
> Sans aucun autre espoir que d'arriver à temps
> Pour qu'un mourant la voie encor quelques instants.

Un seul des amis du prince a pris sa folie en pitié et s'est embarqué avec lui : Bertrand d'Allamanon, qui, lui aussi, est troubadour et chevalier. Il console Rudel qui se sent mourir et qui, le regard perdu vers la mer, attend que le jour lui découvre cette Tripoli où vit cette fleur de beauté.

Voici l'aurore; le brouillard se dissipe : Terre! terre! C'est Tripoli qui se montre dans le lointain; tous les matelots se précipitent et crient; la mise en scène est d'un pittoresque charmant. Le prince est si faible qu'il ne pourra descendre à terre; mais Bertrand lui promet d'aller chercher la princesse et de la lui ramener, pour qu'il puisse en réjouir ses yeux avant de mourir. Si le prince mourait avant son retour, un drapeau noir, hissé au haut du mât, l'en avertirait. Tant que le drapeau blanc, signe d'espoir, flottera à la vergue, c'est que l'amoureux poëte attendra sa belle.

Le second acte nous transporte dans le palais de la princesse. Des pèlerins l'attendent et causent entre eux de sa beauté; elle paraît. C'est Mme Sarah Bernhardt dans un costume magnifique, toute gracieuse et des lis dans les mains. Elle en distribue aux pèlerins. Je vous envie, leur dit-elle, vous allez voir la France :

> Je vous envie! hélas! je suis comme les fleurs
> Qui naissent sous des cieux qui ne sont pas les leurs

> Et devinant au loin qu'elles ont des patries
> Peuvent sembler fleurir, mais se sentent flétries.
> Vous verrez sur la mer le sol natal qui point;
> Mais ma vie est d'aimer en ne connaissant point
> Et d'avoir des regrets sans une souvenance.

Vous le voyez, cette Mélissinde est une névrosée! Elle songe à ce troubadour d'Occident qui l'a chantée et dont on lui a dit les vers. L'empereur doit l'épouser; mais elle le hait parce qu'il ne la comprend pas :

> Nul homme à qui je sois plus illisible au monde;
> C'est tout à fait celui qu'il me faut pour mari.
> Un jour, je lui disais ma tristesse; il a ri.
> Eh bien! je trouverai, comme ont fait d'autres dames,
> Des plaisirs d'ironie à nos distances d'âmes.

Oh! bien subtile, bien subtile, la princesse Mélissinde. Non, décidément, ce n'est plus du Regnard.

L'empereur, qui est jaloux, l'a enfermée dans le palais sous la garde d'un aventurier, le chevalier aux armes vertes, une espèce de dragon qui veille sur la princesse et répond de sa vertu. Comment Bertrand pourra-t-il pénétrer jusqu'à elle? Un avis mystérieusement glissé à son oreille l'a prévenue que son troubadour était en route. Elle l'attend frémissante.

Un son lointain de cor! Ah! c'est lui! Et du haut de sa fenêtre elle suit les mouvements du beau chevalier qui s'approche. Il a forcé la première enceinte; tout fuit devant son épée. Ah! le voilà aux prises avec le terrible geôlier, avec le géant.

— Hardi, le loyal troubadour!

Et, de sa fenêtre, elle lui jette son écharpe blanche, en lui criant : Rapporte-la rouge!

La scène, qui est merveilleusement jouée par Mme Sarah

Bernhardt, est à grand effet; mais nous la connaissions déjà. Elle est tout entière dans la *Fille de Roland*.

Tout à coup la porte s'ouvre; Bertrand blessé, l'épée au poing, brandissant l'écharpe pourpre de sang, entre impétueusement, se jette aux genoux de Mélissinde, et quand elle lui demande ce qu'il a à à lui dire :

— Des vers ! s'écrie-t-il.

C'est un coup de théâtre voulu sans doute et apprêté, mais curieux et d'un caractère chevaleresque.

Jusque-là, mon Dieu ! ça allait très bien. On n'était pas précisément ému, ni même intéressé vivement; mais on était ravi de toute cette mise en scène si pittoresque; on se laissait emporter dans le bleu par le conte bleu.

Mais à partir de ce moment, l'auteur va s'enfoncer dans une psychologie raffinée et subtile où il nous sera impossible, je ne dis pas de rien comprendre, mais où nous ne nous démêlerons pas aisément. Vous vous rappelez l'*Amour brode*, de M. de Curel ? Eh ! bien, imaginez du Curel, mais en vers. Oh ! que cela est fatigant et pénible !

La princesse, qui a cru que ce brave et vaillant chevalier était son troubadour, se trouve fort désappointée quand elle apprend qu'il n'est que le messager d'un autre. C'est le vainqueur du géant qu'elle aime; mais c'est l'autre à qui elle songeait, c'est l'autre qui se meurt en l'attendant. Elle est fort troublée; sa raison chancelle :

> La raison est stupide et ne croit qu'au normal,
> Et n'admet que le bien tout bien, le mal tout mal !
> Ah ! il y a pourtant bien des mélanges troubles !
> Il y a bien des cœurs désespérément doubles !
> Celui dont si longtemps mes rêves furent pleins,
> Celui qui meurt pour moi je l'aime et je le plains,
> Et l'autre je l'adore et ma souffrance est telle
> Qu'il me semble, mon âme, entre eux qu'on t'écartèle !

Mais Bertrand, le loyal Bertrand, se dérobe à son amour ; elle en est irritée et conçoit l'infernal projet de le faire manquer à sa foi, pour le plaisir unique de le voir trahir l'ami qu'il aime. Elle veut

> Garrotter un héros d'un seul cheveu d'or fin.
> Quelle est celle de nous qui ne serait, enfin,
> Heureuse de tenir en ses bras un Oreste
> Dont le Pylade meurt, qui le sait, et qui reste?

Elle brode de longues variations sur ce thème, et puis, tout à coup, par un de ces revirements d'âme où se plaisent les psychologues, grands coupeurs de cheveux en quatre, c'est elle qui repousse Bertrand, c'est elle qui, voyant le drapeau blanc au haut du mât, s'écrie :

> Blanche sur le ciel bleu !
> Blanche comme un espoir de pardon, ô mon Dieu !
> Prolongez la blancheur encor de cette voile !
> Car cette voile blanche est ma suprême étoile !
> Devoir dont vainement on étouffe l'appel,
> Je viens vers toi !

Et elle part.

Le dernier acte nous ramène sur le vaisseau. Là encore la mise en scène est exquise ; car cette pièce est tout entière un régal pour les yeux. Mélissinde arrive, comme Cléopâtre en sa galère, parée de ses plus beaux atours et suivie d'un cortège magnifique. La musique, une musique délicieuse de M. Pierné, l'accompagne. Elle se penche vers le poète qui se meurt ; elle lui laisse ses cheveux dans les mains ; elle pose ses lèvres sur ses yeux, sur ses lèvres, tout cela fait par Mme Sarah Bernhardt avec une inexprimable grâce de poésie.

Le prince exhale son dernier soupir, et Mélissinde, se tournant vers les matelots, leur jette à poignées ses pierreries et ses bijoux. Elle se cloîtrera au Carmel, et pour eux, elle les envoie, leur donnant Bertrand pour chef, combattre pour la croix.

> Adieu, ne pleurez pas; car je vais vers le calme,
> Et je connais enfin quel est l'essentiel.
> Oui, les grandes amours travaillent pour le ciel.

Telle est cette pièce, dont le premier et le dernier actes ont plu par le pittoresque de la mise en scène, dont le second et le troisième ont fatigué par leur longueur et leur subtilité. Quant à la langue et aux vers, vous avez pu en juger ! Nous sommes loin des *Romanesques*. La déception a été cruelle.

8 avril 1895.

II

La Renaissance continue de jouer la *Princesse lointaine*. J'ai reçu de l'auteur une lettre que je demande la permission de mettre sous vos yeux, d'abord parce quelle est jolie et spirituelle, ensuite parce que je trouve assez juste de donner quelquefois la parole à l'auteur critiqué, quand il met de la courtoisie dans sa réponse, et enfin parce que cette lettre nous sera une occasion de discuter un point de doctrine.

Mais, pour que vous compreniez cette lettre, quelques explications préliminaires sont indispensables.

Un de nos confrères était allé demander à Mme Sarah Bernhardt ce qu'elle pensait de la façon dont la critique avait accueilli la *Princesse lointaine*. Mme Sarah Bernhardt avait répondu qu'elle ne s'était pas trop expliqué la divergence entre le succès du premier soir et les articles du lendemain; elle s'était plainte, notamment, qu'aucun de nous n'eût parlé dans son feuilleton de la scène de la fenêtre, qui, disait-elle, avait soulevé un vif enthousiasme chez les spectateurs et, enfin, qu'on eût reproché à M. Rostand de ne pas avoir usé de la langue de Regnard dans un sujet qui ne la comportait point.

Quoique mon nom ne fût pas prononcé, c'était moi surtout qui étais visé dans cette interview. J'y répondis aussitôt, parce que j'aime causer avec Sarah, et je le fis, comme vous le pensez, sans ombre d'aigreur, comblant d'éloges et l'auteur et l'interprète de l'œuvre, maintenant d'ailleurs nos critiques.

Voici la lettre de M. Rostand :

Cher maître,

Je ne sais si j'ai accepté les critiques avec bonne grâce, comme il vous plaît à dire ; mais avec sérénité sûrement. Et cette sérénité a des causes nombreuses : le temps qui, ces jours-ci, fut délicieux, les fraîches voiturées de fleurs qui stationnent à tous les coins des trottoirs, l'apparition des premières toilettes claires, le charmant effet que me semblent produire sur les colonnes Morris les affiches si tendrement bleues de la Renaissance, la joie de m'entendre jouer par Sarah, chaque soir plus merveilleuse ; l'accueil pas si mauvais que le public paraît faire à la *Princesse lointaine*, et enfin l'espoir que je conserve de vous voir un soir y revenir, pour la trouver peut-être moins obscure ! Tout cela m'aide à vivre.

D'ailleurs, votre réponse m'a été un si grand honneur. Je la dois certes à l'importance seule que prête à mon humble ouvrage une illustre interprétation ; mais elle est pleine d'indulgence, j'oserai presque dire de sympathie ; elle est toute ronde et souriante de bonté. Je vous en suis reconnaissant.

Sur deux petits points, pourtant, je voudrais, avec douceur, réclamer.

Tous, nous nous sommes donc trompés sur le succès de la première ? Vous attribuez tout ce bruit à la phalange sacrée. S'il y avait des amis de la maison dans la salle, leur présence compensait-elle l'*absence complète* de claque ? Car la Renaissance est le seul théâtre où les applaudissements soient toujours spontanés et jamais engraissés par les Romains. Quant à mes amis à moi, ce n'est un mystère pour personne qu'ils sont une dizaine. Vaillants, il est vrai, mais dix ! Je vis à ce point d'une vie d'ours, que lorsqu'on me donne des billets d'auteur je suis embarrassé de leur emploi. N'aurait-on pas pris pour des applaudissements à nos gages les braves spectateurs payants, qui sont fort nombreux à la Renaissance, les soirs de première ?

Et puis les artistes se trompent-ils au son des bravos ? Ah ! que non ! et l'on sait très bien dire derrière la toile, quand on entend des rappels : Celui-là est un vrai... l'autre était un faux.

Passons.

Ce qui a plus d'intérêt, c'est le malentendu au sujet de la scène de la fenêtre. Avez-vous pu penser que Mme Sarah Bernhardt parlait de la scène du second acte, qui n'a dans la pièce d'autre importance que celle d'une transition, d'une préparation à l'entrée de Bertrand ? Elle a voulu dire la scène du 3e acte, qu'en effet vous n'avez pas mentionnée. Me permettez-vous de vous la rappeler ?

Mélissinde et Bertrand espèrent « ignorer » en fermant la fenêtre ouverte sur la mer.

Ils essayent en vain de parler d'amour. Le mot *vitrail* revient, malgré elle, souvent sur les lèvres de Mélissinde et fait tressaillir Bertrand. Par un effort sur soi, elle arrive à n'en plus parler ; ils vont oublier. Le vent de la mer rouvre la fenêtre. Ils veulent aller la fermer, de peur de voir la voile noire. Alors ils se blottissent dans les coussins ; ils ne bougent plus pour ne pas voir ; mais ils entendent. Car ces voix d'indifférents, causant sous la fenêtre ouverte, malgré tous leurs efforts pour ne pas écouter, leur apprennent le malheur.

A partir de ce moment, un mort est entre eux. Ils se séparent — Mme Sarah Bernhardt n'est-elle pas admirable à ce moment ? — désillusion, dégoût, remords du faible Bertrand, etc., la scène n'est-elle pas claire ? Son symbole, si symbole y a, presque trop limpide ! Et les raisons psychologiques n'y sont-elles pas assez matérialisées pour que l'accusation de *cheveux coupés en quatre* me semble excessive ?

J'ajoute que volontairement, dans cette scène, puisqu'elle demandait un effort d'attention, j'ai écarté toute complication de forme, toute rareté d'expression. Les vers par lesquels Bertrand dit son caractère ne sont-ils pas clairs et ne se rapportent-ils pas à ce qu'il a déjà dit de lui-même, au premier acte, à frère Trophime ?

Quoi qu'il en soit, c'est à cette scène que Mme Sarah faisait allusion. C'est elle qui chaque soir produit le plus d'effet. Elle n'est pas dans la *Fille de Roland*, celle-là.

L'autre y est-elle? Oui, si chaque fois qu'une dame en blanc va se mettre devant une grande baie ouverte sur du bleu et parle d'un combat, c'est la *Fille de Roland*, mais pour l'œil seulement. Car ici, c'est un inconnu qu'on regarde se battre; on s'intéresse peu à lui d'abord, puis davantage, et là est l'intérêt de la scène. Et l'on finit par s'enthousiasmer et lui jeter sa manche. Et c'est là seulement ce qui produit l'effet chaque soir et non la description du combat, comme dans M. de Bornier. On n'applaudit qu'à ces vers :

> ...Et ce samit d'argent à la blancheur si pure
> Ne me le rapportez que rouge...

Et l'on entend au loin la voix de Bertrand qui répond :

> ...Je le jure.

Quel rapport avec : *Gérald est vainqueur!* A part que le sentiment en est différent, que la situation des personnages l'un vis-à-vis de l'autre ne se ressemble pas, que le mouvement final est tout autre, la scène est tout entière dans la *Fille de Roland*. Je crois, en effet, qu'en voyant Mélissinde se porter à la fenêtre, les critiques, reconnaissant le tableau, se sont penchés l'un vers l'autre, pour se dire : Tiens! tiens! tiens! J'ai déjà vu ça... et que cela les a empêchés d'écouter.

J'ai abusé, cher maître, pardonnez-moi. J'aurais voulu dire bien des choses encore pour ma défense. Mais outre que je crains le ridicule de l'importun Oronte :

> Et moi, je vous soutiens, que mes vers sont fort bons!

il me semble que je ne défendrais jamais la *Princesse lointaine* aussi bien que l'a fait M. Jacques du Tillet dans la *Revue bleue*. Il me paraît qu'il a compris et expliqué toutes mes intentions. Après un tel avocat, que me reste-t-il à exprimer?

Je rougis de vous avoir si longuement ennuyé. Mais l'intérêt que vous avez bien voulu me témoigner m'encourage. Et puis, j'ai si grande confiance en votre justice! Et je suis assuré que, si ma pièce, à la lecture ou après réflexion, vous semble moins cruellement décevante que vous ne l'avez écrit, vous consentirez à me le dire un de ces matins, quand j'irai vous présenter mes remerciements et mes amitiés. Ce me serait une grande joie.

Croyez-moi votre tout dévoué,

EDMOND ROSTAND.

Il est difficile d'avoir, en plaidant *pro domo sua*, plus d'esprit et de bonne grâce. Je ne répondrai qu'à un point de cette défense, parce qu'une question de théorie s'y trouve intéressée.

M. Rostand nous conte l'effet qu'il a voulu produire dans la scène « de la fenêtre » au troisième acte, et il assure qu'à présent cet effet se produit tous les soirs.

Pourrait-il m'expliquer comment il se fait que, le jour de la première, cette scène ait passé inaperçue, si parfaitement inaperçue que le lendemain (ainsi que Mme Sarah Bernhardt l'a constaté avec étonnement) aucun article n'en ait parlé, et que les feuilletons du lundi n'en aient pas davantage fait mention? Quoi! voilà une scène curieuse et neuve, et l'originalité en échappe à tous ces amateurs de théâtre qui sont chargés de rendre compte de leurs impressions au public! Mme Sarah Bernhardt n'en revient pas, et il faut avouer que la chose est en effet extraordinaire.

Moi-même qui ai pourtant quelque habitude du théâtre, quand Mme Sarah dans l'interview en question parle « de la scène de la fenêtre », je me trompe et crois qu'elle entend faire allusion à celle où, penchée sur la baie du salon, elle regarde au loin le héros se battre, lui envoie ses encouragements et lui jette son écharpe.

D'où vient que nous ayons tous fait la même erreur?

C'est que la scène de la fenêtre, celle du troisième acte, celle dont M. Rostand nous explique le sens dans sa lettre, ne frappe pas instantanément le spectateur; on ne la comprend, on ne la goûte, on n'en est ému qu'après réflexion.

Un coup de vent ouvre la fenêtre, et les amants s'écrient : « Ah! la voile noire! la voile noire! »

Mais moi, public, je ne la vois pas cette voile noire! pas plus que tout à l'heure, je ne verrai la voile blanche, quand on m'aura fait savoir que cette voile noire n'était pas la vraie voile noire, mais une fausse voile noire qui n'annonçait rien du tout... Je ne comprends déjà pas grand'chose aux sentiments qui agitent la princesse. Car elle, il n'y a pas à dire, elle est libre, elle n'a rien promis, elle peut aimer qui il lui plaît. Bertrand vient pour un autre ; ça ne la regarde pas. Il lui est permis de dire le plus loyalement du monde à Bertrand : « Voile noire ou voile blanche, peu m'importe ; c'est vous, Bertrand, que j'aime et que je veux. C'est vous qui avez tué le monstre qui me servait de geôlier ; c'est vous qui m'avez charmé par de beaux vers. Aimons-nous ! »

En sorte que quand, la fenêtre s'ouvrant sous un coup de vent brusque, elle marque une frayeur si terrible d'un objet que nous n'apercevons même pas, dont on évoque simplement l'idée devant nos imaginations, nous restons indécis et froids. M. Rostand m'assure qu'à cette heure la scène transporte l'auditoire. Je ne demande pas mieux ; car je ne conteste jamais de ce que je ne sais pas. Je puis lui affirmer que le premier soir elle nous a laissés froids. Nous n'avons pas été émus, d'abord parce que nous n'entrions pas dans les sentiments qu'exprimait la princesse et qui nous paraissaient des plus subtils, et ensuite et surtout parce que cette fenêtre, ouverte ou fermée, restait pour nous lettres closes, puisque nous, nous ne voyions rien à travers.

L'ouverture subite de la fenêtre aurait pu être un coup de théâtre, si tout à coup se fût découvert aux yeux du public un objet qui, par son apparition seule, changeât la face de la situation. Mais tous les changements s'opèrent dans l'âme des deux personnages en scène, et j'ajouterai que ces changements ne nous ont pas semblé, ce soir-là, très intéressants...

22 avril 1895.

LA SAMARITAINE

De toutes ces représentations pseudo-religieuses, il n'y en a qu'une qui ait piqué ma curiosité. C'est celle que nous a offerte la Renaissance sous ce titre : la *Samaritaine*, évangile (*sic*) en trois tableaux et en vers de M. Edmond Rostand, musique de M. Gabriel Pierné, et, en grosses lettres, au-dessous : Mme SARAH BERNHARDT... PHOTINE.

Sur le seul nom de l'auteur des *Romanesques* et de la *Princesse lointaine*, j'étais certain que, si je ne devais pas être précisément édifié, au moins serais-je bercé par une poésie délicieuse ; je pouvais, d'autre part, être assuré qu'à la Renaissance le drame, quel qu'il fût, serait encadré avec une artistique somptuosité.

Je n'ai pas été trompé dans mon attente.

Édifié ? Non, je ne l'ai pas été. Je suis réfractaire, en un degré que je ne saurais dire, à ce genre d'émotion. Je ne suis pas de croyance fervente ; oh ! cela, non. Eh bien ! il m'est insupportable de voir Jésus figuré sur la scène par un acteur, qui la veille prodiguait des déclarations d'amour à Jeanne Granier et lui mettait sur le cou le rouge de ses lèvres. Je ne puis l'écouter sans une sorte de malaise.

Ce qu'il dit me gêne autant que sa personne. Je sens dans ses discours l'effort de l'auteur à reproduire par art la naïveté des paroles sacrées, et le commentaire qu'il en donne me paraît ou puéril ou faux. Derrière Jésus, je vois Brémont, et derrière Brémont, j'entends M. Rostand lui-même, qui parle pour son propre compte.

Tenez! un exemple qui vous paraîtra d'autant plus curieux que le passage est exquis, et qu'il a emporté l'applaudissement de la salle entière, sans compter le mien.

Jésus est assis sur la margelle du puits de Jacob. Il voit de loin arriver la Samaritaine, qui s'avance une cruche sur la tête et le soutenant de son bras arrondi en anse. Il est artiste, et ce spectacle le ravit. Nous pouvons citer les vers, puisque la *Revue de Paris* nous a donné le texte de la pièce :

> Que de beauté mon père a mis sur ces Hébreux!
> J'entends tinter les grands bracelets des chevilles.
> Voici bien, ô Jacob, le geste dont tes filles
> Savent, en avançant d'un pas jamais trop prompt,
> Soutenir noblement l'amphore sur leur front.
> Elles vont, avec un sourire taciturne
> Et leur forme s'ajoute à la forme de l'urne :
> Et tout leur corps n'est plus qu'un vase svelte, auquel
> Le bras levé dessine une anse sur le ciel.

Les vers sont d'une facture charmante; mais peuvent-ils sortir de la bouche de Jésus? Non, c'est un poète alexandrin qui évidemment les a écrits. Et ce n'est pas tout; une fois lancé, le Jésus de M. Edmond Rostand ne s'arrête pas pour si peu :

> Immortelle splendeur de cette grâce agreste!
> Je ne peux me lasser de l'admirer, ce geste
> Solennel et charmant des femmes de chez nous,
> Devant lequel je me mettrais presque à genoux,
> En pensant que c'est avec ce geste, le même,
> Que jeune, obscure et douce, ignorant que Dieu l'aime,
> Et n'ayant pas reçu dans un grand trouble encor
> La salutation de l'ange aux ailes d'or,
> Ma mère allait porter sa cruche à la fontaine.

A ce dernier trait, les bravos ont éclaté de toutes parts. On avait raison de s'extasier ; car le passage est d'une suavité pénétrante. D'où vient que je sens gronder en moi je ne sais quelle révolte ? Est-ce parce que Jésus, je le sais par l'Évangile, a été fort dur avec sa mère, qu'il a prié de se mêler de ce qui la regardait ? est-ce parce que tout ce développement sur la beauté du geste me rappelle nos esthètes botticellistes plutôt que l'homme-Dieu ? je ne puis pas très bien définir ce malaise, ni en discerner les causes. Le plaisir que j'éprouve à écouter de si jolis vers est mêlé d'un chagrin que je ne saurais écarter et qui me suivra tout le long de la représentation.

Il ne diminue en rien l'estime que je fais et de l'œuvre et de la façon dont elle a été montée et jouée. Il me gâte mon plaisir. J'en suis d'autant plus ennuyé qu'autour de moi je vois nombre de personnes qui ne le partagent point. Beaucoup sont sincèrement émus ; quelques-uns ou plutôt quelques-unes poussent de petits cris pâmés. Chacun sent comme il peut.

La pièce de M. Edmond Rostand, si on la considère au seul point de vue scénique, est fort adroitement coupée.

Jésus demande à boire à Photine qui refuse de pencher sa cruche. Il lui parle alors d'une autre soif, dont elle est dévorée, sans le savoir, et que lui seul peut étancher. Car il possède l'eau de vérité. Il est le Messie. Photine émue, charmée, bouleversée, extasiée, l'écoute ; et il faut entendre Sarah transfigurée et buvant les paroles de vie, répéter ce seul mot avec une ardeur de néophyte : « J'écoute ! j'écoute ! »

C'est elle qui emplit le second acte. En proie au feu divin, elle accourt ; elle évangélise le peuple, elle lui dit la révolution que Jésus apporte dans les âmes et comme il convie tous les hommes, à quelque nation qu'ils appartiennent, à entrer dans l'universel royaume de Dieu. Là, j'ai moins aimé Sarah. Il m'a semblé qu'elle criait trop ; qu'elle avait trop l'air d'une prophétesse. Il est vrai qu'elle parle à une foule et qu'il faut qu'elle l'entraîne sur ses pas.

Un épisode amusant coupe en deux cette scène de violence. Comme le peuple s'échauffe à cette voix et que l'agitation tourne au tumulte, voici qu'un centurion romain arrive pour mettre le holà. Il s'enquiert de ce qui se passe.

— C'est cette femme qui harangue la foule au nom de Jésus.

— Ah! Jésus, le fils du charpentier, répond le centurion avec un sourire de condescendance ; laissez faire! celui-là est un simple ; il ne prêche pas la révolte. Il veut qu'on rende à César ce qui est à César. Toute cette émotion est sans danger. Je m'en vais relire une ode d'Horace.

Rien de joli comme cet intermède qui évoque le souvenir non de l'Évangile, mais d'une des plus délicieuses nouvelles d'Anatole France.

La Samaritaine triomphe ; les courtisanes pleurent et confessent leurs péchés, les matrones jettent leurs parures, les hommes crient. Non, vous ne pouvez imaginer, si vous ne l'avez vu, comme tout ce tableau est réglé. Outre que tous les costumes sont d'un pittoresque admirable, chacun des figurants prend part à l'action, et tous, par des attitudes variées, sans ombre de confusion, traduisent le désordre où les jette la parole exaltée de la prophétesse. Il n'y a pas un moment de cet acte qui, par la variété et l'animation des groupes, ne forme un spectacle aussi amusant pour l'œil d'un peintre que satisfaisant pour l'esprit logique d'un amateur de théâtre.

Au troisième acte, nous retrouvons Jésus rêvant sur la margelle de son puits. Les apôtres, un peu éloignés de lui, s'entretiennent de la difficulté de se procurer des vivres. Et voilà que Photine arrive, traînant derrière elle toute une foule, et Jésus guérit les infirmes, rend l'ouïe aux sourds, la vue aux aveugles et le tableau se termine par une prière ardente que Photine pousse vers les cieux ; le *Pater noster* mis en alexandrins :

> Père que nous avons dans les cieux, que l'on fête
> Ton nom ; qu'advienne ton royaume ; que soit faite
> Ta volonté sur terre ainsi que dans le ciel ;
> Notre pain aujourd'hui, supra-substantiel,
> Donne-le-nous ; acquitte-nous des dettes nôtres,
> Comme envers nous des leurs nous acquittons les autres.
> Ne laisse pas nos cœurs tentés par le péril,
> Mais nous libère du malin.

Et la foule, prosternée, murmure :

— Ainsi soit-il.

Pas très bonne, cette traduction du *Pater !* Mais de quelle ferveur Mme Sarah Bernhardt l'a lancée vers le ciel !

Brémont est un Christ très onctueux et d'une belle allure. Laroche a joué à ravir la scène du centurion sceptique. Les autres rôles ne comptent pas.

19 avril 1897.

CYRANO DE BERGERAC

I

Le 28 décembre 1897 restera, je crois, une date dans nos annales dramatiques. Un poète nous est né, et ce qui me charme encore davantage, c'est que ce poète est un homme de théâtre.

Cyrano de Bergerac n'est pourtant pas le premier ouvrage de M. Edmond Rostand : nous avions vu déjà de lui à la Comédie-Française les *Romanesques*, dont le premier acte nous avait ravis. Car il faut bien le dire, à l'honneur de cette pauvre Comédie-Française, à qui l'on reproche toujours d'être enfoncée dans la routine, c'est elle qui la première a ouvert ses portes à M. Edmond Rostand, tout jeune alors et parfaitement inconnu. Depuis, M. Rostand avait donné à la Renaissance la *Princesse lointaine*, qui n'avait obtenu qu'un demi-succès, mais qui n'en avait pas moins plu aux délicats par un goût de fantaisie shakespearienne, et ensuite la *Samaritaine*, une œuvre qui semblait plus hâtivement faite, où se trouvait encore un certain nombre de morceaux d'un maniérisme exquis et une scène superbe.

C'étaient assurément de séduisantes promesses. Mais, après ces essais, nous ne pouvions savoir encore si M. Edmond Rostand serait autre chose qu'un délicieux improvisateur. Le doute n'est plus possible aujourd'hui. *Cyrano de*

Bergerac est une très belle œuvre, et le succès d'enthousiasme en a été si prodigieux que, pour trouver quelque chose de pareil, il faut remonter jusqu'aux récits que nous ont faits des premières représentations de Victor Hugo les témoins oculaires. C'est une œuvre de charmante poésie, mais c'est surtout, et avant tout, une œuvre de théâtre. La pièce abonde en morceaux de bravoure, en motifs spirituellement traités, en tirades brillantes ; mais tout y est en scène ; nous avons mis la main sur un auteur dramatique, sur un homme qui a le don.

Et ce qui m'enchante plus encore, c'est que cet auteur dramatique est de veine française. Il nous rapporte du fond des derniers siècles le vers de Scarron et de Regnard ; il le manie en homme qui s'est imprégné de Victor Hugo et de Banville ; mais il ne les imite point ; tout ce qu'il écrit jaillit de source et a le tour moderne. Il est aisé, il est clair, il a le mouvement et la mesure, toutes les qualités qui distinguent notre race.

Quel bonheur ! quel bonheur ! Nous allons donc être enfin débarrassés et des brouillards scandinaves et des études psychologiques trop minutieuses, et des brutalités voulues du drame réaliste. Voilà le joyeux soleil de la vieille Gaule qui, après une longue nuit, remonte à l'horizon. Cela fait plaisir ; cela rafraîchit le sang !

Cyrano de Bergerac, c'est une comédie d'aventures, coupée avec une merveilleuse adresse en tableaux très variés, mais que relie le fil d'une même idée. Cette idée, je pourrais tout de suite vous la mettre en main ; j'aime mieux que nous la trouvions ensemble au cours de la promenade que nous allons faire à travers les tableaux.

Oh ! que le premier est amusant et grouillant ! Comme vous aurez tort de dîner trop tard et de vous dire : « Bah ! je comprendrai toujours ! » Oui, mais quelles jolies scènes vous perdrez ! Nous sommes au théâtre de l'hôtel de Bourgogne. Les jeunes seigneurs qui sont venus voir la comédie devisent en attendant le lever du rideau. Les belles dames, les précieuses, font galerie au balcon. Tout le monde s'agite, cause et rit. On conte que Cyrano, ce fou de Cyrano, ce capitan doublé d'un bel esprit, a signifié à l'acteur Montfleury qu'il eût à ne plus reparaître sur la scène, et qu'à son refus d'obéir, il le bâtonnerait d'abord et l'expédierait ensuite. Montfleury joue ce soir-là, il s'avance à la rampe, blême de peur.

Cyrano entre, lui enjoint de vider la scène ; le comédien y fait des façons, mais il craint les coups de bâton et surtout les estocades. Il file ; le public rit d'abord de la farce, qui lui semble plaisante ; puis quelques-uns se fâchent et l'un d'eux entreprend Cyrano sur son nez.

Ce nez, qui est long et mou, est le désespoir de Cyrano. Ce nez le défigure, ce nez l'a empêché d'être aimé des femmes ; il a beau être chevaleresque, et poète, et homme d'esprit, les femmes ont toujours ri de ce malheureux nez. Cyrano le leur pardonne. Mais les hommes, c'est une autre affaire. Le premier qui regarde de travers ce malheureux nez, par-là mordieu ! il faut en découdre ; et Cyrano vous expédie en moins de rien le mauvais plaisant.

Or le jeune freluquet lui a lancé une assez sotte impertinence sur son nez. Cyrano la relève, et, dans un couplet qui est une merveille de fantaisie et de verve, il lui dit toutes les façons dont on peut se moquer de son nez avec esprit. De l'esprit, il n'en a pas eu ! Voilà ce qui fâche Cyrano. « Flamberge au vent, et je vais, tout en me battant avec vous, vous improviser une ballade. »

Le duel commence, Cyrano ponctue chacun des vers de la ballade d'un coup porté ou d'une parade, s'escrimant à la fois de la rime et de l'épée ; et au dernier vers de l'*envoi* (vous savez que toute ballade se termine par un envoi) il allonge à son adversaire une estocade définitive et d'un geste magnifique, il jette, pour les dédommager, sa bourse aux comédiens, sans songer qu'il ne lui reste plus un sou. Les femmes applaudissent et lui jettent des fleurs.

On peut donc l'admirer et, l'admirant, l'aimer. Une duègne l'aborde mystérieusement et lui assigne un rendez-vous de la part de Roxane. Quelle joie! Roxane! c'est celle à qui en secret il a voué sa vie. S'il a fait cette algarade à Montfleury, c'est que le drôle s'était permis de la regarder effrontément.

Il sera un héros pour lui plaire et pour la conquérir. Justement il y a là un pauvre diable de poète, Lignière, qui n'ose rentrer chez lui, où l'attendent à la porte les estafiers du comte de Créqui, chargés de le bâtonner.

— Combien sont-ils? demande Cyrano.

— Une douzaine au moins.

— Je vais avec vous, n'ayez pas peur.

Rien de plus brillant que ce premier acte! Le personnage y est posé nettement; il parle beaucoup, mais il agit en même temps! La scène est toujours emportée d'un mouvement impétueux, et cette vivacité d'allures ne coûte rien à la grâce du langage. Le duel à la ballade est une trouvaille.

Et si vous saviez — mais vous le saurez assurément, car vous irez tous voir *Cyrano*, — avec quelle franchise, avec quelle envergure, avec quelle variété d'intonation et quelle finesse de jeu Coquelin a fait vivre ce personnage complexe qui tient du Mascarille et du capitan; n'insistant sur rien et sachant tout mettre en lumière dans un débit rapide et nuancé tout ensemble!

Le second tableau nous transporte à la rôtisserie, où le pâtissier Ragueneau, un brave homme, qui se pique de lettres, nourrit les poètes malchanceux, tandis que sa femme abreuve les soldats. Les cadets de Gascogne s'y sont donné rendez-vous pour y faire bombance. C'est la compagnie la plus dépenaillée du régiment ; mais tous braves, puisqu'ils sont tous Gascons, et Cyrano l'est plus qu'eux tous. Il les met à la porte pour recevoir sa belle. Roxane arrive. Quelle déception ! Roxane est amoureuse d'un jeune officier Christian, très joli garçon, mais qui n'a pas l'esprit d'une oie. Il vient d'être envoyé par M. de Créqui aux cadets de Gascogne. Il n'est pas Gascon, lui ; c'est un homme du Nord, un méprisable Septentrional. Elle craint qu'on ne lui cherche querelle ; elle ne veut pas qu'on le lui tue. Elle prie Cyrano de le prendre sous sa protection. Pauvre, pauvre Cyrano ! C'est un autre qu'elle aime ! c'est à lui que l'on confie la garde de cet autre ! Mais si le nez est vilain, l'âme est noble et tendre. Il se sacrifiera.

Les cadets de Gascogne rentrent chauds de vin et ils ramènent précisément ce Christian, leur nouveau camarade. Ils n'en ont pas grande opinion. Un homme du Nord ! Mais l'homme du Nord s'est dit qu'il aurait, pour se faire accepter d'eux, besoin d'un bon duel et, comme Cyrano est le plus en vue, le plus redouté, il s'est proposé de l'avoir avec ce terrible pourfendeur. Rien de plus simple ; il n'y a qu'à l'attraper sur son nez.

La scène est impayable et je m'y arrête parce qu'elle marque bien l'homme de théâtre. On demande à Cyrano de conter l'histoire de la bataille où, pour sauver Lignière, il a déconfit les dix ou douze estafiers de Créqui. Ce ne pourrait être qu'un récit plus ou moins brillant, un bel air de bravoure. Par l'artifice de l'écrivain dramatique, le récit devient une scène pleine de mouvement. Tous les Gascons sont à demi couchés en cercle, écoutant. Christian se détache seul sur une table, l'air gouailleur.

Cyrano commence et à la première occasion qui s'offre Christian lui jette, en forme d'interruption, une allusion désobligeante à son nez. Tous les Gascons se dressent en pied et regardent avec effroi Cyrano, qui s'est avancé d'un pas vers l'insolent ; mais il a reconnu le protégé de Roxane. Il se contient, il se reprend, il continue ; nouveau brocard, nouveau mouvement des Gascons, étonnés cette fois, car Cyrano poursuit comme s'il n'avait pas entendu : le récit s'achève ainsi, ponctué de mots drôles qui tombent comme des nasardes; la voix de Cyrano s'altère, il n'en peut plus.

— Laissez-moi seul avec cet homme, leur crie-t-il.

Et ils s'en vont, se disant les uns les autres : « Qu'est-ce qui va se passer ? Ce sera effroyable ! »

Tous sont partis ; Cyrano ouvre les bras, et s'adressant à Christian :

— Embrasse-moi, mon frère, lui dit-il.

Eh ! bien, vous savez, l'homme qui trouve ces choses-là, je puis vous en répondre : c'est un homme de théâtre. Il en fera tantôt du mauvais et tantôt de l'excellent ; mais il en fera toujours ; il est né pour en faire.

Cyrano s'offre de tout cœur à Christian pour le servir dans ses amours. Christian a peur de Roxane; c'est une précieuse et un bel esprit. Avec ces femmes-là, il faut savoir tourner une déclaration ou un madrigal. Une déclaration ! Justement Cyrano en a une en poche. Il l'avait écrite pour Roxane, mais il se garde d'en rien dire.

— Prends-la.

— Mais ça ne concordera pas.

— Il n'y aura rien à changer, dit Cyrano d'un air de gaieté mélancolique.

Les Gascons rentrent là-dessus ; ils ne peuvent en croire leurs yeux.

— Ah! c'est ainsi, se dit un grand diable d'escogriffe, que Cyrano avait malmené parce qu'il buvait effrontément le vin de Ragueneau, servi par madame. On peut se moquer de son nez sans qu'il se fâche.

Et d'un ton de gouaillerie :

— Qu'est-ce que ça sent donc ici ? demande-t-il à Cyrano.

— La giroflée, lui répond le bretteur, en lui appliquant sur la joue une énorme gifle, et l'acte finit sur un éclat de rire.

Vous voyez se dessiner l'action ; Cyrano prêtera son esprit à ce bellâtre de Christian ; Roxane se laissera séduire ; un jour ou l'autre, Roxane apprendra que l'homme qu'elle a aimé, pour son esprit et sa verve, ce n'était point celui qu'elle avait épousé, et alors... Mais n'anticipons pas, comme on disait dans les romans de jadis, sur les événements.

Le troisième acte est délicieux. Il rappelle, sans aucun soupçon de pastiche, les comédies espagnoles et celles que nous leur avons empruntées au commencement du dix-septième siècle. Tant qu'il ne s'est agi que d'écrire, Christian, grâce à la collaboration de Cyrano, a fait merveille. Mais dans le tête-à-tête, il a moins de verve, et elle s'en étonne. Il ne sait que lui répéter : « Je vous aime ! » et encore : « Je vous aime ! » Beaucoup de femmes s'en contenteraient ; mais non pas une précieuse. Roxane a donné rendez-vous sous son balcon à son amant ; c'est la nuit, et elle se prépare à entendre de jolies choses. Cyrano les souffle à son ami ; puis, comme elle se plaint qu'un mot attende l'autre, Cyrano prend la parole et, déguisant sa voix, il lui peint sa flamme ; il se laisse peu à peu aller au sentiment qui l'emporte, il croit parler pour un autre, c'est son propre cœur qu'il ouvre, et les mots en jaillissent si tendres, si enflammés qu'elle tend la main, et c'est Christian qui grimpe au balcon.

Le sacrifice est achevé.

Un prêtre — je passe sur les détails qui n'ont point d'importance — se trouve à point nommé dans la maison pour les marier. Le comte de Guiche vient sur ces entrefaites; car, lui aussi, il aime Roxane et lui soupçonne une intrigue. Il veut entrer; mais Cyrano l'arrête en lui contant mille extravagances folles, tirées de son voyage à la Lune; il l'amuse, jusqu'à ce que le prêtre sorte, avec les deux nouveaux époux.

Guiche, joué et furieux, donne ordre à Christian de rejoindre sa compagnie au siège d'Arras, et il y emmène en même temps Cyrano qui est de la même compagnie.

Le quatrième acte est moins bon; mais que de jolis coins de scène encore! Nous retrouvons les cadets de Gascogne au siège d'Arras. Ils y meurent de faim; gais, tout de même. Tous les jours Cyrano, au péril de sa vie, franchit les lignes espagnoles pour porter à la poste une lettre d'amour signée Christian à la belle et désolée Roxane. Elle n'y peut tenir; elle part en carrosse, elle traverse le camp ennemi : aux sentinelles qui l'arrêtent, elle répond : « Je vais voir mon amant! »

— Passez, madame, disent-elles galamment.

Si elle avait dit : « Je vais voir mon mari », on eût croisé la baïonnette. Elle apporte des vivres et du vin. On boit, on mange, on rit. Mais tout à coup on aperçoit Guiche, le colonel. On fait disparaître les victuailles. On déteste Guiche; on sait qu'exprès pour faire tuer Cyrano et Christian, il leur a donné un poste sacrifié d'avance. Guiche arrive, renifle l'odeur des pâtés :

— Ce n'est rien, mon colonel! lui réplique-t-on.

Il aperçoit Roxane ; du moment qu'il y a une femme en jeu :

— Je reste avec vous, leur dit-il, nous combattrons ensemble.

— En ce cas, mon colonel, voici du pâté.

— Du pâté, je me battrai à jeun.

Et il prononce à *jeungne !*

— Il a dit un mot héroïque : l'accent lui revient, s'écrie un des cadets de Gascogne.

C'est Christian qui se fait tuer le premier, et qui se fait tuer tout exprès. Il a appris de la bouche même de Roxane que ce qui l'avait séduite en lui, c'étaient ses lettres, la grâce et la verve de son esprit. Il n'a pu supporter cette idée : voilà des sentiments bien délicats pour ce bellâtre ! Il meurt et Roxane, penchée sur son cadavre, le pleure et se lamente. Tous les cadets de Gascogne se font tuer plutôt que de se rendre ; il n'échappe que Cyrano blessé et Guiche.

Le dernier acte s'ouvre quatorze ans plus tard. Roxane s'est retirée dans un couvent ; elle porte toujours les habits de veuve. Cyrano, vieux, pauvre, malingre, mais toujours plein de bonne humeur, la vient voir tous les après-midi. Il lui conte les anecdotes de la veille ; elle lui parle de Christian, de la dernière lettre qu'il lui a écrite et qu'elle a conservée.

— Tenez ! lisez-la, lui dit-elle.

Il commence à la lire ; mais le soir tombe, et Cyrano continue de lire. Elle était de lui ; il la sait par cœur.

— Eh quoi ! c'était vous ! s'écrie-t-elle. Mais pourquoi avoir gardé ce secret ?

— J'avais mis mon cœur dans cette lettre, répond Cyrano ; Christian y avait mis son sang.

Ne vous étonnez pas de ces subtilités de sentiments ; elles sont de l'époque. C'est du marivaudage héroïque.

Cyrano meurt après une assez longue agonie où le délire le prend. Je souhaiterais que l'on raccourcît cette fin, qui n'a d'autre utilité, je crois, que de fournir à Coquelin l'occasion de « faire sa Sarah » en scène.

Son rôle est déjà si long ! J'ai déjà dit qu'il y était admirable ; je ne saurais trop le redire. Il est l'âme de cette pièce, l'âme vivante, turbulente, maniérée, exquise ! quel comédien ! quel merveilleux comédien ! toujours en scène et y mettant tous les autres, qu'il échauffe de sa verve. Jamais plus grand effort n'a été fait par un artiste ; jamais aussi il n'a été couronné d'un pareil succès. Mlle Legault a trouvé dans le rôle de la précieuse Roxane un de ces rôles de demi-teinte où elle excelle : précieuse, légèrement coquette, avec une pointe de sensibilité attendrie. Volny est élégant dans le rôle ingrat de Christian ; Jean Coquelin, charmant de rondeur dans celui du pâtissier trompé par sa femme ; Desjardins, sombre et distingué dans celui du comte de Guiche ; tous les autres, Gravier, Péricaud, etc., sont amusants ; il n'y a pas un rôle si épisodique qu'il soit qui ne soit bien tenu.

Tous ont, après Coquelin, leur part dans le triomphe.

3 janvier 1898.

II

Le directeur du collège Stanislas a eu l'ingénieuse idée de célébrer par une fête de famille le succès prodigieux que vient d'obtenir avec son *Cyrano de Bergerac* M. Edmond Rostand, qui fut un des élèves de l'établissement. Il a loué pour une matinée de jeudi la salle et la troupe de la Porte-Saint-Martin, et il a prié Coquelin de jouer le drame, portes fermées, pour les seuls invités de Stanislas.

On avait bien voulu me considérer comme membre de l'Université, en sorte que j'ai pu assister à cette représentation. Jamais Coquelin n'a déployé plus de verve. Il est en acier, ce Coquelin. Quand on pense que, ce jeudi-là, il a joué avec un emportement extraordinaire, ce rôle, le plus fatigant qu'il y ait au répertoire, de deux heures à six heures ; le prince de Galles avait fait prévenir qu'il assisterait le soir à la représentation ; à huit heures Coquelin entrait en scène, frais, dispos, et il a donné avec la même ardeur, sans que la voix se soit un instant éraillée.

Vous pensez si acteur et drame ont été applaudis par les invités de Stanislas. Ce n'étaient que bravos, cris, rappels. Je n'avais pas revu *Cyrano* depuis la première, puisqu'il n'y a pas moyen d'avoir de la place. La pièce m'a fait le même plaisir. On peut en faire toutes les critiques qu'on voudra ; notre ami Jules Lemaître en a présenté quelques-unes avec des grâces inexprimables de langage. Elles sont justes, je ne dis pas, et j'en sens comme lui la force. Mais qu'importe ! l'œuvre est de théâtre, tout est là. Le vers passe toujours par-dessus la rampe. Que veut-on de plus ?

On nous avait promis pour cette matinée une surprise. Nous l'avons eue, et elle nous a tous enchantés. Après les applaudissements et les rappels qui avaient marqué la fin du dernier acte, le rideau s'est relevé pour une apothéose. Tout le personnel du théâtre, rangé en demi-cercle dans le fond ; se détachant d'un groupe à gauche, M. Rostand lui-même ; et, au milieu de la scène, un jeune collégien tenant à la main un papier. C'était une pièce de vers dont on nous avait distribué des exemplaires à l'entrée : *Hommage à M. Edmond Rostand*, par M. Émile Trolliet; M. Émile Trolliet est un des professeurs du collège. Ils sont fort jolis, ces vers, et je n'en veux détacher que quatre strophes, qui donneront une idée de la manière de l'auteur :

> Poëte, sois béni, car le ciel était sombre
> Et, né dans la splendeur, finissait dans le deuil ;
> Mais ton œuvre apparut et fit du jour dans l'ombre,
> Astre de son couchant ou fleur de son cercueil.
>
> Et peut-être encore mieux : une aurore qui lève,
> Un âge qui commence... Et l'on reste incertain.
> Si la fraîche lueur où scintille ton rêve
> Est l'étoile du soir ou celle du matin.
>
> Oui, l'arachné du Nord, au ciel de notre Gaule,
> Filait de la tristesse et tissait de la nuit ;
> Mais, superbe, tu viens, trouant d'un coup d'épaule
> Le réseau de torpeur et le plafond d'ennui.
>
> Tout le pôle chez nous débarquait sans vergogne ;
> Mais l'enfant du soleil, mousquetaire ou lion,
> Conduisant au combat les enfants de Gascogne,
> Fit enfin reculer l'obscur septentrion...

Je confesse que je n'ai pas vu, sans quelque joie, se dérouler ces strophes magistrales sur un thème que j'avais moi-même dans le feuilleton exposé en humble prose.

Notre jeune potache les a dits d'une voix bien accentuée ; mais on l'avait placé beaucoup trop en arrière de la rampe, et il avait cru, par déférence pour le héros de la fête qui se tenait à gauche, demeurer le visage tourné vers lui, en sorte que nous ne le voyions et ne l'entendions plus que de profil.

Plus tard, si ce jeune homme devient un homme de théâtre, il saura que, dans un théâtre, c'est le public qui seul est roi et que c'est à lui qu'il faut toujours s'adresser. Face au public ! mon jeune ami ; face au public ! c'est la devise du comédien, c'est la loi du théâtre.

M. Edmond Rostand n'y a pas manqué, lui. Oh ! qu'il a dit sa réponse en comédien consommé et, si j'osais parler de la sorte, en merveilleux cabotin ! Quelle leçon de diction vous auriez pu prendre là, vous tous, qui, derrière une rampe, comme c'est la mode en ce moment, vous évertuez à réciter des poèmes !

La pièce de M. Edmond Rostand commençait par ce mot : *Merci.*

Il l'a jeté d'une voix basse et attendrie en regardant le potache, et, lui aussi, de profil. Mais tout aussitôt, à petits pas, sans affectation, il est descendu à la rampe, et regardant bien en face tous ces collégiens qui l'écoutaient :

> ... Je voudrais vous parler,

a-t-il continué après un temps ; il en a pris un autre, et avec un tremblement de voix, comme s'il était étranglé par l'émotion :

> Mais qu'on me laisse
> Avant de vous parler vous regarder encor...

Ici, un autre temps, le récitant parcourt le théâtre d'un regard circulaire :

> Laissez, que je regarde un peu cette jeunesse
> Et laissez, que je reconnaisse
> Ces képis et ces boutons d'or.

Et à ces derniers vers un gentil sourire de blague attendrie a éclairé la diction.

Non, vous n'imaginez pas comme c'était joliment fait ! Et ce qu'il y avait de plus charmant encore, c'est que tous ces artifices de cabotin ne sentaient pas le cabotin ; c'est que par là-dessus il y avait la bonne grâce aisée d'un homme du monde. C'était le comble de la perfection.

Et tout le morceau a été dit avec la même variété de nuances, avec le même charme :

> Stanislas ! Maîtres chers ! Rires sous les portiques !
> Bruit des feuillets tournés à l'étude du soir !
> La Fête-Dieu ! Le parc envahi de cantiques
> Et les chassepots pacifiques
> Qu'on présentait à l'ostensoir

> Tout est resté pareil, me dit-on : les concierges,
> Les portes, le parloir au parquet bien frotté,
> Dans la chapelle, aux murs, mêmes croix, mêmes vierges.
>   Seulement un peu moins de cierges,
>   Un peu plus d'électricité.
>
> Pour tous ces souvenirs, merci. Que vous dirai-je ?
> Vous m'avez rassuré. Sur mon âme, soudain,
> Les mots des envieux fondent comme de neige :
>   Si j'ai des amis au collège,
>   Je serai donc aimé demain.

Ils sont exquis, ces vers, mais ils ont surtout cela pour eux, que ce sont des vers de théâtre, faits pour être lus sur un théâtre, et qui ont été récités par un homme de théâtre. Sentez-vous tout ce qu'avait de piquant ce mélange des chassepots pacifiques aux ostensoirs, ces cierges remplacés par l'électricité, et comme il est facile de faire un effet — un de ces effets que les comédiens appellent des effets sûrs — en laissant tomber d'un air de négligence émue, cette fin de strophe :

> Si j'ai des amis au collège,
> Je serai donc aimé demain.

Puis, passant à Cyrano, l'orateur en est venu à parler du panache ; la voix s'est relevée peu à peu et a pris des sonorités de fanfare :

> Et c'est pourquoi je vous demande du panache !
> Cambrez-vous, poitrinez, marchez, marquez le pas ;
> Tout ce que vous pensez, soyez fiers qu'on le sache
>   Et retroussez votre moustache,
>   Même si vous n'en avez pas.
> Ne connaissez jamais la peur d'être risibles,
> On peut faire sonner le talon des aïeux
> Même sur les trottoirs modernes et paisibles,
>   Et les éperons invisibles
>   Sont ceux-là qui tintent le mieux.

Ce qu'il y a de délicieux dans ce *Sursum corda*, c'est qu'il ne sent en rien l'emphase des discours de distributions de prix ni l'héroïsme tapageur d'une harangue politique ; non, à ces graves conseils se mêlent des retours d'engouement d'un causeur de salon :

> Et retroussez votre moustache,
> Même si vous n'en avez pas.

Voilà le mot de théâtre. Et M. Rostand l'a glissé avec une discrétion qui en relevait le prix. Il n'a point appuyé sur la chanterelle, avec un air de dire : Hein! goûtez-moi ça! Ai-je assez d'esprit? Non, à peine une différence de ton, un léger geste d'avertissement.

Ah! je me suis bien amusé. Je croyais sincèrement être un bon diseur; mais, sarpejeu! celui-là est notre maître à tous!

7 mars 1898.

M. ANTOINE
ET LE THÉATRE-LIBRE

LA FONDATION DU THÉATRE-LIBRE

J'ai, ces jours-ci, reçu une lettre qui n'était pas destinée à la publicité. Mais le signataire ne m'en voudra pas sans doute de la donner dans le journal, car elle est bien topique et accuse une situation que j'ai déjà plus d'une fois signalée.

Vous vous rappelez le *Théâtre-Libre,* dont je vous ai dit un mot il y a quinze jours : un théâtre d'amateurs où les sociétaires veulent jouer de l'inédit. Ils nous ont donné, la dernière fois, *En famille,* de M. Méténier et la *Nuit bergamasque,* de Bergerat. Le directeur de cette scène minuscule est un homme de beaucoup d'énergie et d'infiniment d'esprit. Voici ce qu'il m'écrit :

25 juin 1887.

Monsieur,

Savez-vous que ce n'est pas amusant d'être directeur, même pour rire ? J'organise pour le Théâtre-Libre six ou huit représentations, toute une série, pour la saison prochaine. J'aurai du Zola, du Goncourt, du Richepin, du Catulle Mendès, du Coppée, etc.; tous les connus répondent à mon appel avec la plus entière bienveillance ; mais les jeunes ? Eh ! bien, je n'en vois pas venir, bien que je frappe partout, dans les ateliers et dans les parlotes littéraires, les cabarets et les petites chapelles. Je n'ai reçu jusqu'ici que de vieux messieurs et de vieilles dames sentant la province, qui m'apportent des choses en vers comme je n'en aurais jamais rêvé !

A quoi cela tient-il ? Est-ce que par hasard les directeurs seraient moins « muffes » qu'on ne les peint ? De grâce, monsieur, sauvez le Théâtre-Libre, qui va devenir une galerie de gens illustres au lieu d'être, comme je le voulais, un refuge pour les jeunes et un laboratoire d'essai. N'avez-vous rien chez vous ? J'imagine que vous devez en recevoir par douzaines.

Envoyez-moi les œuvres et les auteurs, je vous en supplie...

Votre bien dévoué,

A. ANTOINE.

Je n'ai rien, hélas ! à lui signaler. Je ne puis plus lire de manuscrits, ce travail m'ayant été interdit par mon oculiste, M. Perrin. Mais du temps que j'en lisais, je n'aurais pas eu d'indications non plus à lui donner. Il est si rare de trouver un manuscrit de pièce qui vaille d'être porté à la scène.

27 juin 1887.

Je reçois de M. Antoine, le directeur de ce *Théâtre-Libre* dont je vous ai déjà entretenus, une lettre très intéressante. Vous la lirez, je crois, avec plaisir :

29 juillet.

Monsieur,

Je crois devoir vous adresser la liste des pièces que j'ai définitivement choisies pour le Théâtre-Libre. Je pense que ce programme ralliera l'approbation de tous. Dans la masse de manuscrits qui m'est tombée sur la tête depuis que vous avez eu l'amabilité de publier mon adresse, j'ai pris ce qui m'a paru vraiment intéressant. Sur la longue liste des auteurs qui ont signé ces œuvres, six seulement ont été joués ; tout le reste n'a jamais vu la rampe. Ces six-là, dont les trois ou quatre principaux n'ont pas besoin du Théâtre-Libre, ont été inscrits dans le seul but de forcer l'attention et d'éveiller la curiosité. Leurs jeunes confrères bénéficieront ainsi de leur situation littéraire, comme, dernièrement, Méténier a pu produire *En famille* devant une salle que je n'aurais jamais pu lui rassembler sans le nom de Bergerat.

Je me suis appliqué, en outre, à accueillir toutes les écoles et tous les clans. Il y a du Catulle Mendès, du Coppée et du Banville à côté de naturalistes fieffés. Je compte surtout sur deux comédies signées de noms absolument inconnus : *la Prose* et *la Sérénade*, qui feront sensation.

Enfin, la première partie de la tâche est terminée et on va se mettre résolument à l'œuvre. Les pièces étant choisies, il faut les jouer, et le moins mal possible.

C'est une redite de vous remercier encore. Cependant, vous ne sauriez croire à quel point je vous serai toujours reconnaissant pour la bienveillance que vous nous avez montrée. Pour nous autres, cela n'était peut-être qu'une petite satisfaction d'amour-propre, mais pour les jeunes que nous allons produire, grâce à vous, dans des conditions inespérées, c'est un grand et véritable service que vous aurez rendu à leur cause.

Votre bien dévoué,

A. ANTOINE.

Permettez-moi maintenant de vous donner le programme de M. Antoine :

Sœur Philomène, pièce en deux actes, en prose, tirée du roman de MM. Edmond et Jules de Goncourt, par MM. Jules Vidal et Arthur Byl.

Tout pour l'honneur, pièce en un acte, en prose, tirée de la nouvelle *le Capitaine Burle*, de M. Émile Zola, par M. Henry Céard.

Esther Brandès, pièce en trois actes, en prose, de M. Léon Hennique.

Les Bouchers, drame en un acte, en vers, de M. Fernand Icres.

Cléopâtre, pièce en cinq actes, en prose, de Mme Henry Gréville.

La Sérénade, comédie en trois actes, en prose, de M. Jean Jullien.

L'Évasion, pièce en un acte, en prose, de M. Villiers de l'Isle-Adam.

La Femme de Tabarin, tragi-comédie en un acte, en prose, de M. Catulle Mendès.

La Fin de Lucie Pellegrin, pièce en un acte, en prose, de M. Paul Alexis.

Mon pauvre Ernest ! comédie en un acte, en prose, de M. Henry Céard.

La Puissance des ténèbres (théâtre russe), drame du comte Tolstoï, traduit spécialement pour le Théâtre-Libre par M. Pavlovsky et adapté à la scène par M. Oscar Méténier.

La Chute de la maison Usher, conte fantastique adapté au théâtre, d'après Edgar Poë, par MM. Oscar Méténier et Arthur Byl.

La Grenouille, comédie en un acte, en prose, de M. Lucien Descaves.

Guite, comédie en un acte, prose et vers, de M. Jean Ajalbert.

La Prose, comédie en trois actes, de M. Salandri.

Papa courtage, comédie en cinq actes, en prose, de M. Brieux.

Est-il bon? Est-il méchant? comédie en prose de Diderot.

MM. Théodore de Banville, François Coppée et Paul Bonnetain ont promis au Théâtre-Libre un acte inédit chacun, qui sera donné cette saison. Les titres ne sont pas encore définitivement fixés.

M. Antoine a dû interrompre les négociations en cours et sur le point d'aboutir au sujet d'œuvres inédites de Victor Hugo, Jules Vallès, Richepin, Guy de Maupassant, Bergerat, etc., afin de laisser cette année plus de place aux jeunes. Ces pièces serviront à assurer la seconde saison, si la première obtient quelque succès et si l'utilité de la tentative est démontrée.

Ai-je besoin de dire que nous suivrons toutes les représentations avec une curiosité et une sympathie bien vives ? M. Antoine me parle de sa gratitude ; c'est nous qui lui devrons de la reconnaissance, et nous ne lui en ménagerons pas l'expression.

1er août 1887.

L'ÉVASION — SŒUR PHILOMÈNE

Je n'ai plus besoin, je pense, de vous dire aujourd'hui ce qu'est le Théâtre-Libre ; je vous en ai entretenu ici même à plusieurs reprises ; j'ai conté les projets de M. Antoine, et vous ai donné, tout au long, son programme pour la saison d'hiver. M. Antoine a su grouper autour de son entreprise des sympathies très vives ; toute la presse s'y est intéressée, et l'autre soir, à cette représentation, qui devait être unique, tous les critiques de théâtre s'étaient donné rendez-vous. On y voyait également M. Zola, M. Goncourt et beaucoup de leurs amis. La salle, qui ne contient guère plus de trois cents places, était comble.

Je sens quelque embarras à parler de cette représentation, car la lettre d'invitation que nous avons reçue était ainsi rédigée : *MM. Vidal et Arthur Byl prient M. .....* Il est de politesse stricte que lorsqu'on va chez les gens sur leur invitation expresse, on abdique, en entrant dans leur salon, tout droit de critique. Il faut bien admettre pourtant que si cette invitation m'avait été adressée, c'est parce que je suis journaliste, c'est parce que ces jeunes gens tiennent à ce que je leur dise, publiquement, dans le journal, quelle est mon opinion sur leur œuvre. Je suis donc autorisé, je crois, à parler de cette représentation, avec la même liberté que si elle s'était donnée sur un véritable théâtre. Aussi bien, si cette franchise ne nous était pas laissée, si nous étions contraints, par un sentiment de courtoisie obligatoire dans le monde, à nous réduire à des phrases banales de compliments, nous n'aurions plus de goût à suivre ces études, et le public n'aurait plus d'intérêt à lire les comptes rendus que nous lui en ferions.

Il faut tout d'abord payer à M. Antoine le juste tribut d'éloges qui lui est dû. Quelque jugement que l'on porte sur les pièces qu'il nous a données, nous prendrons, avant tout, plaisir à confesser qu'elles ont été curieusement choisies, et qu'il les a montées avec une intelligence et un soin qu'on ne saurait trop louer. La soirée a été d'un bout à l'autre très intéressante pour le public spécial qu'il avait convié, et je lui sais, pour ma part, un gré infini de ces tentatives d'où la question d'argent est absolument bannie.

Me sera-t-il permis, après cette déclaration, qui est très sincère, je vous le jure, de faire mes réserves sur les deux pièces que l'on nous a jouées ce soir-là? Je ne leur conteste point toutes les qualités d'observation, d'imagination, de style qu'on s'est plu, de toutes parts, à reconnaître chez elles. Tout ce que je prétends, c'est que ces qualités ne sont pas d'ordre dramatique, c'est que l'un ou l'autre de ces soi-disant drames, transporté sur un vrai théâtre, y ferait un lamentable fiasco.

Je ne dirai pas grand'chose de l'*Évasion* de M. Villiers de l'Isle-Adam. Il m'a paru voir, à travers la phraséologie des compliments de commande, que tout le monde passait condamnation sur cette œuvre, qui est fausse en sa donnée, prétentieuse en ses développements et en son style. Au reste, l'accueil a été froid, même chez ce public ami et surchauffé. Peut-être même n'aurais-je rien dit de cet ouvrage tortillé et précieux, si je n'eusse tenu à présenter au public l'artiste qui jouait le rôle du forçat. C'est M. Mévestre. Comme ce n'est pas un simple amateur, comme il tient à devenir un comédien véritable, il n'est pas mauvais d'apprendre son nom à nos lecteurs. Il a de la force, encore qu'un peu brutale. Mais c'est son personnage qui le voulait ainsi. Quand il en est venu, dans son long monologue, à parler des bourgeois qu'il voudrait tuer, et surtout des bourgeois gras, ventripotents, satisfaits, il a jeté de notre côté un regard et il a montré deux rangées de dents qui m'ont fait frémir. Ce diable d'homme avait l'air d'y aller bon jeu, bon argent. Je suis rentré en moi-même, au sens propre du mot.

Parlons de *Sœur Philomène*. De l'*Évasion*, il est clair qu'on ne fera jamais rien; elle n'offre donc pas un sujet de discussion utile. Mais il y a du talent, et beaucoup de talent, dans *Sœur Philomène;* elle a une valeur littéraire très

réelle ; elle a pu même faire illusion à de bons esprits sur sa
valeur dramatique. Il y a donc profit pour tout le monde
à débattre, à ce propos, un point d'esthétique. Je supplie
ces jeunes gens et leurs amis de ne point prendre en mal
ce que je vais dire. L'examen auquel je soumets leur pièce
prouve le cas que j'en fais ; car rien ne serait plus simple
et plus facile que d'en envelopper le compte rendu sommaire dans quelques louanges banales. Il n'y a d'action
d'aucune sorte dans *Sœur Philomène*. C'est, comme disent
ces messieurs, une tranche de la vie portée sur le théâtre. Au
premier acte, nous sommes à l'hôpital, dans le cabinet des
internes. Les carabins déjeunent ensemble, et causent de
tout ce qui les occupe. Un d'eux taquine son camarade sur
l'affection dont une des sœurs donne pour lui des témoignages non équivoques. L'autre repousse, d'un ton bref et
cassant, ces insinuations. Il dit n'avoir aimé qu'une femme,
qu'il a connue autrefois et qui s'est enfuie après l'avoir
trahi, pour faire la noce. Il ne l'a plus revue et ne sait
même pas ce qu'elle est devenue depuis.

Le hasard fait qu'on vient de l'apporter à l'hôpital ; il
est de garde ; on l'appelle ; il la reconnaît ; il est fort ému.
Son trouble augmente, quand le médecin en chef lui donne
à faire l'opération que son mal nécessite.

Le rideau se relève sur une salle d'hôpital, les lits fermés, de blancs rideaux s'alignent sur deux files. La sœur
Philomène, que nous avions vue, au premier acte, causer
un instant avec le carabin, se promène silencieuse à travers
les rangées ; elle n'est dure que pour une malade, la pauvre
fille que le carabin a opérée. L'opération, hélas ! quoique
très bien faite, n'a pas réussi. La malheureuse se meurt ;
l'interne vient à son chevet et se désole. L'heure de la
prière du soir arrive. Sœur Philomène s'agenouille devant
un autel de la Vierge et récite à demi-voix les oraisons con-

sacrées, dont les malades reprennent les répons ; et, tandis qu'on entend au fond de la scène le murmure de litanies pieuses, la malade, qui a le délire, chante une chanson de son jeune temps ; les prières finissent comme elle rend le dernier soupir. Le carabin, aigri de cette mort, rencontre la sœur, et dans le premier accès de sa douleur, lui reproche d'avoir été cruelle pour cette misérable ; puis, revenant à de meilleurs sentiments, il lui demande pardon. « Le pardon n'est qu'à Dieu, » répond-elle, et tandis qu'il s'éloigne, elle tombe à genoux près du lit de la morte et fond en larmes.

Voilà tout le drame. Je me sers de ce mot par habitude ; car il n'y a pas là de drame, à vrai dire, puisqu'il n'y a point d'action, puisque l'on ne va pas d'un point de départ précis à un dénouement déterminé. Ce sont des scènes détachées, des scènes de la vie réelle, comme celles qu'Henry Monnier a écrites autrefois.

Henry Monnier ! Ce nom est tombé de ma plume. Eh ! bien, je voudrais que M. Antoine choisît dans les *Scènes populaires* deux ou trois de celles qui sont dans sa manière noire, la *Garde-malade*, par exemple ; il verrait que Henry Monnier, qui n'avait pas la prétention de faire du théâtre, (et jamais il n'a pu y réussir) avait trouvé d'avance tout ce que ces messieurs s'imaginent avoir inventé.

La *Garde-malade* est d'une réalité bien plus terrible qu'aucune scène qu'ils essayeront jamais de mettre au théâtre, et elle ne serait d'aucun effet au théâtre, ou plutôt elle n'y produirait qu'un effet de répulsion, parce qu'elle n'a pas été mise à l'optique du théâtre, et la vérité au théâtre ne paraît vraie que si elle a été accommodée à l'optique du théâtre.

On se moque de moi, quand je dis : ça, c'est du théâtre ; ça, ce n'est pas du théâtre. On ricane sur mon goût de routine. Et pourtant, qu'y a-t-il de plus simple que ce mot ? Est-ce que tous les arts n'ont pas leurs nécessités, auxquelles on est bien obligé de se soumettre ?

Et eux-mêmes, ces jeunes gens, ils affectent de railler la convention ; plus de convention ! c'est leur cri de guerre, et leur pièce est toute pleine de conventions.

Ils me montrent des carabins à dîner : il est vrai que, par amour du naturalisme, ils les asseyent autour de la table, en sorte que quelques-uns tournent le dos au public : en cela, ils rompent avec la convention qui veut (et avec raison) que le spectateur voie les visages des gens en scène. Mais sur les six internes qui déjeunent ensemble, il n'y en a que deux qui parlent ; les autres écoutent et ne disent mot, bien que l'on traite une question de philosophie très passionnante pour eux. Eh ! bien, allez voir un dîner de carabins. Quand la conversation s'anime, tous parlent à la fois. Voilà la vérité vraie. Au théâtre, ça ne se peut pas. Car il faut bien que le public entende, et qu'il entende les personnages qui ont le haut bout du drame. Ces messieurs ont donc condamné les quatre autres à un silence absolu. C'est de la convention. Puisqu'ils admettent celle-là, pourquoi repoussent-ils les autres ? Moi, j'ai été gêné tout le temps d'avoir devant les yeux trois dos qui me cachaient les visages de ceux qui parlaient et que l'on avait placés en face.

Au second acte, sœur Philomène passe à travers les rangées de lits ; l'interne l'y rencontre, et les voilà tous deux qui, dans la salle de l'hôpital, sous les yeux des malades, à portée de leurs oreilles tout au moins, entament un long colloque qui dégénère en dispute.

C'est de la convention. Jamais discussion semblable n'aurait lieu en pareil endroit. Moi qui admets toutes les conventions, quand elles donnent plus de jeu à l'auteur dramatique pour peindre des caractères ou des sentiments, je ne me choque point de celle-là. L'interne et la sœur ont des choses intéressantes à se dire ; il m'est à peu près indifférent qu'ils se les disent dans une chambre plutôt que dans une autre. L'essentiel est que ces choses intéressantes soient dites et bien dites. Le théâtre représente, pour le moment, une salle d'hôpital ; il faudrait changer le décor ; ce n'est pas bien commode ; ce serait fort long ; je ne demande pas mieux que de me prêter à la circonstance, et, par convention, j'abstrais les deux personnages en scène du milieu où une nécessité de théâtre les force de rester. Je ne vois plus les lits d'hôpital, ni les malades qui les occupent ; ils n'existent pas plus pour moi que, dans les scènes qui se passent dans la rue, je ne tiens compte des gens et des voitures qui devraient y passer.

Mais pourquoi discuter ! Pourquoi cette jeune école se moque-t-elle de la convention, puisqu'elle est sans cesse obligée d'y recourir, tout comme les camarades !

Et, chose bizarre, elle n'arrive à l'effet, tout comme les camarades, qu'à l'aide des moyens qui ont été employés par tous les gens de théâtre, parce que ces moyens sont de théâtre.

Ainsi, dans ce petit drame, une scène a produit grand effet : c'est celle où la sœur prie, tandis que la moribonde chante.

Mais ça, c'est la *Prière des Naufragés*. L'enfant ou la mère, je ne sais plus au juste, adresse au ciel une fervente oraison, tandis qu'un des matelots jure ou que le loustic (il y en a toujours un dans les drames) lâche quelques calembredaines. Et ça fait toujours de l'effet ! Moi, qui suis naïf au théâtre (quand on me donne du théâtre, bien entendu), je pleure de tout mon cœur à la *Prière des Naufragés*, tout en sachant bien que d'Ennery me met dedans.

Ces jeunes gens vont se récrier d'horreur sur cette comparaison. Ils auront raison en un sens. Car ils ont renouvelé le moyen par la façon nouvelle de le présenter ; ils l'ont accommodé à notre goût contemporain.

Nous aimons les mises en scène exactes nous avons la passion de la réalité dans le détail pittoresque. Ils ont tablé là-dessus : la sœur Philomène est au fond de la scène agenouillée et marmotte, d'une voix indifférente et douce, les *oremus* consacrés ; autour d'elle, les malades rangés répondent, comme s'ils expédiaient une besogne quotidienne, et l'on n'entend qu'à travers un murmure confus quelques mots latins qui surnagent. Tout cela sent la vérité et excite l'imagination ; le contraste n'en paraît que plus saisissant, quand, sur le devant de la scène, la mourante, d'une voix grêle et faible, exhale sa chanson.

Là, ces messieurs ont repris un vieux moyen de théâtre et ils l'ont remis à neuf, ce dont je les loue fort pour ma part ; car au théâtre, comme partout, refaire du neuf avec du vieux, c'est une grande originalité. Ce bout de scène m'a vivement ému ; et ce n'était pas du tout parce qu'il était, comme je l'entendais dire autour de moi, très artistique ; c'est parce qu'il était de théâtre, parce que c'était ma vieille *Prière des Naufragés* de d'Ennery qui remuait au fond de mon cœur les sentiments qu'éveille toujours au théâtre une prière montant vers Dieu, dans un cas douloureux ou désespéré.

La pièce a été fort bien jouée par M. Antoine, qui est plein de naturel et qui arrive à de grands effets avec sa voix tantôt incisive et tantôt voilée ; son camarade, dont le nom m'échappe, lui a donné la réplique avec gaîté au premier acte, avec émotion au second. Sœur Philomène a été charmante de grâce discrète et d'onction pénétrante ; Mlle Sylvine, qui faisait la moribonde, a contribué à cet excellent ensemble.

Terminons en faisant remarquer à M. Antoine que tout cela est un peu triste : un hôpital, un forçat, il n'y a pas là le plus petit mot pour rire. Est-ce qu'on ne pourrait pas sur deux pièces nous en donner une gaie, une aimable tout au moins ?

17 octobre 1887.

LA PROSE — MONSIEUR LAMBLIN — LA FIN DE LUCIE PELLEGRIN

Le Théâtre-Libre nous a conviés hier soir à trois premières représentations : la *Prose*, comédie en trois actes de M. Salandri ; *Monsieur Lamblin*, comédie en un acte et en prose de M. Georges Ancey ; la *Fin de Lucie Pellegrin*, comédie en un acte de M. Paul Alexis.

Je l'ai déjà dit à M. Antoine, et il faut que je le lui redise encore et je le préviens que ce n'est pas seulement moi qui lui adresse cette question ; nombre d'honnêtes gens m'ont chargé de la lui transmettre.

Les jeunes gens dont il représente les pièces, sont-ils de simples fumistes qui prennent plaisir à mystifier leurs contemporains ? ou nous donnent-ils sincèrement et de bonne foi les énormités que nous avons entendues hier soir ?

S'ils se moquent de nous, je voudrais bien ne pas en être. J'aime assez la blague, pourvu que je sois du côté du manche. L'insupportable est de ne pas savoir, avec eux, sur quel pied danser. S'ils appartiennent à la race de ces farceurs, que nos pères désignaient sous le nom de pince-sans-rire, vous voyez le sourire de moquerie, qui plissera le coin de leurs lèvres, quand ils me verront discuter des fantaisies, qu'ils n'ont écrites que dans l'unique but d'épater le bourgeois et de déconcerter la critique. Si par hasard pourtant

— cela est bien improbable, mais enfin tout est possible en ce monde — si par hasard ils s'imaginaient vraiment avoir fondé le théâtre de l'avenir, s'ils étaient de bonne foi, j'aurais quelque regret à leur laisser cette illusion, qui, après tout, peut avoir ses inconvénients.

Je supplie M. Antoine d'écrire au fronton de son théâtre, s'il est entendu que l'on veut se moquer de nous, le vers de Musset :

Le public est prié de ne pas se méprendre.

J'aurais quelque ennui à ressembler aux imbéciles que le poëte a si fort raillés pour avoir chaussé leurs lunettes, et regardé avec une mine scandalisée la lune sur le clocher, comme un point sur un *i*. Et cependant il me semble que, si je commettais cette méprise, ce serait leur faute plutôt que la mienne : quand on raille à froid, il faut (c'est une des règles du genre) indiquer d'un mot, d'un geste, d'un clin d'œil, que c'est une raillerie. Ces messieurs sont tout le temps d'un sérieux de notaire.

Un des leurs, ou du moins un de ceux qui se piquent de les connaître, m'assurait que, dans leur idée, la *Prose* était la parodie de la comédie qu'ils rêvaient; c'était quelque chose comme du Becque, poussé à une telle outrance, que l'excès même de la charge faisait sentir les défauts de la manière. Il peut se faire que l'explication soit vraie. Elle est bien fine et bien tortillée pour mon gros bon sens terre-à-terre. Je prends les choses sur ce qu'elles ont l'air d'être en réalité, et n'y cherche point tant de raffinements.

Je ne vous dirai rien de la *Prose*; vous ne la verrez jamais, que je suppose, car elle est parfaitement injouable. C'est une suite de brutalités voulues; il semble que chacun des personnages s'évertue à lâcher en plein visage au public ce qui peut lui être le plus désagréable ou lui sembler le

plus vilain. Si le jeune homme qui a donné cette pièce la
publie en brochure, je ne manquerai pas de vous l'analyser
en mettant sous vos yeux quelques coins de ce dialogue
extraordinaire. Il ne manque pas de talent, après tout, et,
comme disent les bonnes gens, ça n'est pas la pièce de tout
le monde.

Je préfère de beaucoup *Monsieur Lamblin*. D'abord
Monsieur Lamblin n'a qu'un acte et dure par conséquent
trois quarts d'heure de moins. C'est là une considération.
Et puis il y a, dans *Monsieur Lamblin*, une peinture de caractère qui est curieuse, encore que les traits en soient
excessifs et poussés au noir.

M. Lamblin est un égoïste inconscient. Il a une femme
qui l'adore, une belle-mère idéale, une belle-mère qui le
mettrait dans du coton. Il est ravi de les trouver, toutes les
deux, le soir, après les affaires expédiées, au salon, où il sirote
son café, tout en devisant d'enfantillages. Il reste ainsi trois
fois par semaine à la maison à se reposer, près des deux
femmes, qui l'entourent de leurs soins, et il trouve que la
vie est bonne.

Les autres soirs, ah! dame! les autres soirs, il s'en va chez
une jeune veuve, Mᵐᵉ Mathilde Cogé, qu'il mène au spectacle et à qui il donne ses lundis, mercredis et vendredis.
Sa femme le sait et elle enrage. La mère cherche à la calmer : tous les hommes sont ainsi faits. « Va, le meilleur est
d'avoir l'air de l'ignorer et de ne pas y prendre garde! »

Le défaut de la scène d'exposition, c'est que Lamblin ne
cesse de dire : « Voilà comme je suis, moi! » et l'on croirait
qu'il prend à tâche de peindre lui-même son égoïsme. Au
théâtre, il faut que ce soit le public qui devine le caractère
des gens à travers leurs paroles et leurs actes. Mais la nouvelle école est de parti pris et exprès très brutale. Alfred
Lamblin est monstrueusement et cyniquement égoïste.

N'importe! la scène est amusante et semée de traits plaisants.

Le spectacle s'est terminé par la *Fin de Lucie Pellegrin*, de M. Paul Alexis. Je demande la permission d'imiter le silence auquel s'est condamné notre confrère Auguste Vitu. Il y a des tableaux qui ne doivent pas sortir du musée secret. Je ne suis pas plus prude qu'un autre : mais je déclare très nettement à M. Antoine que, s'il devait nous donner encore une pièce de ce genre, nous sommes un certain nombre qui préférerions ne plus mettre les pieds dans son théâtre. Il sait très bien que l'art n'a rien à voir avec ces ordures. Je plains les actrices qui se sont crues obligées d'accepter des rôles où la femme est traînée dans la fange. C'est le vice ignoble, sans un rayon de gaieté ou de poésie qui en illumine la laideur.

O naturalisme! que d'horreurs on écrit en ton nom!

18 juin 1888.

LES THÉORIES DE M. ANTOINE

J'ai reçu, à propos de mon dernier article sur les représentations du Théâtre-Libre, une lettre apologétique du directeur, M. Antoine. J'ai pour M. Antoine une estime toute particulière ; il a le goût du théâtre ; il me semble posséder toutes les qualités qui font l'excellent directeur, et c'est de directeurs que nous manquons bien plus que d'artistes. Des artistes, y en aura toujours, quand il se trouvera quelqu'un qui sache les former et qui veuille bien en prendre la peine. Je fais fonds sur M. Antoine, qui a rendu de grands services à l'art dramatique et qui, à mon sens, en rendra bien plus encore, quand il se sera dégagé des influences de coteries, où je le crois empêtré pour le moment.

J'ai donc plaisir à mettre son plaidoyer sous les yeux du public. C'est une satisfaction que je suis bien aise d'accorder, sans même qu'il m'en ait témoigné le désir, à un homme qui a voué sa vie à une forme de l'art dont je fais depuis si longtemps mon étude. Peu m'importe qu'il heurte quelques-unes de mes idées ; l'essentiel est qu'il aime le théâtre. Nous l'aimons chacun à notre façon, mais nous l'aimons passionnément l'un et l'autre, et c'est là, entre nous, malgré la divergence des opinions, un lien qui est bien fort.

Il va sans dire que je donne la lettre de M. Antoine, sans me permettre d'en retrancher ou d'en changer un mot :

Cher maître,

Vous pensez bien que je ne viens pas discuter ce qu'il vous a paru bon de dire sur la dernière représentation du Théâtre-Libre. Ces questions littéraires ne me regardent point. L'auteur joué est seul responsable devant ses juges. Lorsque vous avez la bonté et l'indulgence de trouver l'interprétation suffisante, la mise en scène possible, j'atteins mon but et l'honneur de la maison est sauf.

Or, c'est pour la maison que je dois présenter quelques réflexions et vous dites : M. Antoine sait aussi bien que moi qu'il n'y a pas d'art dans *Lucie Pellegrin*.

Lucie Pellegrin est une nouvelle publiée depuis deux ans. Elle passe communément pour une façon de chef-d'œuvre, vous le savez ; on la cite, et tous les lettrés la connaissent. Lorsque Alexis m'a dit : « Je vous donnerai *Lucie Pellegrin*, » avais-je le droit et le devoir de refuser ? Alexis est du groupe de Médan, qui, à tort ou à raison, prétend apporter sur la scène et dans le théâtre contemporain l'évolution qu'il a imposée au livre. Les directeurs lui ferment leurs portes. J'étais donc tout à fait dans mon programme en ouvrant les miennes toutes grandes. Alexis s'est-il trompé ? Ce n'est pas mon affaire. Vous avez bien voulu dire que la pièce était insuffisante ; ma tâche est donc remplie.

Si nous représentions ces spectacles publiquement et que j'eusse la responsabilité de donner ces spectacles à des spectateurs venus sans défiance avec leurs filles et leurs femmes, vous auriez raison. Mais rien de pareil, convenez-en. Tout le monde savait, vendredi dernier, ce qui se passerait le rideau levé. Vous aviez tous, dans la salle, lu la nouvelle. Nous savions donc tous où nous allions, ce que nous faisions. J'ai donc là fait strictement mon devoir, et le Théâtre-Libre a atteint son but qui est, en représentant des œuvres de jeunes débutants, de se prêter aux tentatives des auteurs plus connus, impossibles sur une autre scène.

Je suis au-dessus du soupçon d'avoir battu monnaie sur un scandale. Notez que j'ai donné ce morceau dangereux au risque de me faire casser les reins, au moment même de constituer les ressources nécessaires pour la saison prochaine.

On n'a pas joué que des naturalistes. Souvenez-vous de l'*Évasion*, de la *Femme de Tabarin*, du *Baiser*, du *Pain du péché*, de *Matapan*, de la *Nuit bergamasque*. Ça ne venait pas de Médan.

On disait que M. Émile Zola présidait les soirées de Montparnasse. J'ai consacré tout un spectacle à Bonnetain, à Descaves, à Guiches et à Paul Margueritte.

Maintenant, pour finir, pensez-vous sérieusement que nous soyons des fumistes? Croyez-vous que Jullien, que Salandri, Ancey et tous les autres travaillent dans l'unique but de se payer la tête des Parisiens, comme on dit? — Et mes camarades? Se sont-ils imposés le labeur féroce que vous pourrez vous imaginer, uniquement pour se moquer des gens? — Mais non, soyez-en certain, tout ce monde-là est enragé de conviction et travaille de tout cœur. On se trompe, on tâtonne, on va, on vient, mais on adore le théâtre. Vous le sentez parfaitement, vous qui l'aimez autant que nous et qui êtes toujours le premier arrivé là-bas.

Voilà tout ce que j'avais à cœur de vous dire. Je ne m'occupe pas du reste. On commence à me traiter d'escroc, de pornographe, de chevalier d'industrie... Mais ce sont des gentillesses qui me laissent fort calme. Je suis plus navré lorsque vous me dites que ma pièce a été insuffisamment jouée au Théâtre-Libre, que de me voir accusé de gagner trois cent mille francs par an à battre monnaie avec le Théâtre-Libre.

Votre bien dévoué,

A. ANTOINE.

Je ne veux point engager de polémique avec M. Antoine. Ce qui est fait est fait, n'en parlons plus. Je ne crois pas qu'il lui prenne fantaisie de nous redonner une pièce dans le genre de celle de M. Paul Alexis. Il a vu la réprobation presque unanime de la presse. Cette même réprobation lui a été signifiée, je le sais, par un certain nombre de ses abonnés.

Ce qui nous a choqués, ce n'était pas précisément l'immoralité ou l'indécence de l'ouvrage. C'est qu'il était grossier pour le plaisir de l'être, sans ombre de talent ni d'esprit. Notre spirituel confrère, Henry Fouquier, dans un article fort judicieux, a fait bonne justice de ce qu'il appelle les *fausses hardiesses* de la nouvelle école. A je ne sais quel endroit de la *Fin de Lucie Pellegrin*, une des femmes en scène conte une malpropreté commise par un homme : « Ces cochons d'hommes ! » s'écrie une de celles qui l'écoutent. On s'extasie sur ce gros mot lâché en pleine scène. Quelle hardiesse ! — Mais il n'y a nulle hardiesse à cela. Le moindre grimaud de lettres en fera autant. Est-il donc si malaisé de proférer un juron ou un terme obscène ? Ce qui serait difficile, ce serait de tourner la chose de façon que tous les spectateurs s'écriassent tout bas à part eux : ces cochons d'hommes ! Cela revient à dire que l'art ne consiste pas à étaler des malpropretés sur la scène, mais, si on veut traiter ces sujets, à étudier, à expliquer les passions d'où partent ces vilenies et à en inspirer l'horreur.

La belle avance de me montrer sur les planches des femmes perdues gobelottant, se grisant, chantant, dansant, se répandant, avec le cynisme de langage qui est de leur profession, en propos ignobles ? Jamais on ne fera mieux en ce genre que Henry Monnier, dans les *Bas-Fonds*. S'est-on jamais avisé de transporter sur un théâtre les *Bas-Fonds* de Henry Monnier ? Quelques-unes de ces scènes sont pourtant des chefs-d'œuvre du genre, et bien supérieures, comme vérité et comme profondeur d'observation, à la *Lucie Pellegrin* de M. Paul Alexis. On les garde au musée secret. Le volume a été, en son temps, tiré à 150 exemplaires et coûtait cent francs. C'est le prix que j'ai payé le mien. J'ignore si le livre a été réédité depuis.

J'ai vu M. Salandri, l'auteur de la *Prose*, comédie en trois actes, qui a été jouée le même soir au Théâtre-Libre. Il m'a protesté, en effet, qu'il était fort sincère, et j'ai eu le plaisir d'avoir avec lui une longue conversation. Comme je lui avais parlé, avec l'impétuosité de langage qui m'est naturelle quand je cause théâtre, des tendances et des défauts de son école :

— Mais je m'aperçois, lui dis-je en souriant, que je vous fais un feuilleton.

— Je vous serais très obligé de l'écrire.

— Vous le voulez?

— Assurément.

Je lui promis que ce serait fait. J'ai le texte de sa comédie, et au premier lundi qui sera libre, je reviendrai pièces en mains sur ce thème. Je ne demande pas mieux que de discuter ces questions avec les jeunes gens, quand ils sont de bonne foi et sérieux; j'ajouterai encore : quand ils ont du talent. M. Salandri, je l'avais reconnu dans mon dernier article, n'en manque point. Quant à son camarade, M. Ancey, dont on nous a donné le même jour le *Monsieur Lamblin*, je serais fort étonné s'il ne faisait pas son chemin au théâtre. Il me paraît qu'il a le don. Je viens de lire sa pièce; elle est plus amusante encore à la lecture qu'à la représentation, où elle nous avait fort diverti.

25 juin 1888.

LA QUESTION DES FIGURANTS — LES MEININGER

Je vous ai parlé quelquefois de la question des Meininger : elle me préoccupe vivement, et je viens de recevoir à ce propos un nouveau document, qui m'a paru des plus curieux. C'est une lettre, écrite au courant de la plume, avec une singulière vivacité d'impression, par notre ami Antoine, du Théâtre-Libre. J'avoue, en rougissant, que, dans son *post-scriptum*, Antoine me prévient que la lettre est « *entre nous* ». Mais elle est si amusante, si suggestive, que je prends la liberté de la mettre sous les yeux du public. Je n'en retrancherai que les deux ou trois passages qui ont sans doute motivé les scrupules d'Antoine. Il peut se rassurer : la lettre sera lue avec plaisir de tout le monde, et il est bien probable qu'elle eût été moins animée s'il l'eût écrite en vue du public :

Cher maître,

Votre dernier feuilleton est venu me trouver et me troubler dans le petit coin où je suis au vert. Il faut vous dire que je reviens précisément de Bruxelles, où j'avais passé une quinzaine à suivre cette troupe allemande. Vous savez que je vais donner cet hiver la *Patrie en danger* et je rêvais à ce propos une expérience intéressante sur les foules. Aller voir les Meininger était donc tout indiqué.

J'ai dit : *troublé*, parce que vous revenez à ce propos avec fermeté sur des théories qui vous sont chères et que M. Claretie semble confirmer par ses critiques. Quel dommage que vous ne soyez pas venu là-bas ; nous aurions eu votre impression toute crue, tandis que vous n'avez vu et senti qu'à travers un autre.

Je suis, depuis que je vais au théâtre, embêté de ce que nous faisons avec nos figurants. Si j'en excepte en effet la *Haine* et le cirque de *Théodora*, je n'ai jamais rien vu qui m'ait donné la sensation de la multitude.

Eh ! bien, je l'ai vu chez les Meininger ! Je vous cherchais des yeux à la Monnaie certains soirs, où j'aurais été bien heureux de causer avec vous, là, sur le terrain. Ils nous montraient des choses tout à fait neuves et fort instructives. M. Claretie peut avoir raison pour *Jules César*, que je n'ai pas vu malheureusement ; mais *Guillaume Tell* ne m'a point fait du tout penser à l'Éden, et je souhaiterais que la cour d'*Hamlet* ressemblât à celle de Léontès du *Conte d'hiver*.

Savez-vous d'où vient la différence?

C'est que leur figuration n'est pas comme la nôtre composée d'éléments ramassés au hasard, d'ouvriers embauchés pour les répétitions générales, mal habillés et peu exercés à porter des costumes bizarres ou gênants, surtout lorsqu'ils sont exacts. L'*immobilité* est recommandée presque toujours au personnel de nos théâtres, tandis que là-bas, les comparses des Meininger doivent jouer et mimer leur personnage. N'entendez pas par là qu'ils forcent la note et que l'attention est détournée des protagonistes ; non, le tableau reste complet et, de quelque côté que se porte le regard, il s'accroche toujours à un détail dans la situation ou le caractère. C'est d'une puissance incomparable à certains instants.

La troupe des Meininger compte environ soixante-dix artistes des deux sexes. Tous ceux qui ne jouent pas un rôle sont tenus de figurer dans la pièce et ceci tous les soirs. S'il y a vingt comédiens occupés, les cinquante autres, sans aucune exception même pour les chefs d'emploi, paraissent en scène aux tableaux d'ensemble et chacun est le chef, le caporal d'un groupe de figurants proprement dits, qu'il dirige et qu'il surveille tant que l'on est sous l'œil du public. Cette obligation est telle que la femme de Hans de Bulow, l'une des étoiles des Meininger, ayant refusé ce service, qu'elle trouvait au-dessous de son talent, fut congédiée, bien que son mari eût le titre et les fonctions de maître de chapelle du duc de Saxe. Il quitta, lui aussi, la cour ducale à la suite des incidents que provoqua ce conflit.

Ils obtiennent ainsi des groupements d'une vérité extraordinaire. Mais allez donc appliquer ceci sur nos théâtres et exiger même d'un comédien de cinquième ordre qu'il meuble le salon de la princesse de Bouillon! Et l'on est contraint de nous servir de braves gens qui ne savent guère ce qu'ils font là ni pourquoi ils y sont. Je connais ça ; je figurais dans le temps aux Français avec Mévisto ; nous allions ainsi voir de plus près les comédiens qui nous enthousiasmaient de la salle.

Eh! bien, les Meininger s'y plient! Mlle Lindner, leur étoile, jouant la scène du Temps dans *Un Conte d'hiver*, figurait au tableau du lit de justice et mimait une femme du peuple avec autant de conscience et de soin qu'elle en apportait le lendemain soir à interpréter le rôle capital d'Hermione dans la même pièce.

Voilà le secret de leurs foules qui sont absolument supérieures aux nôtres. Et je crois bien que, si vous aviez vu l'arrestation de Guillaume Tell et la scène de la pomme, vous auriez été ravi comme moi.

Il y avait dans ce *Guillaume Tell* une autre chose superbe : le meurtre de Gessler, arrêté sur un praticable étroit, formant chemin creux, à huit mètres au moins de la rampe, par une mendiante et ses deux enfants qui jouaient de dos une longue scène de supplication, barrant la route de leur corps, pendant que Tell visait Gessler. Vous auriez convenu là qu'un dos montré à propos donne bien au public la sensation qu'on ne s'occupe pas de lui et que c'est arrivé.

Pourquoi ces choses neuves, logiques et pas du tout coûteuses ne viendraient-elles pas remplacer ces insupportables conventions que tout le monde subit chez nous sans savoir pourquoi?

Le mot de *mécanique* dont s'est servi M. Claretie ne me semble pas très juste. Est-ce qu'à la Comédie, où certaines œuvres se répètent des mois entiers, tout n'est pas réglé mécaniquement? La mécanique des figurations est supérieurement perfectionnée dans les foules des Meininger, voilà tout.

La seule et sincère objection que je trouve à leur faire est celle-ci : c'est que dans ce même *Guillaume Tell*, par exemple, Schiller ayant écrit un rôle pour la foule, tous les figurants criaient la même phrase et *en mesure*. C'est lourd et faux. Mais ne pourrait-on résoudre les répliques de cette foule en une rumeur savamment combinée?

Si nous lui faisions crier : « Vive Gambetta! » par exemple, savez-vous ce que je ferais?

Je diviserais mes deux cents comparses en une dizaine de groupes, si vous voulez : des femmes, des enfants, des bourgeois, etc. Je ferais partir ces bourgeois *Vi...*, les femmes accélérant le rythme, commenceraient lorsque les autres attaquent *gam*, et je ferais traîner les gamins cinq secondes après tout le monde. C'est, en somme, un chœur à régler. Je suis bien sûr que la salle entendrait, dans une grande rumeur, *Vive Gambetta!* et si, comme le font les Meininger, les attitudes, les gestes, les groupements étaient diversifiés et variés avec le même soin, nul doute que l'effet *général* et vrai ne se produisît.

Dans les tableaux d'ensemble, le protagoniste tenant la scène peut rendre les silences vrais par un geste, un cri, un mouvement. Et si la foule écoute et voit l'acteur, au lieu de regarder dans la salle, ou, comme à la Comédie-Française, de contempler les sociétaires avec une muette, mais visible déférence, on trouvera naturel qu'elle écoute et que deux cents personnes se taisent ensemble, dominées, pour entendre un personnage qui intéresse chacun.

Je ne connais rien en musique; mais on m'a dit que Wagner avait, dans certains opéras, des chœurs à multiples parties et que chaque série de choristes personnifiait un élément distinct de la foule, se fondait dans un ensemble parfait. Pourquoi, dans le théâtre parlé, ne ferions-nous pas ça? M. Émile Zola le voulait pour *Germinal* et ne l'a pas pu pour des motifs budgétaires que faisaient valoir les directeurs. Son dessein était de faire *répéter longtemps* les ensembles sous la conduite de comédiens figurants. Vous voyez, c'était le procédé des Meininger.

Notez que je ne suis pas du tout emballé, comme on dit, par eux. Leurs décors très criards, mais curieusement plantés, sont infiniment moins bien peints que les nôtres. Ils abusent des praticables et en fourrent partout. Les costumes splendides, lorsqu'ils sont purement *historiques*, et d'une richesse bête d'ailleurs, sont presque toujours d'un goût choquant, lorsque les documents n'existent pas, lorsqu'il faut faire œuvre d'imagination et de fantaisie.

Leurs effets de lumière, très réussis, sont le plus souvent réglés avec une naïveté épique. Ainsi, un fort beau rayon de soleil couchant, venant éclairer une très belle tête de vieillard mort dans son fauteuil, passait tout à coup au travers d'un vitrail, sans gradations, au moment précis où le bonhomme venait d'expirer, uniquement pour faire tableau.

Ainsi encore, après une pluie torrentielle extraordinaire, obtenue par des projections électriques, j'ai eu le chagrin de voir l'eau s'arrêter brusquement, sans transition.

C'était plein de choses de ce genre. Le même tapis de scène servant pour tous les actes; les roches de la Suisse posées sur les costières; ça sonnait le plancher dans les montagnes...

Les comédiens sont convenables et rien de plus; plusieurs portent mal le costume; tous les montagnards avaient les mains blanches et des jarrets aussi nets, aussi propres qu'à l'Opéra-Comique.

On me paraît, dans le recrutement des artistes, avoir surtout souci des voix fortes et des épaules larges, propres à draper magnifiquement les étoffes merveilleuses que le duc achète lui-même et pour lesquelles il fait de véritables folies. Il a, dit-on, dépensé 75.000 thalers pour la *Marie Stuart*, de Schiller.

Les artistes n'ont pour la plupart qu'une fort mince éducation préparatoire. On cite les deux ou trois qui ont étudié à Vienne. Mlle Lindner, dont je parlais tout à l'heure, était danseuse il n'y a pas longtemps et ne se doutait pas qu'elle serait appelée, comme ils disent, *la véritable pucelle d'Orléans*. Presque tous, la bonne moitié au bas mot, débutent sans autre éducation scénique qu'une année ou deux employées à figurer et à jouer de petits rôles.

Je les attendais beaucoup, naturellement, au *Malade imaginaire*, qu'ils avaient affiché et qu'ils n'ont pas donné. Dans la *Douzième nuit* et le *Conte d'hiver*, ils nous ont montré trois comiques, dont l'un, Carl Gorner, est de premier ordre.

Leur répertoire est fort varié. Ils ont même joué, à Meiningen, les *Revenants* d'Enrik Ibsen, dont j'ai une traduction. Leur duc avait eu l'idée, *très théâtre-libre*, de faire représenter ce drame à huis clos, devant l'auteur et les critiques de la presse allemande invités. La pièce n'a pu être jouée publiquement, car elle est fort subversive, et je crois bien qu'au mois d'octobre elle vous étonnera un peu vous-même.

Un autre détail fort caractéristique, c'est la défense formelle faite aux comédiens et aux comparses de dépasser le cadre proprement dit de la scène. Personne ne se risque sur le proscénium. (*M. Antoine entend par là cette partie du théâtre qui est, dans la plupart des théâtres, bordée à droite et à gauche par les loges des directeurs*), et je n'en ai pas vu un seul, en une douzaine de soirées, avancer le pied à deux mètres du souffleur. Défense aussi de regarder dans la salle, d'ailleurs obscure. Presque toutes les scènes principales se jouent au troisième plan ; les comparses tournant le dos et fixant les acteurs occupés au fond de la scène.

Vous sentez bien que dans tout cela il y a des innovations intéressantes. Pourquoi ne chercherions-nous pas à nous approprier ce qu'il y a de bon ?

Ça ne ressemblait en rien à ce que nous voyons à Paris, et j'aurais aimé que vous fissiez le voyage. Vous nous auriez rapporté, sur ces questions techniques, des réflexions personnelles utiles pour les gens du bâtiment, curieuses pour les autres. On m'a dit à Bruxelles que M. Porel était venu. Les grands directeurs auraient bien dû en faire autant, avec leurs metteurs en scène. Chacun y aurait trouvé son compte.

Bien entendu, cher maître, cette lettre est tout à fait entre nous. J'ai seulement voulu vous montrer, en mauvais français, selon mon habitude, que je ne perds pas mon temps et que je tâte sérieusement avant de risquer quelque chose. Je vais mettre un peu de ce que j'ai vu là-bas dans le drame de Goncourt et dans la *Mort du duc d'Enghien*, d'Hennique. J'espère que cela vous intéressera, si j'arrive à faire ce que je voudrais.

Votre tout dévoué et très reconnaissant,

ANTOINE.

Oui, sans aucun doute, cela nous intéressera, et beaucoup.

Je souhaiterais passionnément qu'il se trouvât, sinon un duc, — il n'y en a plus guère chez nous qui s'intéressent au théâtre, — au moins un grand financier, qui chargeât Antoine d'appliquer en grand ses théories et qui lui en fournît les moyens. Il y aurait là pour un millionnaire un bel emploi de son argent. Et, qui sait? peut-être ne serait-ce pas de l'argent perdu. Je prie nos lecteurs de garder le texte de cette lettre, car je compte y répondre dans le courant du mois d'août, qui est généralement vide de premières représentations. Elle sera le point de départ d'une polémique qui pourra offrir quelque intérêt. La question théorique sera ainsi déblayée quand M. Antoine nous donnera ses pièces, et le public, qui aura suivi les débats, n'en prendra que plus de plaisir à la représentation.

M. Antoine le sait bien : je serai ravi de sa tentative, alors même que le public paraîtrait donner un démenti à mes théories. Je ne les en croirais pas moins justes; mais j'aurais eu le plaisir de les voir aux prises avec les faits, de savoir pourquoi elles éprouvent un échec, que je croirais momentané. Je ne tiens pas du tout à avoir affaire à des gens qui pensent comme moi; je préfère ceux qui pensent par eux-mêmes. J'ai passé ma vie à combattre M. Perrin; il n'y a guère d'homme que j'aie plus estimé. Il savait ce qu'il voulait, et il le voulait bien. Je préfère un homme d'esprit, plein d'initiative, alors même qu'il est hostile à mes idées, à un imbécile qui pense comme moi. Je n'ai cessé de harceler M. Antoine; au fond, il sent bien qu'il n'y a pas, dans toute la presse, un homme qui soit plus sympathique à ses efforts, qui lui en soit plus reconnaissant. La sottise de beaucoup d'auteurs est de croire que l'approbation soit la seule forme et la meilleure de la bienveillance.

23 juillet 1888.

LES FOULES AU THÉATRE

Comme il ne s'est produit rien du tout de nouveau au théâtre, il m'est permis de revenir à la question des foules au théâtre. Il va sans dire, n'est-ce pas ? que cette question n'est qu'un point particulier d'une question infiniment plus générale : celle de la mise en scène au théâtre. J'avais prié mes lecteurs de garder dans leur mémoire les arguments de M. Antoine; je suppose qu'ils ont sa lettre présente au souvenir. J'ai reçu, depuis, beaucoup de communications pour et contre. J'en ferai le meilleur usage que je pourrai ; mais je voudrais d'abord donner la parole à l'un de mes correspondants qui partage les idées de M. Antoine et vient à son secours. Comme je cherche avant tout non à faire triompher mon opinion personnelle, mais à éclairer le public, à le mettre à même de choisir lui-même, en faisant passer sous ses yeux les pièces du procès, j'accorde plus volontiers la parole à mes adversaires. Je mets une certaine coquetterie à les laisser tirer les premiers.

La lettre dont je vais placer quelques fragments sous vos yeux est de M. Stany-Oppenheim, un des plus fervents habitués de la Comédie-Française, et que j'y rencontre souvent. J'ai grand plaisir à causer avec lui des représentations où nous assistons ensemble. Nous ne sommes pas toujours du même avis ; car je suis vieux, et à force de voir comme l'art du comédien est un art difficile, je suis devenu plus indulgent. Mais j'aime à voir les jeunes gens se passionner pour le théâtre, et je les excuse d'être excessifs. Je l'ai été si souvent moi-même, au temps de ma verte jeunesse !

M. Oppenheim a cru mieux faire cette fois, la chose lui paraissant grave, de se rendre compte à lui-même de ses idées en les écrivant. Je supprime les premiers paragraphes de sa lettre, qui sont de purs compliments :

« ... Vous le dirai-je ? c'est M. Antoine qui me fait l'effet d'avoir raison, et sa lettre m'a donné cette vive satisfaction qu'on éprouve à voir un homme de goût partager son avis, quand des hommes aussi compétents en la matière que vous l'êtes, vous et M. Claretie, semblent être d'opinion catégoriquement contraire. Je vous avoue que l'attitude de nos figurants, qui rappelle celle de domestiques assistant au dîner de leur maître, et dans laquelle M. Antoine reconnaît spirituellement une muette déférence pour MM. les sociétaires, me choque au suprême degré.

« Tenez, pour prendre un exemple dans une représentation qui nous a pourtant tous ravis, il y a dans *Œdipe roi*, au dernier acte, trois guerriers placés à droite, la lance au poing. Quand Œdipe paraît, les yeux ensanglantés, et qu'il descend en trébuchant les marches du palais, alors que moi, spectateur, je suis en proie à la plus vive émotion, alors même que les figurants de gauche reculent uniformément, marquant une horreur régulière, mes trois gaillards restent immobiles au port d'arme, comme si le roi venait prendre le frais.

« Mais, me direz-vous, si ces guerriers donnaient des signes d'épouvante et de douleur, ils attireraient sur eux votre attention qui, en ce moment, appartient tout entière à Œdipe. — Eh ! non, vous répliquerais-je, c'est au contraire en demeurant immobiles qu'ils me gênent. S'ils prenaient part à l'émotion générale, ce serait la chose la plus naturelle du monde ; ils seraient dans le ton, pour prendre une expression musicale. C'est leur souveraine indifférence, au contraire, qui m'étonne et qui attire par conséquent mon attention sur eux. »

C'était précisément mon idée de causer avec vous de la

mise en scène d'*Œdipe*. J'avais été très frappé d'un détail, qui m'était personnel. Je n'avais guère, à l'époque de la première reprise d'*Œdipe roi*, laissé passer de représentations sans aller les voir, raffolant du drame et de Mounet-Sully. C'était, vous le savez, Mlle Lerou qui autrefois faisait le rôle de Jocaste, et vous vous rappelez avec quelle adresse elle exécutait cette sortie difficile du troisième acte dont chaque étape est marquée par un même cri : « Malheureux ! malheureux ! » Mlle Lerou était admirable dans ce jeu de scène ; elle se sauvait éperdue, tête basse, les mains en avant. Jamais — non jamais — je n'avais pensé à regarder ce que faisait le chœur pendant ce temps-là. Je ne m'occupais point de lui ; il n'existait pas ; je ne voyais qu'elle et je n'entendais que son lugubre gémissement : « Malheureux ! malheureux ! »

C'est Mlle Lloyd qui a repris le rôle. Je ne voudrais pas être désagréable à Mlle Lloyd, qui est une fort belle personne, très au courant de son métier, mais à qui la nature a refusé le don du pathétique. Elle exécute le même jeu de scène ; car la sortie avait été fort bien réglée, et il n'y avait rien à y changer. C'est bien cela, et ce n'est plus cela. Je ne me sens plus pris de la même curiosité émue et douloureuse. Mes yeux ne sont plus invinciblement attachés sur cette femme qui s'enfuit sous le coup du plus terrible malheur qui puisse frapper une tête humaine. Et alors qu'est-ce que je fais pour me distraire ? Je regarde les figurants, et je m'aperçois alors qu'ils accompagnent de regards compatissants et de mains tendues la reine qui s'en va.

Je m'en aperçois : c'est, hélas ! la meilleure preuve que Mlle Lloyd n'est pas bonne. J'oublie le principal pour l'accessoire ; c'est que le principal s'est évanoui et qu'aussitôt l'accessoire a passé au premier rang. Le beau succès, en vérité !

M. Antoine nous contait dans sa lettre que les premiers acteurs des Meininger étaient tenus de venir tous les soirs, même alors qu'ils n'avaient pas de rôle dans la pièce, et que dans ce cas ils étaient chargés de figurations. Mlle Lindner, leur étoile, nous disait-il, jouant la scène du Temps dans *Un Conte d'hiver*, figurait au tableau du lit de justice et mimait une femme du peuple avec autant de conscience et de soin qu'elle en apportait, le lendemain soir, à interpréter le rôle capital d'Hermione dans la même pièce.

M. Antoine s'extasie là-dessus. Je n'y étais pas, mais je suis sûr que le drame en a souffert. Car un détail que le poète avait mis à son plan a pris, grâce à cette interprétation hors ligne, une importance extraordinaire, et les proportions régulières de l'œuvre ont été changées. Imaginez-vous la *Dame aux camélias* jouée par une actrice que je vous permets de supposer très bonne. Le directeur, afin de flatter le goût du public pour la mise en scène, a réuni autour du fauteuil où elle agonise quelques amies, et c'est Mlle Sarah Bernhardt qui, son tour de figuration étant venu, est une des camarades de Marguerite. Elle exprime, par une pantomime habile, la part qu'elle prend au douloureux spectacle qu'elle a sous les yeux. Savez-vous ce qui arrivera? C'est que toutes les lorgnettes s'attacheront sur le visage de Mlle Sarah Bernhardt, et que la pauvre Marguerite mourra sans que personne y prenne garde. Si vous croyez que la pièce s'en portera mieux!

Moins les figurants tireront l'attention sur eux, mieux cela vaudra pour l'effet du drame. M. Oppenheim est furieux contre ces trois soldats qui demeurent immobiles et indifférents au port d'armes, tandis qu'Œdipe s'avance les yeux en sang. Mais ils ont cent fois raison! D'abord, ils sont soldats; ils conservent l'attitude que leur impose la consigne, et ce qui se passe sur la scène ne les regarde point.

Mais ce n'est pas là la vraie raison. La vraie raison, c'est qu'ils n'existent pas, c'est qu'ils ne doivent pas exister pour le spectateur. On les a mis là pour qu'au lever du rideau ils complétassent une belle décoration qui, en charmant les yeux, mît l'imagination en branle et la transportât dans le pays et dans l'époque où l'action va se passer. Notez qu'on aurait pu les supprimer ; que, si la pièce se joue en province, sur des théâtres étroits et mal pourvus de figurants, on les retranchera, sans que l'œuvre de Sophocle y perde rien. Moi, personnellement, ces trois soldats ne boucheraient pas un trou au coin droit de la scène, ça me serait tout à fait égal. Mais enfin, il y a des gens que cela amuse ; il faut bien faire quelque chose pour eux ; et puis, ça ne me gêne pas autrement.

Mais, diantre ! ça me gênerait beaucoup si ces braves soldats, à qui Sophocle n'a jamais pensé, allaient s'essuyer les yeux, et pourquoi pas se moucher aussi ? Car enfin, quand on pleure, on se mouche !

Tout le monde connaît l'histoire, aujourd'hui légendaire, de ce figurant d'un théâtre du boulevard, à qui le régisseur avait dit aux répétitions :

— Mon ami, il faudrait avoir l'air de prendre un peu plus part à ce qui se passe autour de vous. Vous ne devez pas seulement être là de corps, mais d'esprit.

— Très bien, monsieur le régisseur, avait répondu le figurant ; on y veillera ! Vous serez satisfait.

Le soir, il était d'un groupe de courtisans dans le salon du roi. L'huissier annonce d'une voix retentissante :

— Le duc de Montmorency !

Et notre figurant, fidèle à sa consigne, arrondit ses lèvres en forme d'O, avec un air d'admiration, et pousse cette sorte de sifflement significatif qui peut se traduire ainsi :

— Mazette! le duc de Montmorency, ça n'est pas de la petite bière.

Le régisseur n'insista plus. C'est que le régisseur était dans son tort. Ou le duc de Montmorency devait jouer un rôle prépondérant dans le drame, et il fallait qu'à son nom prononcé toutes les attentions du public fussent concentrées sur ce personnage : le figurant qui attirait sur lui une part de la curiosité en éveil trahissait l'auteur; ou ce duc, tout de Montmorency qu'il se nommait, n'était qu'un simple invité, et il devenait inutile de souligner son entrée par un mouvement de la figuration. Les trois soldats de droite, dont parle M. Oppenheim, font à la Comédie-Française ce qu'ils ont à faire, car ils ne font rien du tout. Ils n'ont d'autre besogne que d'être décoratifs.

A gauche... ah! c'est une autre affaire, à gauche. Pourquoi les figurants reculent-ils en donnant des marques de douleur? Est-ce que c'est pour que je voie comme ils expriment bien ce sentiment? C'est tout simplement pour qu'ils me préviennent que je vais voir Œdipe dans un état très pitoyable. Ils sont sur le devant de la scène à gauche; ils l'aperçoivent qui vient du fond de son palais, les yeux en sang. Ils se reculent effrayés, émus, non pas pour me donner un spectacle, mais pour reporter mes yeux sur celui qui détermine ce mouvement chez eux et qui est la figure principale.

Une fois Œdipe là, ils peuvent faire à peu près tout ce qu'ils veulent. Ça m'est indifférent à un point que je ne saurais dire. Tout ce que je leur demande, c'est de ne pas jouer au bouchon, de ne pas distraire par des chuchotements, par des sourires, par un manque de tenue, l'attention qu'Œdipe accapare. Je veux qu'ils gardent tous une même attitude générale de douleur et de compassion. Mais, s'il y en avait un seul qui, usant d'un merveilleux talent de mime, s'avisât de jouer le désespoir, de façon à nous détourner des lamentations et des adieux d'Œdipe, il faudrait le flanquer résolument à la porte, en lui criant : « Animal! tu n'as pas le droit d'avoir du talent comme ça! tu fais partie d'un ensemble, restes-y ; laisse-moi écouter Mounet. Tout ce que tu feras, tout, entends-tu bien, tout ce que tu feras qui m'empêche de l'entendre, lui, le héros foudroyé, me désobligera et blessera le poète. Sais-tu bien que, si on te laissait faire, il n'y aurait pas de raison pour que tu n'en vinsses pas à te jeter au cou d'Œdipe, à fondre en larmes sur son épaule, à lui baiser la main, tandis que ton camarade se roulerait à terre, en poussant des cris inarticulés, et que Mlle Hadamard, la jeune Thébaine, aurait une attaque de nerfs. » Qu'y aurait-il, en effet, de plus vrai et de plus saisissant qu'une femme prise, au spectacle de ces yeux crevés et sanguinolents, d'un accès épileptiforme! Oh! parbleu! il n'y aurait rien de si facile que de « mouvementer » cette scène. Irving, Antoine, Claretie n'y auraient pas grand'peine ; et moi, qui ne me pique pas de m'y entendre beaucoup, je sais très bien que la besogne de constituer ce tableau ne serait pas au-dessus de mes forces. Oui, mais à travers ce bruit de sanglots et de cris, ce désordre de contorsions, on n'entendrait pas les vers de Sophocle dits par Mounet, et avouons que ce serait dommage.

M. Oppenheim raille agréablement les figurants de la Comédie-Française, qui *reculent uniformément, marquant une horreur régulière.* Mais ce sont eux qui ont raison contre lui, et qui ont deux fois raison. Ils ont raison d'abord parce qu'il s'agit ici d'une tragédie grecque, et qu'il faut, dans la mesure du possible, lui garder l'allure qui lui a été imprimée à l'origine. Tout le monde sait que dans une tragédie grecque les évolutions du chœur étaient réglées et accompagnées d'une musique, qui en marquait l'harmonie et la cadence.

Mais cette vue historique ne m'inquiète guère. Ces figurants auraient raison encore alors même que ce serait une tragédie de Racine ou un drame de Victor Hugo. Oui, c'est une horreur uniforme qu'ils doivent exprimer, l'horreur de la foule, une horreur de courte durée, car ce n'est pas à eux que je m'intéresse, une horreur qui est subordonnée à quelque chose de plus essentiel dans le drame, à l'entrée d'Œdipe. Aussitôt qu'il est là, aussitôt que je le vois descendre, tâtonnant et trébuchant, les marches du palais, ce personnage multiple, qui a fait son office, ne compte plus pour moi. Il m'a forcé à regarder vers la gauche ; il a mis en branle chez moi, par des marques générales de douleur, la compassion et l'effroi ; il n'existe plus, c'est Œdipe seul qui a la parole. C'est Œdipe seul que j'écoute, et la foule n'avait d'autre devoir à remplir que de me disposer à mieux l'écouter.

Je suis convaincu que M. Claretie, dans cette mise en scène d'*Œdipe roi*, a fait tout le nécessaire et tout le possible. S'il eût formé des groupes, empli le théâtre d'allées et de venues, dispersé puis réuni la foule, s'il eût mêlé le ballet à la tragédie, il eût excédé les bornes d'un art sévère.

Avec cela que c'est difficile d'obtenir ces mises en scène mouvementées devant lesquelles on se pâme ! Ce qu'on n'a pas toujours, c'est un Mounet dans *Œdipe,* un Got dans le *Flibustier,* une Bartet dans *Denise,* un ensemble d'artistes excellents dans un beau drame. Oh ! voilà qui n'est pas commode à trouver ! Mais ces foules évoluant sur le théâtre, on les a toujours eues, quand on a voulu. C'est affaire d'argent.

6 août 1888.

LA MORT DU DUC D'ENGHIEN

Vous n'avez peut-être pas remarqué que le programme ne porte à la suite du titre aucune des mentions ordinaires : drame, comédie, bouffonnerie, pièce, non, pas même le mot pièce, qui est pourtant bien vague. La *Mort du duc d'Enghien,* c'est *trois Tableaux.*

Premier tableau. C'est le soir, dans une grande chambre, éclairée par une lampe. Deux hommes en habit de généraux attendent, l'un au coin du feu, l'autre se promenant par la salle, un courrier qu'on leur a dit être porteur d'ordres importants. Ils se demandent l'heure et échangent quelques mots sur Bonaparte, dont on voit le portrait accroché à la muraille. Ils s'impatientent, car la nuit touche à sa fin.

La porte s'ouvre : c'est le général Ordener. Il apporte l'ordre d'investir Ettenheim et d'enlever le duc d'Enghien.

— Le duc d'Enghien ! s'écrie l'un des deux généraux ; mais il n'est pas sur le territoire français. On ne peut s'emparer de lui.

— Je suis soldat ; j'exécute les ordres qu'on me donne.

Et alors le général Ordener dicte à ses deux collègues toutes les mesures décidées par le premier consul ; c'est une série d'ordres techniques sur le nombre de soldats à prendre, sur les endroits où les distribuer, sur la façon d'opérer, sur l'heure où l'on opérera...

Après quoi le rideau tombe.

Second tableau. Une salle à manger ; deux domestiques mettent le couvert, et l'un des deux demande à l'autre si le duc d'Enghien a épousé la duchesse de Rohan. Le duc arrive ; il est en costume de chasse ; il demande à la duchesse si elle suivra la chasse, et, entre temps, il lui promet qu'il tâchera d'obtenir du roi la reconnaissance de leur mariage.

Les fidèles qui composent sa petite cour viennent lui présenter leurs hommages, entre autres l'abbé Edgeworth.

— Déjeunons! dit le prince.

L'abbé dit le *Benedicite;* tous répondent *Amen!* Après quoi on déjeune; on cause des événements du jour, du général Bonaparte, de la conspiration Cadoudal, des chances de la Restauration, au hasard et sans lien, comme cela se fait dans les entretiens à table. On se dispose à partir pour la chasse, quand un domestique accourt :

— Les Français! les Français!

Ce sont, en effet, les soldats de Bonaparte. Toutes les précautions sont bien prises. Pas une issue par où s'échapper.

Le général commandant l'expédition prend les noms de tous ceux qui sont là, et les inscrit soigneusement. Il regarde le prince et dicte à son secrétaire son signalement exact.

Après quoi, le rideau tombe.

Troisième tableau. Au moment où l'on frappe les trois coups, la salle se trouve tout à coup plongée dans une obscurité profonde, si profonde, que deux ou trois fumistes s'amusent à reproduire la farce, qui était jadis classique sous les tunnels de chemin de fer. Ils font sur le dessus de leur main un bruit de baiser, à moins que ce ne soit sur la joue de leur voisine. Mais écartons cette image, qui ne serait point assez funèbre pour la circonstance. Nous sommes dans la salle basse du château de Vincennes : on aperçoit vaguement, à la lueur incertaine de quatre ou cinq lanternes, les généraux qui composent le conseil de guerre, assis le long d'une grande table. Le prince est en face. On l'interroge. Il nie toute complicité avec Cadoudal; mais il avoue qu'il a porté les armes contre la France, ou plutôt contre la Révolution et qu'il était à la solde de l'Angleterre.

Le conseil se retire pour en délibérer. Le prince reste seul ; mais la femme d'un officier a été attendrie par la bonne mine du prisonnier et par les pleurs de la duchesse de Rohan. Elle introduit la duchesse ; les deux époux pleurent ensemble, mais l'arrêt a été prononcé ; on vient chercher le prince.

— Où me conduisez-vous ?

— Rappelez tout votre courage, monsieur, lui dit l'officier.

La duchesse reste seule ; un bruit sourd l'avertit qu'il se passe quelque chose dans les fossés de Vincennes. Elle court à la fenêtre et pousse un cri. Douze coups de feu retentissent.

Et le rideau tombe.

C'est le nouveau théâtre, que les uns appellent le théâtre documentaire et les autres le théâtre analytique. Le nom m'importe assez peu, c'est à coup sûr du théâtre qui n'en est pas.

Il me semble que des pièces comme cela on en expédierait à la douzaine. Rien de plus simple avec cette formule. Je m'en vais tout de suite vous en bâcler une sur ce modèle.

Premier tableau. Le cabinet du commissaire de police. Le commissaire, à trois agents : Vous, vous prendrez quatre hommes ; vous irez tel rue, tel numéro. Vous vous tiendrez en observation à la porte. Vous, vous en prendrez quatre autres, et vous surveillerez le derrière de la maison. Vous, vous m'accompagnerez quand je monterai au troisième.

— Bien, monsieur le commissaire.

Second tableau. — Appartement d'hôtel meublé. Sur un guéridon, des sandwiches, des biscuits et des flacons. Un jeune homme se promène, fiévreux :

— Toujours en retard ! Elle ne viendra donc pas !

Coup de sonnette timide.

— C'est elle !

Embrassements, effusions ; on collationne. La dame ôte son chapeau, sa pelisse, lorsqu'on entend un grand coup frappé à la porte :

— Ouvrez, au nom de la loi !

L'amant veut fuir : impossible, il ouvre. Le commissaire procède aux constatations légales ; il prend le nom et l'adresse des coupables, leur fait signer le procès-verbal, et le rideau tombe.

Troisième tableau : à la police correctionnelle. Le juge interroge la femme, puis l'homme ; le ministère public soutient l'accusation ; l'avocat affirme que le mari est un animal et n'a que ce qu'il mérite. Condamnation à huit jours de prison.

La toile tombe.

Ce sera une pièce ou une absence de pièce tout aussi documentaire que celle de M. Hennique. Car je n'y fourrerai pas un mot qui ne soit de la plus exacte vérité. Je copierai les instructions données par mon commissaire sur les registres de la police ; le procès-verbal qu'il lira, après le flagrant délit constaté, sera un vrai procès-verbal, et pour l'interrogatoire du troisième acte, je le transcrirai tout entier d'un numéro de la *Gazette du Palais*. Est-ce que c'est ça un drame ? Le drame, ce n'est pas une série de petits faits plus ou moins exacts, plus ou moins authentiques : c'est la peinture des passions qui ont amené ces faits, des caractères qui les ont mis en jeu.

Comment ! on me représente cette tragédie de la mort du duc d'Enghien et je ne vois rien des fureurs qui ont agité Bonaparte, des inquiétudes qu'il a traversées, rien de l'opposition qu'il a rencontrée dans son entourage, de la servilité de ceux qui, par crainte ou par flatterie, se sont fait les complices de ses colères ; je ne sais rien des passions qui poussaient les émigrés, des espérances qu'ils avaient placées sur la tête du prince ; je ne sais rien, rien, rien, des causes politiques ou morales qui ont conduit les choses à ce point d'acuité que Bonaparte a pu concerter une abominable violation du droit des gens et ordonner le plus inutile et le plus horrible des assassinats. On ne me fait connaître à fond aucun des personnages qui ont joué un rôle dans ce drame sanglant, on ne me donne pas la moindre idée de l'époque où il s'est passé, et l'on appelle ça du théâtre ; mais c'est le contraire du théâtre, c'est la négation du théâtre.

On me fait remarquer que les ordres donnés au premier acte sont rigoureusement conformes à la vérité historique. — Ah ! bien, voilà qui m'est indifférent, par exemple ! mais ce sont là, au théâtre, des détails qui n'ont pas ombre d'importance. Qu'est-ce que ça me fait de savoir à l'aide de quelles mesures pratiques Bonaparte a mis la main sur le duc ? L'essentiel est qu'il s'en soit emparé. Qu'est-ce que ça me fait, à moi, que l'exécuteur des hautes œuvres de Bonaparte me donne son signalement physique, tel qu'il est relaté dans les archives ? C'est son âme que je voudrais voir s'ouvrir à mes yeux. Quoi ! on n'a que trois actes à sa disposition et l'on perd le premier à me mettre sous les yeux des instructions techniques dont je n'ai aucun besoin, et le second, aux détails d'un dîner insignifiant...

Sur ce mot, on m'arrête encore. Détails insignifiants, c'est bientôt dit, s'écrie-t-on ; voyez comme le public a battu des mains au bénédicité dit par l'abbé Edgeworth. Pourquoi a-t-on applaudi ? C'est que c'était un détail vrai.

Vrai tant qu'on voudra. Il prend la place de choses qui seraient plus importantes. Et puis, il n'est pas si vrai que cela. Dans les familles où l'on a l'habitude de dire le bénédicité, c'est une formalité qui, en se répétant tous les jours, a perdu de sa solennité. On l'expédie vite, et personne n'y prend garde. Car le bénédicité fait partie du code du savoir-vivre ; c'est un acte que l'on accomplit machinalement, parce qu'il est devenu un acte d'habitude.

Au théâtre, c'est tout un cérémonial qui semble des plus extraordinaires. L'abbé récite pontificalement son bénédicité ; tous les assistants, la tête penchée, d'un air recueilli, d'une voix profonde, lui envoient les répons. On dirait que le sort tout entier du drame repose sur ce bénédicité.

Eh ! bien, je dis qu'ici la vérité devient un mensonge, parce que le théâtre donne une importance énorme à un détail de la vie ordinaire qui devrait n'en avoir aucune, et qui n'en a aucune par le fait. Ce sont là joujoux de la mise en scène.

On s'est extasié sur le tableau du troisième acte. La salle plongée dans l'obscurité, et la scène éclairée vaguement par quatre lanternes. C'est un effet d'impressionnisme. Au premier moment, les nerfs sont secoués ; et après ? Ce que j'appelle l'art de la mise en scène, c'est l'art de traduire aux yeux les idées du dialogue par l'arrangement des décors et les mouvements des artistes. Rien de plus facile et de plus vulgaire que ce gros effet d'une lumière qui attire invinciblement l'œil dans un grand cadre tout noir. Ici au moins l'effet est légitime, parce que cette sensation de la nuit s'épaississant autour d'une lueur intense est en rapport avec l'action. Mais il n'y a pas là de quoi crier merveille.

Ce qui m'a amusé, c'est qu'à cette pièce, qui se pique d'être si parfaitement documentaire, on a reproché d'en avoir trop pris à son aise avec la vérité. Il paraît qu'il est prouvé que la duchesse de Rohan n'a pas été admise à voir son mari à Vincennes. A moi, cet accroc fait à la vérité historique me serait fort indifférent. Le poète a besoin, pour nous tirer des larmes, que les deux époux se revoient à l'heure de la mort. Il trouve un moyen de ramener la femme près de son mari ; c'est lui qui est dans le vrai, si les discours qu'il lui prête sont vrais et pathétiques.

M. Hennique a emprunté à M. d'Ennery un de ses plus vieux moyens ; il a montré la femme regardant à la croisée, se désespérant et poussant des cris, tandis qu'on fusille son mari ; moi je n'y vois nul inconvénient, ayant pour système d'admettre toutes les conventions, dont le but est d'aider à la manifestation des sentiments passionnés des personnages. Mais il faut bien convenir que M. Hennique a été infidèle aux procédés de son école. Il aurait dû, pour être conséquent avec lui-même, écarter la duchesse, ouvrir le fond du théâtre, nous montrer les fossés de Vincennes, et, dans ces fossés, le duc d'Enghien, une lanterne sur la poitrine, en face du peloton d'exécution.

Il va sans dire qu'en parlant de la sorte je combats une théorie dramatique et laisse de côté le talent de M. Hennique, qui est incontestable. Il y a par-ci par-là, dans cette ombre de pièce, des bouts de dialogue superbes. Le duc d'Enghien cause avec l'officier qui le garde ; cet officier a fait la campagne d'Égypte et lui conte la bataille des Pyramides. Le duc l'écoute, plongé en ses réflexions et, d'un air de regret : « Ah ! c'est là, dit-il, que j'aurais dû être ! »

Plus tard, il vient d'être condamné ; il n'en sait rien ; on vient le chercher ; il demande où on le conduit ; l'officier ne répond point ; le prince a compris ce silence ; il sort lentement, sans dire un mot, et l'officier répète par deux fois cette simple phrase : « Rappelez tout votre courage, monsieur. » L'effet de cette sortie muette est vraiment tragique. Vous pensez bien au reste que, si l'ouvrage de M. Hennique était indifférent, je ne prendrais pas tant de peine à le critiquer si longuement. Mais je crois que ce système est très dangereux, et voilà pourquoi je m'élève avec tant de force contre la première œuvre, où il soit appliqué dans toute sa rigueur.

La pièce est convenablement jouée, rien de plus. Il faut toujours tirer de pair M. Antoine, qui n'a pas de voix, mais qui, à force d'intelligence, arrive à dompter et à remuer son auditoire.

17 décembre 1888.

LE COMTE WITOLD

Le Théâtre-Libre nous a donné le *Comte Witold*, drame en trois actes et en prose, de M. le comte Stanislas Rzewuski.

Il n'y a pas à faire montre, avec M. Rzewuski, de courtoisie internationale. M. Rzewuski, bien qu'il soit né en Pologne et qu'il ait écrit en polonais nombre de beaux drames qui ont eu là-bas beaucoup de succès, est un Parisien des plus parisiennants. Il parle et il écrit le français à merveille; une première représentation ne serait pas complète s'il n'y assistait pas, un volume sous le bras, celui qui vient de paraître, et deux autres dans ses poches.

Le grand défaut du drame de M. Rzewuski, c'est qu'il manque de préparations. Au premier acte, nous voyons revenir au foyer domestique le comte Witold, qui, nous dit-on, entraîné par une passion irrésistible pour une Française, a passé dix ans à Paris, où il a dissipé sa fortune. La comtesse a proposé de payer ses dettes; elle consent à ce qu'il reprenne sa place dans la maison longtemps désertée, mais à condition qu'il ne sera plus rien pour elle que l'homme dont elle porte le nom.

Il se soumet à ces conditions; il entre, la table est mise; il salue, sans mot dire, toutes les personnes présentes. Sa femme lui indique du geste la place du maître de la maison qu'il doit occuper. Il s'assied en silence ; la comtesse s'assied aussi, puis tous les convives. On commence à servir le repas, sans qu'un mot s'échange, et le rideau tombe.

La scène est d'un imprévu très original, mais je ne vois pas bien le sujet. Le second acte nous lance sur une fausse piste. La comtesse a près d'elle une pupille, qui est jeune et jolie. Elle la regarde comme sa fille. Elle s'imagine (car elle aime toujours son mari et elle en est horriblement jalouse) que le comte fait la cour à cette enfant et veut la séduire. Nous savons, nous, que rien n'est plus faux. Mais nous avons un instant cru que la chose allait devenir vraie ; que le comte, pressé de reproches, finirait par ouvrir les yeux sur la beauté de cette jolie personne, et alors...

Mais pas du tout. Ce détail n'a été imaginé que pour amener une scène, qui d'ailleurs est superbe et dont l'effet a été grand.

C'est une scène d'explication entre les deux époux. La comtesse reproche à son mari ce nouvel amour, plus déshonorant que tous les autres ; il se révolte contre cette accusation imméritée ; il s'en justifie, mais elle continue avec une sorte de rage. Elle lui rappelle qu'elle a payé ses dettes, qu'il vit de ses bienfaits ; elle lui jette cette ignominie au visage et lui dit qu'à sa place un homme de cœur se serait suicidé plutôt que d'accepter cette honte.

Coup pour coup, blessure pour blessure. Il a reconnu à ces fureurs l'accent de la passion. Sa femme l'aime encore ; elle est jalouse. Elle en convient ; elle l'adore. Il tient sa vengeance. Il lui déclare qu'il n'a jamais aimé qu'une femme, sa Parisienne, qu'il n'est revenu que dans l'espoir de gagner assez d'argent pour la revoir un jour. La scène est poussée à son dernier paroxysme, car il jette rudement sa femme à terre et court s'empoisonner.

Toute la pièce est dans cette scène qui éclate comme un

coup de tonnerre, un très beau coup de tonnerre, dans un ciel sans nuages.

Le dernier acte est d'un réalisme bien attristant. La scène représente une alcôve, et dans son lit le comte qui râle. Sa femme le veille, désespérée et repentante. Car cette mort, c'est elle qui l'a donnée. Elle se jette à genoux ; elle lui demande son pardon, elle l'obtient. Mais, lui, ne songe toujours qu'à celle qu'il a aimée. Il demande à contempler une dernière fois son portrait. Sa femme va le lui chercher ; c'est une expiation pour elle. Il le regarde, mais voilà que sa main s'ouvre et le laisse tomber. Il est mort, et la comtesse se jette éperdument sur lui : « Maintenant, s'écrie-t-elle avec une joie farouche, tu m'appartiens tout entier ! »

Ce dénouement a paru (en dehors du dernier mot) long et lugubre. Mais la grande scène du second acte est vraiment belle ; il ne lui manque que d'avoir été préparée, d'être attendue.

Antoine la joue avec beaucoup de vérité et de force ; Mme Régine Martial, qui lui donne la réplique, n'est pas sans talent. Mais, pour l'amour de Dieu, ne pourrait-on au Théâtre-Libre parler plus haut ? J'ai perdu un bon quart du dialogue.

3 juin 1889.

L'ÉCOLE DES VEUFS

Au Théâtre-Libre, tout passe ; on vient chez Antoine exprès pour être scandalisé. On s'attend à des excentricités, à des monstruosités ; on s'y attend et on les attend ; on les souligne d'un rire d'approbation ou de révolte ; mais on ne s'irrite point : on sait que le jour n'aura pas de lendemain. On est en partie fine ; le Théâtre-Libre, c'est les Porcherons de la littérature dramatique. Dans les autres théâtres, le préjugé reprend ses droits. On l'a bien vu l'autre soir, quand le Vaudeville nous a joué les *Respectables*. Les *Respectables* n'étaient certes pas aussi montés de ton que les *Inséparables* ou *Monsieur Lamblin*. Ils avaient été conçus et exécutés dans le même système ; ils étaient pleins d'esprit et de talent. Ils ont froissé le public, ce même public qui les eût peut-être trouvés un peu fades au Théâtre-Libre.

Oui, ce même public. Chez Antoine, la salle est composée des mêmes éléments qu'une salle de première dans n'importe quel théâtre de genre. Ce sont les mêmes journalistes, les mêmes membres des cercles parisiens, les mêmes amateurs de spectacles, le même monde d'artistes, de cocottes, où se mêlent quelques habituées de nos théâtres au bras de leur mari. Partout les mêmes figures de connaissance. Pourquoi les façons de voir et les dispositions d'esprit ont-elles changé ? Vérité en deçà des Pyrénées, erreur au delà.

Peut-être serait-il temps que M. Georges Ancey se préoccupât davantage des goûts que le public des premières manifeste dans les autres théâtres, et que confirment les publics des autres représentations, en y appuyant. Il semble, au contraire, qu'il prenne plaisir, comme de parti pris et par gageure, à s'enfoncer plus avant dans son genre. A quoi bon, à cette heure, puisqu'il a tiré ses premiers coups de pistolet, qui ont fait retourner tout le monde ? Il pourrait si aisément rentrer dans la grande voie !

Car il a le don ! il l'a à un point que je ne saurais dire ! Cette pièce osée, l'*École des veufs*, où il a réussi à lasser la longanimité et l'indulgence du public d'Antoine ; cette pièce qui nous a tous froissés et attristés, cette pièce dont les deux derniers actes ont été accueillis, même dans ce milieu spécial, par un silence de désapprobation glacée, prouve jusqu'à la dernière évidence que M. Georges Ancey est né pour le théâtre. Il l'a dans l'os.

Il a divisé son sujet en cinq tableaux très courts : eh ! bien, il a toujours choisi les moments qu'il y avait à prendre, et il a mis le doigt dessus avec une certitude et une netteté qui sont merveilleuses chez un débutant. Une fois le moment choisi, il a mené la scène avec une vivacité surprenante; pas une phrase inutile; tout mot porte et pousse à la conclusion.

C'est à ces signes que l'on reconnaît l'écrivain dramatique. Il est évident qu'il peut, de temps à autre, et c'est ici le cas de M. Georges Ancey, faire un détestable emploi de ces dons extraordinaires ; peu importe ! il s'assagira ; la nécessité le forcera à jeter par-dessus bord des théories fausses, des envies gamines de scandaliser et d'épater le bourgeois, les effervescences de la vingtième année. Je ne sais personne, parmi les jeunes gens qui ont débuté en ces dernières années, qui ait devant lui un plus bel avenir que M. Georges Ancey.

Et maintenant il faut bien lui montrer pourquoi sa pièce, malgré d'incontestables qualités de premier ordre, n'a pas réussi même devant ce public particulier, pourquoi elle eût été sifflée partout ailleurs; je suis fâché d'en venir à cette extrémité; car j'ai pour ce jeune homme si bien doué une sympathie réelle, un faible même. Mais il s'obstine dans un système faux ; il ne peut s'en prendre qu'à lui de nos sévérités.

Le sujet est vilain en soi. Un bourgeois riche devient veuf ; il est débarrassé d'une femme qui lui pesait. Six mois après, il prend une maîtresse et l'installe chez lui. Il n'a qu'un fils, qui tient quelque peu du Paul Astier de Daudet, avec moins de résolution pourtant et d'âpreté cynique. Sa maîtresse, elle, est une gourgandine ; elle voit le fils, qui est un miroir à alouettes. Elle s'en amourache. Le père les prend sur le fait, ne se découvre pas, mais veut éloigner son fils en l'envoyant diriger une de ses usines en province. Le fils refuse d'abord, puis promet d'y aller, mais déclare qu'il emmènera la belle, qui ne demande qu'à le suivre. Le vieillard cède ; maîtresse et fils resteront, et voilà un ménage à trois qui fonctionnera, le père payant, tant que durera le caprice du fils ou de la femme.

Tout cela est fort malpropre. Ce n'est pas une raison pour ne pas le mettre au théâtre. Au théâtre, tout peut se mettre ; il n'y a que la façon de l'y mettre. La seule façon, c'est d'expliquer les choses, d'en faire comprendre au public non pas seulement la vérité, mais la nécessité. Vous voulez que je croie à l'imbécillité de ce vieillard, berné par son fils de complicité avec une drôlesse ? Vous voulez que j'y prenne quelque intérêt ? Il faut appuyer sur les mobiles qui les font agir ; il faut m'ouvrir leur âme et m'en expliquer les hideux replis. Il faut que lorsqu'un mot leur échappera, qui marque violemment cette situation ignominieuse, ce mot ait flotté en quelque sorte sur mes lèvres, à moi spectateur, avant d'être sorti de leur bouche. Il faut nous y préparer de longue main ; car l'art du théâtre est l'art des préparations.

M. Georges Ancey, de parti pris, ne s'en embarrasse point. Il nous jette en pleine situation et laisse ses gens parler, ou plutôt il les fait parler, et le langage qu'il leur prête enchérit encore sur ce que la situation a de répugnant par elle-même.

Les hommes, dans la vie courante, ont, pour masquer leurs vilenies, une phraséologie hypocrite, qui est inconsciente chez les uns, et dont les autres se rendent parfaitement compte, mais qu'ils emploient tout de même, y trouvant leur utilité. C'est cette phraséologie que l'auteur comique peut seule transporter sur la scène, comme il n'y peut mettre que les gestes et les attitudes qui les accompagnent, puisque le théâtre est l'image de la vie. Sous ces formules de langage que la convention sociale impose, rampent et grouillent souvent, au fond des âmes, les sentiments les plus vilains, les plus abominables qui demeurent cachés dans cette vase, à moins qu'un coup violent donné soudainement dans l'âme ne les fasse remonter à la surface. C'est à l'écrivain dramatique de trouver les coups qui font éclater le mot de nature et qui le justifient, si répugnant qu'il soit. Mais si l'auteur dramatique met dans la bouche de son personnage ce mot de nature, comme s'il était naturel, nous nous récrions tous : C'est bien cela peut-être qu'il a pensé, mais jamais il ne l'a dit, parce qu'on ne dit pas ces choses-là, à moins de s'oublier dans le transport de la passion. Vous avez donc tort de le lui faire dire; sous prétexte d'être vrai, vous blessez la vérité. Et cela tourne vite au procédé. Ce procédé, M. Jules Lemaître l'a, dans un de ses derniers feuilletons, fait toucher du doigt. Il n'y a, dans toute circonstance où l'on a placé son personnage, qu'à se dire à soi-même : « Voyons, qu'est-ce que je penserais tout bas, si j'étais une canaille. » Et de le lui faire crier tout haut. On a ainsi à bon marché des mots de nature; mais, encore un coup, les mots de nature ne jaillissent de l'âme humaine qu'après un fort coup de coude.

2 décembre 1889.

LES DEUX TOURTEREAUX

Les *Deux Tourtereaux* (1) ne sont qu'une charge d'atelier. M. et Mme Ménessier dînent dans un cabaret d'aspect rustique; un dîner plus que frugal, servi dans des ustensiles grossiers. Tous deux paraissent s'aimer tendrement et se

(1) De MM. Paul Ginisty et Jules Guérin.

prodiguent toutes sortes de noms d'amitié ; ils causent de culture et de jardinage, et font une petite pointe vers la politique. Madame est légitimiste, car elle a servi comme dame de compagnie chez une duchesse ; monsieur est républicain ; il a été élevé chez un pharmacien et en a gardé, avec le goût des sciences, une certaine indépendance d'esprit. Mais ils ne se disputent point. Ce sont deux tourtereaux.

A ce moment entre un homme en costume semi-militaire, qui leur dit d'une voix rude : « Allons ! on a sonné l'appel ! dépêchez-vous, si vous ne voulez pas être punis. »

Les deux tourtereaux sont des hôtes de la Nouvelle. Ils sortent rapidement ; mais ils sont en retard, et le chef a décidé qu'ils retourneraient au pénitencier. Ils rentrent furieux, et tous deux dans leur rage, la nature primitive remontant avec force, s'invectivent à qui mieux mieux et se jettent au visage les crimes qu'ils ont commis ; l'un a empoisonné sa belle-mère ; l'autre a étouffé la dame chez qui elle était lectrice ; ils s'échauffent l'un et l'autre à ces propos insultants, quand le gardien rentre :

— Vous avez de la chance, leur dit-il. Nous avons un nouveau Président, on a remis toutes les peines. Vous pouvez rester ici.

— Tu vois bien, dit doucement le mari à la femme, ça ne serait pas arrivé avec un roi.

Et tous deux s'embrassent et reprennent le roucoulement du premier acte.

Ce n'est, comme je le disais tout à l'heure, qu'une charge d'atelier. Mais elle est drôle, quoique un peu prolongée peut-être, car on se fatigue vite au théâtre de l'ironie et de la blague. Cette saynète est jouée par Antoine et par Mme France. Antoine est un *polard* très nature. J'aime moins Mme France. Elle a donné à Mme Ménessier les allures et un ton de fille de ruisseau. Mais point du tout : le comique du rôle, c'est qu'elle, ancienne lectrice de duchesse, royaliste et dévote, affecte d'abord des airs distingués et fait des mines, jusqu'au moment où, emportée par la colère, elle retrouve ses premiers instincts et redevienne en plein fille du peuple. Il m'a semblé qu'avec son accent traînard de faubourienne Mᵐᵉ Franco avait dénaturé le rôle, surtout dans la première scène.

3 mars 1890.

LA TANTE LÉONTINE

Les auteurs de la *Tante Léontine*, MM. Maurice Boniface et Édouard Bodin, n'ont, par bonheur pour eux, aucune velléité de régénérer le théâtre ni l'art. Ils n'ont eu d'autre visée que d'écrire une comédie amusante, et la *Tante Léontine* est un des ouvrages les plus gais que nous ayons vus depuis longtemps au théâtre. Il a bien de l'esprit et de la bonne humeur, ce Maurice Boniface. M. Bodin ne se fâchera point, si je parle plutôt de son collaborateur. C'est que M. Maurice Boniface nous a déjà donné une comédie en vers, le *Marquis Papillon*, qui était d'une fantaisie étourdissante. Porel l'avait montée, sans y croire. Il avait été séduit par le tour agréable des vers, par la vivacité de quelques scènes. Mais c'était pour lui un spectacle de transition, sur lequel il ne comptait pas. Le *Marquis Papillon* était une pure bouffonnerie, infiniment plus shakespearienne, puisqu'on fourre du Shakespeare partout, que les élucubrations des Mullem de la nouvelle école. Porel avait eu peur de cette extravagance et de cette verve juvénile ; il avait ramené, autant qu'il avait pu, l'œuvre au ton de la comédie sérieuse. Mais voilà qu'à la première toutes ces plaisanteries éclatèrent comme des pois fulminants sous les pieds à travers le dialogue. Ce fut le dernier tromphe de ce pauvre Fréville, qui ne s'était jamais trouvé à pareille fête. Le brave artiste n'avait plus guère de mémoire et il n'avait jamais su dire le vers. Il était horriblement inquiet de son personnage et aux répétitions suppliait l'auteur et le directeur de lui retrancher quelques-unes de ses tirades.

— Ça n'ira pas jusqu'au bout, gémissait-il.

Ah! bien, oui, ce fut à chaque vers une nouvelle explosion de rires. Il fut si étonné, si déconcerté, qu'il en oublia son rôle, qu'il n'avait jamais su à fond. Il bafouilla de temps à autre une prose quelconque, sa prose de solennel prud'homme, au lieu des alexandrins de l'auteur; mais on était lancé, on pouffa de rire à ses improvisations. Ce fut une des plus amusantes soirées que j'aie vues au théâtre.

Nous nous étions, dès ce jour-là, beaucoup promis de M. Maurice Boniface. Il avait le dialogue naturellement scénique, et chez lui le mot jaillissait spontané, inattendu, presque toujours comique. Il y a déjà quatre ans de la première du *Marquis Papillon* et nous n'avions vu reparaître sur aucune affiche le nom de M. Maurice Boniface. Pourquoi? Ah! pourquoi? qui saurait le dire? C'est pourtant un convaincu et un laborieux; je savais, l'ayant pris en amitié pour son premier succès, qu'il travaillait beaucoup, qu'il se sauvait de Paris, s'enfermant dans la solitude de la province, pour vivre avec son idée et lui donner forme de drame; mais impossible de se faire jouer nulle part.

Je suis quelquefois enragé contre Antoine; mais il nous a tout de même rendu de fiers services. Il a ce mérite de lire les pièces des jeunes gens, et comme il lui importe peu, au point de vue pécuniaire, qu'elles tombent ou réussissent, il les monte quand elles lui plaisent, et il faut lui rendre cette justice qu'avec les moyens limités dont il dispose il les monte toujours d'une façon remarquable. Il a eu quelquefois la main heureuse, et les jeunes écrivains qu'il a mis en vue ont, grâce à lui, trouvé plus tard des directeurs plus abordables.

Je serais fort étonné si un théâtre de genre ne s'emparait pas de la *Tante Léontine*. Quelques légères retouches dans les deux premiers actes, deux scènes à refaire ou plutôt à adoucir au troisième, il n'en faudrait pas davantage pour que la comédie fît une excellente figure au Vaudeville, aux Variétés, au Gymnase ou à la Renaissance. Peut-être ne serait-elle pas assez montée de ton pour le Palais-Royal. Je ne sais si le directeur de l'une de ces scènes aura le bon esprit de nous remettre sous les yeux dans un autre cadre la *Tante Léontine*. Il n'importe guère au reste. Maurice Boniface est désormais hors de pages; voilà l'essentiel. Je compte bien que MM. les directeurs ne lui feront plus faire antichambre.

M. Dumont est un brave homme de négociant qui avait mis vingt ans à conquérir, dans le commerce, une fortune considérable. Il a toujours été scrupuleusement probe en affaires : sa signature est des mieux cotées sur la place de Valenciennes, et il en est fier. Il a fait une sottise en sa vie; il a joué sur les laines, il a été surpris par une baisse subite, il a perdu les trois quarts de sa fortune. Il a payé sans se plaindre, se refusant à invoquer l'exception de jeu. On n'a rien su de cette aventure dans le public; mais sa femme le considère comme un assez triste sire, absolument vieux jeu, et sa fille, l'aimable Eugénie, n'est pas loin de partager ses sentiments de dédain pour un père qu'elle aime d'ailleurs de tout son bon petit cœur.

Mme Dumont a fait tout ce qu'elle a pu pour masquer aux yeux du public cette diminution de fortune. Elle veut marier sa fille richement; elle a guigné un jeune homme, M. Paul Méry, sorti le troisième de l'École polytechnique, ingénieur de son état, qui a un bel avenir et un oncle riche. Elle l'a attiré chez elle, a favorisé discrètement une passion qu'elle a vu ou cru voir naître chez lui pour sa fille. Elle compte qu'au dernier moment le jeune mathématicien, englué par l'amour, se contentera d'une dot de vingt-cinq mille francs, au lieu des deux cent cinquante mille qu'il avait droit d'attendre.

— Peut-être, a objecté le vieux Dumont, qui n'est pas fin-de-siècle, peut-être faudrait-il prévenir ce jeune homme...

— Laisse-moi faire, répond Mme Dumont, qui est femme de tête, tu n'y entends rien non plus qu'aux laines.

Vous pensez bien que, de son côté, M. Paul Méry, qui est, lui, très fin-de-siècle, et qui, en qualité d'ancien élève de l'École polytechnique, sait compter, a tablé sur la dot de Mlle Eugénie. La fille ne lui déplaît pas, cela est certain ; mais ce qu'il aime le plus en elle, c'est les écus du père. Il n'avait pas osé se déclarer encore, parce que sa situation était vraiment trop subalterne à l'usine. Mais son chef vient de mourir ; c'est lui qui aura la place, à mille écus d'appointements. Il a, de plus, onze cents francs de rente. Avec la dot de la jeune fille, ce sera une assez belle entrée de jeu, qui permettra d'attendre les événements.

Il a donc chargé un de ses oncles, ancien colonel, officier de la Légion d'honneur, de faire la demande officielle ; mais comme il sait (ayant pris toutes ses informations par-dessous main) que la dot de la jeune fille sera vraisemblablement bien supérieure à son apport personnel, il a recommandé à son oncle de trancher du généreux et de ne point parler de dot ; on ne s'en expliquera que le jour du contrat, par-devant notaire.

En vain M. Dumont, pris de scrupule, veut en donner le chiffre, le colonel est intraitable.

— Non, causons de ces chers enfants.

Et l'on cause. Où s'installeront-ils ? Le colonel parle d'un petit hôtel que son neveu a l'intention de louer.

— Diantre ! c'est qu'il est cher, objecte Dumont.

— Quatre mille ! une bagatelle. Qu'est-ce que cela ? Mon neveu apporte de son côté un peu plus de sept mille ; de l'autre le revenu de la dot...

— C'est que la dot !...

Et malgré les gestes désespérés de Mme Dumont, l'intègre négociant expose au colonel la situation. Cela change les choses. Il faut que le colonel en réfère à son neveu. Allons ! c'est une affaire manquée. On l'apprend à Eugénie, qui sanglote dans son mouchoir. Elle aime Paul ; il lui faut Paul. Et comme son père tâche de la consoler :

— On te l'avait pourtant bien dit, s'écrie-t-elle, qu'il y aurait une forte baisse sur les laines !

A ce moment, une dame qui fait passer sa carte, Mme de Xaintrailles, demande à être admise.

— Encore une quêteuse ! s'écrie Mme Dumont, je vais bien la recevoir.

La dame entre ; elle a bon air, se présente modestement, quoique habillée avec luxe. Mme Dumont, pour la prévenir, lui dit tout de suite qu'elle est elle-même à la tête d'une œuvre de charité et qu'elle a des billets de tombola à placer.

— Je serai heureuse d'en prendre, dit gracieusement l'étrangère.

Mme Dumont tombe de son haut ; la dame en prend pour cinq louis et paye. Mme Dumont est de plus en plus interloquée.

— Qu'est-ce que c'est que cette dame ?

Nous, nous le savons ; car M. Maurice Boniface, qui ne se pique pas de bouleverser les traditions, a eu le soin, qu'ont toujours pris les auteurs dramatiques, de nous mettre dans la confidence. M. Dumont avait eu une sœur, qui était une jeune fille intelligente et instruite. Tandis que son frère luttait pour se créer une position, elle s'était placée comme institutrice dans une famille riche, avait été séduite par le fils de la maison, abandonnée et chassée; elle avait depuis roulé sur la pente du vice; son frère n'avait plus voulu en entendre parler; il l'avait fait passer pour morte, et depuis vingt-sept ans, elle n'avait pas donné signe de vie.

Personne ne l'attendait plus; car on avait tant répété la nouvelle de sa mort qu'on la croyait morte pour tout de bon. Nous, nous étions fixés : cette inconnue, qui arrivait si inopinément à Valenciennes, la dame aux cinq louis, c'était la tante Léontine.

Et c'était elle, en effet. Après avoir beaucoup cascadé, elle avait rencontré un duc authentique et millionnaire, qui s'était attaché à elle. Elle avait vécu dix ans avec lui, d'une vie très retirée et très sérieuse. Il était mort, lui laissant soixante mille livres de rente. Elle s'ennuyait de sa solitude; elle avait eu l'idée, ayant fait peau neuve, de revenir dans son pays, près de son frère, et de s'établir dans une famille toute faite, puisqu'elle n'avait pas su s'en créer une.

C'est ce qu'elle expose à son frère, qui la reçoit comme un chien dans un jeu de quilles. Vous entendrez un jour cette scène au théâtre. J'ose dire qu'elle est faite de main de maître. Chacun des deux interlocuteurs dit juste ce qu'il doit dire, avec une netteté, une franchise et une mesure merveilleuse. C'est de l'excellent théâtre.

Le vieux négociant, vous le pensez bien, est intraitable. L'idée d'admettre cette ex-cocotte dans l'intimité de sa femme et de sa fille, lui fait horreur. Il la renvoie avec ses douze cent mille francs à Paris d'où elle vient.

Mais la tante Léontine avait appris par une indiscrétion

de domestique le chagrin de sa nièce et la cause de ce chagrin. Elle s'était dit : Bah ! du moment que la difficulté est une question d'argent, rien n'est plus simple que de la lever. Elle était allée chez Paul et lui avait dit : « Je suis la tante d'Eugénie, épousez, je me charge de parfaire la dot. »

Paul avait pris la balle au bond. Il était retourné dare dare chez Mme Dumont ; et, comme il fait toujours étalage de sentiments généreux.

— Madame, dit-il, mon oncle m'a averti de votre situation, il a cru en devoir référer à moi ; mais l'engagement qu'il ne s'est pas cru autorisé à prendre en mon nom, je viens le revendiquer : j'ai l'honneur de vous demander pour la seconde fois la main de votre fille.

— Noble jeune homme !

On lui serre les mains, on l'embrasse ; Eugénie essuie ses yeux. Et la conversation va son train. Il est impossible qu'au cours de l'entretien Paul ne fasse pas allusion à la visite qu'il a reçue, aux promesses qu'on lui a faites.

— Quelle visite ? quelles promesses ?

— Mais cette dame respectable, avec des brillants aux oreilles...

— La tante Léontine ! Ah ! la tante Léontine.

Et Dumont, frémissant, explique à Paul ce que c'est que cette tante, une drôlesse qui a été la honte de sa famille, qu'on a mise à la porte, dont on n'acceptera jamais un sou, pas un sou, entendez-vous !

Voilà qui défrise le jeune polytechnicien fin-de-siècle. Il vient de s'engager bien imprudemment. Mais on lui offre un moyen de s'échapper. Il feint d'être furieux de cette révélation :

Eh ! quoi ! Voilà donc la famille où on l'a attiré ! On s'est joué de sa candeur ! On a spéculé sur un amour que l'on a par artifice provoqué, attisé! et l'on s'est imaginé ensuite qu'il suffirait de quelques billets de mille francs ajoutés à la dot par une aventurière pour le ramener, lui, un honnête homme, un homme d'avenir. Mais il ne mange pas ce pain-là!

— Et nous non plus! Ah! je l'ai chassée, elle, et ses douze cent mille francs.

— Vous dites?

— Elle a hérité d'un duc qui lui a laissé soixante mille livres de rente. Qu'elle les garde!

A ce chiffre, Paul, qui avait mis son chapeau sur la tête, l'ôte d'un geste inconscient, et la scène revire sur ce mouvement.

Elle est merveilleusement menée cette scène; avec une rare sûreté de main, et quel feu de dialogue! quel jaillissement de mots drôles!

Ce pauvre Dumont va se trouver seul de son avis contre sa femme, contre son gendre, contre sa fille aussi, hélas! C'est une succession de scènes d'une verve étourdissante, d'un comique achevé! Vous pressentez la fin : Dumont cédera et dira : « Eh! bien, qu'elle revienne! » Mais c'est alors la tante qui fera la renchérie; on l'a pris de bien haut avec elle, et il faudra qu'on la prie, qu'on la supplie; et il n'y aura pour vaincre sa résistance que le mouvement d'Eugénie, qui se jette dans ses bras, en l'appelant : « Ma tante. »

— Si c'est un garçon, lui dit-elle, nous l'appellerons Léon. Tante Léontine essuie une larme et se rend. On ira dans le Midi, on y achètera une belle propriété; Dumont plantera ses choux à son aise; Paul, qui en a assez de son métier d'ingénieur, se fera nommer député et rendra des services à son pays; ils seront tous heureux, et tante Léontine ne donnera que de bons exemples à ses petits-neveux, car il n'y a rien pour se montrer austères comme les vieilles farceuses.

Je ne veux pas insister sur les côtés faibles de cette charmante comédie, qui, en passant sur un vrai théâtre, subira, j'imagine, quelques corrections nécessaires, surtout au troisième acte. Je ne saurais assez louer la netteté et la solidité de la composition, la vivacité du dialogue, le nombre prodigieux de mots comiques qui tous jaillissent de la situation. C'est un des meilleurs ouvrages, et peut-être le plus achevé, qu'Antoine nous ait donné depuis que le Théâtre-Libre existe.

5 mai 1890.

LA FILLE ÉLISA

C'était une singulière idée que de choisir la *Fille Élisa*, de M. de Goncourt, pour en tirer un drame. La *Fille Élisa* est, à coup sûr, l'œuvre la plus faible du maître ; c'est la seule, à mon avis, où il ait sérieusement touché le médiocre. Il est d'ordinaire ou exécrable ou exquis ; là, il s'est tenu sur une limite indécise entre les deux.

M. de Goncourt, dans ce roman, s'était proposé d'étudier une âme de fille soumise. Ce n'était pas là une étude bien intéressante ; on a vite fait le tour de ces âmes élémentaires ; mais enfin c'était une étude, et M. de Goncourt avait pris la peine de démêler ce qui pouvait surnager encore de sentiments honnêtes ou tendres dans ces natures réduites par la fatalité du métier à l'état de fange.

Je ne voyais pas trop comment on pourrait porter cette analyse au théâtre. Aussi M. Ajalbert ne s'en est-il point soucié. Il a pris le coup de couteau qui est le point culminant de l'étude du romancier, et il en a fait le point initial de sa pièce, sans prendre la peine de donner les explications qui le rendaient à peu près vraisemblable dans le roman.

Au premier acte, le théâtre représente un cimetière. La maison Tellier a donné congé à quatre de ses pensionnaires ; elles sont en « ballade » sur l'herbe des tombes. Elles causent gaiement des choses de leur métier ; une seule ne prend pas part à la conversation. Elle est rêveuse ; elle attend son petit homme ; elle a un béguin pour lui. Ses compagnes la laissent à sa mélancolie. Elle tire de sa poche une lettre qu'elle lit avec émotion ; j'avais trouvé la lettre très tortillée dans le roman ; elle m'a paru plus précieuse encore, plus raffinée et plus subtile au théâtre : c'est la lettre du petit homme. Le petit homme arrive ; c'est un tourlourou. Il se met à genoux devant sa petite femme et lui dit qu'elle lui rappelle la sainte qu'il voyait dans sa niche à l'église. C'est ainsi qu'elle veut être aimée de son petit homme. Mais le petit homme a d'autres idées. « Si nous allions dans le bois !... » Elle refuse d'aller dans le bois. « Eh ! bien, ici. » Elle s'indigne. Nous qui ne savons d'elle que la profession qu'elle exerce, nous, à qui l'on n'a pas ouvert le fond de son âme, rendue chaste par l'amour, nous nous étonnons un peu qu'elle fasse tant de manières.

Chez Antoine, ça n'est pas naturel !

Le petit homme devient plus pressant ; elle s'échappe de ses bras, il la poursuit, il l'atteint, il l'enveloppe, et tout à coup elle crie : « Je vois rouge. » Elle frappe, il tombe, il est mort.

Je vois rouge : c'est toute la préparation. Mais pourquoi a-t-elle vu rouge ? Comment voulez-vous, si vous ne m'en avez rien dit, que je comprenne quelque chose à l'état d'esprit d'une femme de son métier, qui, pour défendre sa personne contre son amant, le tue d'un coup de poignard? Comment voulez-vous que je m'y intéresse? Que je m'intéresse à ce qui va sortir de là? Et que peut-il en sortir?

Le second acte nous transporte à la cour d'assises. Nous avions déjà vu ce tableau mis en scène à l'Ambigu avec une exactitude très pittoresque. L'invention d'Antoine, c'est d'avoir imaginé une séance de nuit. Au fond de la scène on voit les conseillers en robe rouge, et comme des lampes sont placées devant eux, la lumière tombe en arrière sur ces robes rouges et les éclaire violemment. Les douze jurés à droite, le banc de la défense à gauche et la foule des avocats en robe noire qui se pressent dans l'enceinte restent dans la pénombre, et cet effet de contraste est d'un pittoresque très curieux.

Le public en a été ravi. Je ne ferai qu'une observation. Les juges ont leur lampe, qui éclaire le rouge de leurs robes, voilà qui est fort bien. Mais je vois, au banc de la défense, l'avocat qui va parler. Il n'a pas de lampe, lui; il va être obligé de lire des lettres, des rapports. A quelle lumière les lira-t-il? Il ne les lit à aucune lumière. Les juges ont des lampes pour l'écouter; il n'a pas de lampe pour lire ses notes. C'est qu'il n'a pas de robe rouge, lui; c'est que, s'il y avait à côté de lui une bougie ou une lampe, elle détruirait l'effet de contraste que le metteur en scène a voulu établir entre le fond de la scène violemment éclairé et le reste plongé dans les demi-ténèbres du soir. Au fond, moi, vous savez, tout ça m'est égal. Je puis être, comme les camarades, pris un instant par la curiosité d'un décor imprévu; mais cette sensation d'étonnement ne dure guère. Quand j'ai vu et admiré une minute les robes rouges des magistrats, je me détache de ce spectacle, pour suivre l'action, s'il y en a une; parce que l'action, c'est l'essentiel au théâtre. Je vous avouerai aussi que je n'aurais pas pris garde à l'impossibilité où est l'avocat de lire ses pièces dans l'obscurité si ces messieurs ne se targuaient pas sans cesse de leur goût de vérité dans le détail matériel. Ce qui m'intéresse, c'est ce que lit l'acteur et non pas la lampe dont il se sert pour lire.

Quand je pense que ces théories, vieilles comme le monde, des théories de simple bon sens, ont aujourd'hui besoin d'être défendues !

Ce second acte, qui a paru ravir les abonnés d'Antoine, je voudrais qu'on le transportât sur un véritable théâtre. Nous en verrions l'effet sur le vrai public !

Savez-vous de quoi il se compose ?

Au lever du rideau, le président dit de sa voix blanche :

— L'audience est reprise, l'avocat de l'accusée a la parole.

Antoine (c'est lui qui fait l'avocat) se lève et parle vingt-cinq minutes d'affilée. Vous me direz que, si M. Ajalbert avait été aussi esclave de la réalité que ses théories le lui commandent, la plaidoirie aurait duré deux heures au moins. Heureuse faute ! l'avocat y développe ce lieu commun, cent fois, mille fois ressassé, surtout en ces derniers temps, que Gabrielle Bompard... pardon ! que la fille Élisa a été mal élevée, qu'elle a été écrasée sous la fatalité de cette éducation et poussée au crime par cette société même qui lui en demande compte aujourd'hui.

Il faut tout dire : le plaidoyer est fort éloquent, d'une belle langue, sobre, ferme et sonore : Antoine l'a dit avec une chaleur merveilleuse, et je l'ai applaudi comme tout le monde. Mais si c'est là un acte de drame, je veux que le loup me croque.

Le président déclare les débats clos, lit les questions à résoudre au jury qui se retire. Les avocats, rendus à la liberté, causent ensemble :

— Tu as rudement plaidé, dit l'un d'eux au défenseur. Autorise-moi à te dire...

— Je t'autorise à m'offrir un bock; je meurs de soif.

— Un autre avocat à l'un de ses confrères :

— Dis donc! il a joliment bien plaidé, n'est-ce pas?

— Laisse-moi, répond l'autre, en s'enfuyant, j'ai vu dans la salle une belle petite qui est à croquer; je cours la rejoindre.

— Ah! petit cochon! reprend le premier.

Ces gentillesses aident à attendre la rentrée du jury. La sonnette d'appel se fait entendre. Tout le monde regagne sa place.

Élisa est condamnée à mort.

C'est le deuxième acte. Je vous prie de remarquer qu'il n'y a là dedans ni action, ni étude de caractère, ni analyse de passion, ni rien de ce qui constitue le drame, tel que tous les siècles l'ont toujours entendu, de ce qui en fait la beauté et la difficulté. Il y a un bel effet de diorama, et une plaidoirie d'avocat, quelque peu abrégée; et c'est tout. Mais après cet acte, sentez-vous le besoin d'un troisième? Attendez-vous quelque chose? Êtes-vous pris de curiosité? remué de pitié ou de terreur? en savez-vous plus sur les mœurs des pensionnaires de la maison Tellier? On vous a servi un lieu commun très brillant sur la liberté et la responsabilité, et c'est tout.

Au troisième acte, nous sommes dans une maison centrale. La rampe est toujours baissée; un jour blafard et froid tombe d'en haut sur une sorte de lingerie, où des prisonnières, sous la surveillance d'une sœur, rangent le linge dans des cases numérotées. Tout se fait en silence, car dans ces établissements, comme dans celui d'Auburn, qui leur a servi de modèle, défense absolue est faite aux détenues de parler. Ce silence morne, dans cette lumière terne, c'est l'effet cherché. Je n'ai pas besoin de vous dire que la fille Élisa est une des pensionnaires.

Entre le directeur, suivi du sous-préfet, qui vient faire une tournée d'inspection. Le directeur est un Marseillais bavard qui parle tout le temps, vantant avec une terrible volubilité les bienfaits du silence obligatoire. Ça, c'est un truc de mélodrame, et M. Ajalbert n'en a pas l'étrenne.

La ficelle paraît ici grosse comme un câble. Car nos jeunes gens, en prenant aux plus vieux mélodramaturges leurs plus vieux artifices, les étalent avec cette ingénuité qui est la grâce des hardis novateurs. Le sous-préfet veut interroger la fille Élisa; elle a si bien perdu l'usage de la parole qu'elle ne trouve plus pour répondre que des mots inarticulés.

A ce moment, une sœur prévient le directeur que la mère de la fille Élisa demande à la voir. Dans la vie réelle, la fille Élisa, autorisée à recevoir cette visite, irait au parloir. Le directeur permet à la mère de venir dans la lingerie. Moi, je le répète, ça m'est indifférent; au théâtre, j'admets toujours la convention, quand l'auteur en a besoin pour me dire quelque chose d'intéressant. La convention ne commence à me choquer que si je ne m'intéresse pas à la scène. Mais voilà des gaillards qui ont pour esthétique de découper sur le théâtre des tranches de la vie réelle; j'ai bien le droit de leur dire : Ça, réel? ah! non, c'est de la convention pure.

La scène n'est pas plus intéressante qu'elle n'est vraie. La mère est venue uniquement pour demander à sa fille l'argent qu'elle a gagné dans ses dix ans de réclusion et dont elle n'a pas besoin, puisqu'elle ne doit jamais sortir de sa prison. Eh! bien, jamais je ne croirai que deux femmes, si perdues qu'on les suppose, mère et fille, se revoyant après onze ans de séparation, dans un pareil lieu et après des événements si terribles, ne trouvent pas autre chose à se dire que, l'une : « Donne-moi donc ton argent ! » l'autre : « Je garde dix francs pour la bière où je serai ensevelie ; prends le reste. » — C'est de l'horreur à froid.

La mère s'en va, la fille Élisa reste seule, reprend machinalement, automatiquement, son ouvrage, compte sur ses doigts les années qu'elle a déjà passées dans la maison, s'embrouille dans ses calculs, s'assied, lassée, sur une chaise et répète vaguement : « Toujours ! toujours ! » La toile tombe ; c'est fini.

Est-ce que c'est là du théâtre ? Ce sont de lugubres amusettes de mise en scène, bonnes à distraire un instant des curiosités de blasés, qui, fatigués de voir tous les jours des comédies et des drames, cherchent au théâtre ce qui n'est pas le théâtre. Mais quand vient le vrai public, le bon public, le public croyant, il faut voir comme tous ces vains artifices de décors pèsent peu devant lui. Je voudrais voir la mine que feraient, en face de la *Fille Élisa*, les spectateurs de la quatrième représentation dans un théâtre ordinaire. Après cela, ils n'en feraient aucune, par l'excellente raison qu'il n'y en aurait plus.

29 décembre 1890.

LEURS FILLES

La pièce a beaucoup, mais beaucoup réussi, et elle nous a charmés, moins encore pour ce qu'elle nous donne que pour ce qu'elle nous promet. Il y a chez M. Pierre Wolff l'étoffe d'un auteur dramatique. Il a le don du théâtre, et je serais bien étonné si en peu de temps il ne s'y taillait une grande place.

Au lever du rideau, une bonne est en train d'épousseter,

et, tout en faisant sa besogne, elle se parle à elle-même. Et voici ce qu'elle dit : j'ai la brochure sous les yeux ; je copie :

« Ah ! ce que j'en ai assez de cette baraque ! Maintenant que le vieux est mort, il n'y aura plus moyen d'être tranquille une minute... Et puis quoi ? Il y avait quatre ans qu'il était avec la patronne : c'était une garantie, cela... par-dessus le marché, c'était quelqu'un d'honorable... aujourd'hui, oh ! la la, on est à la recherche d'un client solide... Pauvre M. Verdier, ce qu'on t'a vite oublié depuis trois mois que tu as éternué pour la dernière fois... Ton portrait ? au sixième, avec les anciens... Tes vêtements ? vendus au marchand d'habits ! Tu es remplacé ; on n'a pas perdu de temps ; et par qui ? par un *gigolo*, vingt-neuf ans, M. de Verfuge... Si ça ne fait pas suer !... »

Je ne donne pas comme excellente cette façon d'apprendre au public ce qu'il a besoin de savoir. Elle sent sa convention d'autrefois ; mais, moi, qui admets la convention au théâtre, je ne m'offusque point de celle-là. Seulement... il y a un seulement... du moment que l'auteur a pris la peine de m'instruire dans ce monologue de l'état social de la maîtresse du logis, des amants qu'elle a eus, du cas qu'elle en fait, du nom de son dernier, c'est apparemment parce que la connaissance de ces détails est utile à l'intelligence de l'action future, c'est pour que je les sache ; eh ! bien, la mise en scène est arrangée de sorte qu'il n'arrive pas aux oreilles du public un mot, un seul mot de ce monologue. Mme Luce Collas, d'un bout à l'autre de la scène, époussetant les meubles, tourne le dos au public et parle entre ses dents. « C'est plus nature, » me dit M. Antoine. Et moi, j'en reviens toujours à mon objection : En quoi est-il plus nature d'épousseter de dos que d'épousseter de face ? En quoi est-il plus nature de manger les syllabes que de les articuler ?

Mes lecteurs trouveront sans doute que je rabâche. Ce n'est pas ma faute. Si je dis toujours la même chose, c'est que c'est toujours la même chose. S'il ne s'agissait que du Théâtre-Libre, j'en prendrais mon parti. Mais, je vois ces théories s'infiltrer dans les autres théâtres.

Comme il est infiniment plus aisé de montrer son dos que de souligner ce qu'on dit par des jeux de physionomie; comme il est plus facile de bredouiller que d'articuler, voilà que les artistes commencent à se faire de leur impuissance un mérite, à ériger leurs défauts en principes. C'est ce que je ne saurais souffrir, et je ne cesserai de protester, tant que j'aurai une plume en main, contre ces innovations.

Valentine d'Allancey, que sa femme de chambre appelle la *patronne*, est donc une cocotte; elle s'achemine à la quarantaine et elle a une fille de dix-sept ans, Louisette, qu'elle entend élever honnêtement et marier plus tard à un brave garçon. Elle sait les ennuis de l'existence qu'elle mène et elle veut les lui épargner. C'est sur elle qu'elle a reporté ses goûts de vertu et ses pudeurs. Ce sentiment n'est pas rare chez les mères de cette catégorie, et M. Victorien Sardou l'avait déjà fortement marqué dans son drame de *Georgette*.

Mais bon sang ne peut mentir. Louisette a déjà l'imagination très éveillée. Si peu qu'elle ait vécu chez sa mère, elle a surpris le secret de ses irrégularités, et des pensées de libertinage ont éclos sous son jeune front blanc de vierge. A la pension, où sa mère l'a mise, elle a reçu et caché dans un livre de classe des lettres d'amour que lui adressait le maître d'études d'une institution voisine. Sa mère a saisi cette correspondance et elle a résolu de confier à un couvent, où n'entrent que les demoiselles riches, sa fille, qui, à cette perspective, fait la moue et résiste. Mais il faut obéir; car Valentine, quand elle veut une chose, le veut bien, et elle s'exprime avec une verdeur de mots qui coupe court à toutes les contradictions.

Tandis qu'elle est (pour un jour) empêtrée de sa fille, l'amant en titre, Georges, arrive lui rendre visite. Elle le prie de sortir : il n'est pas convenable que sa fille le voie :

— Tu es jalouse? demande l'autre.

— Ah! non, mon pauvre ami, je t'aime bien; mais parfois tu es trop bête! Jalouse de ma fille, d'un enfant de douze ans!

Georges lui insinue qu'on peut le présenter comme un ancien ami de son père. A son âge, elle croira ce qu'on voudra.

— A son âge! s'écrie Valentine; à dix-sept ans, on n'a pas les yeux dans sa poche.

— Tu m'avais dit : douze!

— Enfin, mon ami, ne jouons pas sur les mots?

Le mot a fait éclater dans la salle un fou rire. Le dialogue de M. Pierre Wolff, qui est toujours très scénique, abonde en trouvailles de ce genre.

Valentine finit par se délivrer de Georges :

— Ouf! dit-elle; il est bon garçon, mais, comme crampon, à lui la médaille d'honneur! enfin, il ne faut pas encore trop se plaindre : de tous ceux que je vois, c'est encore le plus aimable et le plus généreux; il a beaucoup de cœur.

Il a beaucoup de cœur est impayable. Une dame inconnue, M*me* Maurice, a fait passer sa carte. Valentine la reçoit. M*me* Maurice est une dame fort respectable, discrète d'allures, qui vient, de la part d'un vieux monsieur, très bien conservé et riche, faire des propositions à Valentine. Comme elle tourne autour du pot :

— Marchez donc carrément! lui dit Valentine.

La vieille hésite encore ; mais sur de nouveaux encouragements, après une longue pause :

— Vous avez, lui demande Mme Maurice, vous avez une fille, n'est-il pas vrai, et fort jolie même?

A cette insinuation, Valentine bondit, et le fond populacier de son caractère et de son langage remontant soudain à la surface :

— Fichez-moi le camp, s'écrie-t-elle, et plus vite que ça! Ma fille, c'est pour ma fille? c'est mon enfant que vous veniez marchander?

Votre monsieur le comte est un vieux..., vous pouvez le lui dire de ma part; et quant à vous, vous êtes la dernière des entremetteuses.

— La dernière! s'écrie Mme Maurice suffoquée.

Et voilà la dispute qui s'engage, furieuse d'un côté, digne de l'autre. Mme Maurice ne se démonte point ; elle offre sa carte :

— Si jamais vous avez besoin de moi !

Et Valentine accepte.

La scène est faite avec une sûreté et une vivacité de main tout à fait rares. Ce premier acte a charmé le public. Ce n'étaient que des scènes détachées, un peu brutales de ton ; mais au Théâtre-Libre ces outrances ne sont pas pour déplaire. Le fond en est vrai ; l'observation est juste, les caractères sont nettement dessinés, le dialogue court, rapide et spirituel. Nous sommes ravis, positivement ravis.

Au second acte, nous voyons Valentine et Mme Maurice attablées devant un plateau chargé de petits verres. On cause tout en sirotant. Mme Maurice a fait faire de bonnes affaires à sa petite Valentine, et Valentine, de son côté, a fait gagner beaucoup d'argent à cette bonne Mme Maurice. On se congratule de part et d'autre, et Mme Maurice tire les cartes à son amie. Les cartes annoncent une heureuse nouvelle : arrive un petit bleu. Valentine l'ouvre, confiante.

— Ah! bien! elle est bonne, votre grande nouvelle! On

m'annonce que Louisette a levé le pied et qu'elle s'est sauvée du couvent.

Valentine est furieuse ; elle se répand en mots violents : « Avec ses airs en dessous, c'est une rosse fieffée ! » Elle s'habille en un tour de main et court à la recherche de sa fille.

Elle n'est pas plutôt sortie que la petite entre. Vrai ! je l'ai trouvée bien vilaine, cette petite fille ! elle cause tour à tour avec la femme de chambre, Julie, et avec Mme Maurice, qui, après l'avoir maternellement grondée, lui fait, à elle aussi, ses offres de service et lui glisse sa carte dans la main. Elle n'a pas un bon sentiment, pas un mot de regret : sa mère fait la noce, pourquoi ne ferait-elle pas la noce ? Elle ne voit que cela. Elle le répète sur tous les tons, avec un cynisme qui fait froid.

M. Pierre Wolff, égaré par les théories admises au Théâtre-Libre, n'a-t-il pas pris ici le cynisme pour la vérité et la brutalité pour la force ? Quoi ! voilà une fille de dix-sept ans ; sa mère ne vaut pas cher, je l'avoue. Mais enfin cette mère l'a aimée ; elle a fait tout ce qu'elle a pu pour l'élever chastement ; et cette fille ne trouve pour sa mère que les propos les plus désobligeants ; elle parle de la vie qu'elle entend mener avec la liberté d'une gourgandine fieffée. Au sortir du couvent, elle est allée chez un monsieur, qu'elle avait deux ou trois fois remarqué à la promenade et qui lui avait glissé son adresse dans un billet ; elle y a déjeuné, elle y est restée trois heures, et elle revient chez sa mère guillerette, enchantée de son expédition, sans une ombre de remords, sans que le grand changement qui vient de s'opérer en elle semble lui avoir causé le moindre trouble. Tout cela est-il possible ?

Possible, je le veux bien, tout étant possible en ce monde. Mais vraisemblable ? je ne sais, mais il m'a paru voir que nous étions tous mal à l'aise. Cette petite fille est horrible ; c'est un monstre.

Sa mère est plus vraie. Elle commence, quand elle rentre à la maison, par vouloir gifler sa fille, qui le prend avec elle sur un ton ironique ; mais quand elle apprend que la malheureuse enfant sort de chez un inconnu et qu'elle peut mesurer l'étendue du désastre, elle trouve des accents d'émotion sincère et éloquente qui nous ont profondément touchés :

— Comment ! c'est ainsi que, d'un seul coup, tu viens briser la seule joie qui me restait. Car ma seule joie, mon seul bonheur, c'était toi, tu m'entends. Mais tu ne m'aimes donc pas, tu n'aimes donc pas ta mère ? Je suis ta mère, moi, et je t'adore plus que tout au monde. Tout ce que j'ai fait jusqu'à maintenant, c'était pour toi, et toujours pour toi ! Je rêvais pour ma Louisette un avenir pur, sans tache... je la rêvais honnête surtout... oh ! oui, honnête ! Tous les jours que Dieu fait, je pensais à toi, et tout ce que j'amassais, tout ce que je mettais de côté, je me disais : ce sera pour l'enfant !

Et, s'emportant de plus en plus, elle lui peint les misères de cette vie où la malheureuse veut entrer : « Tu ignores les sourires forcés, les baisers qu'on est obligé de rendre et qui font lever le cœur... Il faut chanter, rire et boire et subir des caresses qui vous donnent des nausées... »

Les applaudissements ont éclaté de toutes parts. C'est que cela est pris non dans l'exception, mais dans la grande vérité humaine. Au cours de cette querelle, on annonce Georges de Verfuge ; il entre.

Louisette le regarde, étonnée : il reste stupéfait à sa vue. Georges est l'inconnu chez qui elle a passé son après-midi. Comme elle a été mise au couvent sous son vrai nom et que Georges ne connaissait la mère que sous son nom de

M#{me} d'Allancey, l'erreur a été involontaire. Ils demeurent ahuris l'un devant l'autre. Valentine voit leur stupeur et devine la vérité.

C'est M#{me} Henriot qui jouait ce rôle, et qui l'a tout le temps joué avec une sincérité d'accent et un emportement faubourien vraiment remarquables : elle a trouvé, pour exprimer son indignation et sa fureur, des cris mêlés de hoquets et de sanglots qui ont fait tressaillir le public. Son succès personnel a été immense, et j'ai entendu autour de moi parler de M#{me} Dorval. Il est vrai que c'était par des gens qui ne l'avaient pas vue plus que moi.

Georges est très embarrassé :

— En voilà une histoire ! Dieu de Dieu ! que c'est embêtant !... Allons, ma chérie, il faut se faire une raison ; que veux-tu ? C'est la vie, ça c'est le hasard.

Et, de son côté, Louisette console sa mère :

— Ne pleure pas : aussi fallait pas avoir deux noms ; nous ne savions pas... C'est vrai... C'est le hasard.

On vient annoncer le dîner :

— Je suppose, s'écrie Valentine s'adressant à sa fille, que tu n'auras pas le toupet de venir prendre ton repas avec nous... Allons, mon ami ; venez dîner...

— Oui, répond Georges, et il ajoute tout bas : « Je la lâcherai demain. »

Telle est cette pièce, qui, malgré ses partis pris d'outrance et de brutalité, quoique les caractères ne soient indiqués que d'un trait, juste sans doute, mais sommaire et gros, n'en révèle pas moins chez son auteur une rare entente de la scène. Il a été longuement applaudi, et nous suivrons avec intérêt le développement de ce jeune talent.

15 juin 1891.

LES MIRAGES

Antoine nous a, cette semaine, donné au Théâtre-Libre, la première représentation d'un drame en cinq actes, les *Mirages*, de M. Georges Lecomte. Jamais je n'ai mieux senti que cette fois combien font fausse route les jeunes écrivains, amoureux de pessimisme, qui ne voient dans la vie que ce qu'elle a de pénible et douloureux, qui n'ont d'autre ambition que de dégager au théâtre ce qu'ils appellent la tristesse des choses. Nous étions sortis de chez Antoine dans un état d'accablement morne; on venait d'étudier sous nos yeux une névrose, la plus irritante des névroses, qui avait abouti à la folie et à la mort. C'était comme un abominable cauchemar dont nous avions été, trois heures durant, oppressés, étouffés; il nous semblait qu'un couvercle de plomb pesât sur notre cervelle.

Le hasard faisait qu'au sortir du théâtre, je devais prendre le train pour Monte-Carlo, où j'avais promis une conférence. J'emportai la brochure dans ma valise, afin de contrôler par la lecture les impressions que la représentation nous avait laissées. Au premier moment que j'eus de libre, j'ouvris le volume.

J'étais assis sur une terrasse, d'où l'on apercevait au loin la Méditerranée toute bleue, sous un gai soleil; une légère brise m'apportait des parfums d'héliotrope, de rose et de fleurs d'oranger, qui montaient par bouffées du jardin. Tout était autour de nous lumière, calme et joie, et je me disais, tout en tournant les pages :

Comment veut-on que nous, qui sommes gallo-romains d'origine, qui habitons ces pays bénis du ciel où la lumière est éclatante et douce, qui avons pour emblème la vive et chantante alouette, pour qui semble avoir été écrit le vers du poète :

> Ah! qu'il est doux de vivre et qu'il fait bon d'aimer!

Comment veut-on que nous nous plaisions jamais aux visions tristes qu'enfantent les imaginations des peuples du Nord, embrumés d'un brouillard froid et morne? Il peut se faire qu'Ibsen et ses congénères charment des Norvégiens et des Allemands; en France, dans cette patrie de la clarté et de la belle humeur, il nous faudrait faire violence à tous nos instincts et à toutes nos habitudes d'esprit pour goûter l'ennui qui s'exhale de ces œuvres sombres.

Oh! comme le contraste était saisissant entre le livre que je lisais et le paysage que j'avais sous les yeux! Comme je sentais avec plus de force l'impossibilité où nous sommes, nous, race latine par excellence, d'entrer dans le secret de ces lugubres horreurs.

Du talent, oui, parbleu! il y en a dans ces *Mirages*, et beaucoup; ce Georges Lecomte possède une excellente langue de théâtre; les deux premiers actes de sa pièce sont très vigoureux; d'une construction simple et solide, d'un style sobre et fort; on y trouve ce ramassé puissant que nous admirons chez nos grands tragiques. Mais que son héros est triste, qu'il est agaçant même, qu'il est insupportable!

C'est un névrosé, un malade! J'ai horreur des fous au théâtre. Qu'un homme poussé, comme Oreste, par une inexorable fatalité d'événements, aboutisse au désespoir et à la folie, je l'admets volontiers; car j'ai eu durant cinq actes le spectacle d'un homme, sain d'esprit, luttant contre les nécessités qui le pressent et enfin vaincu par elles. Mais vous me présentez dès l'abord un homme qui est de par son tempérament, de par certaines influences ataviques, voué à une folie irrémédiable, qui n'a déjà plus le gouvernement de lui-même quand le rideau se lève, et chez qui l'impuissance à résister au mal est manifeste; ce mal, vous m'en notez les progrès; j'en sais par avance l'inévitable dénouement. C'est un cas pathologique que vous étudiez; mais le théâtre n'est pas une clinique.

Si j'ai envie de me renseigner sur les névroses et les aberrations mentales, libre à moi d'aller à Charenton; on m'y montrera ce que je suis venu y chercher. Mais quand je me rends dans une salle de spectacle, c'est me prendre en traître que de me présenter un échappé de Charenton qui m'afflige, trois heures de suite, de son désordre intellectuel et moral. Ces messieurs des nouvelles écoles nous répondent à cela que l'on ne doit pas venir au théâtre pour s'y amuser. A la bonne heure! mais on n'y viendra bientôt plus du tout, si ça continue. Franchement, comment cette idée peut être tombée en cervelle, qu'un bon bourgeois dépensera neuf francs pour voir, toute sa soirée, un maniaque atrabilaire geindre sur ses maux et déblatérer contre la nature et la société? Il a tort, le bon bourgeois, je sais bien, et vous le conspuez justement pour son incurable imbécillité. Mais il faut pourtant bien, puisque vous ne pouvez vous passer de lui, composer avec son manque de goût. S'il fuit le spectacle, il n'y aura plus de théâtre et où vos pièces se joueront-elles, et pour qui?

L'un de vous m'a dit un jour: Nous ne donnerons rien d'autre au public; il faudra bien qu'il s'y habitue; c'est lui qui cédera... Eh! eh! je n'en jurerais pas, et vous pourriez faire un faux calcul. C'est un mirage, un pur mirage, comme dit M. Georges Lecomte.

3 avril 1893.

UNE JOURNÉE PARLEMENTAIRE

M. Maurice Barrès est, comme on le sait, le plus délicieux de nos ironistes : ironistes, un mot nouveau qui semble avoir été créé pour lui. L'ironiste est un fumiste lettré, philosophe et transcendental. Il a pour caractéristique de se jouer de la badauderie de ses contemporains, de la tourner à son profit, si faire se peut, mais plutôt, mais surtout de goûter discrètement, dans un sourire silencieux, la joie charmante de se sentir supérieur aux snobs qu'il regarde s'extasier sottement et aux imbéciles qui s'indignent de bonne foi. La sincérité nigaude des uns et des autres est un régal des plus piquants et des plus raffinés pour le mystificateur qui se paye, à lui-même, la tête du public et qui ne met même pas ses meilleurs amis dans le secret de son opération.

C'était la façon d'opérer d'un des plus célèbres mystificateurs de ce temps, Vivier, qui a été de plus un merveilleux artiste et un homme d'esprit. Il ne travaillait point pour la galerie. Il se donnait à lui-même, pour son agrément personnel, le plaisir de voir s'écarquiller les yeux et s'ouvrir les bouches des braves gens à qui, comme disaient nos pères, il en donnait à garder. M. Maurice Barrès est un Vivier qui a beaucoup lu Ernest Renan, Jules Lemaître et Anatole France ; peut-être moins désintéressé qu'aucun de ces trois modèles.

Il s'est dit un jour : Je m'en vais voir jusqu'où peuvent aller la crédulité et la niaiserie du public, qu'on prétend être le plus spirituel de la terre, du public parisien. Je m'en vais prendre un des faits les plus bruyants de la vie contemporaine et je vais annoncer partout que j'ai composé une pièce là-dessus. Dans cette pièce, je ne mettrai rien, mais rien, absolument rien, ce qui s'appelle rien.

Et il s'est tenu parole. Il a dû sans doute y avoir quelque peine. Car M. Maurice Barrès est un écrivain de talent, et il avait précisément écrit sur l'incident, qui devait être le prétendu fond de sa prétendue pièce, deux articles admirables, qui sont des pages dignes de Saint-Simon. Mais les pince-sans-rire — c'était le nom dont se qualifiaient jadis ceux qu'on appelait les mystificateurs — ne reculent devant aucune difficulté, quand il s'agit de mener à fin une bonne farce. Il a donc travaillé d'arrache-pied durant quatre ou cinq heures, après quoi son absence de comédie a été dûment et heureusement parachevée.

Mais ce n'était là que la moindre partie de sa besogne. Sa pièce... mon Dieu! tout le monde l'aurait faite; le premier élève venu de n'importe quelle classe de rhétorique, ou même le moindre plumitif d'un bureau de ministère. Je n'affirme pas qu'il serait arrivé à cette perfection de néant qu'a atteinte et déployée M. Maurice Barrès. Le génie de la mystification est tout de même assez rare. Il eût sans doute réussi un à-peu-près très sortable.

Ce qui nous a émerveillés, ce qui est digne de toute admiration, ce qu'on ne saurait combler de trop d'éloges, c'est la savante organisation du tapage mené autour de ce rien. Concevez cela, si vous pouvez! Il n'y a rien, et pendant quinze jours, toutes les trompettes de la publicité, mises en mouvement on ne sait comment ni par qui, sonnent un prodigieux hosannah autour de ce rien; les articles curieux, furieux, enthousiastes, dénigrants, flamboyants, jaillissent à la fois de tous les antres du journalisme; c'est un cri universel de douleur : il n'y aura que trois représentations! On s'arrache les billets; tous les reporters demandent, pour leur feuille, un fragment du chef-d'œuvre, que l'auteur se garde bien de livrer.

Ah! que j'aurais voulu lire au fond de sa pensée, tandis que sur les tréteaux pétaradaient ainsi grosses caisses, tambours, pistons et cymbales, autour d'une baraque vide! Avec quel sourire d'ironie supérieure il devait regarder la foule qui s'entassait, prête à crier au miracle. Il doit y avoir de bons moments dans la vie des mystificateurs de profession. J'avoue même que farce pour farce celles de ce genre l'emportent de beaucoup sur la farce classique, qui consiste à retirer une chaise sous le derrière d'une personne qui va s'asseoir.

Il va sans dire que je ne pousserai pas la longanimité jusqu'à prêter le collet à M. Maurice Barrès ; je ne veux pas avoir l'air de prendre sa fumisterie au sérieux. Il n'ignore pas qu'il n'y a dans sa pièce ni action, ni observation, ni étude de caractère, ni analyse de sentiments, ni style, ni quoi que ce soit qui ait ombre de rapport avec l'art du théâtre. Il me tiendrait pour le dernier des naïfs, si je prenais la peine de lui démontrer ce qu'il sait aussi bien que moi, ce qui a crevé les yeux de tout le monde, lorsque, après le boniment, grimpant à l'échelle, nous sommes entrés dans la baraque du saltimbanque.

Je ne m'arrêterai qu'à la mise en scène, parce qu'il y a là une question d'art qui est toujours pendante et qu'il est utile de débattre.

Au second acte, l'auteur nous mène à la Chambre des députés, dans la salle des Pas-Perdus. Au moment où le rideau se lève, les tambours battent aux champs ; le président de la Chambre passe, dans le cérémonial habituel ; après quoi, le lieutenant de service crie les commandements accoutumés et ordonne : « Par file à droite ! » Les soldats exécutent par file à droite et défilent. Le public est ravi : « Quelle exactitude ! la voilà, la vérité ; la voilà bien ! » Mais, je vous le demande : à quoi sert cette vérité tout extérieure ? Quel que soit le drame qui se joue à la Chambre, il y aura toujours un piquet pour recevoir le président, un officier pour crier : « Portez armes ! » des tambours pour battre aux champs, et le reste. Qu'est-il besoin de reproduire sur la scène des circonstances, qui sont inutiles par cela même qu'elles restent toujours identiquement les mêmes. C'est à peu près comme si dans une pièce on commençait tous les dialogues par les formules obligées de la conversation ordinaire : « Comment vous portez-vous ? Et madame votre mère ? Est-ce que votre petit dernier a fait ses dents » et autres billevesées de ce genre.

Le président est entré ; aussitôt se répandent dans la salle des Pas-Perdus des députés, des reporters, des journalistes, des visiteurs, tout un monde qui se réunit en groupes divers où l'on cause avec animation. Toutes ces causeries se fondent en un vaste bruit, pour celui qui les écoute de loin.

J'avoue que ce bruit général est fort bien imité chez Antoine.

Mais remarquez : il faut absolument au théâtre que l'action, quelle qu'elle soit, se poursuive dans le milieu où il plaît à l'auteur de la transporter. C'était jadis une convention, quand l'action se passait dans un milieu naturellement plein de tapage, que ce tapage s'arrêtât, toutes les fois que le personnage qui avait quelque chose d'essentiel à dire prenait la parole. On ne veut plus de convention chez Antoine. Le bruit des conversations continue donc toujours multiple et assourdissant. Mais comme Antoine est obligé, quoi qu'il fasse, de céder à cette nécessité — une nécessité absolue — de laisser entendre au public ce que ce public doit savoir, que fait-il ?

Il place à la rampe le groupe où parle le personnage dont le discours importe à l'action ; et le personnage crie tout du haut de sa tête, pour dominer le bruit, dont sa voix est enveloppée comme d'une brume. Eh ! bien, c'est là une autre convention. Dans la réalité, chacun, à la salle des Pas-Perdus comme ailleurs, parle à demi-voix à son voisin, comme on fait quand on cause.

— Oui, me dit Antoine, mais alors le public ne percevrait qu'un vaste murmure confus, et il faut qu'il entende ce qu'il a besoin de savoir.

A la bonne heure ! ami Antoine, mais si, par convention, vous faites crier un de vos personnages qui ne crierait pas dans la vie réelle, pourquoi ne feriez-vous pas taire plutôt ceux qui n'ont rien de bon, ni d'utile à dire. L'ancienne convention était meilleure à tous les points de vue. Elle avait surtout cet avantage de ne pas briser les larynx des acteurs. Je me rappellerai toujours avoir reçu un matin chez moi la visite de ce pauvre Mévisto, qui avait joué la veille une pièce de Goncourt, où il tenait, comme orateur de club, tête à une foule grouillante et hurlante. Le malheureux avait une abominable extinction de voix.

— C'est, me disait-il, qu'il me fallait bien jeter mon discours au public par-dessus les vociférations du club dont j'étais entouré.

Eh ! oui, ce discours, nous devions l'entendre, nous, public, parce qu'il n'avait été écrit que pour arriver jusqu'à nous. Mais, puisque nous devions l'entendre, ne valait-il pas mieux, par convention, par abstraction, imposer silence à la foule des énergumènes, qui auraient, après cette éclaircie nécessaire, repris leurs vociférations et leurs aboiements ? Quand je pense qu'en ce temps-là, il y a cinq ou six ans à peine, le public tout entier se pâmait d'admiration devant cette mise en scène et cette furie de farouches hou ! hou ! comme s'il était si malaisé et si poétique de faire crier : hou ! hou ! à une centaine de figurants !

Je ne dirai pas cette fois grand'chose des acteurs. Antoine ne m'a pas paru aussi nerveux, aussi agité, aussi fiévreux que l'exigeait le personnage. Je ne ferai d'exception, par pur esprit de galanterie, que pour la seule femme qui ait un rôle dans l'ouvrage, M⁽ˡˡᵉ⁾ Marguerite Caron. Elle a très bien jeté le mot qui termine la pièce : « Vous êtes des canailles ! »

26 février 1894.

LES ÉTRANGERS

OSTROWSKY

L'ORAGE

Il y a bien longtemps déjà que l'*Orage* était connu des amateurs de théâtre. M. Durand-Gréville, à son retour de Russie, où il était allé donner des leçons de français, en avait rapporté une traduction, qui n'a pas été, que je sache, imprimée. Je l'ai eue manuscrite entre les mains. Je m'étais toqué de cette pièce, qui passe là-bas pour être le chef-d'œuvre du théâtre russe, et qui compte des milliers de représentations, tant à Moscou qu'à Saint-Pétersbourg. J'aurais vivement souhaité qu'on nous la jouât. Durand-Gréville fit près des directeurs quelques démarches qui n'aboutirent point. On supposait que les *Danicheff* avaient dû épuiser tout ce que nous avions de curiosité à Paris pour les mœurs slaves.

Il y a quelques années, M. Legrelle entreprit de nous donner une traduction des principaux ouvrages dramatiques des écrivains russes. Il faut croire qu'il ne trouva point en France d'éditeur qui consentît à s'en charger. Car il s'adressa à une maison de Belgique, la maison Dullé-Plus, à Gand. C'est de là que nous arrivèrent sous le titre général : *Chefs-d'œuvre du théâtre russe*, un certain nombre de fascicules. La publication s'est poursuivie assez longtemps ; mais j'ignore si je possède toutes les pièces qui composent cette collection.

Il va sans dire que l'*Orage* d'Ostrowsky figurait en première ligne parmi ces œuvres exotiques. M. Legrelle avait fait précéder cette pièce d'une excellente étude sur l'écrivain. Je relus l'*Orage* dans cette traduction nouvelle ; j'en causai avec les directeurs que la chose pouvait intéresser, mais sans plus de succès que n'en avait eu Durand-Gréville.

Mais si les directeurs faisaient la sourde oreille, d'autres gens de lettres se passionnaient pour l'œuvre. M. Oscar Métenier s'associait avec M. Pavlovski, afin de la traduire à nouveau. M. Pavlovski, en lisant le texte à notre confrère, lui donnait le sens de la phrase, lui expliquait chaque mot, dont il tâchait de lui faire sentir l'énergie. Oscar Métenier cherchait dans la langue française un équivalent ; et c'est de cette collaboration qu'est sorti le drame que nous avons vu représenter à Beaumarchais.

Comment est-il allé s'échouer là-bas, là-bas, tout au bout de la terre ? Vous pensez bien que M. Oscar Métenier, qui est doué d'une ténacité rare, a frappé longuement et souvent à toutes les portes avant de se rabattre sur Beaumarchais. Il les a trouvées toutes fermées. Il contera probablement quelque jour dans une préface l'odyssée de son manuscrit promené de direction en direction.

Je vous ai déjà dit, il y a quelques semaines, que l'ambition du nouveau directeur de Beaumarchais, M. Moreneville, était d'attirer chez lui la bonne compagnie parisienne. Il ne suffit pas à son ambition d'être, dans ces lointains parages, un théâtre de quartier. Il vise les abonnés des mardis et des jeudis de la Comédie-Française. Quand M. Oscar Métenier, en désespoir de cause, lui parla de l'*Orage*, M. Moreneville vit là un coup de fortune. Il allait de soi que la colonie russe, par curiosité, par sympathie, par patriotisme, ferait le voyage et emplirait la salle au moins les premiers jours. Les Parisiens parisiennant suivraient, et après eux la foule. Les journalistes, qui ont le tort de négliger Beaumarchais, seraient contraints de venir ; on aurait des comptes rendus : il y aurait du bruit autour de cette première représentation, et le bruit c'est la vie.

L'accord fut bientôt conclu entre le directeur et notre confrère.

— Tout ce que vous voudrez, dit le directeur.

— Je voudrais bien d'autres acteurs que les vôtres, insinua Métenier.

— Choisissez-les vous-même et engagez-les. Commandez les costumes, arrangez les décors.

Tandis que se poursuivaient les répétitions, Oscar Métenier qui savait que je m'étais toujours vivement intéressé à la pièce, venait m'en donner des nouvelles. Il se louait beaucoup du zèle que témoignaient et le directeur et ses artistes.

— Ils font de leur mieux, me disait-il.

Ce mieux, hélas ! quand on en est venu au faire et au prendre, a été au-dessous de rien. Elle a été lamentable, cette représentation sur laquelle j'avais fondé de si belles espérances, et j'avoue qu'elle m'a un peu donné sur les nerfs, parce qu'en déshonorant une œuvre admirable, j'oserais presque dire : un chef-d'œuvre, elle en a rendu la représentation bien difficile sur un autre théâtre. Comment vaincre les préventions qui vont se former contre l'*Orage!*

Le hasard m'avait placé à côté de Porel, qui était venu voir ce que donnerait la pièce à la représentation. Son intention est de jouer pendant l'Exposition un ouvrage tiré du répertoire russe, et son choix s'est, je crois, porté sur le *Revisor*, de Gogol. Mais le *Revisor* est une comédie, et tout le monde a fait cette remarque, c'est que le rire n'est pas, comme les pleurs, cosmopolite. Ce qui fait rire à gorge déployée les Anglais nous laisse froid, et notre Molière est au moins dans la meilleure partie de son théâtre inintelligible à des Anglais. Il n'y a guère que le comique de situation qui puisse être senti partout également, et c'est de là que vient la vogue inouïe dont a joui Scribe dans les deux mondes. Il n'y a pas l'ombre d'une situation dans le *Revisor*. Le comique ne jaillit que de l'observation de ridicules exclusivement russes. Nous amuseront-ils ? J'en doute. Tandis qu'un drame qui prend par les entrailles fait pleurer un Russe comme un Américain, un Français ou un Chinois.

Je plaidais la cause de l'*Orage*. Mais ceux qui étaient plus spécialement chargés de la défendre semblaient avoir pris à tâche de la perdre. Porel s'est levé, longtemps avant la fin, et me serrant la main :

— Ce n'est plus la peine de rester, me dit-il.

Ce n'était plus la peine, en effet ; et je ne demeurais, moi, que par souci du devoir professionnel.

Je me plains souvent de l'effroyable pénurie d'actrices dont souffre le théâtre contemporain. Jamais je ne l'ai plus cruellement senti que l'autre soir à Beaumarchais. Il y a dans l'*Orage* trois rôles de femmes qui sont tous trois superbes : l'un d'eux même, celui de la vieille mère, est une merveille. Et voilà les artistes que l'on a trouvées pour les remplir ! Non, mais vous n'imaginez pas ce que c'était. J'ai quelque ennui à citer leurs noms parce qu'après tout elles se sont donné beaucoup de mal et ne demandaient pas mieux que d'être excellentes. Ce n'est pas leur faute. Mais je ne saurais me défendre d'une réflexion générale : C'est donc là que nous en sommes !

Dans ce Paris, où tant de jeunes femmes tournent autour des théâtres, désespérées de ne trouver ni engagement, ni rôle, toutes prêtes, disent-elles, à jouer si l'on veut pour rien et n'importe où, pourvu qu'on les voie et qu'on les puisse juger. J'ai tous les matins les oreilles rebattues de ces plaintes et de ces offres; il ne se passe pas de semaine que je n'aie à consoler quelque génie méconnu. Voilà qu'on monte une pièce qui, certainement, quel qu'en doive être le succès, fera du bruit; il est vrai, c'est à Beaumarchais, mais la presse y viendra; et toutes, oui, toutes me disent : « Ah! monsieur, je jouerais à la Glacière si j'étais sûre que la critique vînt m'y voir ! » On devrait n'avoir que l'embarras du choix, et l'on en est réduit à prendre les personnes que nous avons vues !

Si vous saviez comme il est difficile de suivre une pièce ainsi interprétée et d'en deviner le sens, derrière le jeu des acteurs! Je connaissais pourtant bien l'*Orage*; je ne le reconnaissais plus. Les artistes semblaient s'être donné le mot pour parler tout bas; c'était sans doute en vertu des théories nouvelles. Comme dans la vie on ne force point la voix, comme on ne parle que pour être entendu de la personne avec qui l'on cause, il faut, puisque le théâtre est l'image de la vie, ne jamais hausser le ton et ne se point préoccuper du public.

A la bonne heure! Mais si le public n'entend pas un mot de ce qui se dit sur la scène, quelle raison a-t-il de rester au théâtre? Nous ne protestions point, nous autres journalistes. Nous avons pris depuis longtemps notre parti de tout. Mais aux galeries supérieures, ils réclamaient bruyamment : « Plus haut! criaient-ils; on n'entend pas! » Et le fait est qu'on n'entendait rien. Il y a des scènes tout entières qui se sont jouées comme dans un rêve. On voyait, comme à travers un brouillard, des gestes vagues, dont on ne saisissait qu'à demi la signification, quelques sons perçaient la brume et arrivaient estompés à l'oreille. Ceux qui n'avaient pas lu la pièce n'ont rien dû y comprendre, et j'ai bien vu à de certaines interruptions qu'ils n'y comprenaient rien.

Il y a une scène d'amour qui est délicieuse : Katerina, une jeune femme exaltée et pieuse, s'abandonne avec remords aux bras de son amant, désolée de ce qu'elle fait, mais cédant à un entraînement irrésistible, souhaitant de mourir, la tête sur son épaule et reculant d'horreur à l'idée du châtiment qui punit le péché. Ce duo est célèbre en Russie; les acteurs l'ont si imparfaitement rendu, qu'il a été égayé par les lazzi des habitués de Beaumarchais.

A cette scène d'amour en succède une autre qui lui fait contraste. La sœur de Katerina est une petite délurée qui depuis longtemps a des rendez-vous, le soir, avec son amant. Tous deux sont déjà fatigués l'un de l'autre; ils causent indifféremment de choses qui ne les intéressent point, ils bâillent, et l'amant chante pour se distraire. Quand ils se sont assis sur le banc, l'acteur s'est si maladroitement étiré les bras, avec un air de lassitude profonde, qu'un titi s'est écrié, de très bonne foi : « Oh! comme il est vanné! » Et tout le monde, sans en rien dire, pensait comme lui dans la salle, et l'on n'a rien compris du piquant de cette scène d'indifférence qui faisait pendant à un duo d'amour passionné et vrai.

Elle est bien jolie, la jeune fille qui joue cette sœur délurée, de la douce et poétique Katerina. Elle s'appelle Mlle Nau. C'est la première fois que nous la voyons sur un théâtre. Elle doit arriver en droite ligne de Belleville. Le rôle est fort scabreux, puisque c'est elle qui arrange le premier rendez-vous de sa sœur, et qui l'y pousse, et qui monte la garde autour. Il peut et il doit être sauvé par beaucoup d'enjouement et de grâce rieuse. Varvara est une petite folle, qui ne sent pas la conséquence des choses. Elle était tenue de trop court par une grand'mère farouche ; elle a pris plaisir, s'échappant de ce joug, à bondir librement comme un chevreau lascif. Il faut bien que jeunesse se passe. Mlle Nau nous a fait de cette jeune fille la petite Nana de Coupeau dans l'*Assommoir*. C'est changer absolument le sens du texte.

Il y a dans l'*Orage* un personnage épisodique qui y occupe une large place : c'est celui d'un ouvrier horloger, qui croit avoir inventé le mouvement perpétuel et qui profite de sa demi-instruction pour donner des conseils à tout le monde et railler les préjugés de ses compatriotes. Il est quelque peu raseur dans la pièce ; mais il n'est pas que cela, M. Legrelle le constate lui-même : Ostrowski a voulu, nous dit-il, nous montrer, sous le nom de Koulighine, comme un idéal du peuple russe, idéal tout relatif sans doute, mais que, dans la pensée de l'auteur, le vingtième siècle empruntera au dix-neuvième pour en dégager le bon grain et en tirer la race slave parfaite de l'avenir. Ce nom de Koulighine n'est, au reste, qu'une sorte de pseudonyme fort transparent. Si ce brave homme n'a jamais existé que dans l'imagination de l'auteur, il n'en est pas de même de Koulybin, sorte de Franklin ouvrier, dont la vie peut justement servir de modèle au paysan russe bien doué par la nature. Le personnage n'est donc pas tout à fait assommant ni ridicule. M. Moreneville, le directeur de Beaumarchais, qui s'était chargé du rôle, en a fait un simple Pécuchet.

Vous voyez par ces indications combien nous étions loin de compte. La beauté du drame est tout entière dans la curieuse analyse des caractères et dans la peinture exacte et pittoresque des mœurs de la petite bourgeoisie russe.

De cela il n'est rien resté, rien, absolument rien. Il a été impossible d'en rien voir. La fable du drame est quelconque et ne vaut pas qu'on s'y arrête. Kabanov, un Bovary des bords du Volga, a épousé une femme qui, au moins par les aspirations, lui est supérieure. Cette femme n'est pas heureuse à la maison. Son mari est bon pour elle ; mais ce mari est faible et il plie sous l'ascendant de sa mère, la terrible Kabanova, qui a conservé les vieilles traditions de la famille russe. Elle veut que son fils lui obéisse ; qu'au moment de lui dire adieu pour un voyage, il s'agenouille et lui baise la main. Quand la femme de Kabanov, au moment de quitter son mari, qui part en voyage, se jette dans ses bras, elle l'interpelle rudement : « Pourquoi te pends-tu à son cou, lui dit-elle, éhontée que tu es ? Ce n'est pas à un amoureux que tu dis adieu. C'est ton mari, ton chef ! Est-ce que tu ne connais pas les usages ? Salue à genoux ! »

La pauvre femme obéit ; mais son être se révolte. Elle a rencontré un jeune homme, Grégoritch, personnage dont Ostrowsky a marqué le caractère en faisant suivre, sur le programme, son nom de cette mention : *jeune homme habillé comme il faut.* Elle a cru voir en lui un être supérieur ; elle s'est éprise, et de son visage, et de ses beaux habits. Jamais pourtant elle n'aurait rompu le pacte de la foi conjugale si elle n'avait été, en quelque sorte, jetée dans les bras du bellâtre par sa perverse petite sœur, pendant une absence du mari.

La faute commise, elle est dévorée de remords, et un jour d'*orage*... Ah ! que la scène est belle ! elle est si belle qu'en dépit du jeu des acteurs, malgré les mauvaises dispositions du public, elle a tout emporté ! L'auteur, avec un art admirable, a ramassé une à une toutes les circonstances qui pouvaient peser sur la détermination de la malheureuse et coupable Katerina. Elle est amenée, forcément, irrésistiblement, par une lente succession de petits faits qui, peu à peu, la jettent hors d'elle-même et l'exaltent, à se précipiter aux genoux de son mari et à lui dire : « J'ai péché ! »

Et le mari... on n'a rien vu de cela l'autre soir, tant la chose était mal mise en scène; mais le mouvement est admirable. Ce pauvre Bovary, il préférerait ne pas entendre cette confession; sa mère est là, et il redoute sa sévérité. Il se jette éperdu sur sa femme :

— Ne dis rien, lui dit-il tout bas, ne dis rien, tais-toi ! la mère est ici.

Et la vieille intervient aussitôt :

— Parle, maintenant que tu as commencé !

— Pendant dix nuits, j'ai péché.

Kabanov la prend à bras-le-corps, sanglote, lui ferme la bouche :

— Avec qui ? reprend l'impitoyable mère.

La sœur se jette, elle aussi, au-devant de la réponse.

— Tais-toi ! dit durement la vieille. Avec qui ?

— Avec Boris Grégoritch.

Un coup de tonnerre scande l'aveu, et la mère reprend :

— Eh ! bien, mon cher fils, vois-tu où mène l'indépendance ! Je te le disais; tu ne voulais pas m'écouter et voilà le résultat !

On assure que Mlle Legault s'était prise de passion pour le rôle de Katerina et qu'elle l'eût joué si la Comédie-Française le lui eût permis. A vrai dire, je ne la vois pas bien dans ce personnage; mais au moins faisait-elle preuve de goût. La situation est d'une nouveauté admirable et d'une pathétique extraordinaire. Je suis étonné que Mme Sarah Bernhardt, la grande voyageuse, n'ait pas été séduite par cette œuvre puissante qu'elle doit connaître. Quel merveilleux rôle pour elle ! Il est vrai qu'il lui faudrait quatre partenaires dont les rôles seraient aussi beaux que le sien.

Aussi beau, mais pas plus. Celui de Katerina est si tendre, et d'une tendresse si résignée, si mystique ! Au dernier acte, elle a encore une entrevue avec son amant qui va partir. Elle lui demande pardon de l'esclandre qu'elle a fait :

— Je n'ai pas été maîtresse de ma volonté. Ce que j'ai dit, ce que j'ai fait, je ne me le rappelle pas moi-même.

Boris ne lui en veut pas; il lui dit qu'il est obligé de s'en aller bien loin, en Sibérie; c'est son oncle qui l'envoie là-bas pour affaire de commerce.

— Emmène-moi avec toi, lui dit-elle.

Et comme il refuse, alléguant l'impossibilité :

— Pars ! lui-dit-elle, et que Dieu t'accompagne ! Ne te tourmente pas pour moi. Au commencement seulement, tu pourras avoir du chagrin, mon pauvre ami ; mais, là-bas, tu m'oublieras peu à peu.

Et quand on pense que ces choses-là ont été dites de façon à faire rire un public horriblement fatigué. La suite du dialogue n'est pas moins touchante. Boris demande à Katerina des détails sur sa vie depuis la scène de la confession. Elle lui conte que sa belle-mère est affreusement méchante pour elle.

— Et ton mari ?

— Mon mari ! tantôt il est caressant, tantôt il se fâche; mais toujours il boit. Il me répugne; oui, il me répugne ! Ses caresses sont pour moi pires que des coups.

— La vie est lourde pour toi, Katia.

— Oui, si lourde, si lourde, que mourir serait pour moi un soulagement.

Boris lui dit alors qu'il eût mieux fait de la fuir, mais qu'il ne pouvait se douter des conséquences, et elle reprend :

— C'est pour notre malheur que je t'ai vu. J'ai goûté peu de joie, mais du chagrin ; ah ! beaucoup de chagrin ! Et combien m'en réserve encore l'avenir ! Mais pourquoi penser à ce qui sera ? A présent, je t'ai revu. On ne pourra pas m'ôter cela ; il n'en fallait pas plus. Je n'avais besoin que de te revoir ; maintenant, je suis bien soulagée ; c'est comme si une montagne me tombait des épaules. J'avais toujours cru que tu m'en voulais, que tu me maudissais.

Boris, qui est un pauvre sire, sent le besoin d'abréger ses adieux ; il l'avertit qu'il est temps de se séparer.

— Attends encore un peu, lui dit-elle.

Elle a quelque chose à lui dire, mais elle ne sait plus quoi ; sa tête est si faible. Elle cherche longtemps en silence.

— Ah ! oui, dit-elle, pendant ton voyage, ne repousse aucun mendiant ; donne quelque chose à chacun d'eux, et commande-leur de prier pour mon âme, pauvre pécheresse que je suis !

Il veut l'embrasser une dernière fois, elle le repousse doucement.

— C'est inutile ! assez... assez...

Et elle reste seule avec ses pensées, et le monologue que l'auteur lui met sur les lèvres ferait pleurer des pierres. On assure que Mlle Savina, une grande actrice russe, a, dans ce rôle, fait couler des torrents de larmes. Je n'ai pas de peine à le croire. Il est impossible de le lire en gardant les yeux secs.

11 mars 1889.

IBSEN

LES REVENANTS

Je suis bien embarrassé pour parler des *Revenants* de Henrik Ibsen. Il est convenu que c'est un ouvrage de premier ordre, on nous le répète depuis huit jours sur tous les tons ; on s'est récrié d'admiration au Théâtre-Libre, le soir de la première ; on a loué avec fureur la mise en scène d'Antoine et la façon merveilleuse dont sa troupe avait interprété l'incomparable chef-d'œuvre du Shakespeare norvégien. Tout le monde a l'air d'être d'accord, tout le monde se pâme à l'unisson. Dame ! moi, que voulez-vous ? Cette unanimité m'inquiète et me désole. Il faut qu'on m'ait jeté un sort. Mais ici mon devoir est de donner mon avis et non celui des autres.

La vérité est que je n'ai pas compris grand'chose au chef-d'œuvre d'Ibsen et que, si je n'avais eu la précaution de lire la pièce avant de la voir jouer, je n'y aurais rien compris du tout. On s'extasie sur l'inimitable perfection de la troupe formée par Antoine. Quel naturel ! Quel sentiment ! Voilà de vrais artistes ; pas vieux jeu, ceux-là !

Jamais je ne pourrai admettre que des acteurs, qui ne se font pas entendre du public, soient de bons comédiens. J'ai perdu, pour mon compte, une bonne moitié de la pièce. Et qu'on n'aille pas me dire que c'est de ma faute, que je deviens sourd. Autour de moi, personne n'en entendait davantage, et des personnes bien plus rapprochées de la scène que je ne le suis m'ont avoué que la meilleure part du dialogue n'arrivait pas jusqu'à leurs oreilles.

Antoine, qui n'a déjà pas de voix, parle de dos et tout bas. C'est son bonheur de remonter le fond de la scène, et là d'échanger à demi-voix avec son partenaire de longues conversations. Il paraît que c'est pour serrer la nature de plus près, comme si c'était plus nature de montrer son dos que son visage et de causer tout bas au lieu de parler haut et ferme. Mlle Luce Colas bafouille tout le temps : est-ce aussi parce que c'est plus nature? M. Janvier mange ses mots dans sa vieille barbe, et Mlle Barny elle-même, sauf dans quelques passages où il a absolument besoin de force, étouffe le son de sa parole, comme si elle était dans une chambre de malade.

Il n'y a que demi-mal quand l'action s'explique à peu près par les mouvements et la mimique des personnages en scène. Mais ici, c'est ce qu'on appelle en style de théâtre un dialogue posé. Les personnages s'analysent eux-mêmes, et le drame est tout entier dans la succession des pensées et des sentiments qu'ils expriment. Il n'en reste plus rien, si je n'en saisis que quelques bribes à grand'peine.

Je ne saurais trop insister sur ce point : au théâtre, il faut que le public entende. M. Antoine aura beau me dire que les *Revenants* se jouent sous un ciel brumeux par un jour de pluie, que la tonalité grise d'un dialogue assourdi contribue à l'impression mélancolique qui doit s'élever de la pièce. Toutes ces raisons me sont indifférentes. Il faut que moi, public, j'entende ; car je ne puis m'intéresser à la pièce que si j'entends le dialogue. Il est très vrai que, dans la vie ordinaire, on ne cause pas avec un ami de façon à être entendu de huit cents personnes. Mais comme au théâtre on a convié ces huit cents personnes à entendre, il faut parler de façon à être entendu par elles. C'est une nécessité, c'est une loi, sans laquelle il n'y a pas de théâtre.

Si j'y insiste, c'est que mon observation va plus loin et porte plus haut que le Théâtre-Libre. Sur la plupart des scènes, et même à la Comédie-Française, on affecte, sous prétexte de naturel, de parler vite et bas. Je sais tel jeune homme à qui les novateurs disent, quand il répète un rôle de Molière : « Mon ami, n'articulez donc pas avec cette précision; c'est le vieux jeu. Cherchez le naturel. » Or, le comble du naturel, ce serait de n'être plus entendu du tout; Antoine y touche.

J'en appelle à tous ceux qui ont assisté à cette scène. En est-il un qui eût suivi la pièce, si elle ne lui eût été contée au préalable dans les journaux, s'il n'eût eu connaissance de la brochure? C'est ordinairement la représentation qui, dans les pièces de théâtre, éclaire les parties qui, à la lecture du texte, avaient paru obscures; cette fois, c'est la lecture qui a jeté sa lumière sur la scène.

Les *Revenants* me semblent plus faits pour être lus que pour être joués. Tout s'y passe en conversations, en questions philosophiques agitées et débattues par des gens qui ne prennent pas soin de les expliquer clairement. Chacun des personnages expose tour à tour son état d'âme, et ces âmes sont si extraordinairement différentes des nôtres qu'il nous est bien difficile d'entrer dans les sentiments qui les animent, de comprendre les mobiles qui les poussent. Nous nous avançons à tâtons dans ces consciences brumeuses.

Mme Alving a épousé pour sa fortune un homme riche, qui était honteusement dissolu. Elle l'a pris en horreur, s'est sauvée un jour de chez son mari, est allée trouver le pasteur Manders, qu'elle aimait en secret, et lui a dit : « Me voilà! je suis à vous. » Le pasteur était un homme candide, attaché à ses devoirs, respectueux des convenances sociales ; il a fait de la morale à cette détraquée, il l'a ramenée à la maison conjugale, et lui a enjoint d'y rester : « La créature humaine, lui a-t-il dit, n'a pas été mise au monde pour vivre heureuse, mais pour faire son devoir. »

Il a pu croire que son sermon avait porté ses fruits, car depuis lors Mme Alving est restée en tête à tête avec son mari, qu'elle a gardé de tout scandale. Elle a écarté du foyer paternel son fils ; elle l'a envoyé étudier à Paris la peinture, pour laquelle il marquait des dispositions, elle a perdu et enterré son mari, qui est mort comblé de bénédictions pour les bonnes œuvres qu'elle a faites constamment sous son nom. Dix ans se sont passés depuis ; elle a consacré une partie de sa fortune à bâtir un asile qui portera le nom de ce mari ; le jour d'inaugurer cet asile est venu, et c'est à ce moment que commence la pièce.

Manders doit présider la cérémonie, et le fils de Mme Alving, Oswald, est revenu de Paris pour y assister. C'est alors que nous apprenons, par une suite de conversations curieuses, les dessous de cette histoire.

M. Alving est resté jusqu'à sa mort le débauché qu'il était. Sa femme a eu le courage de veiller sur ses orgies solitaires, afin que le scandale n'en transpirât point au dehors. Cet indigne mari avait pris pour maîtresse sa servante, dont il a eu plus tard une fille Mme Alving a surpris un jour les deux amants, au moment où la femme de chambre, se défendant, disait à son maître : « Finissez donc, monsieur le chambellan ; laissez-moi tranquille... » Elle a chassé la servante ; mais elle a gardé la fille, Régine, dont elle a fait une femme de chambre. C'est aujourd'hui une petite drôlesse, très effrontée, qui ne demande qu'à mal tourner. Elle a en elle du sang de sa mère, qui était une femme perdue. Elle ne sait pas qui est son vrai père ; car sa mère a épousé, grâce à la dot que lui a donnée M. Alving, un menuisier, Engstrand, qui a reconnu l'enfant et qui vient de temps à autre la voir chez sa protectrice.

Cette Régine vit donc sous le toit de Mme Alving et elle a déjà, dans son cœur pervers, jeté son dévolu sur le fils de la maison, qui vient de revenir et qu'elle ignore être son frère. Oswald, de son côté, l'a remarquée sans que sa mère se soit aperçu de cet amour. Cette mère ne se doute pas que l'inceste se prépare dans l'ombre.

Tout à coup elle entend, dans la chambre à côté, ces mots qui ont déjà si douloureusement frappé son oreille autrefois : « Finissez donc, monsieur le chambellan, laissez-moi tranquille ! » C'est son fils qui lutine sa sœur.

— Oh ! les revenan*s ! s'écrie-t-elle, les revenants !

L'antique fatalité, sous les nouveaux noms d'hérédité et d'atavisme, plane sur cette maison. Oswald, né d'un sang vicié, est promis à la folie. Sa mère le voit avec terreur s'attarder devant une table chargée de liqueurs. Il n'a plus d'autre joie que de boire et de songer à l'amour. L'amour, pour lui, c'est cette plantureuse Régine. Eh ! bien, qu'à cela ne tienne ! Mme Alving veut que son fils soit heureux ; qui sait ? peut-être s'est-elle trompée en sacrifiant le bonheur, la joie de vivre, aux prétendus devoirs qu'impose la morale et qu'exige le monde. Elle fait monter du champagne ; une bouteille, puis une autre, et son fils boit toujours, et il veut que Régine boive avec lui, et il parle avec ardeur de ses formes opulentes, et sa mère le laisse aller...

Dame ! moi, vous savez, tout cela me paraissait bien bizarre. Il est possible qu'en Norvège les choses se passent de la sorte. Il y a décrits dans la littérature russe des états d'âme où je n'entre que malaisément, qui me sont même fermés. Il peut se faire qu'il y en ait de pareils dans la littérature norvégienne. Il me semble pourtant que je comprends la plupart des personnages de Shakespeare.

Un incident arrête à temps la scène. Le feu (le même feu sans doute qui incendia Gomorrhe) dévore l'asile construit en l'honneur de son mari par Mme Alving. Tout le monde court et n'arrive que pour assister au désastre qui est complet.

Au troisième acte, la scène reprend entre Oswald et Régine. Oswald lui offre de l'emmener ; elle sera sa maîtresse ou sa femme à son choix ; car à lui, Oswald, ce détail importe peu. Les choses sont trop avancées pour que Mme Alving ne rompe pas enfin le silence ; elle révèle aux deux jeunes gens le fatal secret. Ils sont frère et sœur.

Et alors... à mon inexprimable surprise, car tout le monde a eu l'air de trouver ce revirement naturel, Régine se tourne vers sa bienfaitrice : « Ah ! vous avez fait de moi une femme de chambre ! Eh ! bien, je m'en vais ; ma mère était une fille perdue, je serai une fille perdue comme elle. »

Son père légal, le digne Engstrand, vient d'ouvrir avec l'argent qu'il a soutiré, par de belles paroles, à ce grand innocent de pasteur, qui est le seul honnête homme du drame, mais un prud'homme imbécile, assez d'argent pour ouvrir un asile de charité à de jolies filles, où les matelots viendront chercher des consolations. C'est dans cet asile qu'elle va se rendre et qu'elle se donnera au premier venu, et, malgré les instances de Mme Alving, elle sort en faisant claquer les portes derrière elle.

Je dois dire qu'à la lecture comme à la scène cette sortie de Régine me paraît inexplicable. C'est apparemment du norvégien ! Oswald reste seul avec sa mère. La nervosité que nous avons remarquée en lui dès les premières scènes s'est exaspérée ; il se sent malade, il est crispé :

— Je ne puis supporter, dit-il à sa mère, la pensée de rester en cet état durant de longues années... de vieillir et d'avoir des cheveux gris. Et puis, si tu mourais avant moi !

Car cela ne se termine pas toujours par la mort. Les médecins appellent cette maladie un ramollissement du cerveau ou quelque chose d'approchant. Il me semble que cette expression résonne mélodieusement. Je suis toujours à me représenter de joyeuses draperies rouge cerise, quelque chose qui serait doux et délicat à caresser.

Et le voilà qui se promène fiévreusement par la chambre. Ah! si on ne lui avait pas enlevé Régine, elle lui aurait rendu le service dont il a besoin.

— Quel service? Ne puis-je te le rendre?

C'est de l'empoisonner avec une dose de morphine qu'il tire de sa poche. Et la pauvre femme se résigne; elle promet, et il se calme.

Il tombe sur le fauteuil, affaissé; il murmure d'une voix faible : « Le soleil! mais donne-moi le soleil! » Et tandis qu'elle s'arrache les cheveux, tandis qu'elle hésite si elle versera la morphine, il répète d'une voix d'enfant : « Le soleil! le soleil! »

Je ne nie pas l'effet d'angoisse. On l'obtient toujours au théâtre par un habile étalage du mal physique. C'est le corps qui parle au corps.

Les raffinés me font remarquer ce mot *le soleil* que jette le misérable fou, et ils me rappellent que le drame s'est ouvert par ces mots : « Oh! comme il pleut! »

La pluie, disent-ils, a été comme la basse continue et mélancolique qui accompagne ce drame et en accentue la tristesse. Du soleil! du soleil! c'est le soleil qui manque.

Je vous avouerai que je n'ai pas tant d'imagination. Quand on me dit qu'il pleut au premier acte, c'est qu'il pleut; ce détail ne me touche pas autrement et je n'y pense plus dès que le drame s'engage. Je n'y pense plus, donc c'est comme s'il ne pleuvait pas. Car, au théâtre, il n'y a que ce qu'on voit qui existe.

Les *Revenants* ont été, à mon sens, fort mal joués, sauf par Antoine qui n'a que le tort de ne pas parler assez haut, mais qui a du pathétique. L'acteur qui fait le pasteur ne me paraît pas avoir compris un mot du rôle. Mais il faut bien que je me trompe, car je vois que je suis seul de mon avis, et l'on n'a pas raison contre tout le monde.

2 juin 1890.

LE CANARD SAUVAGE

J'arrive à la représentation qui a été le petit événement de la semaine. On nous a donné au Théâtre-Libre le *Canard sauvage*, drame en cinq actes, du poète norvégien Henrik Ibsen. Il paraît que la pièce qui nous a été offerte par M. Antoine n'est pas une adaptation plus ou moins fidèle, mais bien une traduction exacte, ainsi qu'en fait foi la lettre qui m'a été adressée par M. Armand Éphraïm :

> Mon cher maître et ami,
>
> Quel que soit votre jugement sur le *Canard sauvage*, d'Ibsen, je tiens à vous affirmer, au nom de mon ami Lindenlaub comme au mien, que nous avons fait entendre non une adaptation plus ou moins infidèle, mais une traduction absolument scrupuleuse et strictement conforme au texte norvégien.
>
> Nous avons tenu à vous faire connaître dans son intégrité le *Canard sauvage*, parce que, malgré ses défauts, l'œuvre nous a paru de premier ordre. Le reste ne nous regarde plus.
>
> Bien à vous,
>
> Armand Éphraïm.

Voici donc un point réglé, et je vous avouerai que, contrairement à l'avis de quelques-uns de nos confrères, je suis ravi qu'on nous ait donné une traduction littérale de cette œuvre exotique. J'aurais préféré une adaptation, si la pièce avait dû paraître sur un vrai théâtre ; car il eût mieux valu, s'adressant à un vrai public, proposer à des auditeurs français une œuvre mieux accommodée aux oreilles françaises. Mais le *Canard sauvage* ne devait avoir que deux représentations, devant des publics triés de curieux intelligents. M. Armand Éphraïm et son ami ont donc bien fait de nous présenter l'œuvre originale sans correction, suppression ni retouche. Au moins nous savons à quoi nous en tenir.

Et c'est, pour le dire en passant, un service signalé que nous rend là Antoine, et dont je lui sais un gré infini. Vous savez que je suis un adversaire déclaré des théories en vertu desquelles le Théâtre-Libre s'est fondé ; mais je suis enchanté qu'il existe. Je rends toute justice à l'énergie de l'homme qui l'a organisé et qui en maintient le succès persistant. Songez donc que, s'il ne nous avait pas donné le *Canard sauvage,* nous en aurions eu pour dix ans à entendre chanter les louanges du Shakespeare norvégien ; il va nous débarrasser bientôt en nous jouant la *Princesse Maleine,* d'un autre faux Shakespeare, belge ou flamand, Maeterlinck, dont on nous rebat les oreilles à cette heure. Grâce à lui, j'imagine que dans quelques années, on finira par découvrir un certain Français, nommé Scribe, qui avait tout de même le sens du théâtre, et qui a écrit des œuvres vraiment amusantes, des œuvres dont le premier mérite était d'être claires.

Celles d'Ibsen ne le sont point. Il y a pour rendre compte du *Canard sauvage* une difficulté qu'il est nécessaire que je vous expose.

Ibsen ne prend jamais soin de vous présenter ses personnages, non plus que de vous exposer l'idée ou la donnée de sa pièce. Les personnages arrivent sur la scène et se mettent à causer de leurs affaires, sans que nous sachions qui ils sont eux-mêmes et quelles sont ces affaires. Durant les deux premiers actes il est impossible, mais absolument impossible, malgré l'attention la plus soutenue, de deviner de quoi il est question, pourquoi les gens qui parlent disent ces choses et non d'autres. C'est la bouteille à l'encre.

Peu à peu, l'action s'éclaircit, les caractères se dévoilent ; on voit quelques traits de lumière épars dans ces ombres. Oh ! l'on ne saisit pas tout ; il reste des points obscurs ; mais enfin c'est déjà quelque chose de voir briller par intervalles dans la nuit un petit lumignon allumé, où le regard s'attache et qui sert de guide.

On continue ainsi de marcher, les mains en avant, à tâtons, jusqu'au dernier acte, où un personnage (c'est un médecin dans la pièce d'Ibsen) révèle le mot qui éclaire une foule de coins demeurés obscurs jusque-là ; et alors, on soupire, car il ne reste plus qu'un point, hermétiquement fermé, point qui sera comme le grand secret des francs-maçons que personne n'a jamais connu, pas même le grand-maître de la maçonnerie, et ce point, c'est celui sur qui le drame tout entier repose : c'est le canard sauvage.

Ah ! ce canard sauvage, personne au grand jamais, non, personne, ni vous qui avez écouté la pièce, ni Lindenlaub et Éphraïm, qui l'ont traduite exactement, ni l'auteur qui l'a écrite, ni Shakespeare, qui l'a inspirée, ni Dieu ni diable, non, personne ne saura ce que c'est que ce canard sauvage, ni ce qu'il fait dans la pièce, ni ce qu'il signifie, ni à quoi il rime. Mais canard à part, vers la fin du troisième acte, on commence à comprendre la pièce, et on l'a presque comprise, par un effort rétrospectif, vers la fin du cinquième : toujours canard à part, bien entendu. Oh ! je ne me flatte pas d'avoir compris le canard ; ne comptez pas sur moi pour vous l'expliquer. J'ai déjà vu sur ce canard énigmatique un certain nombre d'exégèses ; elles ne m'ont pas satisfait ; les uns l'ont accommodé aux olives, les autres à la rouennaise, les autres aux ronds d'orange ; moi, je n'ai point de sauce particulière à vous proposer. Je n'oserais pas confesser que je ne sais pas encore ce qu'a voulu dire Ibsen, s'il n'était pas convenu que je suis un être dépourvu de toute intelligence. Je ne puis donc pas, par cet aveu, aggraver l'opinion que professent de moi les amateurs du *Canard sauvage*.

J'ai la satisfaction de leur annoncer que j'ai, à peu de chose près, compris tout le reste. Mais voilà le *hic*. Pour vous faire le compte rendu de la pièce, je vais être forcé d'user de nos procédés d'analyse et de donner à ma narration la clarté française. Il me faudra transporter dans le récit du premier acte les notions qui étaient nécessaires pour le comprendre et que l'auteur norvégien ne m'a livrées que dans le dernier. Mon compte rendu sera, par cela même, très infidèle, parce qu'il vous épargnera la peine de ce débrouillement que nous avons traversé.

Je vais être clair ; ce ne sera donc plus cela. Mais que voulez-vous ? Ce n'est pas ma faute.

Hialmar Ekdal est le Delobelle de la photographie. Il parle toujours des inventions merveilleuses qui bouillonnent dans sa tête, des travaux fatigants auxquels il se livre ; il n'a rien inventé de sa vie ; il ne fait rien. C'est un raté, et, de plus, grand phraseur, comme tous les ratés. Autour de lui, on croit à son génie, on se laisse prendre à ses beaux discours.

Ce photographe est marié : il a pour femme, une certaine Gina, jadis femme de chambre de Mᵐᵉ Werle, et que M. Werle a dotée pour la faire épouser à Hialmar Ekdal. Or — écoutez bien ceci, je vous en conjure — or M. Werle avait deux raisons pour conclure ce mariage :

La première, c'est qu'il devait en conscience une réparation à Hialmar : cet Hialmar était le fils d'un petit fonctionnaire qui avait été dans le temps impliqué dans une affaire de vol, où il avait eu pour complice un Werle, banquier, le frère de notre Werle, à ce que je crois, à moins que ce ne soit M. Werle lui-même. Ils avaient, de complicité, pratiqué indûment une coupe dans les forêts de l'État. Le banquier s'était tiré sans accroc du procès ; le petit fonctionnaire avait été condamné à la prison.

M. Werle se trouvait donc obligé envers cette famille. C'est ainsi qu'il avait donné à Hialmar, avec une dot convenable, Gina pour femme et qu'il fournissait au père, revenu de prison, de petits travaux à faire qu'il payait au-dessus de leur valeur.

L'autre raison était beaucoup moins honorable. Cette Gina, la femme de chambre de Mᵐᵉ Werle, avait été séduite par monsieur; en sorte que M. Werle s'était passé le luxe de réparer sa faute envers un pauvre diable en lui faisant épouser sa maîtresse.

De ce mariage est née une petite fille, qui a quinze ans environ quand le drame s'ouvre. C'est à elle que M. Werle a fait cadeau d'un canard sauvage, pour qui elle s'est prise de l'affection la plus tendre. Ce canard vit dans un grenier, au-dessus de l'atelier de photographie, en compagnie de beaucoup d'autres bêtes, et surtout de lapins. Car Hialmar vit avec son vieux père, qui est à moitié fou. Cet homme qui fut en son temps grand tueur d'ours, a gardé le goût de la chasse, et tous les jours il fait, dans le grenier, la chasse aux lapins, qu'il tue à coups de pistolet, croyant tuer des ours. C'est comme je vous le dis.

Ainsi voilà la maison d'Hialmar : un vieux fou, le chasseur d'ours; un détraqué, le photographe; la fille, une assez aimable personne, qui n'a d'autre coup de marteau que sa tendresse outrée pour le canard; sa mère, une insupportable vieille, et, au grenier, le canard et les lapins, personnages invisibles et muets, dont l'un, le canard, jette son ombre sur toute la pièce.

Cette collection d'aliénés s'enrichit d'un autre toqué, qui est plus toqué encore que tous les autres. Car on croirait, quand on assiste à une pièce de ce genre, se promener dans un préau de Charenton. C'est Gregers, le fils de Werle. Ce Gregers est une sorte d'Alceste illuminé. Il veut réformer le monde et établir sur la terre le règne de la justice et de la vérité. Il a surpris le secret de la conduite de son père envers Hialmar; il la lui reproche violemment; il se pose en juge; il lui dit que si sa mère est morte, c'est le chagrin qu'elle a conçu des relations établies entre M. Werle et sa femme de chambre, cette femme de chambre qu'il n'a pas craint de faire épouser à ce pauvre Hialmar.

Il maudit son père, lui déclare qu'il ne remettra plus les pieds sous son toit, et s'en va demander l'hospitalité au photographe, à qui il se promet d'ouvrir les yeux. Et il se tiendra parole. Un de nos confrères disait plaisamment que le *Canard sauvage*, c'était *Doit-on le dire ?* et le *Misanthrope et l'Auvergnat* fondus ensemble dans *Hamlet*.

Vous imaginez le désordre que cette révélation jette dans le ménage du photographe. Ce phraseur en profite pour se répandre en récriminations et en défiances; il veut chasser sa femme. Il conçoit même des doutes sur sa paternité. Si sa fille Hedwig n'était pas de lui? Il interroge Gina, qui lui répond qu'elle n'en sait rien. Ce qui augmente encore ses doutes, c'est que M. Werle est aveugle, et que la petite Hedwig est menacée de cécité.

Voilà la maison en feu, Hedwig se désole : comment! son père et sa mère qui étaient si unis vont se séparer! Comment! son père qui l'aimait tant la repousse à cette heure! Que pourrait-elle bien faire pour le ramener?

Il y a dans la pièce un médecin, qui semble être le raisonneur de nos vieilles comédies. C'est lui, au reste, qui, tout à l'heure, nous donnera la clef de tous les mystères, canard à part, bien entendu. Il prend Hedwig à part et lui dit : « Il n'y aurait qu'un moyen de montrer à ton père que tu l'aimes par-dessus tout, ce serait de lui sacrifier ce que tu aimes le plus au monde : ton canard sauvage. »

La jeune fille, à cette proposition, frémit d'horreur. Nous ne voyons pas trop, nous autres, quel plaisir ça peut faire à ce photographe qu'on tue ce canard; mais le médecin, qui est l'homme raisonnable du drame, est persuadé que le sacrifice de ce canard remettra la paix dans le ménage. Hedwig hésite longtemps ; mais enfin elle cède.

Elle tuera donc son canard ; elle s'arme d'un pistolet, du pistolet avec lequel son grand-père fait la chasse aux lapins, et monte au grenier ; on entend un coup de feu ; on n'y fait pas attention ; on croit que c'est le vieux maniaque qui se livre à son plaisir favori. On est stupéfait de le voir entrer :

— Ce n'était donc pas vous ?... Mais qui donc, alors ?

On va voir ; on trouve Hedwig morte. Elle avait mieux aimé se tuer elle-même que de tuer son canard.

Eh ! bien, nous avions déjà vu tant d'insanités dans cette pièce lugubre que ce dénouement ne nous a pas trop étonnés ; à vivre avec des fous, durant deux ou trois heures, on perd le juste sentiment des choses et l'équilibre de sa raison.

Et puis nous étions à ce moment-là enchantés, car l'auteur venait d'éclairer sa lanterne, et la lumière (une lumière soudaine et imprévue) avait été projetée en arrière sur tout ce qu'on avait fait défiler sous les yeux dans la nuit. Le médecin nous avait exposé que le monde ne vivait que d'illusions, que vouloir les arracher aux gens, c'était leur enlever le seul bonheur dont ils pussent jouir ; que Gregers, avec sa manie de dire la vérité aux gens pour les réformer, est un simple « blagueur », et l'auteur nous avait ainsi expliqué sa pièce, à la dernière scène, comme dans leurs phrases les Allemands mettent à la fin le verbe, sans lequel la phrase est incompréhensible.

Nous avions compris alors, revoyant le chemin parcouru, que tous les personnages d'Ibsen étaient des illusionnés, comme le fou du poète Horace, qui croyait que tous les vaisseaux entrant au Pirée lui appartenaient : illusionné, ce vieux chasseur, qui croit tuer des ours en forêt, en tirant des lapins dans un grenier ; illusionné, le faux artiste, l'inventeur raté ; illusionnée, la petite fille qui vit dans un rêve de poésie mystique. Un prétendu sage, un illusionné de la sagesse, leur enlève ces illusions, et les voilà tous horriblement malheureux, et la petite fille, succombant à son chagrin, préfère le suicide à l'évanouissement de son rêve.

Mais, mon Dieu! que tout cela est peu clair! La pièce, en somme, a paru déconcerter et ennuyer le public. Est-ce à dire qu'elle soit indifférente? Non, sans doute ; elle est obscure, elle est incohérente ; elle est insupportable. Mais il s'en dégage (à la réflexion plutôt que sur le premier moment) une impression profonde. Le rôle du photographe est curieusement observé ; celui de l'illuminé Gregers est d'un rendu étonnant ; il y a surtout un personnage qui est délicieux, c'est celui de la petite Hedwig, toujours canard à part. C'est bien la jeune fille innocente, tendre, rêveuse, avec un je ne sais quel goût de phraséologie mystique, qui paraît pleine de saveur sur les lèvres de cette vierge du Nord.

Il a été joué à ravir par Mlle Meuris, une ingénue d'un naturel exquis, d'une grâce flottante et éparse qui a tourné toutes les têtes. Antoine est excellent dans le rôle du raté phraseur, et Grand a joué, avec un peu de monotonie, mais ce n'est pas sa faute, le personnage étant tout d'une pièce, celui de l'illuminé Gregers. C'est un comédien fouilleur et dont je prise fort le talent. Les autres rôles, qui sont moins importants, ont été remplis avec soin ; l'ensemble est presque toujours excellent chez Antoine. On a beaucoup admiré le décor du second acte, qui est en effet d'un arrangement très ingénieux. Nous l'avons payé par un entr'acte d'une heure cinq.

Je sais que je ne gagnerai rien sur Antoine ; mais je ne cesserai de lui répéter qu'on parle trop bas chez lui. Quand une pièce n'est déjà pas par elle-même aisée à comprendre, il est terrible d'en perdre un bon quart. Ajoutons qu'il a un goût fâcheux pour les effets de nuit. Jamais chez lui on ne lève la rampe. Au troisième acte, il y a dans le texte cette phrase qui m'a frappé : « Nous sommes en plein jour... » On n'y voyait goutte sur le théâtre.

On sort de ces représentations avec un grand mal de tête ; car il a fallu prêter l'oreille tout le temps, avec une extraordinaire intensité d'attention, et il a fallu tenir les yeux écarquillés. C'est payer cher un plaisir qui n'est peut-être, pour ceux qui le goûtent, qu'une illusion de plaisir.

4 mai 1891.

LA DAME DE LA MER

Vous savez qu'il s'est formé, à l'instar du Théâtre-Libre, un assez grand nombre de sociétés particulières qui se sont donné pour mission d'ouvrir au théâtre des voies nouvelles, de révéler au public des noms inconnus ou de le familiariser avec les chefs-d'œuvre des littératures étrangères. Parmi ces sociétés de jeunes gens, l'une des plus actives et des plus amoureuses d'art est celle des Escholiers. Elle nous a convié cette semaine à entendre la première ou plutôt l'unique représentation de la *Dame de la Mer*, pièce en cinq actes de

M. Henrik Ibsen, traduction de MM. Chenevière et Johansen.

Nous devons beaucoup de reconnaissance à ces jeunes gens qui se donnent tant de mal pour nous ; une représentation de ce genre ne va pas sans grands frais, et ils n'ont point de recettes à espérer, puisqu'on ne vient chez eux que sur invitation. Il faut pour mettre sur pied un drame aussi important un bon mois de répétitions, et ceux-là seuls qui sont du métier savent quelles complications c'est que de réunir tous les jours sept ou huit artistes, appartenant à des théâtres différents, qui ne prêtent leur concours que par simple complaisance et peut-être aussi un peu par envie de jouer, devant la presse, un beau rôle qui les mettra en évidence. Oh ! que les organisateurs de ces petites fêtes doivent être souvent tourmentés et agacés !

Il est donc juste, quelle que soit d'ailleurs l'opinion que l'on a sur le succès de leur tentative, il est juste de les en remercier et de témoigner également notre gratitude aux artistes qui ont bien voulu apprendre et étudier de près des rôles très longs et très difficiles, sans en attendre rien que l'approbation de quelques centaines d'amateurs.

Me sera-t-il permis, maintenant, de dire avec franchise que je ne comprends pas grand'chose aux drames d'Ibsen, en général, et en particulier à ceux qui sont symboliques ? Or, la *Dame de la Mer* est, parmi les drames symboliques de Henrik Ibsen, un des plus symboliques. Nous connaissions déjà ce drame par la lecture. Il se trouve au quatrième volume de la traduction qu'ont publiée MM. Chenevière et Johansen du Théâtre de Henrik Ibsen. Nous le connaissions mieux encore par un ouvrage de critique qui a pour titre : *Henrik Ibsen et le Théâtre contemporain*, et pour auteur M. Auguste Ehrard, ancien élève de l'École normale et professeur à la Faculté des lettres de Clermont-Ferrand.

Je ne saurais trop recommander la lecture de cet ouvrage à ceux qui veulent connaître le dramaturge norvégien. J'y suis, à vrai dire, assez maltraité par mon jeune camarade ; mais moi, je ne me formalise jamais contre des critiques ou des répugnances qui me paraissent sincères, et celles qui ne le sont pas me sont parfaitement indifférentes. J'ai lu avec beaucoup de curiosité le livre de M. Auguste Erhard ; je crois bien que, s'il avait vu jouer, sur un théâtre, quelques-unes des pièces sur lesquelles il se pâme, il rabattrait quelque peu de son admiration. Peut-être est-ce moi qui me trompe. Je me trompe en tout cas avec le public.

J'entends avec le grand public, dont nous étions hier soir, au Théâtre-Moderne, quelques représentants, plongés dans un milieu d'ibséniens effervescents. Ces jeunes gens ont battu des mains, et je ne leur en veux point. Ils sont de bonne foi, j'imagine, pas tous assurément, mais la plupart, et croient dur comme fer aider à l'avènement d'un art nouveau. Ils sont persuadés qu'ils ont découvert un nouveau Shakespeare. Toutes les illusions, quand il ne s'y mêle aucun snobisme, sont respectables. Je demande pour les miennes la même condescendance que j'accorde aux leurs. L'avenir — et un avenir très prochain — dira qui de nous a raison. Mais si je ne pense pas les avoir confondus en leur parlant d'insanité, je souhaiterais qu'ils ne crussent pas m'avoir terrassé en me reprochant mon imbécillité sénile. Il paraît que je suis aujourd'hui l'oncle de toute cette jeunesse ; je regrette que nous vivions en un temps où les neveux traitent trop volontiers leur oncle de vieille ganache. Après cela, vous savez, il est loisible à l'oncle de n'en rien croire.

La *Dame de la Mer* est donc un drame symbolique. J'avais été prévenu par M. Auguste Erhard. Et bien m'en avait pris de l'avoir lu d'avance. Car Ibsen n'explique jamais ses pièces qu'au dernier acte, quand il les explique. Il paraît que c'est l'usage en Norvège ; nous autres qui sommes des fils de la race latine, nous préférons qu'on nous mette d'abord au courant et qu'on nous dise, comme les montreurs de la lanterne magique : « Vous allez voir ce que vous allez voir. » Avec Ibsen on va durant cinq actes à tâtons vers une étroite lucarne, d'où tombe un filet de lumière qui jette une lueur incertaine sur les ténèbres du sujet. C'est ce vague même, si je m'en rapporte aux néophytes, qui fait l'originalité et la beauté de l'œuvre. Moins on comprend, plus on admire ; je crains bien de mourir dans l'impénitence finale.

L'héroïne du drame, Ellida Wangel — écoutez bien ceci, car ce n'est pas moi qui parle, c'est M. Auguste Ehrard qui donne cette explication du symbole — Ellida prétend que les hommes ne sont pas faits pour vivre sur la terre ferme :

— Je crois, dit-elle, que si les hommes s'étaient dès le début habitués à passer leur vie sur la mer ou peut-être dans la mer, nous serions à présent beaucoup plus parfaits que nous ne sommes ; non seulement meilleurs, mais plus heureux aussi.

— Mon Dieu ! lui réplique-t-on en souriant, le malheur est arrivé. Nous nous sommes une fois pour toutes trompés de chemin et nous sommes devenus des animaux terrestres au lieu d'être des animaux aquatiques. De toute manière, il serait maintenant trop tard pour corriger cette faute.

Ellida répond avec gravité :

— Oui, c'est là une triste vérité, et je crois que les hommes ont ce sentiment. Et ils en portent en eux comme un repentir et un deuil secrets. C'est la raison la plus profonde de la mélancolie des hommes.

« Ce dialogue (c'est toujours M. Auguste Ehrard que je cite), si on le prenait à la lettre, pourrait sembler légèrement absurde. Mais ce ne sont là que des manières de parler. L'homme né pour vivre dans la mer ou sur la mer, c'est l'homme né libre. La vie sociale a détruit sa liberté. L'animal terrestre regrette l'élément auquel il a été arraché. L'homme regrette l'âge d'or où tout ce qui lui plaisait était permis. Il a perdu la joie de vivre. La dame de la mer va nous dire à quelle condition il peut s'acclimater sur le continent et retrouver le bonheur... »

Mon jeune camarade d'école veut-il me permettre de lui faire observer qu'au théâtre, quand Ellida échange avec un de ses amis cette conversation qu'il ne peut s'empêcher de trouver lui-même *légèrement absurde*, le public, qui ne sait pas, lui, qu'il y a un symbole là-dessous, qui ne sait pas même ce que c'est qu'un symbole, la trouve parfaitement absurde et n'en comprend pas un traître mot. Moi, quand on me dit une chose sur la scène, je la prends argent comptant et n'y entends point malice; je ne viens pas dans une salle de spectacle pour deviner des énigmes. C'est à l'auteur à s'expliquer et à dire clairement ce qu'il veut que je sache.

Il n'y a rien de plus simple, symbole à part, que l'affabulation de la *Dame de la Mer*. Ellida, avant d'épouser Wangel, un homme veuf, père de deux filles, avait eu une amourette avec un matelot et s'était quasi fiancée à lui par un échange de bagues qu'ils avaient jetées ensemble à la mer. Le matelot était parti; elle s'était mariée et avait gardé au cœur une secrète inquiétude de la foi promise et violée. Le matelot, qu'on avait cru mort, revient et réclame sa fiancée d'autrefois. Elle hésite entre l'ancien amour et ses devoirs d'épouse; le mari l'emporte; elle se jette dans ses bras; c'est une vie nouvelle qui commence.

Vous le voyez; c'est un thème qui dans notre littérature

dramatique a passé lieu commun. Mais toute cette histoire se teinte de symbolisme sous la plume d'Ibsen. Le matelot n'est plus un matelot ordinaire. Sa vie est pareille à la course des vagues ; c'est une sorte de Hollandais volant, un juif-errant des mers, comme le marin à qui songeait Edwige Ekdal dans son grenier, et qui représentait aussi l'immensité pour la petite amie du canard sauvage. Ainsi que le sombre capitaine du vaisseau fantôme, le matelot vit en dehors de la société. Aucune des barrières qu'elle oppose à la libre expansion des vouloirs et désirs de chacun ne l'arrête. Il a aimé Ellida ; elle lui appartient, et le jour où il touche terre, il vient la réclamer, sans se soucier du mari, qui, représentant la légalité, n'existe pas pour lui.

Ellida s'est donnée à son mari sans amour, pour avoir une position. Son consentement n'a donc pas été libre, et par cela même il ne compte pas. Quand le matelot revient, Ellida est attirée vers lui par une force invincible. Il a des yeux vert de mer, qui exercent sur elle une sorte de fascination.

— Oh ! ces yeux ! s'écrie-t-elle, ne me regardez pas ainsi.

Et tout le temps de l'entrevue, qui se fait dans la nuit, elle se couvre le visage de son bras, criant et répétant !

— Ne me regardez pas ainsi.

Symbole à part, elle est hallucinée, ou hystérique, ou folle. Ça encore, je le comprendrais. Mais le mari est là. Notez que le matelot a franchi d'un saut, pour entrer chez lui, la clôture du jardin. Il n'aurait, dans nos idées, qu'une chose à faire, ce mari, ce serait de flanquer l'intrus à la porte. Il écoute toute cette scène, en cherchant à se rendre compte scientifiquement de l'attrait singulier de l'homme aux yeux verts. L'homme aux yeux verts est, s'écrie la femme, immense comme l'Océan. Mais lui, il nous a paru l'être comme la lune. Le matelot dit à la femme :

— Je te donne un jour pour réfléchir : demain, je reviendrai te prendre; sois prête; je t'emporterai.

— Ne sentez-vous pas, me disait un de mes voisins, ne sentez-vous pas là dedans un je ne sais quoi de mystérieux qui ravit?

Je vois que le mari est un sot, la femme une aliénée et le matelot un fantoche de féerie. Il n'y a pas un mot de vrai dans tout cela, ou, du moins, ces gens-là n'ont pas le crâne fait comme nous et il nous est impossible d'entrer dans ces sentiments si brumeux et si bizarres.

Non, vous n'imaginez pas la conversation qui s'engage, en suite de cette visite, entre Ellida et son mari. Elle lui dit : « Je ne vous ai jamais aimé, je suis pour vous une étrangère; l'ancien fiancé me veut; je lui appartiens. Car lui, je l'ai choisi librement. Vous pas. Rendez-moi ma parole. Il faut que je vous quitte. »

Il ne resterait à un mari français qu'à la faire enfermer ou qu'à s'en aller trouver le matelot-fantôme et lui flanquer une forte raclée. Mais nous sommes en Norvège. Ce mari assiste au second rendez-vous que le matelot a fixé à sa femme. Oh! qu'il est spectral, ce matelot! Comme sa voix est profonde et caverneuse. La femme y va comme au gouffre.

— Eh! bien, lui dit son mari, je te rends cette liberté que tu m'as demandée. Va le retrouver, si bon te semble. Je te le permets.

— Bien vrai? s'écrie la femme! C'est du fond du cœur?

— C'est du fond du cœur.

— Je suis libre alors. Puisque je suis libre, c'est une autre affaire. Va-t'en, dit-elle au matelot; et se tournant vers son mari : C'est toi que je choisis.

Et M. Auguste Ehrard ajoute en guise de commentaire :
« Mise à même de disposer de son sort, Ellida veut en

pleine connaissance de cause être la femme de Wangel. De ce moment date son vrai mariage, un mariage librement contracté. Elle vivra heureuse, dans ce coin perdu où elle dépérissait auparavant, dans cette maison qui maintenant sera bien la sienne, sûre d'une affection que son mari a portée jusqu'à la plus heureuse abnégation.

« — Je commence à te comprendre peu à peu, lui dit Wangel. Tes pensées et tes sentiments se traduisent en images et en représentations visibles. Tes aspirations, ta nostalgie de la mer, le penchant qui t'entraînait vers cet homme étranger, c'était l'expression d'un besoin de liberté qui s'éveillait et qui grandissait en toi. Pas autre chose. »

Ellida a donc vaincu sa première nature. Elle a triomphé de son besoin d'indépendance et de son tempérament hostile à la règle. Elle accepte de vivre comme tout le monde, selon les lois et les usages établis. Mais elle ne se sentira pas diminuée par cette soumission, du moment qu'elle y a consenti.

Autour de ces trois personnages s'agitent ou plutôt causent et dissertent deux couples, Arnholm avec Bolette, Lyngstrand avec Hilde, qui disent et font des choses bien extraordinaires, à notre point de vue français. On me dit que tout cela est copié sur nature; je le veux croire. Mais ce théâtre avec les mœurs exotiques qu'il peint aura bien de la peine à s'acclimater chez nous. Il y a là trop de sentiments particuliers au pays et pas assez d'humanité générale.

Mlle Georgette Camée a rendu avec beaucoup d'art ce qu'il y a d'étrange dans les allures et dans le langage de l'hallucinée Ellida ; Mlle Meuris est une Hilde très piquante et Mlle Marie Aubry a donné de la grâce au personnage, d'ailleurs assez énigmatique, de Bolette.

Lugné-Poë était chargé du rôle cruel de Wangel, qui à

force de bonhomie côtoie sans cesse le ridicule. Il s'en est tiré à force de conviction et de sérieux.

19 décembre 1892.

SOLNESS LE CONSTRUCTEUR

L'Œuvre nous a donné cette semaine, aux Bouffes-du-Nord, la première (et probablement unique) représentation de *Solness le Constructeur*, drame en trois actes, de Henrik Ibsen, traduction de M. le comte Prozor. L'ouvrage était, selon la tradition du lieu, précédé d'une conférence, ou plutôt d'une lecture, qui a été faite cette fois par M. Camille Mauclair. M. Camille Mauclair a cherché à nous expliquer et à nous rendre clairs les symboles dont il nous a dit que la pièce d'Henrik Ibsen était pleine. J'avoue n'avoir pas très bien saisi les explications du conférencier; mais je ne me suis pas arrêté à ce détail, pensant que le drame m'expliquerait l'exégèse.

Le fait est que le premier acte est assez clair, et n'étaient les commentaires du conférencier, il me semble que je l'aurais compris. Il s'agit d'un architecte, qui est devenu l'un des premiers dans son art. La vieillesse est venue; il sent tout bas décroître ses forces et son génie, ou tout au moins sa puissance de production. Il fait travailler chez lui des jeunes gens; il s'empare et se pare de leurs idées et de leur travail, c'est son droit de patron.

Tout en les exploitant, il est jaloux d'eux. Il a peur de les voir percer, s'élever, se faire un nom d'abord à côté, puis au-dessus du sien. Il y en a un surtout qui l'inquiète : c'est Brovik, un garçon de talent, qui lui a remis des études sur un projet de construction. L'ambition secrète de Brovik est de faire la construction lui-même et d'y attacher son nom. Il doit se marier et le peu de renommée qu'il conquerrait ainsi lui assurerait le cœur de sa fiancée. Il envoie son père sonder le patron, car il n'ose le faire lui-même. Le vieil artiste l'envoie promener de la façon la plus désobligeante. On n'est pas plus brutal et plus nerveux. On n'est pas plus égoïste non plus. Autour de lui, tout plie, tout s'empresse, sa femme l'entoure d'une admiration dévote. Kaia, la fiancée de Brovik, qui est employée chez lui, à la comptabilité, l'aime silencieusement et lève sur lui, quand il la malmène avec sa rudesse ordinaire, des yeux de chien battu. Il n'a pas même l'air de s'en apercevoir; tout lui est dû.

Ce n'est pas un caractère aimable à coup sûr, mais c'est un caractère. Il est pris sur nature, il est marqué de traits précis. Il n'y a d'inquiétant dans toute cette exposition que quelques phrases obscures, d'où il paraît résulter que Solness croit aux miracles de la suggestion et qu'il a peut-être à la cervelle ce que les bonnes gens appellent un petit coup de marteau. Mais cela n'est pas encore sensible. Pas plus de symbole que sur la main.

Il entre dans la maison avec Hilde Wangel.

Je ne vous dirai pas au juste ce qu'est dans la réalité Hilde Wangel, parce que je n'en sais rien. L'auteur a négligé de nous donner son état civil, les symboles n'ayant pas d'état civil à vrai dire. Hilde a vu un jour, quand elle était enfant, Solness au faîte d'une tour qu'il venait de construire y fixer le drapeau qui annonçait l'heureux achèvement du travail : il planait dans les airs, et d'en bas tout un peuple lui battait des mains. Elle a emporté de cette vision radieuse un inoubliable souvenir. Elle a rêvé de tours d'une prodigieuse hauteur où Solness planterait des drapeaux aux acclamations de la foule. Elle vient donc chez Solness; elle lui demande l'hospitalité, car elle tient à voir son rêve se réaliser. Solness l'accueille et donne ordre à sa femme de lui préparer une chambre. La pauvre et modeste

Kaia pressent en elle une rivale et s'éclipse humblement du bureau où elle écrivait; Mme Solness jette sur la nouvelle venue un regard de détresse et obéit tristement.

Nous sommes en plein symbole : Hilde, c'est la femme perverse, quelque peu démoniaque, qui aime à mettre la main sur le génie, qui le pousse aux extravagances, pour se prouver à elle-même l'empire qu'elle exerce sur lui, pour se donner la sensation exquise ou de son triomphe ou de sa chute. Je vous hasarde cette explication; mais je ne suis pas bien sûr que ce soit la bonne. Car les symboles ont cet avantage ou ce défaut que chacun y peut, à sa fantaisie ou selon son tour d'esprit, voir tout ce qu'il veut. Mlle Wissocq qui jouait le rôle ne semble pas l'avoir compris de cette façon. Il n'y a pas dans son jeu ombre de perversité démoniaque. Elle a fait d'Hilde une gentille gamine, très délibérée d'allures et de langage, qui s'est toquée de l'idée d'avoir un spectacle amusant : Solness plantant un drapeau au sommet d'une tour, avec beaucoup de monde criant dans la rue. C'est peut-être elle qui est dans le vrai plus que moi, à moins que nous n'ayons raison ni l'un ni l'autre. Cruelle énigme!

Pour Solness il symbolise tous les vieux artistes qui ont passé l'âge de plaire et qui veulent quand même être aimés ne se souvenant plus des vers délicieux de Voltaire :

> Qui n'a pas l'esprit de son âge,
> De son âge a tout le malheur.

Solness, vieux et cassé, montera, pour voir le visage d'Hilde s'éclairer d'un sourire, au haut d'une tour prodigieuse qu'il aura bâtie pour elle et tombera d'une lourde chute.

Mais, vraiment, est-il besoin de tant symboliser, ou, comme disait notre Rabelais, de se tant matagraboliser la cervelle pour exprimer des vérités aussi simples et aussi vieilles que celle-là. Ce qui m'agace, c'est que lorsqu'on a écarté les nuages que ces grands écrivains scandinaves assemblent et épaississent autour de leur idée, quand on arrive à cette idée, il se trouve que c'est le plus simple et le plus naïf des truismes ; et ce qui m'agace encore plus, c'est qu'après avoir fait cette découverte tous nos jeunes gens se pâment d'enthousiasme. Quel génie ! quelle profondeur de pensée ! Ah ! ça n'était pas chose commode d'ouvrir le symbole et d'y pénétrer ! Mais on en est bien récompensé ensuite ! On en rapporte cette vérité, d'une hardiesse si originale, qu'il faut savoir être vieux quand on est vieux.

Il est inutile de suivre acte par acte l'auteur, qui s'avance à tâtons vers le dénouement. De tous les ouvrages qu'on nous a donnés de Henrik Ibsen, celui-là est sans contredit le plus médiocre ; il est tout à la fois obscur et puéril. Le second acte n'est presque tout entier qu'une longue conversation entre Solness et Hilde. Je défie bien les plus subtils abstracteurs de quintessence de savoir, après qu'ils ont parlé, ce qu'ils ont voulu dire. C'est du pur galimatias. Il m'a semblé que le parti pris d'admiration à outrance avait été cette fois quelque peu déconcerté et qu'à certains endroits les applaudissements avaient faibli.

Pour moi, je ne cesserai de le dire : je suis fâché que des jeunes gens qui sont dévoués à l'art se donnent tant de peine pour nous apporter des œuvres qui ne s'acclimateront jamais chez nous, qui répugnent à notre génie fait de logique et de clarté, et dont nous ne pourrons même jamais rien nous approprier. Si l'on veut nous donner de l'Ibsen, qu'on choisisse au moins les œuvres qui sont vraiment supérieures. Mais *Solness le Constructeur*, les initiés eux-mêmes conviennent que c'est une des plus faibles productions du maître, un ouvrage de vieillesse. A quoi bon, alors ?

La pièce a été jouée avec soin. Je ne saurais dire si les acteurs ont bien été les personnages d'Ibsen, par la raison que j'ignore ce que sont ces personnages. Après le premier acte, je rencontre dans les couloirs un des hommes qui sont à Paris le plus au courant du théâtre allemand. Nous causons ensemble de la façon dont Lugné-Poë a compris le rôle du Constructeur.

— Sur les scènes allemandes, me dit-il, c'est une tradition ; quand on joue de l'Ibsen, on s'applique à faire oublier au public que ce sont des hommes véritables, des hommes en chair et en os, qu'il voit s'agiter sur les planches; on fait peu de mouvements, presque point de gestes, et tous larges, hiératiques presque ; on enveloppe toute la diction d'une mélopée lente, qui semble tomber de lèvres surnaturelles et symboliques. Voilà Lugné-Poë qui a fait de Solness un architecte grincheux et malappris, un mufle, comme on dit sur le boulevard. Passe encore pour le premier acte ; mais tout à l'heure, vous l'allez voir empêtré dans sa propre interprétation et incertain. Il ne s'en tirera pas ; c'est que Solness n'est pas un être vivant, c'est une abstraction ; c'est un symbole !

— Et, lui demandai-je, ça les amuse, les Allemands, le symbole ?

— Ils y sont moins réfractaires que vous. Mais ils ne vont pas au théâtre pour s'amuser. Ils mangent des saucisses et boivent de la bière entre deux symboles : ça les soutient.

9 avril 1894.

NORA OU LA MAISON DE POUPÉE

Le Vaudeville a donné pour ses abonnés du lundi et du vendredi *Nora ou la Maison de poupée*, drame en trois actes de Henrik Ibsen, traduction de M. le comte Prozor.

Maison de poupée me semble être, de toutes les pièces qu'on a représentées devant nous, la mieux faite et la plus intéressante. Je ne crois pas, à vrai dire, qu'elle dût avoir un long succès à Paris, si on la jouait dans les conditions ordinaires. L'épreuve serait pourtant curieuse à tenter; mais on doit, pour le moment, n'en donner que trois représentations.

Le point de départ de la pièce est bien singulier et malaisément acceptable. Vous me direz que j'ai ou plutôt que le public a pour habitude de ne jamais chicaner les points de départ, quand l'auteur, une fois en route, tire de la donnée des situations pathétiques ou plaisantes. Mais ici cette donnée pèse sur toute la pièce; on y revient sans cesse; l'impossibilité en est sans cesse remise sous les yeux.

Nora a vu son mari Helmer condamné par les médecins; s'il ne passe pas une saison dans le Midi, il est mort. Point d'argent à la maison. Elle s'arrange, à l'insu de son mari, avec un faiseur d'affaires, lui fait un billet et le signe du nom de sa mère. C'est un faux et un faux certain, car sa mère était morte deux jours avant la date du billet. Helmer est revenu guéri. Depuis lors, elle a rogné sur les dépenses de la maison pour payer les intérêts de la somme empruntée, sans que son mari pût s'apercevoir de rien. Il vient enfin d'obtenir un plus sérieux avancement; la voilà plus au large. Elle pourra rembourser; elle pousse un ouf de soulagement.

Mais il se trouve que le prêteur relève de l'administration dont Helmer vient d'être nommé directeur. Il demande je ne sais quelle place et menace Nora, si elle ne la lui fait pas obtenir, d'écrire à son mari une lettre où sa faute lui sera révélée.

Nora tremble et Nora se désespère.

Et nous nous disons tous, à Paris tout au moins : Pourquoi Nora fait-elle tant d'affaires pour si peu ? Elle n'a qu'à dire tout simplement la chose à son mari. Il n'y a pas de quoi fouetter un chat. La dernière personne qui puisse en vouloir à Nora de son imprudence, c'est Helmer, puisque c'est pour lui sauver la vie que cette imprudence a été commise.

Si nous ne faisions ces réflexions qu'au moment où le train chauffe pour le départ, il n'y aurait que demi-mal ; mais elles nous reviennent à chaque instant, tout le long de la pièce, puisque tout l'effort du drame porte sur ce point : arrêter la fatale lettre qui révélera le faux à Helmer.

Une fois notre parti bien pris de cette critique, la comédie est ingénieusement aménagée, toute pleine de détails agréables. Henrik Ibsen a marqué de traits gracieux et charmants le bonheur domestique de Nora qui va être troublé par le spectre de Banco, je veux dire par l'apparition du prêteur. Il y a une scène où elle joue à cache-cache avec ses enfants qui est ravissante.

Le désordre de son esprit quand elle sent qu'il lui faut de l'argent ou que la lettre va être remise à son mari donne lieu à d'autres scènes, qui sont spirituellement imaginées. Elle a près d'elle le docteur Ranck, un homme fort riche, ami de la maison, qui a beaucoup vécu, et qui est si démoli, si démoli, qu'il parle couramment de sa fin prochaine. Si elle s'adressait à lui, il prêterait bien la somme. Elle prend son courage à deux mains ; elle lui laisse entendre qu'elle a un service à lui demander ; mais comme l'autre lui dit pour l'encourager : « Je vous ai toujours aimée ; je n'ai jamais osé vous l'avouer..., etc. », elle l'écoute, interdite, navrée. Comment demander de l'argent à un homme qui vient de lui faire cette déclaration ? Elle se lève toute droite, passe devant lui et se retire : « Ah ! c'est dommage ! » dit-elle.

Le mouvement est délicieux. C'est la scène de Mme Pommeau avec Bordognon, dans les *Lionnes pauvres*, d'Émile Augier ; elle est plus forte chez l'auteur français, plus délicate chez le Scandinave.

La lettre est là dans la boîte, où l'on dépose le courrier de la maison. Nora la voit ; rien ne serait plus facile à Nora que de casser le carreau et de subtiliser la lettre.

— Oh ! moi, m'a dit une Parisienne en riant, ce que j'y aurais donné un coup de coude !

Mais Nora n'est pas Parisienne. Elle cherche à détourner l'attention de son mari, à gagner quelques heures ; et comme elle doit, le soir, danser la tarentelle dans une fête qu'on donne pour la nomination de son mari, elle lui offre, pour lui seul, une répétition de son pas, et, la mort dans l'âme, elle danse et tourbillonne. C'est une jolie idée de vaudeville, et qui rappelle avec agrément les procédés de Scribe.

Rien n'y fait ; la lettre tombe enfin aux mains d'Helmer, qui se retire dans sa chambre pour lire son courrier. Nora reste sur la scène, pâle, atterrée. Nous, nous reprenons notre antienne : mais pourquoi diantre n'a-t-elle pas tout dit à son mari, ce qui était si simple ? Il ne l'aurait pas mangée. Et même maintenant, il ne la mangera pas, il n'y a pas de quoi avoir tant peur.

Il nous semble qu'elle a trop peur. Mais nous nous rappelons que Sardou jette souvent ses héroïnes dans des périls qui ne sont pas plus sérieux, et leur prête des frayeurs hors de toutes proportions avec l'objet, que nous nous prêtons complaisamment à ce jeu et que nous feignons de croire qu'elles tremblent pour de bon, afin de nous donner le plaisir de trembler nous-mêmes pour elles. Pourquoi ne ferions-nous pas pour Ibsen ce que nous faisons pour Sardou ?

Helmer sort de sa chambre; il est indigné, il est furieux, il accable Nora de reproches; il la traite comme la dernière des dernières. Elle pleure, elle se jette dans ses bras, mais elle ne lui dit pas la seule chose qu'elle devrait lui dire, celle que nous attendons tous.

— J'ai eu tort; mais c'était pour toi que je me suis compromise; pour te sauver la vie, et je te l'ai sauvée. — Eh! bien, payons; il n'en sera que cela.

Comment Henrik Ibsen va-t-il se tirer de là ?

J'avais beau connaître la pièce pour l'avoir lue, et surtout pour avoir lu les commentaires enthousiastes dont les journaux sont inondés depuis huit jours, je ne me doutais pas de l'effet de surprise, de stupeur que m'allait causer ce dénouement, à moi, comme au public. Car je l'observais curieusement le public des lundis du Vaudeville, qui est un public de payants, un vrai public. Je ne voyais que visages consternés.

Nora a passé un instant dans sa chambre; elle rentre en costume de voyage :

— Je m'en vais, lui dit-elle, je te quitte; je quitte la maison, je quitte mes enfants. Je ne veux plus les revoir.

Le mari la regarde étonné; car lui, il pardonne, il aime.

— Tu ne m'as pas comprise, lui dit-elle. Tu m'as toujours traitée en petite fille, en oiseau jaseur, en poupée. J'ai une personnalité comme toi ; je m'en vais où je pourrai être moi. Tu ne me reverras plus.

Et elle part et le rideau tombe.

Mais il n'avait pas été question de cela dans la pièce que je viens de voir jouer! Je cherche, effaré, dans mes souvenirs. Je retrouve bien par-ci par-là quelques indications à ce sujet! mais comme je n'étais pas prévenu, je n'y ai pas pris garde; ce dénouement me tombe sur la tête à l'improviste.

Et quel dénouement !

Ah ! alors, Nora était un symbole ! Helmer un autre symbole ! et le docteur Ranck un troisième symbole ! tous des symboles ! Moi, je n'y avais vu que des personnages de comédie. Enfin, donnée et dénouement à part, la comédie est vraiment très jolie.

C'est Mlle Réjane qui a joué Nora, en comédienne très habile, très sûre de ses effets, mais en Parisienne. Oh ! en voilà une qui n'est pas Scandinave ! Nous ne l'en aimons que mieux.

23 avril 1894.

LES SOUTIENS DE LA SOCIÉTÉ

L'Œuvre nous a donné pour son huitième spectacle une nouvelle pièce de Henrik Ibsen, les *Soutiens de la société*.

Ce drame est à coup sûr un des moindres du maître norvégien. Il est bâti comme ceux d'Adolphe d'Ennery, mais la main de l'ouvrier est beaucoup moins adroite. Quant aux idées philosophiques, dont on fait si grand bruit et dont l'exposé, à diverses reprises, a provoqué des applaudissements furieux dans une partie du public, ce sont des lieux communs que nos romanciers et nos dramaturges ont cent fois traités et, j'ose le dire, avec plus de mordant et d'éclat.

Le consul Bernick, un homme très bien posé dans la ville, un soutien de la société, a, comme on dit, deux cadavres dans son passé.

Il y a vingt ans, au temps où il était déjà grand industriel et homme à principes, estimé de ses concitoyens, il a failli être surpris par un mari dans la chambre de sa femme. Il n'a pas été reconnu. Mais il faut détourner les soupçons. Il les fait tomber sur un jeune homme sans conséquence, Johan Tonnesen, qui, chapitré par Bernick, consent à endosser la responsabilité du méfait. Ce Johan n'a que vingt ans, il aime les voyages, il est d'esprit aventureux, il va partir pour l'Amérique d'où il ne reviendra jamais. Que lui importe ce qu'on pourra penser de lui dans cette bourgade !

Il part donc avec Lona Hessel, sa demi-sœur, une autre victime de Bernick, à qui elle avait été fiancée, et qui, s'étant un beau jour avisé de son peu de fortune, l'a plantée là.

Une fois les deux témoins partis, Bernick en profite pour mettre sur le dos de ce même Johan les embarras d'argent où il se trouve. Il répand le bruit que Johan a emporté la caisse ; il obtient du temps pour payer ses dettes ; il se lance dans de grandes affaires ; il devient le premier du pays, un homme parfaitement correct, haut juché sur les grands principes, un soutien de la société.

Les années ont passé sur ces aventures. Mais il en est resté deux souvenirs : le premier, c'est le stigmate ineffaçable attaché au nom de Johan, dont on n'a plus entendu parler. Le second, c'est l'enfant de la femme adultère, la petite Dina Dorf, demeurée bientôt orpheline et recueillie par la sœur même de Bernick, la bonne Marthe Bernick, un personnage aimable, que Mlle Régine Martial, entre parenthèses, joue excellemment.

Je vous dirai tout d'abord que cette exposition n'est pas des plus claires dans l'œuvre originale. C'est le diable pour s'y reconnaître, et je n'ai commencé à y voir clair qu'au milieu du second acte ; la pièce en a quatre. Notre d'Ennery est autrement habile à nouer les fils de ses intrigues et à poser ses personnages.

Johan et Lona reviennent à l'improviste d'Amérique, et voilà le drame qui commence.

Johan ne tarde pas à apprendre qu'il a été après son départ, accusé de vol, et il devine, à l'accueil qu'on lui fait dans le pays, les sentiments dont les habitants sont animés à son égard. De plus, il est tombé amoureux de cette Dina Dorf dont il est censé avoir déshonoré la mère et dont, par conséquent, il peut être cru le père. Il n'est pas content, Johan ; il menace de réclamer.

Vous voyez les terreurs de Bernick. Que deviendra la société si, lui qui en est le soutien, est forcé d'avouer que son bon renom repose sur l'hypocrisie et le mensonge ? Elle s'écroulera sur lui.

En vain Johan le somme de rétablir la vérité, Bernick s'y refuse. Mais Johan a des preuves ; il ira en Amérique chercher les lettres du consul qu'il a gardées en sa possession ; il réalisera sa fortune, il viendra s'installer au pays, démasquera le soutien de la société et jettera un défi aux fausses pruderies de cette société en épousant cette Dina, dont on le dit le père.

Il reste une chance de salut à Bernick, et, — prenez garde — c'est ici que s'ouvre sinon une nouvelle pièce, au moins un autre sujet d'étude. Bernick est un grand armateur. Parmi ses navires, il y en a un en mauvais état, qu'il a fait exprès radouber de façon insuffisante. Il a assuré la cargaison au delà de sa valeur ; le bâtiment doit sombrer en mer. C'est sur ce vaisseau qu'il espère voir s'embarquer Johan et Lona.

Point du tout. Le hasard ou la providence fait qu'ils prennent passage sur un autre navire. Mais voici bien une autre affaire. Bernick a un fils. Ce fils, c'est à peine si nous l'avons vu tout le long de la pièce. Or, ce jeune garçon a le goût des aventures ; il s'est échappé de la maison paternelle ; il s'est caché à fond de cale sur le navire en partance ; Bernick l'apprend à la dernière heure : « Courez au port, s'écrie-t-il, décommandez le départ ! »

Il est trop tard. Le bâtiment a déjà gagné la pleine mer. Tout est perdu. La scène est pathétique, mais ne passe point l'ordinaire mesure de l'émotion dans nos mélodrames.

Heureusement pour la pièce, elle se termine par un dénouement d'une belle conception et d'une exécution superbe.

C'est la fête de Bernick. Toute la ville a voulu la célébrer dignement. Les maisons sont pavoisées et illuminées. Toutes les autorités viennent en grande cérémonie apporter à ce soutien de la société des compliments et des fleurs. Bernick éclate dans sa gloire. Mais le remords le presse et l'accable. Il sent qu'il n'y a plus pour lui qu'un moyen de reconquérir le repos de l'âme, c'est d'expier.

A voix haute, il confesse les fautes commises, il jette bas cette fausse réputation de vertu sur laquelle sa vie était échafaudée, il répudie cette hypocrisie sociale qui avait fait de lui un soutien de la société. Cette société pourrie, il en a été non le soutien, mais l'instrument.

La scène a de l'allure; elle est d'un effet saisissant et plaît par je ne sais quel air de folie grandiose.

29 juin 1896.

PEER GYNT

Ce Peer Gynt me paraît être un arrière-cousin du Franck de *la Coupe et les Lèvres*, lequel était lui-même de la famille de *Faust*, du second *Faust*. C'est un beau gars, de sang impétueux, de cerveau brouillon, grand coureur de filles, turbulent et batailleur, hâbleur par là-dessus, qui se croit promis à une grande fortune, et à qui tous les chemins seraient bons pour y parvenir.

Les premières scènes où le caractère est exposé sont vraiment jolies.

Sa vieille mère, qu'il fait enrager avec ses frasques de tous les jours, court après lui, le bâton à la main, ronchonnant, grondant et maudissant. Il s'esquive, il revient, il la prend par la taille et lui conte, pour excuser son absence, une histoire de bouquetin qu'il aurait enfourché et qui l'aurait, d'un roc escarpé, fait dégringoler dans un abîme effroyable. Elle ouvre de grands yeux; mais elle s'aperçoit au rire du méchant garçon que c'est un conte de la mère l'Oie. La colère la reprend, le bâton rentre en danse, et Peer Gynt, toujours gambadant et se moquant, l'empoigne à bras-le-corps, la jette sur le toit et se sauve en riant, tandis que la vieille pousse des cris de chouette effarouchée.

Il tombe au milieu d'une noce. C'est une femme qu'il avait aimée qui se marie. Le voilà de la noce; il boit, il dit mille extravagances, et entre autres qu'un jour il sera empereur; on se moque de lui, on l'excite à boire encore. Et voilà que passe une jolie fille, douce, tendre et chaste : mettez que c'est la Deidamia d'Alfred de Musset. Il la prie à danser; elle accepte, et, tout bas, lui donne son cœur pour jamais. Oui, cette aimable enfant, ce serait le bonheur. Mais d'autres rêves lui hantent la cervelle; il boit encore, il chante, et dans la surexcitation de la fête, nous le voyons courir à la chambre où la jeune mariée attend son époux, forcer la porte et sans doute (car cela est plutôt indiqué que dit) s'emparer de la femme. Toute la noce s'indigne et fond sur lui; il se bat contre la foule et s'échappe.

Jusque-là tout est clair et ingénieusement mis en scène.

Mais nous allons entrer dans le symbole. Le symbole fait son apparition avec la femme verte. La femme verte, c'est une femme énigmatique, venue on ne sait d'où, dont j'ignore le nom, qui l'aborde au retour de son expédition dans la chambre de la mariée, le prend par la main et l'emmène pour se donner à lui.

Il paraît qu'elle symbolise le vice. J'ai cru démêler, car, à partir de ce moment, nous marchons à tâtons dans les ténèbres du symbole, qu'elle lui proposait d'être le roi des Trolls, en l'épousant. Si je me trompe, ne m'en veuillez pas. Tous mes voisins nageaient dans les mêmes incertitudes. Elle le transporte dans un carrefour de forêt où s'agitent des bêtes de toutes sortes, ours, porcs, loups et autres, qui dansent autour de leur monarque. Peer en a bien vite assez de ce Sabbat. Il serait roi s'il consentait à devenir porc ou loup. Il refuse, et se sauve.

Il retrouve Deidamia, c'est Solveig qu'elle s'appelle, Solveig qui l'attend, qui l'aime, qui n'aspire qu'à lui donner le bonheur d'une vie calme et douce. Mais, ou il ne se croit plus digne d'elle, ou il est emporté par l'inquiétude de sa nature. Tant y a qu'il se résout à l'abandonner, à courir le monde et à chercher des aventures.

Ces aventures n'ont ni queue ni tête. Il est en Amérique, où il a gagné une somme énorme dans les mines d'or. Le vaisseau qui doit l'emporter est à l'ancre; il célèbre avec quatre camarades la joie du retour, en buvant sur le rivage du bon vin et en chantant. Il s'éloigne un instant; les quatre compères en profitent pour grimper lestement sur le bateau et prendre le large.

— Ah ! les canailles, s'écrie Peer, quand il les voit s'éloigner en emportant sa fortune.

Mais, comme il suit l'embarcation des yeux, voilà que la chaudière éclate et que le navire s'abîme dans les flots engloutissant les quatre gredins. Peer est ravi de n'avoir pas quitté le plancher des vaches. Il saute de joie. Cette scène est encore, m'a-t-on dit, profondément symbolique.

Moi, je veux bien.

Nous retrouvons au tableau suivant Peer au centre de l'Afrique. Il a, je ne me rappelle plus où ni comment, trouvé la robe du Prophète, et il est tenu par la population du lieu pour un prophète, ce qui lui semble très agréable. Il a autour de lui trois ou quatre femmes, dont une, qui est fort gracieuse, lui danse la danse du ventre. Il est enchanté; quel agréable métier que celui de prophète, et si aisé! Il offre à sa danseuse, qui répond sur le programme au joli nom de Jeanne Avril, le cadeau qu'elle voudra choisir. Elle lui demande la topaze qui agrafe sa robe de prophète. Il comptait lui offrir une âme, son âme apparemment! La vulgarité de cette demande l'écœure, il jette sa robe de prophète aux orties.

Je vous préviens que cette scène est encore d'un profond symbolisme. Reste à l'expliquer.

Mon Dieu! si l'on me donnait toutes ces extravagances pour de simples scènes de féerie, je n'en serais peut-être pas charmé, parce qu'elles sont trop longues, et qu'on n'aperçoit pas le lien qui les rattache les unes aux autres. Mais je n'y verrais pas matière à m'irriter. Ce qui est agaçant, c'est l'enthousiasme (vrai ou simulé), dont ces pauvretés exotiques affligent toute une partie du public. Je ne sais rien qui m'horripile plus que de voir des gens se pâmer à des scènes qui me font à moi l'effet d'être ou parfaitement inintelligibles ou absolument puériles.

Il n'y a plus même là cette joie brutale et débordante qui animait les deux premiers tableaux. C'est une suite de fantaisies inexpliquées et inexplicables. Mais les tableaux suivants nous ménagent d'autres étonnements, plus stupéfiants encore. Faust, je veux dire : Peer Gynt, n'a jusqu'à présent voyagé qu'à travers le monde. L'idée lui vient de voyager à travers les siècles passés. C'est du moins ce que j'ai cru entendre. Là, j'ai renoncé à suivre. J'avais beau presser ma pauvre vieille cervelle, il me semblait que ma raison s'échappait. J'ai vu qu'il rencontrait sur le vaisseau qui le ramenait au pays un vieux bizarre qui lui conte un tas d'histoires et lui donne rendez-vous au fond de l'eau quand il sera noyé.

Comme Peer ne se noie pas, comme il ne sera plus question de ce vieux qui est sorti d'une boîte à surprise, j'imagine que c'est encore là une scène d'un profond symbolisme.

Il n'y a pas d'autre raison pour qu'une pièce ainsi construite prenne jamais fin, sinon celle que Dagobert donnait à ses chiens en les jetant à l'eau : il n'est si bonne compagnie qui ne se quitte. Peer, après toutes sortes d'aventures, revient à la maison, où il trouve Solveig, en cheveux blancs, qui l'attend toujours, comme la Fortune, dans la fable de La Fontaine, attendait à la porte du logis l'inquiet voyageur qui était allé la chercher bien loin. Il pose sa tête sur les genoux de sa fiancée; elle le câline, elle lui verse des mots de pardon et il meurt consolé.

La scène est charmante. Elle en rappelle une autre, dont je n'ai rien dit dans cette analyse et qui est exquise. Au cours de ses pérégrinations, Peer est allé rendre visite à sa vieille mère qu'il a trouvée mourante. Il l'avait bien fait enrager; mais il l'aimait de tout son cœur. Il s'assied près de son lit; il lui conte pour l'endormir les légendes dont elle a jadis bercé l'enfance de son fils; il lui chante les chansons enfantines qu'elle faisait jadis voltiger sur son sommeil. Cela est délicieux.

Il reste (pour nous, bien entendu) de Peer Gynt les deux premiers tableaux qui sont pleins de vie, et ces deux scènes dont l'idée et l'exécution sont d'un maître. Tout le reste, c'est du brouillard, et le plus épais de tous les brouillards, le brouillard symbolique.

Permettez-moi de prendre pour guide un de ceux qui se meuvent avec plus d'aisance que moi dans ces obscurités.

Voici l'explication de M. Catulle Mendès, pour qui le symbole n'a pas de mystère :

« Peer Gynt, c'est le Rêve affirmé par le Mensonge, c'est-à-dire le rêve qui ne s'en fait pas accroire, mais qui pourtant, par l'infatuation, qui est une espèce de foi, s'emporte à sa propre réalisation. Mais c'est le mauvais rêve et, partant, ce sera la mauvaise aventure. »

Ah! voilà qui est clair à présent. Je me sens tout soulagé après cette exégèse. Mais j'en avais besoin. Peut-être auriez-vous besoin d'un commentateur qui vous expliquât l'exégèse. Moi, ça me suffit.

16 novembre 1896.

JEAN-GABRIEL BORCKMAN

Le théâtre de l'Œuvre a repris, sous la direction de M. Lugné-Poë, le cours de ses représentations. Il nous a donné, pour sa réouverture, *Jean-Gabriel Borckman*, drame en quatre actes et cinq tableaux, de M. Henrik Ibsen, traduit par le comte Prozor.

Je vous jure qu'on est fort embarrassé, quand on doit parler d'une œuvre nouvelle d'Ibsen. Les initiés y voient tant de choses extraordinaires, ils y découvrent des symboles si abscons, ils se livrent à de si prodigieuses exégèses, qu'on éprouve quelque honte à traiter ces pièces, comme on ferait d'une des nôtres, et à dire tout simplement : « Mais oui, il y a là des caractères bien tracés et deux ou trois scènes qui sont vraiment originales et d'un homme de théâtre. » On a l'air, en parlant ainsi, d'un pauvre idiot, qui ne comprend rien aux beautés ésotériques du scandinavisme. Moi, que voulez-vous? Je brave ce ridicule; il m'est impossible d'écrire autrement que je ne sens, et je m'en vais causer avec vous de *Jean-Gabriel Borckman* comme si ce n'était pas l'Apocalypse de saint Jean, comme si c'était simplement une comédie d'Augier ou de Dumas jouée pour la première fois au Gymnase.

Il faut d'abord que je vous mette tout de suite au courant de la situation, que l'auteur, fidèle en cela à l'esthétique scandinave, ne commence à nous expliquer que vers la fin du second acte, sur laquelle il ne nous édifie complètement qu'au milieu du troisième. J'avoue que, pour moi qui aime avant tout la clarté, je ne saurais prendre mon parti de cette méthode, que nos jeunes écrivains semblent vouloir mettre en pratique. Ibsen jette sur la scène des personnages, qui parlent de leurs affaires, comme si nous étions au courant. Ce n'est que peu à peu, au cours de leurs conversations, que nous finissons par reconstituer le point initial d'où toute l'action est partie. Ce système m'est insupportable. Je suis Latin, en cela; ou plutôt, je suis Français. J'ai besoin qu'on me dise : Voilà ce qui s'est passé, voici où nous en sommes; écoutez ce qui va suivre.

Eh! bien, voici ce qui s'est passé, et que je vous dis tout de suite pour la commodité de l'analyse, et que nous n'apprendrons que plus tard et par bribes.

Jean-Gabriel Borckman était un ambitieux sans scrupules. Il voulait gagner beaucoup d'argent, avec l'idée — une idée humanitaire qui flotte sans cesse dans le brouillard — de se servir de l'immense fortune à laquelle il arrivera pour dominer le monde, changer les bases de la société et rendre tous les hommes heureux. Ça, c'est le rêve. Vous savez qu'il y a toujours un coin de rêve dans tous les personnages d'Ibsen. Mais, après tout, M. Borckman peut parfaitement être aussi bien Français que Scandinave. Il est humain, toutes les folies, même les folies généreuses, étant humaines.

Comme premier échelon de sa grandeur, Borckman a

besoin d'être nommé directeur d'une banque et la nomination dépend d'un puissant financier. Or, il se trouve que ce financier aime passionnément Ella, une jeune fille charmante, avec qui Borckman est presque fiancé. Il n'hésite pas ; il rompt le mariage projeté, afin de la laisser à son compétiteur, et il épouse la sœur d'Ella, celle qui sera dans le drame Gunhild Borckman.

Ce sacrifice tourne contre lui ; Ella ne veut point du financier, qui en conçoit un violent dépit. Borckman, dans sa rage de faire des affaires, afin de réaliser ses chimères, s'est emparé des fonds déposés dans sa banque. Il avait pour confident le financier, qui le trahit et le livre à la justice. Borckman est condamné à cinq ans de prison. Il les fait ; quand il rentre chez lui, il trouve une femme qui ne saurait lui pardonner l'écroulement de ses espérances et la honte jetée sur le nom des Borckman. Ils vivent dans la même maison, elle au rez-de-chaussée, lui au premier, solitaire, farouche, arpentant de long en large son cabinet de travail où il attend qu'on vienne le chercher, lui, l'homme de génie méconnu, pour le remettre à la tête de la banque et lui donner le moyen de régénérer l'humanité.

Huit ans se sont passés ainsi.

Pendant ces huit ans a grandi le fils de Jean-Gabriel et de Gunhild Erhardt Borckman. Il a été élevé par sa tante Ella jusqu'à l'âge de quinze ans. Ella, en effet, avait gardé sa fortune, tandis que sombrait celle de son beau-frère. C'est elle qui avait offert, dans une de ses maisons, asile à Gunhild pendant la captivité de son mari, et ensuite à Borckman quand il était sorti de prison.

A quinze ans, Gunhild avait réclamé son fils, dont elle comptait faire l'instrument de la revanche. C'est à lui qu'elle voulait confier le soin de rétablir l'honneur et la fortune des Borckman.

Le rideau se lève sur le premier acte après que tous ces faits se sont passés, et de ces faits, on ne nous a dit pas un traître mot. Je suis obligé de les noter et de les enregistrer au fur et à mesure que le drame, en s'avançant, me les révèle.

Borckman est donc un illuminé, tout plein d'orgueil et aigri par la solitude; Gunhild, une femme impérieuse et sèche, enragée d'avoir vu crouler son édifice de bonheur et de gloire, furieuse contre son mari, hautaine avec sa sœur, qui n'a cessé d'aimer Borckman; Ella, une femme de sensibilité et de dévouement, qui adore Borckman, tout en se rendant compte de sa folie, et qui regrette profondément le jeune Erhardt qu'on lui a arraché des mains.

Eh! bien, ces divers caractères, qui ont sans doute le tour d'esprit exotique, mais dont les passions sont de tous les lieux et de tous les temps, ont été étudiés et rendus par Ibsen avec une merveilleuse puissance. Ils évoluent dans une action simple, facile à comprendre et à suivre, et que n'enveloppe jamais, à aucun instant, quoi qu'on dise, une ombre de mystère. Ibsen, en vieillissant, sort de ses nuages. S'il vit encore vingt ans, il fera des pièces qui pourront passer, telles quelles, sur notre théâtre, des pièces françaises. Catulle Mendès, faisant allusion au talent d'observation qu'il déploie dans la peinture des mœurs bourgeoises, l'appelait l'autre jour un Henry Monnier hagard. Ce qu'il y a de hagard dans sa manière est en train de disparaître. Le Henry Monnier restera, avec quelque chose en plus. Ce quelque chose, c'est la poésie, le goût de l'idéal.

Ce qu'il y a de singulier, c'est que ce sont bien souvent les scènes épisodiques qui, dans les œuvres d'Ibsen, sont les plus curieuses. Il y en a deux vraiment admirables dans *Borckman*.

A côté de ce fou, encore enfiévré de ses rêves de grandeur, qui, comme tous les fous, se dépense en discours au lieu d'agir, Ibsen a placé un autre doux illuminé, Foldal, qui subit l'ascendant de Borckman, bien qu'il ait perdu tout son petit avoir dans la débâcle de la banque. Foldal vit d'un emploi plus que modeste et se console de ses pertes d'argent en écrivant des comédies. Lui aussi, il rêve la gloire. C'est la seule créature humaine que Borckman, en ses huit années de réclusion volontaire, ait consenti à admettre près de lui. C'est qu'avec ce brave homme il peut exposer les rêves qui hantent sa cervelle, les espérances qui vont sans aucun doute se réaliser; il peut se répandre en promesses et en prédictions décevantes, Foldal écoute; lui aussi, il marche vivant dans son rêve étoilé; il croit à son génie comme écrivain; il veut lire une scène de sa pièce à Borckman, qui l'interrompt avec impatience : « Qu'est-ce qu'une scène de théâtre, quand il s'agit de sauver l'humanité. » Foldal hoche la tête:

— C'est qu'il faudrait, objecte-t-il, si tu veux reprendre les affaires, que tu obtinsses d'abord un arrêt de réhabilitation.

— Tu crois que c'est impossible? demande Borckman.

— Il n'y a pas de motifs suffisants...

— Les hommes exceptionnels n'ont pas besoin de motifs suffisants.

Et comme Foldal insiste, attristé:

— Tu n'es pas poète? lui crie Borckman.

Lui, pas poète! le coup porte au cœur.

— Aussi longtemps, dit-il à Borckman, que tu as eu foi en moi, j'ai eu foi en toi.

— Allons! reprend Borckman durement, nous nous sommes trompés l'un et l'autre.

— Oui, mais n'est-ce pas là de l'amitié après tout, Jean-Gabriel?

— Oui, oui, savoir tromper; c'est en cela que consiste l'amitié.

L'homme qui trouve ces scènes-là est un maître homme. Il y en a une autre encore au dernier acte entre ce même Borckman et ce même Foldal : c'est un bijou.

Presque toute la pièce roule sur la querelle des deux femmes qui se disputent Erhardt et veulent l'accaparer. Ella, pour lui faire la vie douce près d'elle; Gunhild, pour le forcer à réparer les ruines entassées par son père. Cet Erhardt est un vilain petit monsieur, qui s'est laissé prendre aux charmes déjà mûrs d'une veuve fort riche et très galante Mme Wilton.

La scène où, placé entre ses deux mères, il dit à l'une : « Je m'ennuierais trop chez vous! »; à l'autre : « Chez vous, je serais trop malheureux! Je veux vivre! vivre! vivre! Je pars avec ma maîtresse! » — cette scène est pénible, et n'était la déférence qu'on doit à un homme de génie, je dirais qu'elle est ridicule. Ce jeune polisson est bien fade, malgré ses grands airs de gommeux déchaîné; quant à Mme Wilton, c'est un simple fantoche : elle n'existe pas. Évidemment, Ibsen a peint là des mœurs qu'il ne connaît point. Mme Wilton emmène avec Erhardt dans sa voiture une jeune fille, Frida (la fille de Foldal), qui doit dans son voyage lui donner des leçons de piano; et comme Gunhild et Ella lui font remarquer qu'elle est au moins bien imprudente :

— Les hommes sont si inconstants! madame Borckman, répond-elle. Quand Erhardt aura assez de moi et moi de lui, il faut bien que ce pauvre garçon ait sur qui se rabattre.

Il est vrai que Mme Wilton est Française et Ibsen s'imagine apparemment qu'on peut mettre un langage aussi vilain dans la bouche d'une Française. Admirons l'innocence de ce Scandinave.

Le dernier acte est d'une grande allure. Borckman pour la première fois, depuis huit ans, sort de la tanière où il s'était enfermé comme un loup.

— Il faut, dit-il, que j'aille voir mes trésors que la montagne recèle.

Il s'avance dans le brouillard suivi de la bonne Ella; il se perd en divagations sombres; mais le froid le saisit, il tombe sur un tronc d'arbre; une congestion l'a emporté. Elle ramène sur lui les plis de son vêtement; Gunhild, qui s'est mise en quête de son mari, arrive sur ces entrefaites, et les deux femmes se tendent les mains par-dessus le cadavre de l'homme qu'elles ont également aimé et se réconcilient dans une muette étreinte.

15 novembre 1897.

BJŒRNSTJERNE-BJŒRNSON

UNE FAILLITE

C'est une observation générale que je soumets à Antoine. Quand on veut nous donner de l'exotique, il me semble qu'il ne faudrait choisir dans le répertoire des écrivains célèbres de l'étranger que ce qui est autre ou mieux. Je n'aime pas beaucoup Ibsen, ne le comprenant pas toujours ; mais, enfin, celui-là est autre. Il donne la sensation d'un théâtre dissemblable. *Une faillite* est une comédie de genre, faite sur le modèle de nos pièces, et moins bien faite que toutes celles dont elle évoque le souvenir : à quoi bon alors !

Il ne s'y trouve qu'une scène vraiment forte et ingénieusement conduite ; mais à la façon des nôtres ! C'est celle où le grand négociant Tjalde, acculé à la faillite, mais luttant avec le courage du désespoir, se trouve en face d'un homme de loi qui a mis le nez dans ses affaires. Il avait dérobé à tous, afin de garder son crédit intact, le secret de sa ruine prochaine ; il espérait toujours un revirement de fortune ; il comptait sur une avance de cent mille écus que lui avait promise un banquier, trompé par la belle apparence de sa maison. Avec ces trois cent mille francs, il se relèverait, il sauverait la situation ; il lui faut ces trois cent mille francs. L'homme de loi (on ne sait pas dans la scène pourquoi cet homme de loi, Sannæs, tient tant à perdre Tjalde ; cela n'est pas expliqué, non plus que beaucoup d'autres choses), l'homme de loi donc, prouve à Tjalde chiffres en main, qu'il est au-dessous de ses affaires, que ces cent mille écus ne combleront pas le vide, qu'ils disparaîtront dans le gouffre, que cet emprunt est donc un vol. Tjalde se débat et lutte pied à pied, opposant d'autres chiffres à ceux de son adversaire. Cette bataille à coups de chiffres est d'un intérêt poignant, en même temps que d'une vérité curieuse.

Tjalde est vaincu; il se sent perdu à jamais; il se jette à genoux, il pleure, il supplie.

— Signez le dépôt de votre bilan, lui répète imperturbablement l'homme de loi.

Le malheureux, poussé au désespoir, prend un revolver dans sa poche, court fermer la porte, et revenant vers Sannæs, qui reste impassible :

— Il ne me reste d'autre ressource que de me tuer; mais je vous tuerai auparavant, vous qui êtes l'auteur de ma ruine.

— Tirez donc, osez tirer! répond Sannæs, qui présente sa poitrine.

L'arme tombe des mains de Tjalde.

— Allons! signez! C'est ce que vous avez de mieux à faire.

Tjalde signe; Sannæs remonte la scène, après avoir pris le papier, arrive à la porte qui est fermée :

— Veuillez me l'ouvrir, dit-il simplement.

La scène est d'un grand mouvement et d'un bel effet; ce n'est pas qu'il faille, en sa première partie, la comparer à telle scène des *Corbeaux,* qui est d'une puissance autrement sobre et âpre; en sa seconde, à telle scène de d'Ennery, qui est infiniment mieux préparée et mieux aménagée. Mais enfin, c'est du bon théâtre, comme nous l'entendons en France.

Dans le reste, je ne vois à tracer que quelques détails de la vie norvégienne pris sur le fait et adroitement mis en scène au second acte; et encore ne nous ont-ils plu que par leur saveur exotique. Le reste ne compte pas; si l'un des nôtres apportait une pièce aussi incohérente, où les personnages sont étudiés de façon si sommaire, où le dénouement est si puéril, ah! il aurait le lendemain une jolie presse! mais c'est du Bjœrnson, ça vient de Norvège, on s'incline!

Mais, sapristi! ça vient de Norvège, comme nous faisons venir de Londres des produits qui ont été fabriqués en France et que les Anglais nous renvoient après les avoir démarqués et frelatés. J'enrage quand je vois cet engouement (sincère chez les uns et de snobisme chez les autres) pour les étrangers, quand je vous vois, ô Parisiens,

> Élever bêtement jusqu'au ciel des sornettes
> Que vous désavoueriez, si vous les aviez faites.

Mais on ne vous arrêtera pas; c'est un vent qui souffle en tempête et qui vous emporte. Laissons-le souffler. La girouette tournera un beau matin sans qu'on sache pourquoi ni comment.

Antoine a joliment mis *Une Faillite* en scène. Il a joué avec une grande intensité de douleur, de colère et de désespoir la scène de la faillite. Arquillière lui a donné la réplique avec beaucoup de dignité et de force.

Est-il besoin que je dise une fois de plus que ni moi ni personne n'avons presque rien entendu de l'exposition du premier acte? Je dis, comme Pierrot, toujours la même chose, parce que c'est toujours la même chose, et, si ce n'était pas toujours la même chose, je ne dirai pas toujours la même chose. Aucun des artistes du Théâtre-Libre n'articule; je ne connais *Une Faillite* que pour l'avoir lue; car à la représentation, après les deux premiers actes, je ne savais pas encore ce qu'étaient tous ces gens-là et de quoi il était question. Il est vrai qu'à présent, après la pièce lue, je ne le sais pas beaucoup davantage. Mais je sais au moins que c'est la faute de l'auteur. Je ne crois pas que jamais un écrivain du Nord possède l'art d'exposer, d'expliquer, d'ordonner et d'aménager une pièce de théâtre.

13 novembre 1893.

AU-DESSUS DES FORCES HUMAINES

Le rideau se lève. Nous voyons dans une chambre, au beau milieu, un grand lit, et dans ce lit une femme, dont le visage seul émerge sur l'oreiller. Elle est paralysée, et voilà deux mois qu'elle n'a pu, ni de jour ni de nuit, fermer les yeux.

C'est la femme du pasteur Sang, elle se plaint que son mari, qui est très bien avec le bon Dieu, et qui fait couramment des miracles dans le pays, n'en fasse pas un en sa faveur. Le pasteur ne demanderait pas mieux; mais il faudrait que sa femme eût la foi. Elle n'a pas la foi. Son fils non plus n'a pas la foi, sa fille n'a pas la foi non plus. Ils s'interrogent :

— Est-ce que tu as la foi ?
— Non, je n'ai pas la foi. Et toi, as-tu la foi ?
— Non, je n'ai pas la foi !

D'où il appert qu'ils n'ont la foi ni les uns ni les autres, sauf le pasteur Sang, bien entendu, qui annonce qu'il va prier dans la chapelle, pour demander à Dieu la faveur du miracle espéré. Le son d'une cloche nous annonce qu'il prie. Tout à coup un bruit effroyable, comme celui d'un grand écroulement, retentit derrière le théâtre. O miracle ! la paralytique s'endort.

Elle s'endort, voilà le miracle ; celui au moins que nous voyons. Il paraît qu'il y en a un autre, c'est qu'un pan de montagne, en s'éboulant, aurait dû ensevelir la chapelle où priait le pasteur. Mais il s'est détourné de sa route. Ça, nous ne l'avons pas vu ; je n'ai pas même souvenance qu'on nous l'ait dit ; mais comme les acteurs parlaient bas, il peut se faire que le détail m'ait échappé.

Le miracle visible, celui dont se congratulent les deux enfants, c'est qu'à ce tapage qui eût réveillé un mort, leur mère se soit endormie. Ces enfants ne savent pas que l'auteur a suivi longtemps à Paris la clinique de l'illustre Charcot. C'est là qu'il a appris que les névropathes, et sa paralytique n'est qu'une névropathe, s'endorment soudainement soit à un grand coup de lumière, soit à un éclat de bruit imprévu. Ils crient donc au miracle dans l'innocence de leur cœur, et le rideau tombe.

Quand il se relève, le lit de la paralytique a été transporté dans une autre chambre. C'est un élément de gaieté qui a disparu. Les enfants sont toujours dans la joie ; mais ils s'interrogent avec tremblement :

— As-tu la foi, la vraie foi ?
— Non, je n'ai pas la foi. Et toi, as-tu la foi ?
— Non, je n'ai pas la foi.

Ils n'ont pas la foi ; on ne sait pas si leur mère l'a recouvrée ; elle dort toujours. Oh ! c'est un miracle bon teint. Le jeune homme est en manche de chemise. Il doit y avoir du symbole là-dessous ; s'il s'agissait d'un drame français, je m'inquiéterais de savoir comment ce Norvégien a égaré en même temps sa foi et sa redingote. Mais c'est une œuvre scandinave, je m'incline.

Il paraît que le bruit du miracle s'est répandu. Tous les pasteurs du voisinage se sont donné rendez-vous chez leur collègue pour en vérifier et en attester, s'il y a lieu, l'authencité. Ils sont en train de discuter et d'ergoter, l'un d'eux prétendant qu'il ne faut pas laisser, comme cela, courir dans la foule des miracles sans estampille officielle, un autre alléguant qu'il convient d'examiner les choses et de demander à Dieu sur ce cas spécial, des lumières qu'il ne manquera pas de donner, quand la porte s'ouvre ; un pasteur entre, le révérend M. Bratt, et se met à prêcher. Oh ! qu'il prêche longuement, ce M. Bratt, et pour bien peu de chose ! Tout son discours peut se résumer en quelques lignes : « Je voudrais bien croire, nous avons besoin de croire, nous croirions s'il y avait un miracle. Pourquoi Dieu, qui a fait tant de miracles en Judée, n'en ferait-il pas un dans ce coin perdu de la Scandinavie pour y ramener de braves gens à la foi...? » Entre nous, ce pasteur, qui ne veut croire qu'après avoir vu, de ses yeux vu, un miracle, me fait l'effet d'un maître sot. Mais si vous saviez de quel ton d'exaltation religieuse il débite ces sornettes. Tous ses collègues sont émus, tombent à genoux et prient pour faire descendre le miracle du ciel. Dans le lointain, on entend le pasteur Sang, qui arrive chantant *alleluia* et suivi de tout le village, croix en tête.

Il se tient au seuil de la porte d'entrée, afin de former tableau. Voilà qu'alors une porte s'ouvre à gauche, et la paralytique s'avance :

— Miracle ! Elle marche ! Hosannah ! Hosannah !...

Elle fait quelques pas en chancelant vers son mari, qui la reçoit dans ses bras ; elle en coule à terre, elle est morte ; le pasteur se penche sur son corps, la regarde, et levant le doigt au ciel :

— Peut-être ! dit-il.

Et le rideau tombe. Charcot vous aurait expliqué que, sous le coup d'une forte émotion, une névropathe peut soudainement recouvrer l'usage d'un membre paralysé, mais que cette amélioration du mal n'est que passagère. Il n'y a donc pas eu miracle, et le garçon en manches de chemise pourra remettre la main sur sa redingote ; il ne retrouvera pas sa foi.

Vous n'imaginez pas le délire de la salle après le rideau tombé. C'étaient des cris d'extase et des pamoisons dont vous n'avez pas d'idée.

— Oh ! ma chère, je ne respirais plus ! disait une dame à côté de moi.

— Et moi, je me sentais oppressée à mourir.

Un jeune homme passant derrière moi dans le couloir, me dit :

— Eh ! bien, monsieur Sarcey, j'espère qu'on ne parlera plus de *Polyeucte* maintenant.

Je le regardai dans les deux yeux pour voir s'il ne se payait pas ma tête. Il avait le visage extasié.

— Ah ! c'est ça qui console des *Cabotins !* criait un autre dans un groupe de jeunes gens.

Moi, ça me les rappelait !

19 février 1894.

GERHART HAUPTMANN

LES TISSERANDS

Le Théâtre-Libre a donné les *Tisserands*, drame en cinq actes et en prose, de M. Hauptmann, traduit de l'allemand par M. Thorel.

Les *Tisserands* sont coupés selon la formule nouvelle : c'est une suite de tableaux que ne traverse et ne relie point une même action, mais qui mettent tour à tour en lumière les différentes faces d'une même idée ou d'une même situation. Je me suis déjà expliqué plus d'une fois sur cette manière ; il n'y a pas de raison pour la proscrire. Au théâtre, on peut faire bon marché des vieilles unités classiques, unité de lieu, de temps et même d'action. L'œuvre est une quand il y a unité d'impression. Si une même idée circule à travers tous les tableaux, ils ont beau être dispersés, elle les rattache les uns aux autres et en fait un tout homogène et qui se tient.

Mais pour ces pièces nous sommes obligés, nous autres critiques, de renoncer à nos procédés ordinaires d'analyse. Comme

> Chaque acte en la pièce est une pièce entière,

ainsi que dit Boileau, il nous faut suivre l'œuvre acte par acte et montrer ce que chacun d'eux apporte de lumière à l'idée générale, qui fait le fond du drame.

cette idée, c'est que l'ouvrier est horriblement malheureux, qu'il ne gagne pas de quoi manger et que, quand l'homme a faim, il se révolte, pille, brûle et tue. C'est là une vérité de fait, la seule que l'auteur berlinois ait prétendu mettre dans son jour. Et déjà il me semble que son œuvre, à ne constater qu'une vérité de fait, sans indiquer même comment on pourrait lutter contre cette fatalité de la misère, perd en grandeur ce qu'elle va gagner en intensité. Les tableaux qui vont se succéder sont très âpres, très violents, ils accablent l'imagination et serrent le cœur; mais l'émotion qu'on ressent a quelque rapport avec celle qu'on éprouve à voir en plein fleuve sombrer un bateau tout plein de passagers, à qui l'on ne peut porter secours. Elle est poignante, elle n'est pas artistique. C'est le corps qui parle au corps.

Au premier acte, nous sommes chez le grand manufacturier Dreissiger. Les ouvriers tisserands apportent les ballots de toile ou de drap qu'ils ont fabriqué dans la semaine, afin de s'en faire payer. Ils s'approchent, humbles et résignés, du contremaître, qui examine l'ouvrage, trouve des malfaçons, rabat sur le prix, tout cela d'un ton impérieux et dur. Les pauvres gens se plaignent; quelques-uns demandent des avances, alléguant qu'ils n'ont pas de pain à la maison; le contremaître les traite comme des chiens. Les uns plient le cou, résignés; les autres grondent tout bas. L'un d'eux, Bæcker, relève la tête : on ne lui a pas donné tout ce qu'on lui doit, il veut son argent, il parle haut, il crie. Le patron arrive au bruit; il ne veut pas discuter avec cet énergumène, qu'il regarde comme dangereux :

— Le voilà, ton argent! dit-il.

Et il le jette ou le laisse tomber à terre. Bæcker se révolte.

— Je veux, crie-t-il d'une voix menaçante, qu'on me donne mon argent, là, dans la main!

Depas, qui jouait le rôle, a fait frémir dans cette scène épisodique. Il y a un moment de silence ; le patron hésite ; puis prenant son parti :

— Ramasse l'argent, dit-il à un employé, et donne-le lui...

Et se tournant vers Bæcker :

— Tu es payé, lui dit-il, je te chasse.

Bæcker s'en va le front haut, et du cercle que forment les ouvriers dans le fond s'échappe semblable à un sourd grondement, à voix basse, le refrain d'une chanson d'ouvrier, qui est comme le *Ça ira* du travailleur allemand. Cet air sera comme qui dirait le *leitmotiv* de la pièce. C'est lui qui en marquera l'unité.

Le patron, M. Dreissiger, l'arrête d'un coup d'œil irrité. Il va, vient, se démène à travers la chambre, lançant aux ouvriers, qui l'écoutent tête basse, des paroles irritées. Je ne sais ; mais ce patron me semble parler trop longtemps et exagérer la violence. Un homme habitué à être obéi ne crie pas de si furieuse façon. Passe encore pour son contremaître ; c'est un subalterne qui fait de l'autorité et du zèle. Mais lui ! qui l'empêche de le prendre avec ses tisserands sur un ton plus doux ? Pourquoi, les avertissant qu'il est forcé de réduire leurs salaires, n'entre-t-il pas dans quelques explications ? Pourquoi se donne-t-il des airs d'être un imbécile doublé d'un méchant homme ?

Je ne demanderais pas mieux qu'on me le présentât sous cet aspect, s'il devait s'engager une action, où ce caractère particulier dût entrer en jeu. Mais non ; on me montre le patron en soi dans ce tableau ; je ne le reverrai plus qu'une fois dans la pièce, et il jouera cette fois le rôle d'un lâche. Il n'y a pas à dire : je ne puis m'empêcher de penser en moi-même que si le patron était, comme il doit y en avoir beaucoup, un homme juste et pitoyable aux faibles ; que, s'il prenait la peine d'exposer à ses ouvriers, ce qui est vrai d'ailleurs, qu'il les diminue parce que la fabrique ne va pas, et que, s'ils ont lieu de se plaindre, il n'est pas lui non plus sur un lit de roses, les choses ne tourneraient point de la même façon. Je me demande pourquoi l'auteur ne m'a pas, au lieu de mettre en scène une situation générale, tracé des caractères particuliers, ce qui est le but dernier de l'art dramatique. Rien de plus sommaire et de plus incertain que la psychologie de ce drame ; tranchons le mot : il ne s'y trouve pas ombre de psychologie. On n'y voit que des brutes ruées et acharnées sur des faits.

— Des pièces comme ça, me disait un des jeunes auteurs dramatiques les plus goûtés de ce temps, on en bâclerait une tous les huit jours !

En quoi il exagérait. Car il faut, pour réussir en ce genre, un certain tempérament que tout le monde n'a pas, et peut-être aussi un grain de conviction, ne fût-ce que la conviction du dilettante.

Ce tableau est d'un assez grand effet. Je regrette qu'Antoine l'ait, je ne sais pourquoi, plongé dans la nuit. Nous sommes chez un manufacturier ; si c'est de jour que la scène se passe, pourquoi n'y voit-on pas clair ? Si c'est le soir, pourquoi n'y a-t-il pas de lampes allumées ? On me répond à cela : C'est pour ajouter à l'impression de tristesse. Quelle puérilité ! Je rage tout le temps de ne voir que des ombres gesticulant dans l'ombre. Antoine cherche la vérité dans le décor ; eh ! bien, je puis lui affirmer que, quand un contremaître examine du drap ou de la toile, si le jour est tombé, il se fait apporter une lampe, ou lève le gaz.

Le second tableau nous conduit chez un de ces tisserands, qui sont employés chez Dreissiger. C'est, à mon avis, le meilleur de la pièce. Il y a là un crescendo, très habilement mené et soutenu, de malédictions et de colères qui aboutit à une terrible explosion finale. Ça, c'est d'un homme de théâtre. Le tisserand Baumert, sa femme, ses filles, ses petits enfants, tout ce monde-là crève la faim. Point de charbon, point de pain ; les récriminations aigres se croisent avec les lamentations tristes. On avait un chien, que l'on aimait. On l'a égorgé pour le faire cuire. On mangera donc une fois de la viande. A ce moment entre un beau gars, Jæger. Il arrive de l'armée, où il a fait son temps. Il a été très heureux là-bas ; il était ordonnance d'un capitaine. Il a économisé sa paye et ses pourboires ; il fait sonner les dix marcks qu'il a en poche. On l'invite à manger du chien ; il paye l'eau-de-vie. Tout ce monde mange goulûment et boit avec une gaieté sombre. Le vieux Baumert quitte un instant la chambre : c'est que son estomac, déshabitué de la viande, n'a pu la supporter.

— Ah ! misère, dit-il en ricanant, pour une fois que je mange de la viande depuis trois ans, je suis obligé de la rendre !

Ah ! dame ! le propos n'est pas ragoûtant non plus que le geste qui l'accompagne. Mais l'effet est saisissant tout de même. Jæger, qui est un beau parleur, brode sur ce thème des souffrances de l'ouvrier. Ce Jæger nous a conté tout à l'heure qu'au régiment, s'il avait gagné la confiance de ses chefs et s'il leur avait extirpé tant de bonne main, c'est qu'il s'était plié, avec une féroce exactitude, à la discipline de l'armée. Le voilà qui, tout d'un coup, prêche à la révolte. Pourquoi ? Comment avec l'habit militaire a-t-il dépouillé l'esprit d'obéissance ? Cela valait la peine d'être dit, et on ne nous le dit pas. La vérité est qu'on ne nous explique rien. Ce sont les faits qui, pour ainsi dire, sont en scène ; c'est la situation qui fait mouvoir les hommes, ces marionnettes moroses d'une implacable fatalité.

L'eau-de-vie a peu à peu allumé les cerveaux vides.

On en vient à parler du *Ça ira* des ouvriers berlinois ; c'est une chanson qui a pour titre le *Linceul*. Le père Baumert la sait ; il la chante, et peu à peu il s'exalte au refrain, que tous reprennent en chœur. La faim, l'eau-de-vie, la prédication, le chant sont les étapes par où passe la fureur, à chaque fois grandissante, de ces misérables. La progression est marquée avec un merveilleux sens du théâtre par l'auteur dramatique. C'est de l'art, inférieur si l'on veut, mais c'est incontestablement de l'art.

Le troisième acte nous mène dans un cabaret où les tisserands viennent boire. C'est le plus faible de l'ouvrage. Il n'ajoute pas grand'chose à l'impression foudroyante produite par la fin du second tableau. On y chante à pleine voix la chanson du *Linceul* ; nous retrouvons là notre révolté du premier acte Baecker, un rougeaud atrabilaire, qui est devenu un orateur de réunions publiques ; Jæger et Baumert soufflent avec lui la rébellion. Quand les gendarmes entrent, c'est à grand'peine s'ils se font écouter. Il est évident que la grève va éclater en désordres et en violences.

Ce troisième tableau nous laisse froids. Je parle pour moi du moins et pour mes voisins. C'est qu'il n'enchérit pas sur le tableau précédent ; il ne fait que le répéter et, par conséquent, il l'affaiblit. Ne vous en étonnez pas ; l'âme d'un homme, quel qu'il soit, est très riche en sentiments complexes que le psychologue peut analyser, en les variant à l'infini et en les menant par un long chemin jusqu'à leur maximum d'intensité. Il n'en va pas de même de l'âme d'une foule, qui est une âme anonyme. Les passions en sont très sommaires et sautent d'un bond dans le dernier excès. On en a vite fait le tour, et comme elles s'emportent tout de suite au dérèglement et à la violence, elles n'excitent aucun intérêt. Il n'y a pas intérêt, en effet, sans progression et sans retours ; cela revient à dire qu'il n'y a pas intérêt au théâtre sans psychologie. On n'a dans la nouvelle école d'autre émotion que celle du coup de poing envoyé en pleine poitrine.

Le quatrième acte nous mène chez M. Dreissiger, à sa maison d'habitation, non à sa fabrique. Nous n'avons pas revu M. Dreissiger depuis le premier acte. Dans un drame, tel qu'on le concevait autrefois, on se fût efforcé de nous le peindre; on nous eût expliqué son caractère et sa situation; on nous eût mis en état de le blâmer ou de le plaindre, et peut-être de le plaindre et de le blâmer tout à la fois. Mais tout cela, c'est de la psychologie et il n'en faut plus. Plus d'études de caractère ni d'analyse de passions. Des faits, rien que des faits brutalement lancés à leur but.

Autour de la maison, rugit l'émeute. Nous voyons l'effarement du patron et de sa femme :

— Mais qu'est-ce qu'ils veulent? s'écrie la femme, tremblante et pleurnichante. Nous avons gagné notre fortune sou à sou; nous ne sommes pourtant pas des voleurs!

Elle a raison; mais voilà les bandes des grévistes dont le *Ça ira* annonce de loin l'approche. Le pasteur offre d'aller interposer son autorité et de haranguer les révoltés; et, de fait, il y va, au risque de sa vie. Mais ce pasteur est un sot phraseur, qui n'a aucune influence. Dreissiger, éperdu, ramasse tout ce qu'il a d'or, tandis que son contremaître, les yeux hors de la tête, et s'attachant aux basques de son habit, lui crie d'une voix étranglée :

— Vous n'allez pas me laisser là, m'abandonner!

Tous deux fuient par une porte dérobée; la femme et la fille ont pris les devants. Au dehors, on entend toujours la terrible chanson, entremêlée de cris de mort. La porte et les fenêtres cèdent sous les coups des assaillants, qui se ruent dans l'immeuble vide, déguenillés, hurlants, ivres :

— Voyez, crie le vieux Baumert, je ne suis pas un

prince; eh! bien, j'ai dans le ventre de la nourriture de prince.

Et sa trogne éclate de joie. Ils sont tous armés, et de leurs piques, de leurs haches, ils s'amusent comme des singes en délire, à briser les meubles, à casser les carreaux.

Le rideau tombe.

La scène est d'un grand effet. Elle a été réglée à merveille par Antoine. Ai-je besoin de vous répéter, ce que j'ai déjà dit cent fois, que ces effets sont des plus faciles à obtenir, qu'il ne faut pas être un grand génie pour lancer sur le théâtre des foules qui crient, chantent et saccagent, que ces effets sont violents, sans doute, mais qu'ils s'useraient vite, et que c'est un enfantillage de crier au chef-d'œuvre pour si peu?

Ajouterai-je que des scènes de ce genre rendent impossible la représentation de la pièce sur un théâtre régulier? Antoine a demandé au ministère la permission d'en donner un certain nombre de représentations. La censure a répondu par un *non* formel.

Le cinquième acte est peut-être ce qu'il y a de plus curieux, sinon de plus émouvant dans la pièce. Nous sommes chez un vieux tisserand, que nous n'avons pas encore vu; car à chaque tableau de nouveaux personnages surgissent; il n'y a que le *Ça ira* qui nous poursuive d'acte en acte. Ce tisserand se nomme Hilse, il a son métier chez lui, dans son village, et il vit si retiré qu'il n'a pas eu connaissance de la grève.

Celui-là, c'est un résigné. Il a vécu au jour le jour, peinant à la tâche, et il se console des misères de la vie présente, en songeant que l'autre vie qu'il attend lui apportera de magnifiques compensations. A côté de lui, sa femme, à demi sourde et aveugle, est assise, muette, immobile, sur son escabeau, coupant l'entretien de rares interjections.

Son fils aurait peut-être d'autres idées; mais il courbe, en frémissant, le front sous l'autorité du vieux père, qui lui prêche, d'une voix lente et monotone, l'obéissance et le travail. C'est un piétiste et un brave homme.

Il n'y a qu'une personne dans la famille qui n'ait pas cédé à l'influence du vieux grand-père : c'est sa belle-fille, Louise, une vraie Louise Michel, qui est irritée de la vie qu'elle mène, dont le cœur se fond au récit des souffrances que les pauvres gens endurent. Le cœur lui crève de douleur et de colère; et quand elle entend, dans le lointain, la chanson vengeresse, elle éclate en imprécations furieuses, dans une langue populacière, et court rejoindre ses camarades. C'est Mlle Nau qui a joué ce rôle avec un emportement et une conviction extraordinaires. C'est une admirable furie.

L'émeute approche; quelques-uns des grévistes se détachent de la bande et montent chez le père Hilse, pour le débaucher de son travail. Mais voici qui prouve bien l'impossibilité qu'il y a au théâtre de montrer une foule se mouvant et criant, quand il faut que les personnages principaux parlent. Au quatrième acte, rien n'avait été plus facile que de montrer cette multitude grouillante, qui n'avait rien autre chose à faire qu'à briser et à dévaster.

Mais là, il faut qu'il y ait échange d'idées entre le vieil Hilse et ses compagnons de travail. Que fait le metteur en scène ? Contre toute vraisemblance, il me range ces hommes échauffés de vin, de cris, de marche et de destruction derrière Bœcker, Baumert et Jæger, et il les y garde silencieux et immobiles.

Je ne lui en veux pas; car j'aime mieux entendre des propos tenus par ces personnages que de voir s'agiter et gesticuler des comparses. Mais Antoine sera bien forcé de reconnaître qu'il arrive toujours un moment au théâtre —

même dans son théâtre — où la convention reprend ses droits ; car il n'y a pas de théâtre sans convention.

Les chefs de la révolte ont beau presser le vieillard de se joindre à eux : il refuse doucement, mais d'un ton ferme. Il a fait, chaque jour, durant cinquante années, la besogne du jour ; il travaillera aujourd'hui comme il a travaillé hier jusqu'à ce que le Seigneur le rappelle à lui pour lui donner la récompense due.

Et cependant, au loin, on entend le pas cadencé des soldats, que scande un air de marche joué par des fifres. C'est la troupe ; on va se battre. Tous se précipitent dehors, Louise Michel en tête ; il ne reste que le vieux tisserand, sa femme, toujours immobile sur son escabeau, et son fils. Aux premiers coups de feu, le jeune homme crie, éperdu, qu'ils vont lui tuer sa Louise, et il s'échappe.

Hilse se dirige lentement vers son métier, qui est placé près de la fenêtre ; il s'y assied et se remet au travail. Un lourd silence pèse dans la salle, tandis que, par la fenêtre, montent les bruits de la rue, qui se fondent dans un vaste bourdonnement. Tout à coup, on entend une décharge. Les carreaux de la croisée volent en éclats, et le vieillard roule à terre. Il a reçu dans la tempe une balle perdue. La vieille Hilse lève lentement la tête et, d'une voix épouvantée : « Qu'est-ce qu'il y a ? » dit-elle. Une petite fille, la fille de Louise, est accourue au fracas des vitres brisées. Elle regarde le corps de son grand-père étendu sur le plancher ; elle l'appelle en pleurant, tandis que la vieille, faisant effort pour se dresser sur ses pieds, agite en aveugle ses bras dans le vide. La scène est tragique et d'un effet poignant.

Je ne sais si le dénouement, qui est d'une ironie supérieure, plairait à d'autres qu'à des dilettantes raffinés. Mais nous ne le saurons jamais, car il n'y a pas un gouvernement qui, à moins d'avoir perdu l'esprit, laissera ce spectacle se dérouler devant la foule.

Antoine a mis en scène toute cette pièce avec un art prodigieux. Il joue lui-même le vieux Hilse; il y déploie une résignation pleine de simplicité et de grandeur.

5 juin 1893.

L'ASSOMPTION DE HANNELE MATTERN

Il paraît que l'*Assomption de Hannele Mattern* se joue avec succès à Berlin et dans quelques autres villes d'Allemagne. Cela est-il vrai? Je n'en sais rien. J'ai vu des étrangers, venus d'Allemagne pour étudier notre théâtre, qui étaient arrivés chez nous avec cette conviction que les pièces d'Antoine avaient bouleversé l'art dramatique et que tout Paris y courait. J'avais quelque peine à les remettre au point; ils étaient un peu étonnés d'apprendre que le retentissement du Théâtre-Libre était assez limité, que la révolution (s'il y avait révolution) ne s'était fait sentir encore que dans le cercle étroit d'une classe de dilettantes, que tout ce tapage, savamment organisé autour de ces représentations, n'était encore qu'un vain bruit, et que c'est à peine si le grand, le vrai public, avait de temps à autre tourné la tête. Il pourrait bien se faire qu'il en fût de l'*Assomption de Hannele Mattern* à Berlin, comme des *Résignés*, de Céard, à Paris; et si je prends, par exemple, les *Résignés*, ce n'est pas du tout par esprit de raillerie; c'est que les *Résignés* me semblent avoir des qualités sérieuses et que cependant la pièce, transportée au Vaudeville, devant le public ordinaire des théâtres, n'a pu s'y acclimater.

Si, en effet, la pièce de M. Gerhart Hauptmann n'est pas, en Allemagne, goûtée seulement par une petite coterie de novateurs bruyants, si elle est accueillie avec plaisir de la foule, je suis bien aise que M. Antoine nous en ait offert la traduction et je le remercie de l'avoir fait. Il est toujours bon de savoir au juste où en sont nos voisins.

Tenez ! je lisais hier un rapport que vient d'adresser à M. le ministre des beaux-arts M. Charles Reynaud sur la mise en scène et la machinerie théâtrale des théâtres de Londres. Il avait été, par mission spéciale, chargé d'étudier chez les Anglais cette partie de l'art, comme il l'avait fait l'an dernier à Vienne. Nous vivons tous sur cette idée, qui est si profondément ancrée dans nos esprits qu'elle semble inattaquable : que chez nos voisins de Londres la mise en scène est infiniment mieux réglée et plus riche que dans nos théâtres parisiens. Écoutez, je vous prie, les conversations de couloirs quand on nous offre à Paris une pièce nouvelle qui a exigé beaucoup de mise en scène : « Ah ! Londres ! s'écrie-t-on, à la bonne heure ! Si vous aviez vu ça à Londres ! Nous ne sommes que des enfants auprès de ces gens-là ! » Et autres propos de ce genre.

Eh ! bien, M. Charles Reynaud, qui est allé sur les lieux examiner les choses de près et qui semble avoir apporté à cette étude un grand esprit d'impartialité, nous apprend qu'il en faut bien rabattre. Il reconnaît que sur certains points, qui ne sont pas de première importance, la rapidité des manœuvres, par exemple, les Anglais l'emportent sur nous ; mais il affirme (et il le prouve) que nos décorations et nos costumes, toute notre mise en scène, est infiniment mieux entendue, d'un plus grand goût et d'un goût plus délicat, surtout chez nous, que chez eux. Nous n'en savons rien, car nous mettons je ne sais quelle vanité à nous rabaisser nous-mêmes ; nous sommes des fanfarons de dénigrement personnel. Il faut savoir gré à M. Reynaud de nous l'avoir appris, et je compte bien que ces deux rapports sur

Vienne et sur Londres seront réunis et imprimés un jour.

Il ne me déplaît pas d'apprendre que les Berlinois admirent de tout leur cœur l'*Assomption de Hannele Mattern*. Si vous en voulez mon opinion bien sincère : c'est une des fumisteries les plus médiocres que nous ait données le Théâtre-Libre. Il va sans dire que je ne parle point du style; un Allemand que j'ai rencontré me disait avec des larmes dans la voix : « Ah! monsieur, si vous pouviez lire le texte original! Ce sont des vers sublimes!... » Je ne conteste pas, je ne parle que de ce que j'ai vu et entendu.

Et encore ai-je tort de me servir par habitude de ces termes : voir et entendre. La vérité est que de toute cette pièce, je n'ai presque rien vu et que je n'ai pas entendu grand'chose.

Nous étions là, bien tranquilles, ne pensant point à mal, attendant que le rideau se levât, car on avait frappé les coups d'avertissement. Voilà que soudainement dans la salle et à la rampe l'électricité s'éteint; nous sommes du haut en bas plongés dans une obscurité profonde. Un oh! d'étonnement court dans la salle. Je ne suis, pour moi, qu'à demi surpris; j'ai beaucoup vu en mon enfance et beaucoup aimé la lanterne magique.

Le rideau s'est levé; une énorme draperie noire cache la scène; elle se fend par le milieu, se relève, s'écarte et laisse deviner une chambre qu'éclairent fort mal deux lumignons, l'un à droite, l'autre à gauche. Il me semble, en écarquillant les yeux, que j'aperçois dans l'ombre des formes humaines qui s'agitent, et il arrive à mon oreille quelques fins de syllabes qui me font présumer que ces gens-là se disent des injures. Des hommes que je ne connais pas apportent un petit corps d'enfant, qu'ils déposent sur un je ne sais quoi de vague qui ressemble à un lit. J'infère de quelques-unes de leurs paroles, dont je saisis quelques bribes, que l'enfant s'était jetée à l'eau, parce que son père la battait, et qu'elle était fort malheureuse.

Heureusement, la rampe se lève quelque peu ; je bénis le ciel de cette bonne fortune aussi inespérée qu'inexplicable. Car il n'y a pas d'autre raison de me donner de la lumière à ce moment-là, sinon que j'ai une envie folle de savoir à peu près ce dont il s'agit. Je vois la petite fille couchée sur son lit. Elle geint beaucoup, elle pousse des petits cris grêles ; il paraît que ces petits cris sont de beaux vers dans le texte allemand. Je le crois pieusement. Il y a au chevet de la malade une sœur qui veille. Elle recommande à la malade de dormir et sort emportant la seule des deux chandelles qui était restée allumée.

La rampe s'éteint et nous retombons dans la nuit. Et alors se dressent, éclairées par une lumière verte, des apparitions phosphorescentes, qui me rappellent celles que nous voyons dans les féeries, celles qui nous terrifiaient dans les lanternes magiques. C'est un maçon ivre qui profère un tas d'horreurs, admirables dans le texte, mais dont fort heureusement nous n'entendons pas un traître mot ; c'est ensuite une tête de femme, verte comme un bocal de pharmacien, oh ! combien verte ! qui psalmodie des lamentations d'un lugubre... oh ! combien lugubre ! Cette tête, c'est celle de la mère de la petite fille.

La draperie noire se referme ; le premier acte est fini. On nous rend la lumière dans la salle. Quelle joie ! Ah ! que dans ces sortes de pièces les entr'actes sont gais ! Combien gais, les entr'actes ! S'il ne fallait pas rentrer dans sa stalle, ce serait un charme ! Mais on a sonné au théâtre. Nous nous réinstallons ; toutes les lumières s'éteignent de nouveau et le rideau noir se rouvre lentement.

Ah ! cette fois, c'est plus gai. La petite fille est toujours dans son lit, mais elle est censée dormir ; on apporte un cercueil qui s'éclaire, lui aussi, spontanément d'une lumière verte. Nous y voyons l'enfant qu'on y a couchée. Des anges descendent des frises, avec de grandes ailes dans le dos, et se promènent par la chambre, faisant des taches blanches sur la nuit noire. La sœur, qui la tire de son cercueil pour la vêtir d'une robe blanche laisse tomber sa robe noire et prend l'aspect de la mère que l'enfant a voulu rejoindre au ciel en s'allant noyer; le maître d'école qui l'aide dans cette besogne se métamorphose de même et devient Jésus-Christ, le front auréolé d'un nimbe. Un cordonnier vient lui apporter des chaussures; c'est un gnome bizarre, qui danse autour d'elle en s'extasiant sur la sveltesse de ses pieds.

Ce sont les visions incohérentes du rêve. Peut-être, dans un poème, où l'auteur les évoquerait du fond de notre imagination, nous apporteraient-elles des impressions d'attendrissement ou de terreur. Mais je vois la robe de la sœur qui tombe pour laisser place à l'habillement de la mère; je vois le truc à l'aide duquel le maître d'école se transfigure en Jésus-Christ; je vois ce prétendu gnome, qui n'est qu'un acteur sautillant et gesticulant comme Tortillard; je vois des anges suspendus à des ficelles et se promenant à travers la scène, suivis de jets électriques. Toute cette fantasmagorie me rappelle invinciblement la lanterne magique de mon enfance. Plus on prétend agir sur mes nerfs à l'aide de ces moyens physiques, plus je regimbe contre la violence qu'on veut me faire. Je sais si bien que tout cela est voulu, concerté, artificiel et grossier. Ça, de l'art? c'est un méchant truquage de mise en scène fantomatique! Il n'y a pas là dedans ombre d'observation vraie, ni même d'imagination, ni de talent d'aucune sorte; c'est au-dessous de rien.

Si j'en parle avec cet emportement, c'est que je voyais à la sortie nombre de gens qui se pâmaient ou feignaient de se pâmer d'admiration et que j'étais agacé de les voir prodiguer ces gloussements d'enthousiasme à un spectacle qu'ils auraient à peine regardé, si on le leur avait offert, dans une féerie, au Châtelet. Ah ! il fait bon en ce moment chez nous venir d'Allemagne ou de Norvège ! On commence à nous scier avec cette manie d'exotisme. La seule excuse d'une œuvre étrangère, quand on nous l'apporte, c'est d'être un chef-d'œuvre ; c'est au moins d'avoir des parties de chef-d'œuvre. Mais voilà un Allemand qui nous refait, avec des projections électriques, *Victorine* ou la *Nuit porte conseil*, et l'on crie au miracle ! C'est trop fort, en vérité ! Les trucs à la Loïe Fuller ont décidément trop de succès chez nous. Passe encore aux Folies-Bergère ! Il faut rendre justice aux artistes qui ont prêté leur concours à Antoine. Mlle Hellen joue le rôle de la pitoyable et souffreteuse petite fille qui s'est jetée à l'eau. Ce rôle ne se compose guère que de cris douloureux, plaintifs ou extasiés. Elle les a poussés de façon à nous émouvoir. C'est Arquillière qui joue le maître d'école transfiguré tout à coup en Christ ; il est onctueux et digne. Antoine, cette fois, n'avait pris qu'un rôle épisodique. C'est lui qui a mis la pièce en scène ; il est arrivé à des effets de foule assez curieux. Dans le rêve, le maçon, père de la petite Hannele, après avoir crié contre sa fille, s'excuse de l'avoir trop maltraitée et dit que ce n'est pas sa faute, si elle s'est jetée à la rivière ; et les ombres qui s'agitent autour de lui répètent tout bas, avec un sifflement atténué, comme dans un songe : « Assassin ! Assassin ! » C'est ce qu'il y a de mieux dans la pièce.

5 février 1894.

STRINDBERG

LE PÈRE

L'Œuvre nous a donné sous la direction de M. Lugné-Poë, une soirée de gala, en l'honneur de M. Auguste Strindberg, qui se trouve à Paris. Il a joué pour la circonstance le *Père*, tragédie en trois actes. Je me sers du mot tragédie, parce que c'est celui que je trouve sur le programme.

Vous savez que M. Lugné-Poë revient de Scandinavie, où il est allé avec sa troupe, donner des représentations. M. Ed. Brandès, un écrivain danois, dont la célébrité est venue jusqu'à Paris, a publié dans une revue de Bergen, *Santidem* (mois d'octobre), un article où il parle de ce voyage de notre compatriote et apprécie les spectacles qu'il a offerts à la curiosité des hommes du Nord.

Voulez-vous me permettre d'en citer quelques passages qui m'ont paru curieux et qui, sans nul doute, vous intéresseront. Je ne corrige pas un mot de la traduction, dont le style se sent d'être en effet un style de traduction :

« Pour être indulgent, il faut effacer de sa mémoire la conférence que M. Lugné-Poë fit à propos de son œuvre dans les trois capitales du Nord. On trouverait difficilement un radotage pareil, un radotage aussi enfantin, aussi dépourvu de toute considération philosophique. La conférence se divisait en deux parties : quelques remarques naïves sur la poésie et l'art, et sur des théories à propos desquelles M. Lugné-Poë donnait son opinion inébranlable avec l'audace d'un inculte et une série de grossièretés de mauvais goût contre les premiers personnages de France.

« Tout fut sacrifié sur l'autel sacré, depuis Voltaire, qui n'était qu'un parasite chez les princes, jusqu'à Dumas fils, qui n'est célèbre que par son père, et jusqu'à Zola, dont les romans sont mis à côté de ceux d'Ohnet, et qui avec ce dernier ne fait de la lecture que pour les cuisinières.

« Il va sans dire que M. Lugné-Poë cracha poison et fiel sur la critique française et tout spécialement sur Francisque Sarcey, qui sans doute a ses défauts, mais qui, dans tous les cas, vaut cent fois mieux que cette façon superficielle dont on l'a traité. Une des objections contre Francisque Sarcey, c'était qu'il a quarante-cinq ans de plus que Lugné-Poë. Et comme Sarcey et Ibsen sont précisément du même âge, il y a quelque chose d'indiciblement comique à cela que Lugné-Poë reprochait à l'un sa vieillesse, tandis que le poids des années ne nuisait en rien à l'autre. Une autre attaque contre Sarcey était d'une nature tout à fait perfide, puisque M. Lugné-Poë détacha d'une critique, qui en son entier était intelligente et spirituelle, un passage, qui, isolé, pouvait sembler ridicule. En somme, M. Lugné-Poë aurait dû se montrer moins indigné de la sévérité de la critique parisienne dans les personnes de Francisque Sarcey et de Jules Lemaître ; car si ses représentations à Paris n'ont pas été plus satisfaisantes que celles de Christiania, les critiques français ont vraiment eu la main légère pour lui et pour l'Œuvre... »

Et un peu plus loin :

« Cependant, M. Lugné-Poë jouait avec zèle et avec une diction qu'il doit au Conservatoire français et à cette tradition dont il se moquait dans cette conférence. M. Lugné-

Poë quitta le Conservatoire, il y a trois ans, sans avoir obtenu le premier prix, mais en possession d'une diction qui ne perd pas une syllabe, mais qui n'a pas le caractère de la conversation moderne. C'est donc étrange qu'il raille la Comédie-Française, où l'on entend cette diction dans sa plus grande beauté. »

Mon illustre confrère, M. Ed. Brandès, me permettra de relever cette dernière assertion, qui est inexacte. La diction ou plutôt la psalmodie séraphique que M. Lugné-Poë décore de ce nom, n'a pas le moindre rapport avec celle que l'on enseigne au Conservatoire et qu'on pratique à la Comédie-Française. Ici, tout le monde la trouve insupportable et c'est un perpétuel sujet de plaisanteries d'ailleurs faciles. Lugné-Poë ne compte pas plus à Paris comme comédien qu'il n'a compté, à Copenhague, comme conférencier et critique. Il n'a pas de chance, ce pauvre homme ! Il trouve moyen, disant du mal de son pays dans un autre, d'être estimé de tous les deux juste ce qu'il vaut.

Ce n'est pas une raison pour que nous ne parlions pas avec sympathie de la pièce scandinave qu'il vient de nous offrir : le *Père*, de M. Auguste Strindberg. Il a eu le bon sens, désirant qu'elle fût bien jouée, de n'y prendre qu'un rôle très effacé de troisième plan. C'est une marque de goût ; vous voyez que je lui rends justice tout de même. Que voulez-vous ! Je suis bonhomme au fond, et puis, comme il le dit si à propos, je suis aussi vieux qu'Ibsen, et l'âge qui semble aigrir les hommes du Nord est pour les gens de notre race un grand et aimable maître d'indulgence.

De tous les auteurs scandinaves qu'on nous a présentés avec tant de fracas en ces dernières années, M. Auguste Strindberg me paraît être, autant que j'en puis juger à travers la traduction, celui qui a le plus le sens du théâtre. Ses pièces sont clairement exposées ; elles se déduisent selon une logique facile à saisir ; la scène que l'on attend est faite et conduite avec art. M. Auguste Strindberg est beaucoup moins loin qu'il ne pense et qu'on ne croit de nos faiseurs de mélodrames ou de nos vaudevillistes. Il n'y a que ses caractères qui souvent nous déconcertent : l'exotisme nous en plaît quelquefois ; quelquefois aussi il nous est obscur ou même inintelligible.

J'avoue n'avoir rien compris du tout au rôle de Laure, le personnage principal de la pièce. Voilà une femme qui est persuadée qu'en général d'abord la femme est supérieure à l'homme et qu'elle, en particulier, l'emporte de beaucoup sur tous les hommes qu'elle a rencontrés ou rencontrera et, notamment, sur son mari, qui est pourtant dans la marine un officier de mérite et dans la science un homme déjà célèbre par ses études et ses découvertes. Jusque-là, il n'y a trop rien à dire. Beaucoup de femmes, sans le témoigner si ouvertement, et de façon si cassante, tiennent leur mari pour un petit esprit et prennent en main, sans en avoir l'air, le gouvernement de la maison. La raison sociale est sous le nom du mari, puisque ainsi le veulent et la loi et les mœurs ; ce sont elles qui ont le pouvoir. Nous avons même en France un mot pour cela : elles portent la culotte, ou encore : elles enterrent leur mari.

Elles l'enterrent ! C'est une métaphore. Elles ne le tuent pas. Elles savent qu'après tout un mari, gênant ou non, est un objet nécessaire dans le ménage. Laure, par exemple, a un mari capitaine de vaisseau et savant ; elle jouit et de la fortune et de la position qu'il lui apporte. S'il venait à disparaître, elle ne serait plus rien qu'une pauvre et misérable veuve, souveraine sans doute dans son ménage ; mais la toute-puissance n'a d'agrément que si l'on a au moins un sujet à qui la faire sentir ; plus de mari, plus de sujet.

C'est ainsi que raisonnerait une Française. Laure, qui

est Scandinave, ne veut pas même accepter l'apparence d'un joug. Elle a eu de son mari une fille ; il a accompli sa fonction en la rendant mère. Elle veut, comme l'abeille, qui une fois fécondée, met le frelon à mort, se débarrasser d'un époux qui pourrait avoir, qui a parfois des velléités d'opposition.

Comment l'évincer ?

En l'égorgeant ? c'est, comme disait Labiche, un moyen bien salissant et, de plus, dangereux. Elle a projeté de le faire enfermer comme fou, et, pour cela, de l'amener à la folie, en surexcitant chez lui une nervosité naturelle.

Voilà un bien ténébreux stratagème. Si d'Ennery avait une idée pareille, il passerait au moins deux actes à nous expliquer le caractère d'une femme capable d'inventions aussi monstrueuses, et à nous la rendre vraisemblable. Il faut croire qu'en Scandinavie ces choses-là vont de soi.

Laure, au moment où le rideau se lève, a déjà commencé de tisser son infernale trame. Car elle a fait renvoyer le vieux médecin, qui était l'ami de la famille ; et elle a donné sa place à un jeune docteur qu'elle compte endoctriner aisément. Elle a près d'elle un pasteur, son frère, qui est un simple sot, et n'offrira point de résistance. Il ne s'agit plus que de trouver une occasion propice, qui lui permette de troubler l'esprit de son mari : il est pour elle un bouillon de culture où elle ensemencera le bacille de la folie et en exaspérera la virulence.

L'occasion se présente.

Le moment est venu de songer à l'éducation de la petite fille, Berthe. Le père, qui ne veut la livrer ni au pasteur, ni à la grand'mère, ni à la mère, entend qu'elle soit élevée dans une institution, où elle apprendra à penser librement ; nous dirions chez nous : à la laïque. Laure ne veut pas. Sa fille est sa fille après tout.

— Elle est, lui dit-elle, ma fille plus que la vôtre. Car enfin je suis sûre d'être sa mère ; et vous, qui vous répond que vous êtes le vrai père de l'enfant ?

Or il se trouve que cet argument répond à une secrète pensée et à de mystérieuses préoccupations du pauvre capitaine, que guette la folie de l'idée fixe. Il a souvent songé à cette supériorité de la femme sur l'homme.

Au fait ! quelle preuve un homme peut-il avoir qu'il est le vrai père de son enfant ? Il n'y a que des présomptions ; mais la certitude, où la trouver ?

Le microbe du doute est entré dans cette cervelle malade. La femme le regarde avec complaisance croître et se déployer. Elle l'excite avec une perversité froide et savante :

— Non, lui dit-elle, l'enfant qui porte ton nom n'est pas de toi.

Et, parlant ainsi, elle a des yeux énigmatiques et un mauvais sourire. Est-ce un affreux badinage ? Dit-elle la vérité par bravade ? Il n'en sait rien ; ce qu'il y a de pis, c'est que nous ne le savons pas nous-même, et nous voudrions bien le savoir ; car au théâtre nous aimons que les personnages nous prennent pour confidents de leurs pensées et nous avertissent.

Elle l'affole ainsi, en éveillant chez lui les défiances, puis tout à coup, elle l'embrasse :

— Allons ! rassure-toi, lui dit-elle, grand bêta.

Elle l'use et le détraque ainsi par ces coups sans cesse frappés au même endroit de l'âme. Il voit le travail perfide de sa femme ; ou plutôt il en a la sensation obscure. Il n'en est point étonné ; de même que Laure a horreur de l'homme et de ses prétentions à la suprématie, le capitaine déteste la femme ; il a conçu pour tout le sexe une effroyable haine, et Strindberg lui met dans la bouche les anathèmes renouvelés des tragédies d'Euripide.

Tout le drame roule sur cet antagonisme. Remarquez que M. Beaubourg, dans la *Vie muette*, nous avait déjà présenté cette même situation. Mais elle est aménagée avec beaucoup plus d'art par l'auteur suédois et elle arrive à des effets bien plus poignants.

Il y a une scène où l'on a le cœur serré comme dans un étau. Le capitaine a fini par ne plus avoir d'énergie ni de volonté; c'est un enfant qui pleure. Il se traîne aux pieds de sa femme et, laissant tomber sa tête sur ses genoux, il la supplie en sanglotant de dire enfin la vérité, tout en avouant qu'il ne la croira pas si elle lui dit qu'il est le vrai père. Il a passé un frisson sur toute la salle.

Je n'aime guère au théâtre l'étude de la folie. Il faut avouer que Strindberg en a tiré d'admirables effets de terreur et d'angoisse.

Il y a encore une scène, qui est horriblement pénible mais dont on a la gorge séchée. Le capitaine a voulu tuer sa fille; il faut lui mettre la camisole de force. Mais il résistera sans doute, s'il voit ce qu'on lui prépare. Sa vieille bonne se charge de la besogne. Tout en le caressant de douces paroles, tout en lui contant comme autrefois elle lui passait ses petites brassières, elle lui lève les bras, les lui entre dans la camisole, dont elle boucle les cordons derrière son dos, tandis qu'elle détourne et endort son attention par des histoires de nounou.

On m'assure que, dans l'idée de l'auteur, cette scène est symbolique. Il veut marquer par là que la femme ne vous caresse que pour vous enlacer, vous emprisonner et vous jeter ensuite à la folie et à la mort. Cela est possible; mais cela m'est indifférent. Il me suffit que la scène ne puisse s'écouter sans émotion; il est vrai que c'est une émotion sèche et triste, qui n'élargit point le cœur, qui ne fait que tendre et tordre les nerfs.

Laure entonne un chant de triomphe sur le corps de son mari ficelé ; elle est désormais seule et souveraine maîtresse de sa destinée et de sa fille.

La pièce a été remarquablement jouée. Garnier a composé avec beaucoup d'art le rôle du fou, et il a trouvé, quand il pose sa tête sur les genoux de sa femme, des accents de douleur d'une merveilleuse intensité. C'est Mlle Lucienne Dorsy qui était chargée du rôle inexplicable de Laure. Elle y a été excellente : son œil est froid et dur ; il y passe parfois une lueur diabolique. Elle a le sourire énigmatique et méchant, la voix nette, la diction coupante et cinglante. Est-elle assez femme du Nord? Je ne sais pas comment sont les femmes du Nord, j'ignore même si les femmes du Nord ressemblent au portrait que nous en a présenté Strindberg, en sorte que je ne puis répondre à cette question. J'ai trouvé Mlle Dorsy très bonne, je ne vois pas plus loin. Mme France a joué avec beaucoup de sentiment le rôle de la vieille bonne, et une petite fille, Mlle Georgette Loyer, est charmante dans celui de l'enfant que veut tuer son père.

17 décembre 1894.

MAURICE MAETERLINCK

PELLÉAS ET MÉLISANDE

Une société de jeunes gens amoureux d'art pur nous a donné, cette semaine, dans le jour, la première représentation d'un nouveau drame de M. Maurice Maeterlinck, *Pelléas et Mélisande*. On nous avait prévenus que cette première représentation serait unique, car il eût été impossible, à Paris, dans cette ville d'idiots, ramollis par les spectacles que leur fournissent les Augier, les Dumas, les Sardou, les Meilhac et autres vaudevillistes, de trouver plus de mille ou douze cents adeptes capables de comprendre et d'admirer ce chef-d'œuvre belge. J'avais été compris dans le nombre des invités; non pas sans doute que l'on eût la moindre confiance dans mon intelligence; je ne me flatte point de cette illusion; c'est le *Temps* à qui l'on ouvrait, dans ma personne, les portes du sanctuaire. On nous considérait, moi et quelques autres sans doute, comme des profanes; on avait, au reste, pris la peine de nous avertir que tous ceux qui ne s'extasieraient pas à chaque scène, tous ceux qui s'arrêteraient un seul instant de vibrer d'enthousiasme, seraient de purs imbéciles et d'authentiques crétins.

Il ne devait y avoir, dans la salle, que des initiés et des néophytes. Et, de fait, le théâtre des Bouffes avait pris, ce jour-là, un aspect particulier : ce n'était pas un spectacle, c'était un office auquel on allait assister. On avait pris un air grave, recueilli, mystérieux. Ce n'était plus la joyeuse animation des premières : on chuchotait à peine, dans l'attente d'un je ne sais quoi d'immense. Le rideau allait se lever sur un au-delà maeterlinquois.

Il se lève ; les lumières s'éteignent ; il fait à peu près nuit dans la salle. La scène est à demi éclairée d'une lueur crépusculaire. Nous entendons derrière la toile de fond des cris de femmes qui demandent qu'on leur ouvre la porte. Le portier parlemente quelque temps ; il se décide à ouvrir. Les femmes entrent ; ce sont des servantes qui déclarent qu'elles viennent laver le seuil et le perron.

— Apportez l'eau, disent-elles, apportez l'eau.

— Oui, répond le portier, versez l'eau, versez l'eau, versez toute l'eau du déluge ; vous n'en viendrez jamais à bout.

Et le rideau tombe. Quelques jeunes gens partent pour applaudir ; mais les initiés leur imposent silence. Ces applaudissements troubleraient l'émotion ; cette émotion a quelque chose d'hiératique comme celle que les fidèles éprouvent à la messe, quand le prêtre leur montre l'ostensoir.

Je me tais aussi, mais c'est plutôt chez moi de l'ahurissement.

— Vous avez l'air de ne pas comprendre, me dit obligeamment ma voisine ; c'est du symbolisme.

— Ah ! c'est un symbole ?

— Oui, ces servantes qui demandent de l'eau pour laver le perron, et le portier qui leur répond que toute l'eau du déluge ne le laverait pas, préparent votre esprit aux crimes extraordinaires qui vont se commettre dans cette maison. Il y aura du sang et

La mer y passerait sans laver la souillure.

— Mais il n'y en a pas encore de sang !...

— Puisque c'est un symbole ! on a l'intelligence ouverte au symbole ou on ne l'a pas. Vous ne l'avez pas.

— Mais, continuai-je tout bas, tout bas, pour ne pas déranger l'émotion, pourriez-vous me dire, puisque vous paraissez si au courant, pourquoi chaque personnage répète toujours deux fois le même membre de phrase ou le même mot. Ainsi le portier, quand il a dit : « La porte grince, » ajoute : « La porte grince, » et il continue : Comme elle crie ! comme elle crie !... Elle est ouverte, elle est ouverte. Et les servantes ne manquent pas de dire deux fois aussi : Apportez l'eau ! apportez l'eau ! Est-ce un procédé, un tic de Maeterlinck ?

— Ce qui serait tic ou procédé chez tout autre, est une beauté de plus chez Maeterlinck. Maeterlinck veut vous donner une impression de naïveté ; ses personnages flottent dans l'irréel ; ils ne parlent pas ; c'est une sorte de balbutiement enfantin. Vous allez voir tout à l'heure Mélisande ; elle, c'est une autre affaire : elle répète trois fois chaque mot. Elle ne dit pas, comme vous ou moi, qui vivons dans le réel : « Je me suis enfuie, » mais bien : « Je me suis enfuie, enfuie, enfuie. » Cela est très bien ; il faut l'admirer.

— Ah ! il faut l'admirer ?

— Aimez-vous mieux être traité d'imbécile et de crétin ? Chut ! la toile se relève.

— Fichtre ! ne dérangeons pas l'émotion.

La scène est toujours plongée dans l'obscurité ; la salle également. On est bien plus recueilli, quand on ne voit pas clair. Je découvre, en m'écarquillant les yeux, une jeune fille assise au bord d'une fontaine et qui semble pleurer. Entre un chasseur, qui conte qu'il s'est égaré. Il aperçoit la jeune fille ; il apprend d'elle qu'elle s'est enfuie, enfuie,

enfuie. Mais d'où s'est-elle enfuie? Elle ne le dit pas ; pourquoi s'est-elle enfuie, enfuie, enfuie? Elle ne veut pas le dire et nous ne le saurons jamais. Elle avait, à ce qu'il paraît, une couronne d'or sur la tête ; car elle l'a laissée tomber dans l'eau ; le chasseur lui propose de l'en retirer. Elle n'y consent point. Il lui propose, la trouvant belle, de l'emmener avec lui.

— Où allez-vous donc? lui demande-t-elle.

— Je ne sais pas, répond-il ; je suis perdu aussi.

C'est la fin du second tableau ; le premier avait duré deux minutes ; celui-ci en a duré trois ou quatre. Je me tourne timidement vers mon cornac.

— Qu'est-ce que cette Mélisande, sur laquelle on ne nous donne aucun renseignement?

— Mais si l'on ne vous donne aucun renseignement sur elle, c'est que vous n'en devez rien savoir. Mélisande n'est pas une personne particulière, c'est un être symbolique...

— Et qui flotte dans l'irréel?

— Allons ! je vois que vous commencez à comprendre. Ça va déjà mieux.

— Il y a tout de même quelque chose qui me chiffonne encore : c'est qu'au théâtre les êtres symboliques sont représentés par des acteurs en chair et en os et que l'on est obligé de donner une forme à l'irréel.

— Oh ! si peu ! si peu ! on vous plonge exprès dans une demi-obscurité ; tous les costumes sont de teinte neutre, tous les visages s'estompent dans une tonalité uniformément grise ; remarquez encore : les acteurs psalmodient leur rôle.

— Oui, et même ce parti pris de mélopée perpétuelle m'agace considérablement, je l'avoue.

— C'est que vous n'êtes pas encore au point. Vous aurez

bien de la peine à vous défaire de vos préjugés : vous venez au théâtre pour y être intéressé, amusé ou touché ; c'est le vieux jeu, cela ; on y vient communier sous les espèces du symbolisme. Le théâtre, dans la nouvelle école, est un mur sombre derrière lequel il se passe quelque chose de mystérieux. Vous apercevez par intervalles, à travers une fente, une ombre qui se coule en murmurant des mots énigmatiques ; vous devinez le reste. Mélisande, c'est la femme en soi ou, plutôt, l'amour en soi, qui traine après soi quelques joies courtes et beaucoup de malheurs. Elle s'appelle Mélisande parce qu'il n'y a pas moyen de ne pas lui donner un nom ; c'est une des fâcheuses nécessités de cet art inférieur qu'on nomme le théâtre. Mieux vaudrait qu'elle flottât, être irréel, dans l'irréel.

— Ça serait encore plus gai, en effet. Il faut croire que, dans cette école, on est plus indulgent et moins avare de détails précis et caractéristiques pour les hommes que pour les femmes. Car on nous a appris que le chasseur qui s'appelle Golaud est le petit-fils du vieux roi Arkel, qu'il est veuf et que déjà ses tempes ont blanchi.

— Oui, mais vous ne saurez jamais dans quelle contrée est situé le royaume du vieil Arkel. Il habite un antique château très sombre, entouré de grandes forêts obscures et bâti sur de profonds souterrains, d'où s'exhale une odeur de mort. C'est tout ce qu'on vous en apprendra jamais, et vous n'avez pas besoin d'en savoir davantage.

Le rideau se relève ; il fait toujours nuit. Je commence à m'y habituer ; on se fait à tout. Golaud, dans l'intervalle d'un tableau à l'autre, a épousé, sans l'aveu de son père, Mélisande, qui est devenue la belle-mère de son petit garçon Yniold. Le vieux roi a pardonné ; Golaud a ramené sa femme au château, où tous deux ont été bien reçus et par son aïeul, le vieux roi Arkel, et par sa mère Geneviève, et par son frère, beau jeune homme qui a nom Pelléas.

Pelléas entre en scène ; je vois poindre le drame.

Ce drame, mon Dieu ! je puis vous le dire tout de suite, il n'est pas d'une invention bien nouvelle. Ce sont les amours incestueuses d'une femme mariée avec son beau-frère ; l'époux outragé surprend les coupables, tue l'un et blesse l'autre qui meurt peu après. Mais le sujet importe moins que la façon dont on le traite.

Vous rappelez-vous dans les poésies de Casimir Delavigne... Comment le nom abhorré de ce pauvre Casimir Delavigne peut-il venir sous ma plume, le jour où elle a l'honneur d'écrire celui de Maeterlinck ? Je fais toutes mes excuses pour cette incongruité à la jeunesse de mon pays... Mais enfin, puisque le mot en est lâché, vous rappelez-vous la petite poésie qui a pour titre : les *Limbes* :

> Rien de bruyant, rien d'agité
> Dans leur triste félicité ;
> Ils se couronnent sans gaîté
>   De fleurs nouvelles ;
> Ils se parlent, mais c'est tout bas ;
> Ils marchent, mais c'est pas à pas ;
> Ils volent, mais on n'entend pas
>   Battre leurs ailes.

Le souvenir de ces vers délicieux m'est remonté à la mémoire en écoutant scène après scène la pièce de Maeterlinck. On éprouve à la longue une impression à peu près pareille à celle qu'a essayé de caractériser Casimir Delavigne.

Mélisande et Pelléas savent à peine s'ils s'aiment, tant cet amour est éthéré, diaphane, d'une mélancolie éparse et fluide. C'est par des indications brèves et fuyantes que Mélisande laisse échapper le secret dont elle n'a pas même conscience.

Pelléas est obligé par une circonstance quelconque de quitter le château, de s'exiler. Tous deux, la veille du départ, regardent tristement la mer et le vaisseau qui va l'emporter.

— Oh ! pourquoi partez-vous ? lui demande-t-elle innocemment, de son petit ton navré.

Ce n'est qu'un mot ; il suffit pour nous avertir. L'intérêt commence à naître, car nous entrons dans le monde réel des passions se choquant l'une contre l'autre. Les personnages peuvent être encore symboliques ; ils peuvent encore se mouvoir dans un milieu fantomatique et irréel ; c'est déjà quelque chose d'avoir des faits, qui soient des faits, et des faits tangibles. Maeterlinck aura beau les envelopper, les ouater de nuit et de silence, ils tireront les yeux et soutiendront l'attention.

Nous avons une entrevue de Pelléas et de Mélisande au bord d'une fontaine, dans le parc. Cette scène ne nous est pas absolument inconnue ; c'est celle de Perdican et de Camille dans *On ne badine pas avec l'Amour*. Camille jetait sa bague dans l'eau ; Mélisande y laisse tomber, en badinant avec lui, son anneau de mariage. La différence des deux scènes, c'est que l'une est écrite dans un style de bébé et l'autre avec une poésie admirable :

— Ma bague ! s'écrie Mélisande... Oh ! oh ! elle est si loin de nous ! Non... non... Ce n'est pas elle... ce n'est pas elle... Elle est perdue, perdue, perdue... Il n'y a plus qu'un grand cercle sur l'eau... Qu'allons-nous faire ? qu'allons-nous faire, maintenant ?

Si la Camille de Musset balbutiait ce même parler enfantin, les admirateurs de Maeterlinck hausseraient les épaules ; mais du moment que c'est du Maeterlinck, il n'y a plus qu'à s'incliner.

A l'acte suivant, Golaud, causant avec Mélisande qui lui

répète sans cesse de sa voix dolente : « Je ne suis pas heureuse ! je ne suis pas heureuse ! » s'aperçoit qu'elle n'a plus son anneau, et, comme elle lui avoue qu'elle l'a perdu dans le bassin, sans lui dire en quelle compagnie, il lui donne ordre d'aller le chercher tout de suite :

— Tout de suite ! interroge Mélisande, dans l'obscurité ?

Je me demande pourquoi elle fait cette objection. L'obscurité est continue dans la pièce, ses yeux ont dû s'y accoutumer.

— Tout de suite, répond le mari. Vas-y, vas-y avec n'importe qui. Mais il faut y aller tout de suite, entends-tu. Dépêche-toi ; demande à Pelléas d'y aller avec toi.

— Pelléas ! mais Pelléas ne voudra pas !

— Pelléas fera tout ce que tu lui demandes. Je connais Pelléas mieux que toi. Vas-y, vas-y, vas-y, hâte-toi. Je ne dormirai pas avant d'avoir la bague.

— Oh ! oh ! je ne suis pas heureuse ! je ne suis pas heureuse ! je ne suis pas heureuse !

Et le rideau tombe. Je me penche vers mon obligeant voisin :

— Ça, lui dis-je, c'est un symbole ; mais ces symboles-là, je les comprends aisément. M. Maeterlinck veut nous signifier par là que les maris sont tous des niais, qui ne voient rien de ce qui crève les yeux à tout le monde, et qui jettent eux-mêmes leurs femmes au bras de l'amant.

— Eh ! mais, me dit-il, voilà que vous commencez à mordre au symbole !

— C'est que j'ai vu jouer beaucoup de vaudevilles.

Pelléas et Mélisande vont ensemble, dans la nuit, chercher la bague. Ils pénètrent dans une grotte très profonde. Tout à coup, la lune déchire les nuages, et ils aperçoivent, à sa lueur, trois vieux pauvres à cheveux blancs, assis côte à côte, se soutenant les uns et les autres, et endormis contre un quartier de roc. A la vue de ces trois mendiants, Pelléas recule et dit à Mélisande :

— Allons-nous-en ! Nous reviendrons un autre jour.

Le rideau tombe. Je regarde, effaré, mon voisin qui demeure impassible :

— Est-ce que c'est un symbole, le trio des pauvres endormis ? Pour le coup, je ne comprends pas celui-là.

Il pose mystérieusement un doigt sur sa bouche :

— Chut ! me dit-il. Vous ne le comprenez pas ; je ne le comprends pas non plus ; ils ne le comprennent pas davantage... personne ne le comprend.

— Sauf M. Maeterlinck, j'imagine ?

— Pour qui le prenez-vous ? Maeterlinck ne le comprend pas non plus. C'est le triomphe du symbole. Rappelez-vous le mot du baron dans *On ne badine pas avec l'Amour*, que Maeterlinck a beaucoup lu et beaucoup imité, montrant en cela qu'il est un génie tout à fait original. Le baron parle des femmes : « Je les connais, dit-il, ces êtres charmants et indéfinissables : jetez-leur de la poudre aux yeux ; elles les écarquilleront pour en gober davantage. » Eh ! bien, il en va de même pour les amis de Maeterlinck : plus on leur jette de symbole dans la bouche, plus ils l'ouvrent pour en avaler davantage.

— Va pour les trois pauvres, lui dis-je, résigné.

Maeterlinck nous a donné une seconde édition de la bague perdue à la fontaine ; il nous réédite, avec le même goût d'originalité, la scène du balcon de Roméo et Juliette. Mélisande est à sa fenêtre, arrangeant ses cheveux pour la nuit. Car il fait nuit sur la scène et dans la salle, *ut æquum est*. Pelléas passe sur le chemin, la voit dans le cadre de la croisée et se met à causer avec elle.

Il lui demande de lui donner la main ; mais la fenêtre est trop haute pour que cette main descende jusqu'à la sienne. Les cheveux de Mélisande se déroulent et Pelléas les saisit, les baise, s'en enveloppe. On entend un bruit de pas; Mélisande veut se relever; mais les cheveux, accrochés aux branches des arbres, l'empêchent de relever la tête. C'est Golaud qui arrive et leur demande ce qu'ils font là, et comme ils sont fort embarrassés de répondre :

— Vous êtes des enfants, leur dit-il; Mélisande, ne te penche pas ainsi à la fenêtre; tu vas tomber. Vous ne savez pas qu'il est tard? Il est près de minuit, ne jouez pas ainsi dans l'obscurité. Vous êtes des enfants...

Et, riant d'un rire nerveux :

— Quels enfants! ajoute-t-il, quels enfants!

La scène est assez joliment faite; mais comme toute cette psychologie est sommaire! Je sais bien ce que me diront les admirateurs de Maeterlinck : c'est intentionnellement qu'elle est sommaire. Eh! bien, je le regrette! Je préférerais à ces silhouettes qui projettent sur le rideau d'une lanterne magique des gestes soi-disant suggestifs une étude de caractère ou de passion.

Nous touchons à la scène qui me paraît être la plus nouvelle dans ce drame : Golaud, tourmenté de soupçons, interroge le petit Yniold, son fils, qui, la plupart du temps, demeure en tiers dans les entretiens de Mélisande, qu'il appelle petite mère, avec Pelléas. Il lui demande si on ne l'écarte pas quelquefois, ce qu'ils disent, ce qu'ils font en sa présence; l'enfant répond, sans trop comprendre le sens caché de ces demandes, mais avec un vague soupçon qu'elles cachent quelque mystère.

La fenêtre de la chambre de Mélisande s'éclaire. Mais on ne peut voir ce qui s'y passe qu'en regardant par une lucarne, qui est trop haute pour que Golaud puisse y atteindre. Il hisse l'enfant sur ses épaules et lui commande de regarder :

Pelléas est là, en effet, avec Mélisande.

— Ils ne s'approchent pas l'un de l'autre? demande le père anxieux.

— Non, petit père, ils ne bougent pas.

— Ils ne font pas de gestes?... Ils ne se regardent pas?... Ils ne font pas de signes?

— Non, petit père.

Peu à peu la peur saisit l'enfant :

— Je n'ose plus regarder, petit père... laisse-moi descendre.

— Regarde, regarde!

— Oh! oh! je vais crier, petit père. Laisse-moi descendre! laisse-moi descendre!

Le père le remet à terre et le rideau tombe.

La scène est très émouvante; elle est d'un homme de théâtre. Maintenant si M. Sardou ou M. Meilhac en hasardait une pareille, je ne suis pas bien sûr que ceux mêmes qui la trouvent admirable chez Maeterlinck n'en seraient point choqués chez un de nos compatriotes et n'écrirait pas une belle tirade sur le respect dû aux enfants. On demanderait à la petite fille qui joue Yniold pourquoi elle n'est pas dans son lit à cette heure-là. J'ai moins de scrupule, et cependant j'ai senti quelque gêne à voir le mari forçant son fils à tenir les yeux attachés sur un spectacle qui froisse son innocence en déshonorant celle qu'il nomme sa petite mère.

Les événements devraient se précipiter; mais nous n'arrivons au dénouement qu'à travers des scènes d'un symbolisme si transcendant que ce sont lettres closes pour tout le monde. Ainsi le petit Yniold est en scène; il voit au loin un troupeau de moutons; il se livre à un long et singulier monologue sur les diverses évolutions de ce troupeau, et d'un air effrayé :

— Ils se taisent tous, dit-il. Berger, pourquoi ne parlent-ils plus ?

Le berger, qu'on ne voit pas, répond dans le lointain :

— Parce que ce n'est pas le chemin de l'étable.

— Où vont-ils ? berger, berger, où vont-ils ? il ne m'entend plus. Ils sont déjà loin. Ils vont vite, ils ne font plus de bruit... ce n'est plus le chemin de l'étable... où vont-ils dormir cette nuit ? Oh ! oh ! il fait trop noir. Je vais dire quelque chose à quelqu'un...

Il sort, pour dire quelque chose à quelqu'un, et le rideau tombe.

Quelques rires irrespectueux se sont élevés ; un frémissement d'indignation, à ce timide essai de révolte, a couru tout l'auditoire.

— Silence ! s'est écrié une voix commandante et vengeresse.

Nous nous sommes tus.

— C'est là sans doute, ai-je dit à mon voisin, me penchant à son oreille, c'est là du triple symbole, de celui que ne comprennent ni les profanes, ni les initiés, ni le symboliste lui-même.

— Ne troublez pas les mystères, me dit-il. Le rideau se relève.

Il continue de faire nuit dans la salle et sur la scène. Je donnerais cent sous d'un rayon de soleil. Mais patience ! Encore un petit effort ! Nous voilà au bout de notre plaisir.

Pelléas doit partir ; car il ne peut ignorer que Golaud a surpris le secret de ses amours avec Mélisande. Le mieux est donc pour lui de s'exiler ; mais, avant de quitter le château, il a voulu avoir avec sa bien-aimée une dernière entrevue. Il lui a donné rendez-vous près de la fontaine, dans le parc. Là encore, nous avons un souvenir de l'immortelle scène de Musset, dans *Il ne faut jurer de rien*.

Pelléas veut attirer Mélisande sous les arbres, dans l'ombre. Elle préfère rester dans une clairière, où la lune les enveloppe de sa pâle lumière. Ils se plaisent à regarder leurs ombres, qu'allonge énormément la lune, qui brille derrière eux. Mais, tandis qu'ils échangent entre eux des propos tantôt mélancoliques et tantôt passionnés, ils aperçoivent en face d'eux un fantôme qui les écoute : c'est Golaud, caché derrière un arbre.

— Va-t'en, dit Pelléas à sa maîtresse, il a tout vu, il nous tuera.

— Tant mieux ! tant mieux ! tant mieux !

— Il vient ! il vient ! Ta bouche ! ta bouche !

Et ils s'embrassent éperdument.

— Encore ! encore ! crie Pelléas. Donne, donne !

— Toute, répond Mélisande, collée sur lui, toute, toute.

Golaud se précipite sur le couple, tue Pelléas ; Mélisande s'enfuit en se lamentant : « Je n'ai pas de courage ! je n'ai pas de courage ! » et Golaud la poursuit à travers le bois.

Ça au moins c'est du théâtre, du théâtre comme tout le monde en fait, et j'aurais applaudi volontiers, s'il m'eût été permis ; mais la consigne était, comme à l'Opéra pour la Valkyrie, d'être écrasé d'admiration. L'homme qui, en face de beautés pareilles, garde la force d'applaudir, est un simple goitreux.

Au cinquième acte, Mélisande, qui a été blessée, est étendue sur un lit de repos. Elle se meurt, non de la blessure qui n'est rien :

« Un oiseau, dit le médecin, n'en serait pas mort... mais elle ne pourrait vivre... elle est née sans raison... pour mourir ; et elle meurt sans raison. »

Il dit assez juste, ce médecin ; et c'est précisément de cela que je me plains ; c'est qu'elle soit née, qu'elle ait vécu et qu'elle meure sans raison. Car il n'y a que de savoir la raison des choses qui m'amuse au théâtre.

Il y a pourtant là encore une scène assez curieuse. Golaud voudrait bien savoir au juste s'il a été trompé jusqu'au bout, ou si les deux amants s'en sont tenus aux menus suffrages. Il prie son grand-père et sa mère et le médecin de le laisser seul avec sa femme.

Et alors, il la presse de questions.

— Avez-vous été coupables ? dis : oui, oui, oui...
— Pourquoi demandez-vous cela ?
— Dis-moi la vérité pour l'amour de Dieu.

Et il insiste :

— Il nous faut la vérité ! il nous faut la vérité !

La vérité, il ne l'aura pas ! Ça c'est encore une scène symbolique. Maeterlinck veut signifier par là que jamais les maris ne peuvent arriver à être assurés de ces sortes de choses ; mais il y a dans *Boubouroche* une scène non moins symbolique, de laquelle il résulte que, quand ils ont la chose sous les yeux, ils aiment mieux ne pas y croire.

Mélisande va mourir, et nous voyons reparaître les servantes-Erynnies du premier tableau, toutes vêtues de noir ; elles tombent à genoux, ce qui marque que Mélisande est morte. Le médecin le constate. Le vieil Arkel pleure, Golaud sanglote. Mais Mélisande, la veille, a donné le jour à un enfant venu avant terme.

« — Venez, Golaud, dit Arkel ; Mélisande, c'était un petit être tranquille, si timide, si silencieux ; c'était un pauvre petit être mystérieux comme tout le monde. Elle est là, comme si elle était la grande sœur de son enfant. Venez, il faut que l'enfant reste ici, dans cette chambre. Il faut qu'il vive maintenant à sa place. C'est au tour de la pauvre petite !... »

Avez-vous remarqué ce mot, qui semble bizarre au premier abord ? C'était un petit être mystérieux comme tout le monde. Eh! oui, c'est là le défaut de la pièce, c'est que tout le monde y est mystérieux, c'est que tout y affecte un air de mystère. On sort de ces ténèbres parfaitement abruti, comme si l'on avait une calotte de plomb sur la tête. Ah! j'ai revu l'air libre avec volupté! Si l'on me repince à entendre une pièce de Maeterlinck!... Je dis ça, et puis, si l'on en joue une autre, j'irai tout de même et je ragerai de tout mon cœur contre les inventeurs de réputations exotiques. Si *Pelléas et Mélisande* avait été signée d'un nom français, on ne l'aurait pas jouée sans doute, et, si on l'eût jouée, il faut voir comme elle eût été conspuée par les trois quarts de ceux qui se sont extasiés l'autre jour.

J'y mets un peu de mauvaise humeur; c'est que l'on commence à nous ennuyer terriblement avec ces exhibitions dithyrambiques de génies belges, norvégiens ou suédois, quand nous avons chez nous tant de gens de talent, que l'on affecte de mépriser et de blaguer. Il y a bien de la pose dans ces extases et ces pamoisons. C'est du pur snobisme; on veut se prouver à soi-même, en admirant ce qu'on ne comprend pas, qu'on est dans le train. Mieux vaut avoir le courage de son opinion, et bâiller ingénument quand on ne s'amuse pas.

Il faut rendre justice aux artistes. Mlle Meuris est délicieuse dans le rôle de Mélisande. Elle y donne en effet la sensation de l'irréel; c'est un souffle harmonieux et triste. Mme Aubry a joué en travesti avec beaucoup de grâce et d'émotion ce Pelléas qui est tendre comme Roméo et mélancolique comme Hamlet; Lugné-Poë a fait frissonner dans la scène où il interroge son fils : et Raymond a prêté sa belle voix, pleine et grave, aux discours philosophiques du vieux roi.

Je ne crois pas qu'on rejoue de si tôt le chef-d'œuvre de Maeterlinck. Mais il a été publié en brochure; vous pouvez le lire. Je vous dirai même que vous trouverez plus de plaisir à la lecture que nous n'en avons goûté à la représentation. Au théâtre, on est agacé de cette fausse naïveté, qui paraît concertée et voulue; ce qu'il y a de banal et de puéril dans ces inventions et dans ce langage saute aux yeux. Le livre met en branle l'imagination, qui achève ce que l'auteur indique. Il s'en dégage un subtil parfum de poésie.

22 mai 1893.

AUX LECTEURS

Voici notre tâche achevée.

Elle a été plus vaste et plus compliquée que nous ne l'avions prévu. Nous avons dû élargir le cadre que nous nous étions imposé.

La collection des *Quarante Ans de Théâtre* comprend huit volumes au lieu de sept, chiffre primitivement fixé. D'autre part, nous avions dessein de reproduire en annexe aux feuilletons quelques-unes des études que Sarcey a consacrées aux acteurs illustres du siècle et les articles de polémiques qui eurent, à divers moments de sa vie, un si profond retentissement. Nous avons reconnu la difficulté qu'il y avait à isoler ces divers morceaux. En effet, ils furent tous ou presque tous écrits à l'occasion du théâtre. Le critique du *Temps* ne se querella avec M. Sardou, ou avec M. Zola, ou avec M. Bergerat, ou avec Becque, qu'au sujet de leurs pièces. Il était donc logique d'insérer ces pages à leur place naturelle, c'est-à-dire de les joindre au chapitre réservé à chaque auteur. C'est ce qui a été fait. Et de même, le lecteur aura retrouvé au cours de certaines études générales et salué au passage comme de vieilles connaissances, les louanges accordées par Sarcey au mérite des comédiens éminents ou les vertes leçons qu'il infligea à leur vanité.

Nous pensons avoir tenu nos promesses et rempli notre double engagement envers le public et envers la mémoire du maître feuilletoniste. Les huit volumes des *Quarante Ans de Théâtre* renferment ce qu'il a produit d'essentiel, touchant cet art qui lui fut cher entre tous. Pourtant il manquait une pierre au monument que nous venons d'élever. C'est l'admirable lettre que Sarcey publia en 1889 dans les *Annales politiques et littéraires*, et que nous reproduisons ci-après. Sarcey y développe les raisons qui le détournèrent de solliciter les suffrages de l'Académie française. Il pouvait s'y présenter avec les plus grandes chances de succès. Il y comptait des frères d'armes, des camarades, qui s'étaient employés à lui en ouvrir les portes. Il repoussa leurs flatteuses avances. Les arguments qu'il invoque lui sont personnels et n'impliquent aucun blâme à ceux qui ne l'imiteraient point. Ils visent une situation qui était en quelque sorte unique dans les lettres. Sarcey n'eût pas aliéné son indépendance, en devenant académicien, non plus que les confrères qui avant lui portèrent ce titre ou qui le porteront après lui. Il le savait. Son refus n'en est pas moins honorable. Il témoigne d'une fermeté de caractère et d'un désintéressement auxquels ses éditeurs avaient le devoir de rendre hommage.

Il nous reste à adresser à tous les collaborateurs qui nous ont aidés dans ce travail et en particulier au digne successeur de Sarcey, à M. Gustave Larroumet, l'expression de notre reconnaissance. Et nous devons aussi un remerciement aux souscripteurs des *Quarante Ans de Théâtre*, à ces amis de Sarcey qui lui ont prouvé leur sympathie. Nous le leur adressons de grand cœur.

Adolphe BRISSON.

PROFESSION DE FOI

Voici la succession d'Émile Augier ouverte à l'Académie. Quelques personnes qui ne sont pas les moindres dans cet illustre corps m'ont fait l'honneur de penser à moi et de m'inviter à courir les chances de l'élection. J'ai été, comme vous le pensez bien, profondément troublé et touché de ces ouvertures. J'ai longtemps hésité sur le parti qu'il y avait à prendre; ma résolution est arrêtée aujourd'hui, et si je prends pour confidents de mes incertitudes les abonnés des *Annales politiques et littéraires*, c'est que, de tous les journaux où j'écris, il n'y en a pas un seul où je me sente plus en communauté d'idées et de sentiments avec mes lecteurs. Je les tiens pour des amis, et j'ai plaisir à causer avec eux à cœur ouvert.

Je ne suis point de ceux qui prennent plaisir à cribler d'épigrammes faciles l'Académie française; je n'en ai jamais parlé qu'avec déférence et estime. J'ai eu plus d'une fois dans ma vie occasion de secouer des académiciens; j'ai toujours professé pour l'Académie un profond respect. C'est, avec la Comédie-Française, dans l'ordre des lettres, la seule institution qui rattache la nouvelle France à l'ancien régime et renoue, à travers la révolution de 1789, la chaîne des traditions. Elle jouit dans une partie du public lettré et dans tout le public bourgeois d'un prestige extraordinaire. Les railleurs les plus déterminés sont bien forcés de convenir qu'après tout, si elle compte un petit nombre de non-valeurs, elle réunit les illustrations les plus éclatantes de notre pays : Alexandre Dumas fils, qui, après avoir blagué l'Académie, avait fini par s'y présenter, disait en forme de réponse à ceux qui lui reprochaient cette manière de palinodie : « Que voulez-vous ? C'est toujours amusant d'être d'une compagnie où l'on n'est que quarante. » Il aurait pu ajouter que, sur ces quarante, il y en a peut-être trente ou même trente-cinq qui ont un nom, qui font figure dans les lettres, dans les arts, dans l'éloquence, dans la politique, dans les salons, et que tous, même les inconnus, sont des hommes bien élevés, avec qui il y a plaisir à se rencontrer les jours de séance et à causer librement.

C'est là une thèse que je n'ai cessé de soutenir dans le journalisme. On m'a vu durant trente années, assidu aux séances de réception, écouter dans un coin qui est devenu le mien par tradition et que les habitués me réservent, les discours du récipiendaire et de l'orateur de l'Académie ; le soir, j'en rendais compte dans un journal, et je les lisais en conférence, tâchant d'y relever ce qui faisait honneur à la noble assemblée.

Je n'étais donc pas arrêté ni gêné, comme auraient pu l'être quelques-uns de mes confrères, par des déclarations comme celles qui ont échappé à M. Émile Zola autrefois et dont il se repent aujourd'hui, comme celles qu'a formulées à diverses reprises et avec un mépris hautain M. Alphonse Daudet. Je n'avais point, comme le fier Sicambre, à adorer ce que j'avais brûlé ; car je n'avais rien brûlé du tout. J'avais toujours considéré que le titre d'académicien est la plus belle et la plus enviable des récompenses que puisse souhaiter un homme de lettres.

Je ne pouvais donc qu'être flatté des bonnes dispositions

que me témoignaient quelques académiciens, qui me laissaient entendre que peut-être serais-je, parmi les concurrents éventuels, un de ceux qui avaient le plus qualité pour parler avec compétence d'Émile Augier et prononcer son oraison funèbre.

Franchement — je ne ferai pas avec vous de fausse modestie — je ne me croyais pas indigne d'un tel honneur. Quand il m'arrivait de jeter un regard en arrière sur ma vie, il me paraissait que trente ans de journalisme, durant lesquels j'avais semé tant d'idées justes dans un si grand nombre de feuilles publiques, pouvaient plaider pour moi et gagner ma cause près de juges se piquant de récompenser, sinon l'étendue et l'éclat, au moins l'inattaquable probité du talent et un goût des bonnes lettres qui ne s'est jamais démenti.

Il y avait donc bien des raisons pour que je misse à profit les sympathies que l'on m'entr'ouvrait discrètement, et que je me présentasse aux suffrages de l'Académie. Je n'en fais pas le fier ; j'ai eu pendant quelques jours l'esprit très agité ; je n'ai pas dormi du bon somme qui m'était habituel. L'incertitude me tenait éveillé, inquiet ; c'est un cruel tourment de ne pas savoir ce qu'on doit faire.

Il n'y avait qu'un moyen pour moi de recouvrer le repos. C'était de prendre une décision ferme.

Elle est prise. Je ne présenterai pas ma candidature à l'Académie.

Ne croyez pas que ce soit par la crainte de la lutte. Je suis né polémiste, et j'ai l'instinct de combativité chevillé à l'âme. La perspective d'une bataille à engager m'exciterait au lieu de me décourager. Il n'y a d'amusant au monde que de se battre ; c'est un sport comme un autre que le sport académique, et je suis né joueur.

J'ai d'autres motifs.

Je suis dans le journalisme militant. Le hasard qui m'a poussé dans le sens où m'engageait mon goût personnel, m'a jeté dans la critique, où j'ai conquis lentement un certain renom. Je me suis éparpillé dans un grand nombre de genres ; mais il est évident que c'est dans la critique dramatique que je me suis taillé le meilleur de ma réputation, et si l'Académie m'eût nommé, c'est qu'elle eût voulu honorer en moi le feuilletoniste du lundi, un des héritiers de notre glorieux prédécesseur Jules Janin.

Eh ! bien, je ne me fais pas d'illusion. Il va sans dire que je ne me crois ni un sot, ni un cuistre, comme les jeunes gens qui parlent de moi affectent de le dire. Mais je sais fort bien que la qualité que le public estime en moi par-dessus tout, c'est la sincérité.

Le jour où j'ai pris la plume en main, je me suis juré de toujours donner, sur toute œuvre passant sous mes yeux, un avis, bon ou mauvais, mais qui serait le mien ; et de le donner franchement, nettement, au hasard de ce qui en pourrait arriver. J'ai été fidèle à ce serment ; le public a fini par avoir foi en moi ; il m'a pris pour ce que je me donnais. Il a cru.

Je l'ai souvent dit : l'autorité en critique, c'est la confiance des autres. Cette confiance, je l'ai gagnée lentement, jour à jour, à force, non de talent, mais d'assiduité et de probité. Je recueille à cette heure le bénéfice d'une longue persévérance. On dit souvent de moi : C'est un imbécile ! c'est un idiot ! c'est un crétin ! c'est un vieux pion ! mais on ajoute : Il dit ce qu'il pense.

Je n'en veux pas davantage. C'est sur cette idée que j'ai donnée au public de ma parfaite bonne foi qu'est établie ma réputation et que repose mon autorité.

Je me souviens que — il y a bien des années de cela (je commençais à être fort connu sur le pavé de Paris), —

quelques amis me dirent que ma barbe noire me durcissait le visage et que je ferais mieux de la couper. J'allai chez un coiffeur qui me l'abattit. Je n'étais plus reconnaissable. Le lendemain, je rencontrai Gaston de Saint-Valry, un journaliste mort aujourd'hui, qui était un philosophe très sagace :

« Vous avez eu tort, me dit-il, les Parisiens vous voient avec votre barbe; il ne faut jamais qu'un homme célèbre les dérange de l'image qu'ils se sont faite de lui. »

Le mot me frappa. Je l'ai gardé comme principe de conduite. Si je me présentais à l'Académie, invinciblement, tous ceux qui ont dans ma sincérité la foi la plus absolue, inclineraient à penser que je subordonne ma critique aux nécessités de l'élection.

Tenez! un exemple. On reprend une comédie de M. Camille Doucet. Moi, personnellement, j'aime assez ce genre, démodé à présent, qui me rappelle Colin d'Harleville, une de mes admirations de jeunesse. J'en ai dit plus d'une fois et très librement le bien que j'en pensais. On a pu dire : Ce Sarcey a un drôle de goût! On dirait à présent : Ah! voilà, il a besoin de la voix de M. Doucet, et je perdrais tout mon crédit, et cette pensée me serait insupportable.

Il y a beaucoup d'auteurs dramatiques à l'Académie. Je sais que quelques-uns ne répugnent point à l'idée de me donner leur voix. Mais, moi, serais-je aussi à mon aise pour dire du bien ou du mal de leurs pièces?

Je garderais sans doute ma liberté d'allures et aucun d'eux ne m'en voudrait, car ce sont des esprits supérieurs, et très exempts de ces petitesses.

On s'imagine dans le public qu'il faut à un critique une grande hardiesse pour dire d'une pièce de Dumas, qu'il trouve mauvaise, qu'elle est mauvaise. Mais point du tout, rien n'est plus aisé. Je sais que Dumas, s'il a un moment de mauvaise humeur, en reviendra vite. Il est fort au-dessus de ces misères. Il n'y a guère d'homme au monde à qui j'aie été plus désagréable qu'à Sardou. Je le tiens en assez haute estime pour croire que, tout en me prenant pour un homme dont l'intelligence est fermée aux belles œuvres, il voterait pour moi, s'il n'avait pas d'engagements antérieurs.

Le vrai courage, c'est de dire de la pièce sans importance d'un journaliste de deux sous ce qu'on en pense véritablement. Il vous en garde une haine implacable. J'avoue que moi, qui me suis fait une loi de la sincérité, j'ai quelquefois hésité à parler d'un vaudeville, que j'aurais pu passer sous silence, le public ne s'en souciant point : A quoi bon? me disais-je, personne ne m'en voudra de l'oubli. Et je connais l'auteur; si je démolis son chef-d'œuvre, j'en ai pour six mois à être lardé tous les jours d'allusions désobligeantes! Jamais je n'ai cédé à ces lâches suggestions, et j'y ai eu quelque mérite.

Il n'y en a point à critiquer Dumas, Feuillet, Pailleron, Sardou, Halévy ou Meilhac, ou d'autres écrivains de cette envergure. Ils vous en veulent un jour et vous tendent la main ensuite.

Ce n'est donc pas par la peur que j'aurais de les désobliger que je me retire de la lutte. Non, c'est que je suis l'esclave de l'opinion. Le public croirait qu'une fois candidat, et plus tard, académicien, si je devais être nommé, je ne puis plus dire la vérité, que je ne la dis plus. Je perdrais la moitié de ma force.

J'ai déjà fait bien des sacrifices à cette opinion. J'ai, pour la conquérir, refusé tous les honneurs, quels qu'ils soient, qui sont comme les revenant-bon de ma profession : présidences, décorations et le reste. Je me suis tenu sévèrement à l'écart du monde, n'acceptant jamais une invitation qui pourrait m'exposer à la nécessité de rendre gracieusetés pour gracieusetés ; j'ai vécu comme un ours ; ours, il vaut mieux que je reste.

Si le journalisme, que j'ai aimé presque autant que l'École normale, avait besoin de moi pour être représenté à l'Académie, peut-être aurais-je cédé à cette considération. Mais il a pour représentant notre illustre doyen John Lemoinne, et j'en vois derrière moi deux autres, peut-être trois, qui se dirigent doucement vers l'Académie et tiendront très brillamment la place que je leur laisse.

Je n'ai qu'une ambition : c'est que, sur ma tombe, on mette cette légende qui résumera ma vie :

SARCEY
Professeur et Journaliste.

Me voilà au bout de cet article ; j'en ai pourtant dispersé aux quatre vents des milliers et des milliers, il n'y en a pas un que j'aie écrit avec plus d'émotion et d'angoisse : car ce sont là des discussions sur lesquelles il n'y a plus à revenir ; elles engagent la vie.

Mais le sacrifice est fait, le pont est coupé derrière moi ; et maintenant, en avant !

10 novembre 1889.

INDEX ALPHABÉTIQUE

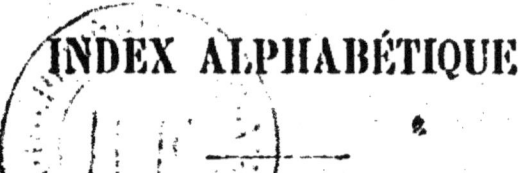

A

Ajalbert (Jean), 242, de 295 à 301.
Alexis (Paul), 241, 250, 253, 254, 256.
Amants, 123 à 135.
Amour brode (l'), 210.
Ancey (Georges), 250, 255, 257, de 281 à 285.
Antoine, 29, 31, 149, de 239 à 317, 392, 394, 399.
A quoi rêvent les jeunes filles, 202.
Arquillière, 379, 399.
Assommoir (l'), 325.
Assomption de Hannele Mattern (l'), de 391 à 399.
Aubry (Mlle Marie), 352, 422.
Au-dessus des forces humaines, de 380 à 383.
Augier (Émile), 88, 89, 106, 109, 360, 371, 403.
Avril (Jeanne), 368.

B

Baiser (le), 255.
Banville (Th. de), 204, 205, 224, 241, 242.
Barny (Mlle), 331.
Barrès (Maurice), de 311 à 317.
Bartet (Mme J.), 20, 21, 271.
Bauër (Henry), 91.
Beaubourg (M.), 406.
Becque, 251.
Berceau (le), de 63 à 75.
Bergerat (Émile), 239, 241, 242.

Bernhardt (Sarah), 206, 208, 209, 211, 212, 213, 214, 216, 220, 221, 222, 267, 327.
Berquin, 103.
Bienfaiteurs (les), 25, 42.
Bjœrnstjerne-Bjœrnson, de 377 à 383.
Blanchette, de 25 à 33, 42.
Bodin (Édouard), de 287 à 295.
Boisselot, 86, 88.
Boniface (Maurice), de 287 à 295.
Bonnetain (Paul), 242, 255.
Bornier (Henri de), 215.
Boubouroche, de 143 à 149, 421.
Bouchers (les), 241.
Brandés (Mlle), 8, 110.
Brandés (Édouard), 400, 402.
Brasseur, 120.
Brebis de Panurge (les), 164.
Brémont, 219, 222.
Brieux (Eugène), de 25 à 75, 82, 242.
Brignol et sa fille, de 77 à 81.
Bulow (Hans de), 259.
Byl (Arthur), 241, 242, 243.

C

Cabotins! 383.
Cagnotte (la), 156, 157.
Camée (Mlle Georgette), 352.
Canard sauvage (le), de 337 à 343.
Capus (Alfred), de 77 à 88.
Caron (Mlle Marguerite), 317.
Carré (Albert), 89.
Cassive (Mlle), 195.

Catherine, de 99 à 110.
Céard (Henry), 211, 393.
Champvert, 156.
Charcot, 331, 383.
Chavette, 113.
Chenevière, 356.
Chute de la maison Usher (la), 212.
Claretie (Jules), 150, 258, 260, 265, 270, 271.
Cléopâtre, 211.
Clerc (les frères), 156.
Client sérieux (un), de 150 à 154.
Colas (Luce), 302, 331.
Complices, 131.
Comte Witold (le), de 279 à 281.
Conte d'hiver, 258, 259, 263, 267.
Coppée (François), 239, 241, 242.
Coquelin, 51, 229, 232, 233.
Corbeaux (les), 378.
Coupe et les Lèvres (la), 365.
Courteline (Georges), de 143 à 154.
Crémieux (Hector), 156.
Curel (G. de), 210.
Cyrano de Bergerac, 105, de 223 à 237.

D

Dame aux camélias (la), 267.
Dame de chez Maxim (la), de 189 à 196.
Dame de la Mer (la), de 345 à 353.
Danicheff (les), 319.
Daudet (Alphonse), 283.
Dauvillers, 41.
Daynes-Grasset (Mme), 83.
Delaunay (Louis), 135.
Delavigne (Casimir), 413.
Denise, 271.
Depas, 41.
Descaves (Lucien), 242, 255.
Desjardins, 232.
Desvallières, 189.
Deux Tourtereaux (les), de 285 à 287.
Diderot, 242.
Dieudonné, 36, 41, 81, 98, 129.
Doit-on le dire? 342.
Dominos Roses (les), 162.
Donnay (M.), de 123 à 141.
Dorsy (Mlle Lucienne), 107.

Dorval (Mme), 308.
Douloureuse (la), de 136 à 141.
Douzième nuit, 262.
Duflos, 9.
Dullé-Phus, 319.
Dumas (Alexandre), 9, 18, 43, 51, 63, 67, 123, 371, 401, 403.
Dupont-Vernon, 18.
Durand-Gréville (M.), 319, 320.

E

École des veufs (l'), de 281 à 285.
Éducation sentimentale (l'), 77.
En famille, 239, 241.
Engrenage (l'), de 34 à 41.
Ennery (d'), 248, 249, 278, 362, 363, 378, 404.
Ephraïm (Armand), 337, 338, 339.
Erhard (Auguste), 316, 317, 318, 319, 351.
Esther Brandès, 211.
Est-il bon, est-il méchant, 242.
Euripide, 405.
Évasion (l'), 25, de 42 à 55, 241, de 242 à 244, 255.

F

Faust, 365.
Femme de Tabarin (la), 241, 255.
Femmes collantes (les), de 155 à 167.
Féraudy (de), 110, 295.
Ferdinand le Noceur, de 168 à 177.
Feuillet (O.), 105, 110.
Feydeau, de 179 à 196.
Fille de Roland (la), 210, 214, 215.
Fille Elisa (la), de 295 à 301.
Fin de Lucie Pellegrin (la), 241, 250, 251, 256.
Flaubert, 77.
Flibustier (le), 271.
Fouquier (Henry), 256.
Fourberies de Scapin (les), 154.
France (Anatole), 221, 312.
France (Mme), 286, 407.
Francillon, 9, 55.
Fréville, 288.
Fromont jeune et Risler aîné, 102.

G

Galipaux, 92.
Gambetta, 26).
Gandillot (Léon), de 155 à 177.
Gant Rouge (le), de 197 à 201.
Garde-malade (la), 216.
Garnier, 507.
Gémier, 119.
Gendre de M. Poirier (le), 106.
Georgette, 303.
Germain, 195.
Germinal, 261.
Ginisty (Paul), 285 à 287.
Gogol, 322.
Goncourt, 239, 241, 243, 262, de 295 à 301, 316.
Gorner (Carl), 262.
Got, 271.
Grand, 311.
Granier (Jane), 120, 135, 218.
Gravier, 232.
Grenouille (la), 212.
Gréville (Henry), 241.
Guérin (Jules), 285 à 287.
Guiches (Gustave), 255.
Guillaume Tell, 258, 259, 260.
Guite, 212.
Guitry, 135.
Gyp, 131.

H

Hadamard (Mlle), 270.
Hading (Mme Jane), 98.
Haine (la), 258.
Hamlet, 258, 312.
Hauptmann (Gerhart), de 381 à 399.
Hellen (Mlle), 399.
Hennique (Léon), 241, 262, de 272 à 279.
Henriot (Mme), 303.
Hervé, 207.
Hervieu (Paul), de 1 à 23.
Homme n'est pas parfait (l'), 111.
Horace, 311.
Hôtel du Libre-Échange (l'), de 179 à 183.
Hugo (Victor), 221, 242, 271.

I

Ibsen, 2, 8, 13, 11, 262, 316, de 319 à 376, 401, 402.
Icres (Fernand), 241.
Idées de Mme Aubray (les), 13, 102.
Il ne faut jurer de rien, 419.
Inséparables (les), 282.
Irving, 270.

J

Janvier (M.), 331.
Jean-Gabriel Borckman, de 370 à 376.
Johansen, 316.
Joliet, 55.
Journée parlementaire (une), de 311 à 317.
Jules César, 258.
Jullien (Jean), 241, 255.

K

Kock (Paul de), 113.

L

Labiche, 151, 156, 190, 197, 401.
La Bruyère, 98.
Lambert-Thiboust, 111, 156.
Lara (Mlle), 33, 55, 110.
Laroche, 322.
Laugier (P.), 205.
Lavedan (Henri), de 89 à 121, 131.
Le Bargy, 9, 20, 110, 205.
Leconte (Georges), de 309 à 311.
Leconte (Mlle), 69, 80.
Lee (Henry), 197, 200.
Legault (Mlle), 232, 327.
Legrelle (M.), 319, 320, 325.
Leloir, 205.
Lemaitre (Jules), 233, 205, 312, 401.
Lerou (Mlle), 266.

25.

Leurs Filles, de 301 à 308.
Lindenlaub (M.), 337, 339.
Lindner (M⁽ˡˡᵉ⁾), 259, 261, 367.
Lionnes pauvres (les), 360.
Lloyd (M⁽ˡˡᵉ⁾), 296.
Loi de l'homme (la), de 17 à 23, 61, 82.
Loïe Fuller, 399.
Lombroso, 52.
Loyer (Georgette), 107.
Lugné-Poë, 352, 357, 370, 390, 391, 392, 422.
Lysistrata, 131.

M

Maeterlinck, 338, de 408 à 423.
Maison de famille, 137.
Malade imaginaire (le), 262.
Marguerille (Paul), 255.
Marie Stuart, 261.
Marivaux, 109.
Marquis Papillon (le), 287.
Martial (Régine), 281, 363.
Matapan, 255.
Mauclair (Camille), 353.
Maupassant, 212.
Mayer, 36, 41, 97.
Médecin malgré lui (le), 154.
Meilhac, 109, 134, 136, 164, 165, 168, 418.
Mendès (Catulle), 131, 132, 135, 139, 239, 241, 370, 373.
Menottes (les), 61.
Méténier (Oscar), 239, 241, 242, 320, 321.
Meuris (M⁽ˡˡᵉ⁾), 344, 352, 422.
Mévestre, 244.
Mévisto, 259, 316.
Mirages (les), de 309 à 311.
Misanthrope (le), 129.
Misanthrope et l'Auvergnat (le), 342.
Molière, 54, 92, 114, 150, 151, 188, 322, 332.
Monde où l'on s'ennuie (le), 55.
Monnier (Henry), 246, 261, 373.
Mon pauvre Ernest, 241.
Monsieur chasse, 179.
Monsieur Lamblin, 250, 252, 257, 282.

Moreneville, 339, 341, 345.
Mort du duc d'Enghien (la), 363, de 373 à 379.
Mounet-Sully, 266, 370, 371.
Mouton (E.), 131, 132.
Musset (Alfred de), 202, 251, 356, 411, 419.

N

Nancy-Martel (M⁽ˡˡᵉ⁾), 48.
Nau (M⁽ˡˡᵉ⁾), 344, 345, 393.
Nora ou la Maison de poupée, de 357 à 362.
Nos bons Villageois, 119.
Nouveau jeu (le), de 111 à 121.
Nuit bergamasque (la), 239, 255.

O

Œdipe roi, 265, 266, 371.
Ohnet (Georges), 101.
On ne badine pas avec l'amour, 411, 416.
Orage (l'), de 319 à 329.
Ostrowsky, de 319 à 329.

P

Pain du péché (le), 255.
Papa Courtage, 242.
Paris (Gaston), 113.
Patrie en danger (la), 258.
Pavlovski, 244, 320.
Peer Gynt, de 363 à 370.
Pelléas et Mélisande, de 408 à 423.
Père (le), de 400 à 407.
Péricaud, 232.
Perrin (M.), 240, 263.
Perrot (Irma), 119.
Petites manœuvres (les), 156.
Pigault-Lebrun, 133.
Pierné, 244.
Pierson (M⁽ᵐᵉ⁾), 9, 110.
Poë (Edgar), 242.
Polyeucte, 383.
Pons-Arlès, 119.
Porel, 262, 287, 321, 322.
Pradeau, 149.

INDEX

Prière des Naufragés (la), 218, 219.
Prince d'Aurec (le), de 89 à 98.
Princesse Georges (la), 18.
Princesse lointaine (la), de 206 à 217, 218, 223.
Princesse Maleine (la), 338.
Prose (la), 211, 219, 250, 251, 257.
Prozor (M. le comte), 353, 358, 370.
Prudhon, 55.
Puissance des Ténèbres (la), 31, 211.

R

Rabelais, 355.
Racine, 271.
Raymond, 422.
Regnard, 204, 206, 208, 209, 213, 224.
Reichemberg (Mlle), 50, 52, 205.
Réjane, 362.
Renan, 312.
Résignés (les), 394.
Respectables (les), 252.
Revenants (les), 262, de 330 à 337.
Revisor (le), 332.
Reynaud (Charles), 395.
Richepin, 239, 242.
Romanesques (les), de 202 à 205, 206, 212, 218, 223.
Rosine, de 82 à 88.
Rostand (Ed.), de 197 à 237.
Rousseau (J.-B.), 121.
Rzewuski, de 279 à 281.

S

Saint-Simon, 313.
Salandry, 212, 250, 255, 257.
Samaritaine (la), de 218 à 222, 223.
Samary (Mme), 98.
Sand (George), 2, 4, 8, 13, 14.
Sardou, 303, 360, 368, 418.
Savina (Mlle), 322.
Scarron, 204, 224.
Schiller, 260, 261.
Schopenhauer, 189.
Scribe, 141, 322, 338, 360.
Sedaine, 110.

Sérénade (la), 211.
Shakespeare, 330, 338.
Sœur Philomène, 241, de 244 à 250.
Solness le Constructeur, 353 à 357.
Sophocle, 268, 379.
Soutiens de la société (les), 362 à 365.
Spuller, 51.
Stany-Oppenheim, 264, 267, 269, 270.
Strindberg, de 400 à 407.
Surprises du divorce (les), 179.
Sylvine (Mlle), 219.

T

Tante Léontine (la), de 287 à 295.
Tacride, 195.
Tartufe, 151.
Tenailles (les), de 1 à 16, 61.
Théâtre-Libre, de 239 à 317.
Théodora, 258.
Thorel, 384.
Tillet (Jacques du), 215.
Tisserands (les), de 384 à 394.
Toché (Raoul), 182.
Tolstoï, 211.
Tout pour l'honneur, 211.
Trigahlabus, 204.
Trois filles de M. Dupont (les), de 56 à 62.
Trois noces (les), 156.
Trolliet (Émile), 233.
Truffier, 18.

U

Une Faillite, de 377 à 380.

V

Vacquerie, 204.
Valabrègue (A.), 182.
Vallès (Jules), 242.
Vassale (la), 61.
Veyret (Paul), 110.

Victorine ou la nuit porte conseil, 399.
Vidal (Jules), 211, 213.
Vie muette (la), 406.
Villiers de l'Isle-Adam, 211, 213.
Vitu (Auguste), 213.
Vivier, 312.
Volny, 213.
Voltaire, 101.

W

Wagner, 260.
Wissocq (M???), 355.
Wolff (Pierre), de 301 à 308.
Worms, 66, 102.

Z

Zola, 23, 211, 213, 255, 261, 401.

TABLE DES MATIÈRES

                        Pages.

PAUL HERVIEU

    Les Tenailles 1
    La Loi de l'homme 17

EUGÈNE BRIEUX

    Blanchette 25
    L'Engrenage 34
    L'Évasion 42
    Les trois Filles de M. Dupont 56
    Le Berceau 63

ALFRED CAPUS

    Brignol et sa fille 77
    Rosine 82

HENRI LAVEDAN

    Le Prince d'Aurec 89
    Catherine 99
    Le Nouveau Jeu 111

MAURICE DONNAY

    Amants 123
    La Douloureuse 136

GEORGES COURTELINE

    Boubouroche 143
    Un Client sérieux 150

LÉON GANDILLOT

    Les Femmes collantes.................................... 155
    Ferdinand le Noceur..................................... 168

GEORGES FEYDEAU

    L'Hôtel du Libre-Échange................................ 179
    La Dame de chez Maxim.................................. 189

EDMOND ROSTAND

    Le Gant rouge... 197
    Les Romanesques.. 202
    La Princesse lointaine.................................. 206
    La Samaritaine... 218
    Cyrano de Bergerac..................................... 223

M. ANTOINE ET LE THÉÂTRE-LIBRE

    La fondation du Théâtre-Libre........................... 239
    L'Évasion, Sœur Philomène.............................. 242
    La Prose, Monsieur Lamblin, La Fin de Lucie Pellegrin.. 250
    Les théories de M. Antoine............................. 253
    La question des figurants, les Meininger................ 257
    Les foules au théâtre.................................. 261
    La Mort du duc d'Enghien............................... 273
    Le Comte Witold.. 279
    L'École des œufs....................................... 281
    Les deux Tourtereaux................................... 285
    La Tante Léontine...................................... 287
    La Fille Élisa... 293
    Leurs Filles... 301
    Les Mirages.. 309
    Une Journée parlementaire.............................. 311

LES ÉTRANGERS

    Ostrowsky : L'Orage.................................... 319
    Ibsen : Les Revenants.................................. 330
    Le Canard sauvage...................................... 337
    La Dame de la Mer...................................... 345
    Solness le Constructeur................................ 353

TABLE DES MATIÈRES

	Pages.
Nora ou la Maison de poupée	357
Les Soutiens de la société	362
Peer Gynt	365
Jean-Gabriel Borckman	370
BJŒRNSTJERNE-BJŒRNSON : *Une Faillite*	377
Au-dessus des forces humaines	380
GERHART HAUPTMANN : *Les Tisserands*	384
L'Assomption de Hannele Mattern	391
STRINDBERG : *Le Père*	400
MAURICE MAETERLINCK : *Pelléas et Mélisande*	408
AUX LECTEURS	424
PROFESSION DE FOI	427

P. VINSONAU, 15, rue Saint-Georges.

Typographie Firmin-Didot et Cⁱᵉ. — Mesnil (Eure).

www.ingramcontent.com/pod-product-compliance
Lightning Source LLC
Chambersburg PA
CBHW070541230426
43665CB00014B/1774